| 财经类院校研究生精品教材

Statistical Methods in
the Calculus of Variations

统计变分学

陈乃辉 著

北京大学出版社
PEKING UNIVERSITY PRESS

图书在版编目(CIP)数据

统计变分学 / 陈乃辉著. — 北京：北京大学出版社, 2020.9
财经类院校研究生精品教材
ISBN 978-7-301-31554-5

Ⅰ. ①统… Ⅱ. ①陈… Ⅲ. ①统计学 - 变分法 - 研究生 - 教材
Ⅳ. ① C8 ② O176

中国版本图书馆 CIP 数据核字 (2020) 第 149728 号

书　　　名	统计变分学
	TONGJI BIANFENXUE
著作责任者	陈乃辉　著
责任编辑	尹照原
标准书号	ISBN 978-7-301-31554-5
出版发行	北京大学出版社
地　　　址	北京市海淀区成府路 205 号　100871
网　　　址	http://www.pup.cn
电子信箱	zpup@pup.cn
新浪微博	@北京大学出版社
电　　　话	邮购部 010-62752015　发行部 010-62750672　编辑部 010-62752021
印　刷　者	北京市科星印刷有限责任公司
经　销　者	新华书店
	787 毫米 ×1092 毫米　16 开本　17 印张　320 千字
	2020 年 9 月第 1 版　2020 年 9 月第 1 次印刷
定　　　价	55.00 元

未经许可，不得以任何方式复制或抄袭本书之部分或全部内容。
版权所有，侵权必究
举报电话: 010-62752024　电子信箱: fd@pup.pku.edu.cn
图书如有印装质量问题，请与出版部联系，电话: 010-62756370

总 序

改革开放四十年来，尤其是党的十八大以来，中国经济社会发展取得了举世瞩目的成就，党和国家事业发生了历史性的变革，中国人民向着决胜全面建成小康社会，实现中华民族伟大复兴的宏伟目标奋勇前进。党的十九大报告指出，"建设教育强国是中华民族伟大复兴的基础工程，必须把教育事业放在优先位置"，要"加快一流大学和一流学科建设，实现高等教育内涵式发展"。

实现高等教育内涵式发展，研究生教育是不可或缺的重要部分。2013年，教育部、国家发展改革委、财政部联合发布《关于深化研究生教育改革的意见》，明确提出研究生教育的根本任务是"立德树人"，要以"服务需求、提高质量"为主线，以"分类推进培养模式改革、统筹构建质量保障体系"为着力点，更加突出"服务经济社会发展""创新精神和实践能力培养""科教结合和产学结合"及"对外开放"，为研究生教育改革指明了方向。

深化研究生教育改革，要重视发挥课程教学在研究生培养中的作用，而高水平教材建设是开展高水平课程教学的基础。2014年，教育部发布《关于改进和加强研究生课程建设的意见》；2016年，中共中央办公厅、国务院办公厅发布《关于加强和改进新形势下大中小学教材建设的意见》；2017年，国务院成立国家教材委员会，进一步明确了教材建设是事关未来的战略工程、基础工程的重要地位。

中央财经大学历来重视教材建设，加强研究生教材建设是中央财经大学研究生教育改革的重要内容之一。从2009年起，中央财经大学开始实施《研究生培养机制综合改革方案》，提出了加强研究生教材体系建设的改革目标，并先后组织了多批次研究生教材建设工作，逐步形成了以研究生精品教材系列、专业学位研究生教学案例集系列、博士生专业前沿文献导读系列为代表的具有中央财经大学特色的研究生教材体系。

呈现在读者面前的21世纪经济学研究生规划教材系列丛书由多部研究生教材组成，涉及经济学、管理学、法学等多个学科门类，所对应的课程均为中央财经大学各专业研究生培养方案中的核心课程，均由教学经验丰富的一线教师组织编写。编者中既有"国家级教学名师"等称号的获得者，也不乏在专业领域造诣颇深的中青年学者。

本系列丛书以"立足中国，放眼世界"的眼光和格局，本着扎根中国大地办大学的教育理念，致力于打造一批具有中国特色，具有较强思想性、科学性、系统性和时代性的适用于高等院校尤其是财经类院校研究生教学的专业教材，力求在各个专业领域内产生一定的影响力。

本系列丛书的出版得到了"中央高校建设世界一流大学（学科）和特色发展引导专项资金"的支持。我们希望本系列丛书的出版能够为相关课程的教学提供基本的教学方案和参考资料，能够启发研究生对专业知识的学习和对现实问题的思考，提高研究生运用理论知识解决现实问题的能力，进而将其培养成为具有良好职业素养、掌握前沿理论、具备国际视野的高层次拔尖创新人才。

编写本系列丛书，我们虽力求完善，但难免存在这样或那样的不足，恳请广大同行和读者批评指正。

21 世纪经济学研究生规划教材系列丛书编委会
2018 年 8 月于北京

前　言

这本著述之缘起有二：一是起于教学，我为本校研究生开设公共选修课"统计回归分析理论及其应用"，已有十年 (其间出版专著《统计回归分析》)，渐趋熟滑而失新鲜感，欲求一番变革与创新；一是源自学术，专著《统计回归分析》的主要思想是将传统的半经验式的回归分析理论，以希尔伯特空间上正交投影及傅里叶分析的观点，看待之, 并改造之，后至于接触变分学，遂生用上述方法来解决变分学问题之想法。

传统变分学是研究求解积分型泛函极值点的理论，求解的路径为微分方程法与直接法。本书与以往变分学的不同之处如下：

(1) 求解极值点的对象，不限于积分型泛函，而是所有泛函 (包括函数)；

(2) 用希尔伯特空间上正交投影方法与傅里叶分析方法，把直接法严密理论化，而获得级数形式的精确解；

(3) 将数理统计的方法融入变分学，对极值点亦可给出基于样本的统计解, 此点实现的手法，在于将泛函自变量函数的定义域予以概率测度化，遂使上述级数解化为概率解，进而援用科尔莫哥洛夫强大数定律，由概率解自然引出统计解。

(4) 在一定范围内，将泛函极值点的概念推广为斜极值点，具体而言，将投影泛函、二次泛函的最值点推广为斜最值点，及将回归分析推广为斜回归分析，将线性算子方程的解推广为斜解。

本书共十六章，由三大部分组成。

第一大部分，为函数极值理论，即第一、二章，其是一般泛函极值理论的雏形，甚至有些泛函的极值问题可以转化为函数的极值问题。

第二大部分，系泛函极值理论，包括第三至十三章，其可分为 5 个部分：

第 1 部分，即第三章，研究求解泛函极值点的一般理论及方法，主要定理是极值点的必要条件与充分条件；

第 2 部分，即第四至八章，讨论最简单的泛函——投影泛函的极值点求解；第五至七章，可视为回归分析理论的变分学版本；

第 3 部分，即第九至十章，研讨较为复杂的泛函——二次泛函的极值点求解，其中所谓线性算子泛函方程，在一定条件之下，可与二次泛函最值方程相互转换；

第 4 部分，即第十一至十二章，分别用微分方程方法与傅里叶级数及统计方法，解决积分型泛函的极值点求解问题；

第 5 部分，即第十三章，鉴于熵的重大意义，这里专辟一章考察熵泛函的极值点问题。

第三大部分，研讨泛函的斜最值点问题，即第十四至十六章，斜投影定理是投影泛函之投影定理的推广，基之于此，可使回归分析推广为斜回归分析，又进而探求二次泛函的斜最值点及线性算子方程的斜解。

本书的出版获得了中央财经大学研究生院的资助，在此特别表示感谢。还要感谢北京大学出版社尹照原编辑为本书的出版所付出的辛勤工作。

作者学识有限，且时日不裕，书稿中不当甚至错谬之处，在所难免，诚望专家、学者指教斧正，庶几成果。

作 者　谨识
2019 年 10 月于北京清河

目　　录

第一章　函数的极值　　1
　1.1　一元函数的极值 1
　1.2　多元函数的导数与微分 3
　1.3　多元函数的极值 5
　1.4　带约束多元函数的极值 10

第二章　函数极值的应用 　　16
　2.1　马科维茨组合投资问题 16
　2.2　瑞利商问题 22
　2.3　统计物理学量子态的极值分布问题 29

第三章　泛函的极值 　　37
　3.1　弱导数 (加托导数) 37
　3.2　强导数 (弗雷歇导数) 40
　3.3　泛函极值的必要条件与充分条件 42

第四章　投影泛函的极值 　　46
　4.1　正交投影定理 46
　4.2　有限维正交投影定理 48
　4.3　可列维正交投影定理 50
　4.4　条件数学期望 52

第五章　线性回归方程 　　57
　5.1　线性回归方程 57
　5.2　拟线性回归方程 65
　5.3　带约束线性回归方程 68

第六章　G-M 线性回归方程　　72
- 6.1　定义　72
- 6.2　最小二乘方法　73
- 6.3　极大似然方法　80
- 6.4　消参数方法　81

第七章　非参数回归方程　　87
- 7.1　解析解法　88
- 7.2　级数解法　98

第八章　密度函数　　108
- 8.1　全局解　108
- 8.2　局部解　113

第九章　二次泛函的极值　　121
- 9.1　概念　121
- 9.2　二次泛函的对应方程　124
- 9.3　二次泛函最值方程与投影泛函最值方程的关系　127
- 9.4　二次泛函最值方程的级数解　128
- 9.5　二次泛函最值方程的统计解　135

第十章　线性算子方程　　149
- 10.1　线性算子　149
- 10.2　线性算子二次泛函与二次泛函的关系　152
- 10.3　线性算子方程与线性算子二次泛函最值方程的关系　154
- 10.4　线性算子方程的级数解　156
- 10.5　线性算子方程的统计解　160

第十一章　积分型泛函极值的微分方程解法　　165
- 11.1　简单积分型泛函　165
- 11.2　欧拉–拉格朗日方程　166
- 11.3　三种特殊情形　169
- 11.4　含两个函数的积分型泛函　173
- 11.5　含有二阶导函数的积分型泛函　177

11.6　含有二元函数的积分型泛函 178
　　11.7　带约束的积分型泛函 181

第十二章　积分型泛函极值的级数解法及统计解　　189
　　12.1　极值点极限定理 189
　　12.2　简单积分型泛函 190
　　12.3　含两个函数的积分型泛函 197
　　12.4　含有二阶导函数的积分型泛函 205
　　12.5　带约束的积分型泛函 214

第十三章　熵泛函的极值　　226
　　13.1　熵的概念 226
　　13.2　熵泛函的极值点与常见概率分布 229
　　13.3　线性回归分析问题 234
　　13.4　统计物理学的量子态之概率分布问题 236

第十四章　斜投影定理　　239
　　14.1　投影算子 239
　　14.2　夹角 241
　　14.3　斜投影定理 243
　　14.4　有限维投影空间斜投影定理 246

第十五章　斜回归分析　　248
　　15.1　线性斜回归分析 248
　　15.2　G-M 线性斜回归分析 250

第十六章　二次泛函的斜最值点与线性算子方程的斜解　　253
　　16.1　二次泛函的斜最值点 253
　　16.2　线性算子方程的斜解 257

参考文献　　259

第一章

函数的极值

本章以一、二阶导数为工具, 研究函数极值点与极值的求解. 如是函数极值理论, 可看作是一般泛函极值理论的雏形, 甚至有些泛函的极值问题可以转化为函数的极值问题, 如泛函的定义域为至多是可列维的情形.

§1.1 一元函数的极值

定义 1.1.1 设一元函数 $f(x): (a,b) \to \mathbb{R}$, $x_0 \in (a,b)$. 若 $\exists \delta > 0$, 使得

$$f(x) \leqslant f(x_0) \quad (f(x) \geqslant f(x_0)), \tag{1.1.1}$$

其中 $x \in (x_0 - \delta, x_0 + \delta) \subset [a,b]$, 则称 $f(x_0)$ 为 $f(x)$ 的一个极大值 (极小值), x_0 为 $f(x)$ 的一个极大值点 (极小值点). 极大值与极小值统称为极值, 极大值点与极小值点统称为极值点.

定理 1.1.1 (必要条件) 设函数 $f(x)$ 在点 x_0 处可导. 若 x_0 为 $f(x)$ 极值点, 则

$$f'(x_0) = 0. \tag{1.1.2}$$

定义 1.1.2 设 x_0 是函数 $f(x)$ 的可导点, 且满足方程

$$f'(x_0) = 0, \tag{1.1.3}$$

则称 x_0 为 $f(x)$ 的驻点.

例 1.1.1 证明: x_0 是二次函数

$$F(x) = \frac{1}{2}ax^2 - bx + c \quad (a \neq 0)$$

的驻点的充要条件为 x_0 是方程

$$ax = b$$

的解.

证明 x_0 是 $F(x)$ 的驻点 $\Leftrightarrow F'(x_0) = 0 \Leftrightarrow ax_0 - b = 0 \Leftrightarrow x_0$ 是方程 $ax = b$ 的解. □

定理 1.1.2 设函数 $f(x)$ 在 $[a,b]$ 上连续, 在 (a,b) 上可导.
(1) 若 $f'(x) > 0 (x \in (a,b))$, 则 $f(x)$ 在 $[a,b]$ 上严格单调增;
(2) 若 $f'(x) < 0 (x \in (a,b))$, 则 $f(x)$ 在 $[a,b]$ 上严格单调减.

定理 1.1.3 (充分条件) 设函数 $f(x)$ 在点 x_0 处二阶可导, 且 $f'(x_0) = 0$, $f''(x_0) \neq 0$.
(1) 若 $f''(x_0) > 0$, 则 x_0 是 $f(x)$ 的极小值点;
(2) 若 $f''(x_0) < 0$, 则 x_0 是 $f(x)$ 的极大值点.

例 1.1.2 求函数 $f(x) = x^2(x-1)^3$ 的极值点.

解 $f(x)$ 的定义域为 $(-\infty, \infty)$. 因为

$$f'(x) = x(5x-2)(x-1)^2,$$
$$f''(x) = 2(x-1)(10x^2 - 8x + 1),$$

故由驻点方程

$$f'(x) = 0$$

得驻点

$$x_1 = 0, \quad x_2 = \frac{2}{5}, \quad x_3 = 1.$$

而由

$$f''(0) = -2 < 0,$$
$$f''\left(\frac{2}{5}\right) = 2\left(-\frac{3}{5}\right)\left(-\frac{3}{5}\right) > 0,$$

可见 $x=0$ 是 $f(x)$ 的极大值点, $x=2/5$ 是 $f(x)$ 的极小值点. 另由 $f'(x) > 0$ $(x \in (2/5,1))$, $f'(x) > 0$ $(x \in (1,+\infty))$, 知 $x=1$ 不是 $f(x)$ 的极值点. □

§1.2 多元函数的导数与微分

定义 1.2.1 设 m 元函数 $f(\boldsymbol{x}) = f(x_1,\cdots,x_m) : \mathbb{R}^m \to \mathbb{R}$, $\boldsymbol{a} = (a_1,\cdots,a_m)^{\mathrm{T}} \in \mathbb{R}^m$, $r > 0$. 令

$$B_r(\boldsymbol{a}) \triangleq \{\boldsymbol{x} \in \mathbb{R}^m : \|\boldsymbol{x} - \boldsymbol{a}\| < r\}, \tag{1.2.1}$$

称 $B_r(\boldsymbol{a})$ 为以 $\boldsymbol{a}$ 为中心、r 为半径的开球, 亦称之为 $\boldsymbol{a}$ 的邻域.

定义 1.2.2 设 m 元函数 $f(\boldsymbol{x}) : \mathbb{R}^m \to \mathbb{R}$, $\boldsymbol{a} \in \mathbb{R}^m$. 若

$$\lim_{\boldsymbol{x} \to \boldsymbol{a}} f(\boldsymbol{x}) = f(\boldsymbol{a}), \tag{1.2.2}$$

则称 $f(\boldsymbol{x})$ 在点 $\boldsymbol{a}$ 连续. 若 $f(\boldsymbol{x})$ 在区域 $\Omega \subset \mathbb{R}^m$ 上点点连续, 则称 $f(\boldsymbol{x})$ 在区域 Ω 上连续.

定义 1.2.3 设 m 元函数 $f(\boldsymbol{x}) : \mathbb{R}^m \to \mathbb{R}$, $\boldsymbol{x}_0 = (x_{01},\cdots,x_{0m})^{\mathrm{T}} \in \mathbb{R}^m$, $\boldsymbol{e} = (e_1,\cdots,e_m)^{\mathrm{T}} \in \mathbb{R}^m$ 是一个单位向量. 称极限

$$\lim_{t \to 0} \frac{f(\boldsymbol{x}_0 + t\boldsymbol{e}) - f(\boldsymbol{x}_0)}{t} \tag{1.2.3}$$

为 $f(\boldsymbol{x})$ 在点 $\boldsymbol{x}_0$ 沿方向 $\boldsymbol{e}$ 的方向导数, 记作 $\dfrac{\partial f}{\partial \boldsymbol{e}}(\boldsymbol{x}_0)$.

注 1.2.1 易知, 当取 $\boldsymbol{e}_i = (0,\cdots,0,1,0,\cdots,0)$(第 i 个元素为 1, 其余为 0) 时 $(1 \leqslant i \leqslant m)$, 方向导数遂化为偏导数, 即

$$\frac{\partial f}{\partial \boldsymbol{e}_i}(\boldsymbol{x}_0) = \frac{\partial f}{\partial x_i}(\boldsymbol{x}_0) \quad (1 \leqslant i \leqslant m).$$

例 1.2.1 设二元函数

$$f(x,y) = \begin{cases} \dfrac{x^2 y}{x^4 + y^2}, & (x,y) \neq (0,0), \\ 0, & (x,y) = (0,0), \end{cases}$$

$e = (\cos\alpha, \sin\alpha)$, 试求 $\dfrac{\partial f}{\partial e}(0,0)$.

解 (1) $\alpha \neq 0$ 的情形.

$$\begin{aligned}
\frac{\partial f}{\partial e}(0,0) &= \lim_{t \to 0} \frac{f((0,0)+te) - f(0,0)}{t} \\
&= \lim_{t \to 0} \frac{f(t\cos\alpha, t\sin\alpha)}{t} \\
&= \lim_{t \to 0} \frac{1}{t} \cdot \frac{t^2\cos^2\alpha \cdot t\sin\alpha}{t^4\cos^4\alpha + t^2\sin^2\alpha} \\
&= \lim_{t \to 0} \frac{\cos^2\alpha \cdot \sin\alpha}{t^2\cos^4\alpha + \sin^2\alpha} \\
&= \frac{\cos^2\alpha}{\sin\alpha}.
\end{aligned}$$

(2) $\alpha = 0$ 的情形.

$$\begin{aligned}
\frac{\partial f}{\partial e}(0,0) &= \lim_{t \to 0} \frac{f(t,0)}{t} \\
&= \lim_{t \to 0} \frac{1}{t} \cdot \frac{0}{t^4} = 0. \qquad \square
\end{aligned}$$

定义 1.2.4 设 m 元函数 $f(\boldsymbol{x}) : \mathbb{R}^m \to \mathbb{R}$, $\boldsymbol{x}_0 \in \mathbb{R}^m$. 若存在只与 $\boldsymbol{x}_0$ 有关的 $A_i \in \mathbb{R}(1 \leqslant i \leqslant m)$, 使得下式成立

$$f(\boldsymbol{x}_0 + \boldsymbol{h}) - f(\boldsymbol{x}_0) = \sum_{i=1}^{m} A_i h_i + o(\|\boldsymbol{h}\|), \tag{1.2.4}$$

其中 $\boldsymbol{h} = (h_1, \cdots, h_m) \in \mathbb{R}^m$, 则称 $f(\boldsymbol{x})$ 在点 $\boldsymbol{x}_0$ 处可微分, $\sum_{i=1}^{m} A_i h_i$ 为 $f(\boldsymbol{x})$ 在点 $\boldsymbol{x}_0$ 处的全微分, 记作 $\mathrm{d}f(\boldsymbol{x}_0; \boldsymbol{h})$.

注 1.2.2 $\phi_{\boldsymbol{x}_0}(\boldsymbol{h}) = \sum_{i=1}^{m} A_i h_i$ 是 $\boldsymbol{h}$ 的线性函数.

定理 1.2.1 若 m 元函数 $f(\boldsymbol{x})$ 在点 $\boldsymbol{x}_0$ 可微, 即 $\exists A_i \in \mathbb{R}(1 \leqslant i \leqslant m)$, 使得

$$f(\boldsymbol{x}_0 + \boldsymbol{h}) - f(\boldsymbol{x}_0) = \sum_{i=1}^{m} A_i h_i + o(\|\boldsymbol{h}\|), \tag{1.2.5}$$

则
$$A_i = \frac{\partial f}{\partial x_i}(\boldsymbol{x}_0) \quad (1 \leqslant i \leqslant m). \tag{1.2.6}$$

证明 特取 $\boldsymbol{h} = (0, \cdots, h_i, \cdots, 0)$，其中 $1 \leqslant i \leqslant m$，则有

$$f(x_{01}, \cdots, x_{0i} + h_i, \cdots, x_{0m}) - f(x_{01}, \cdots, x_{0i}, \cdots, x_{0m}) = A_i h_i + o(|h_i|). \quad \square$$

定理 1.2.2 若 m 元函数 $f(\boldsymbol{x})$ 在点 $\boldsymbol{x}_0$ 可微，则 $f(\boldsymbol{x})$ 在点 $\boldsymbol{x}_0$ 连续.

定理 1.2.3 若 m 元函数 $f(\boldsymbol{x})$ 在点 $\boldsymbol{x}_0$ 可微，则沿任意方向 $\boldsymbol{e} = (e_1, \cdots, e_m)$ 的方向导数 $\dfrac{\partial f}{\partial \boldsymbol{e}}(\boldsymbol{x}_0)$ 都存在，且

$$\frac{\partial f}{\partial \boldsymbol{e}}(\boldsymbol{x}_0) = \sum_{i=1}^{m} \frac{\partial f}{\partial x_i}(\boldsymbol{x}_0) e_i. \tag{1.2.7}$$

定理 1.2.4 若 m 元函数 $f(\boldsymbol{x})$ 的偏导数 $\dfrac{\partial f}{\partial x_i}(\boldsymbol{x}) (1 \leqslant i \leqslant m)$ 在点 $\boldsymbol{x}_0$ 皆连续，则 $f(\boldsymbol{x})$ 在点 $\boldsymbol{x}_0$ 处可微.

定理 1.2.5 (泰勒公式) 若 m 元函数 $f(\boldsymbol{x})$ 在 $\boldsymbol{a}$ 点某一邻域内存在 n 阶连续偏导数，则下式成立：

$$f(\boldsymbol{a}+\boldsymbol{h}) - f(\boldsymbol{a}) = \sum_{k=1}^{n} \frac{1}{k!} \left\{ \sum_{i=1}^{m} h_i \frac{\partial}{\partial x_i} \right\}^k f(\boldsymbol{a}) + o(\|\boldsymbol{h}\|^n). \tag{1.2.8}$$

推论 1.2.1 若 m 元函数 $f(\boldsymbol{x})$ 在 $\boldsymbol{a}$ 点某一邻域内存在连续偏导数，则下式成立：

$$f(\boldsymbol{a}+\boldsymbol{h}) - f(\boldsymbol{a}) = \sum_{i=1}^{m} \frac{\partial f(\boldsymbol{a})}{\partial x_i} h_i + o(\|\boldsymbol{h}\|). \tag{1.2.9}$$

§1.3 多元函数的极值

定义 1.3.1 设 m 元函数 $f(\boldsymbol{x}) : \mathbb{R}^m \to \mathbb{R}, \boldsymbol{a} \in \mathbb{R}^m$. 若存在开球 $B(\boldsymbol{a}, r)$，使得

$$f(\boldsymbol{x}) \geqslant f(\boldsymbol{a}) \quad \text{或} \quad f(\boldsymbol{x}) \leqslant f(\boldsymbol{a}) \quad (\boldsymbol{x} \in B(\boldsymbol{a}, r)), \tag{1.3.1}$$

则称 $f(\boldsymbol{a})$ 为 $f(\boldsymbol{x})$ 的极小值或极大值, $\boldsymbol{a}$ 为 $f(\boldsymbol{x})$ 的极小值点或极大值点. 若存在开球 $B(\boldsymbol{a},r)$, 使

$$f(\boldsymbol{x}) > f(\boldsymbol{a}) \quad \text{或} \quad f(\boldsymbol{x}) < f(\boldsymbol{a}) \quad (\boldsymbol{x} \in B(\boldsymbol{a},r)\backslash\{\boldsymbol{a}\}), \tag{1.3.2}$$

则称 $f(\boldsymbol{a})$ 为 $f(\boldsymbol{x})$ 的严格极小值或严格极大值, $\boldsymbol{a}$ 为 $f(\boldsymbol{x})$ 的严格极小值点或严格极大值点.

一、必要条件

定义 1.3.2 设 $f(\boldsymbol{x})$ 诸偏导数存在, 称方程组

$$\begin{cases} \dfrac{\partial f}{\partial x_1}(\boldsymbol{x}) = 0, \\ \cdots\cdots \\ \dfrac{\partial f}{\partial x_m}(\boldsymbol{x}) = 0 \end{cases} \tag{1.3.3}$$

为 $f(\boldsymbol{x})$ 的驻点方程组, 称其解为 $f(\boldsymbol{x})$ 的驻点.

定理 1.3.1 设 $f(\boldsymbol{x})$ 在 $\boldsymbol{a}$ 点诸偏导数存在. 若 $\boldsymbol{a}$ 为 $f(\boldsymbol{x})$ 的极值点, 则 $\boldsymbol{a}$ 为 $f(\boldsymbol{x})$ 的驻点.

定理 1.3.2 设 $f(\boldsymbol{x})$ 在 $\boldsymbol{a}$ 点可微. 若 $\boldsymbol{a}$ 为 $f(\boldsymbol{x})$ 的极值点, 则 $\boldsymbol{a}$ 为 $f(\boldsymbol{x})$ 的驻点.

证明 (反证法) 假设 $\dfrac{\partial f}{\partial x_i}(\boldsymbol{a}) \, (1 \leqslant i \leqslant m)$ 不全为零. 根据题设, 有

$$f(\boldsymbol{a}+\boldsymbol{h}) - f(\boldsymbol{a}) = \sum_{i=1}^{m} \frac{\partial f}{\partial x_i}(\boldsymbol{a})h_i + o(\|\boldsymbol{h}\|).$$

特取 $h_i = \dfrac{\partial f}{\partial x_i}(\boldsymbol{a})\varepsilon(\varepsilon > 0)(1 \leqslant i \leqslant m)$, 可见, 当 ε 充分小后, 有

$$f(\boldsymbol{a}+\boldsymbol{h}) - f(\boldsymbol{a}) = \sum_{i=1}^{m} \left(\frac{\partial f}{\partial x_i}(\boldsymbol{a})\right)^2 \varepsilon + o\left(\sqrt{\sum_{i=1}^{m}\left(\frac{\partial f}{\partial x_i}(\boldsymbol{a})\right)^2}\,\varepsilon\right) > 0,$$

$$f(\boldsymbol{a}-\boldsymbol{h}) - f(\boldsymbol{a}) = -\sum_{i=1}^{m} \left(\frac{\partial f}{\partial x_i}(\boldsymbol{a})\right)^2 \varepsilon + o\left(\sqrt{\sum_{i=1}^{m}\left(\frac{\partial f}{\partial x_i}(\boldsymbol{a})\right)^2}\,\varepsilon\right) < 0,$$

由此可知 $\boldsymbol{a}$ 非 $f(\boldsymbol{x})$ 的极值点, 矛盾. $\square$

二、充分条件

定理 1.3.3（西尔维斯特准则） 二次型 $\boldsymbol{x}^{\mathrm{T}}\boldsymbol{A}\boldsymbol{x}$ 是正定的充要条件为 $\boldsymbol{A}=(a_{ij})_{1\leqslant j\leqslant m}^{1\leqslant i\leqslant m}$ 的所有顺序主子式皆大于零, 即

$$\begin{vmatrix} a_{11} & \cdots & a_{1k} \\ \vdots & & \vdots \\ a_{k1} & \cdots & a_{kk} \end{vmatrix} > 0 \quad (1 \leqslant k \leqslant m). \tag{1.3.4}$$

引理 1.3.1 若二次型 $\boldsymbol{x}^{\mathrm{T}}\boldsymbol{A}\boldsymbol{x}$ 正定, 则 $\exists \lambda > 0 \in \mathbb{R}$, 使得

$$\boldsymbol{x}^{\mathrm{T}}\boldsymbol{A}\boldsymbol{x} \geqslant \lambda \|\boldsymbol{x}\|^2 \quad (\forall \boldsymbol{x} \in \mathbb{R}^m). \tag{1.3.5}$$

证明 由于单位球面 $S = \{\boldsymbol{x} \in \mathbb{R}^m : \|\boldsymbol{x}\| = 1\}$ 是 $\mathbb{R}^m$ 中的有界闭集, 故而连续函数

$$Q(\boldsymbol{x}) = \boldsymbol{x}^{\mathrm{T}}\boldsymbol{A}\boldsymbol{x} \quad (\boldsymbol{x} \in \mathbb{R}^m)$$

在 S 上可以取到最小值 λ. 令 $\boldsymbol{x}_0$ 是相应的最小值点, 即

$$Q(\boldsymbol{x}_0) = \min_{\boldsymbol{x} \in S} \boldsymbol{x}^{\mathrm{T}}\boldsymbol{A}\boldsymbol{x} = \lambda.$$

往证 $Q(\boldsymbol{x}) \geqslant \lambda \|\boldsymbol{x}\|^2$ $(\forall \boldsymbol{x} \in \mathbb{R}^m)$. 当 $\boldsymbol{x} = \boldsymbol{0}$ 时, 显然成立; 当 $\boldsymbol{x} \neq \boldsymbol{0}$ 时, 由于 $\dfrac{\boldsymbol{x}}{\|\boldsymbol{x}\|} \in S$, 故有

$$Q\left(\frac{\boldsymbol{x}}{\|\boldsymbol{x}\|}\right) \geqslant \lambda,$$

而

$$Q\left(\frac{\boldsymbol{x}}{\|\boldsymbol{x}\|}\right) = \left(\frac{\boldsymbol{x}}{\|\boldsymbol{x}\|}\right)^{\mathrm{T}} \boldsymbol{A} \left(\frac{\boldsymbol{x}}{\|\boldsymbol{x}\|}\right) = \frac{1}{\|\boldsymbol{x}\|^2} Q(\boldsymbol{x}),$$

由此可得 $Q(\boldsymbol{x}) \geqslant \lambda \|\boldsymbol{x}\|^2$ $(\forall \boldsymbol{x} \in \mathbb{R}^m)$. $\square$

定义 1.3.3 设函数 $f(\boldsymbol{x}) = f(x_1, \cdots, x_m)$ 在点 $\boldsymbol{a} \in \mathbb{R}^m$ 二阶连续可偏导, 称

$$\boldsymbol{H}_f(\boldsymbol{a}) = \left(\frac{\partial^2 f}{\partial x_i \partial x_j}(\boldsymbol{a})\right)_{1\leqslant j\leqslant m}^{1\leqslant i\leqslant m} \tag{1.3.6}$$

为 $f(\boldsymbol{x})$ 在 $\boldsymbol{a}$ 点的黑塞矩阵.

定理 1.3.4　设函数 $f(x)$ 在点 $\boldsymbol{a} \in \mathbb{R}^m$ 二阶连续可偏导，$\boldsymbol{a}$ 是 $f(x)$ 的驻点. 若 $f(x)$ 在 $\boldsymbol{a}$ 点的黑塞矩阵 $\boldsymbol{H}_f(\boldsymbol{a})$ 正定 (负定)，则 $\boldsymbol{a}$ 是 $f(x)$ 的严格极小值点 (严格极大值点).

证明　只证正定情形. 由泰勒公式，可得

$$f(\boldsymbol{a}+\boldsymbol{h}) - f(\boldsymbol{a}) = \frac{1}{2} \sum_{i=1}^m \sum_{j=1}^m \frac{\partial^2 f}{\partial x_i \partial x_j}(\boldsymbol{a}) h_i h_j + o(\|\boldsymbol{h}\|^2)$$
$$= \frac{1}{2} \boldsymbol{h}^{\mathrm{T}} \left(\frac{\partial^2 f}{\partial x_i \partial x_j}(\boldsymbol{a}) \right)_{\substack{1 \leqslant i \leqslant m \\ 1 \leqslant j \leqslant m}} \boldsymbol{h} + o(\|\boldsymbol{h}\|^2)$$
$$= \frac{1}{2} \boldsymbol{h}^{\mathrm{T}} \boldsymbol{H}_f(\boldsymbol{a}) \boldsymbol{h} + o(\|\boldsymbol{h}\|^2).$$

由于 $\boldsymbol{H}_f(\boldsymbol{a})$ 正定，则根据引理 1.3.1 知 $\exists \lambda > 0$，使得

$$\boldsymbol{h}^T \boldsymbol{H}_f(\boldsymbol{a}) \boldsymbol{h} \geqslant \lambda \|\boldsymbol{h}\|^2 \quad (\forall \boldsymbol{h} \in \mathbb{R}^m).$$

因此可知，当 $\|\boldsymbol{h}\| \neq 0$ 充分小后，有

$$f(\boldsymbol{a}+\boldsymbol{h}) - f(\boldsymbol{a}) \geqslant \frac{1}{2} \lambda \|\boldsymbol{h}\|^2 + o(\|\boldsymbol{h}\|^2)$$
$$= \left(\frac{1}{2} \lambda + o(1) \right) \|\boldsymbol{h}\|^2$$
$$\geqslant \frac{1}{4} \lambda \|\boldsymbol{h}\|^2 > 0. \qquad \square$$

注 1.3.1　如 $\boldsymbol{H}_f(\boldsymbol{a})$ 不定，可证 $\boldsymbol{a}$ 非 $f(x)$ 的极值点.

定义 1.3.4　设 $\boldsymbol{X} = (x_{ij})_{\substack{1 \leqslant i \leqslant n \\ 1 \leqslant j \leqslant m}}$ 是自变量矩阵，可导多元函数 $f : \mathbb{R}^{nm} \to \mathbb{R}$ 为

$$f(\boldsymbol{X}) = f(x_{11}, \cdots, x_{1m}, \cdots, x_{n1}, \cdots, x_{nm}),$$

称

$$\frac{\partial f(\boldsymbol{X})}{\partial \boldsymbol{X}} = \left(\frac{\partial f(\boldsymbol{X})}{\partial x_{ij}} \right)_{\substack{1 \leqslant i \leqslant n \\ 1 \leqslant j \leqslant m}} \tag{1.3.7}$$

为函数 f 对自变量矩阵 $\boldsymbol{X}$ 的导函数.

注 1.3.2　此概念有利于简化求导形式.

引理 1.3.2　(1) 若 $\boldsymbol{X} = (x_i)^{1\leqslant i \leqslant n}$ 是自变量矩阵, $\boldsymbol{A} = (a_i)^{1\leqslant i \leqslant n}$ 是常数矩阵, $f(\boldsymbol{X}) = \boldsymbol{A}^{\mathrm{T}}\boldsymbol{X}$, 则

$$\frac{\partial f(\boldsymbol{X})}{\partial \boldsymbol{X}} = \boldsymbol{A}. \tag{1.3.8}$$

(2) 若 $\boldsymbol{X} = (x_i)^{1\leqslant i \leqslant n}$ 是自变量矩阵, $\boldsymbol{A}$ 是 n 阶对称常数矩阵, $f(\boldsymbol{X}) = \boldsymbol{X}^{\mathrm{T}}\boldsymbol{A}\boldsymbol{X}$, 则

$$\frac{\partial f(\boldsymbol{X})}{\partial \boldsymbol{X}} = 2\boldsymbol{A}\boldsymbol{X}. \tag{1.3.9}$$

(3) 若 $\boldsymbol{X}$ 是自变量方阵, $f(\boldsymbol{X}) = |\boldsymbol{X}|$, 则

$$\frac{\partial f(\boldsymbol{X})}{\partial \boldsymbol{X}} = |\boldsymbol{X}|(\boldsymbol{X}^{-1})^{\mathrm{T}}. \tag{1.3.10}$$

特别地, 当 $\boldsymbol{X}$ 是对称的, 有

$$\frac{\partial f(\boldsymbol{X})}{\partial \boldsymbol{X}} = |\boldsymbol{X}|(2\boldsymbol{X}^{-1} - \mathrm{diag}(\boldsymbol{X}^{-1})). \tag{1.3.11}$$

(4) 若 $\boldsymbol{X}$ 是自变量方阵, $\boldsymbol{A}, \boldsymbol{B}$ 是常数方阵, $f(\boldsymbol{X}) = |\boldsymbol{A}\boldsymbol{X}\boldsymbol{B}|$, 则

$$\frac{\partial f(\boldsymbol{X})}{\partial \boldsymbol{X}} = |\boldsymbol{A}\boldsymbol{X}\boldsymbol{B}|\boldsymbol{A}^{\mathrm{T}}[(\boldsymbol{A}\boldsymbol{X}\boldsymbol{B})^{-1}]^{\mathrm{T}}\boldsymbol{B}^{\mathrm{T}}. \tag{1.3.12}$$

定理 1.3.5 (二次泛函极值定理)　设 $\boldsymbol{A} \in \mathbb{R}^{n\times n}, \boldsymbol{b} \in \mathbb{R}^n, c \in \mathbb{R}$, 二次多元函数为

$$J(\boldsymbol{x}) = \frac{1}{2}\boldsymbol{x}^{\mathrm{T}}\boldsymbol{A}\boldsymbol{x} - \boldsymbol{b}^{\mathrm{T}}\boldsymbol{x} + c \quad (\boldsymbol{x} \in \mathbb{R}^n).$$

(1) 若 $|\boldsymbol{A}| \neq 0$, 则函数 $J(\boldsymbol{x})$ 有唯一的驻点 $\boldsymbol{x}_0 = \boldsymbol{A}^{-1}\boldsymbol{b}$;
(2) 若 $\boldsymbol{A}$ 正定 (负定), 则 $\boldsymbol{x}_0 = \boldsymbol{A}^{-1}\boldsymbol{b}$ 是 $J(\boldsymbol{x})$ 的严格极小值点 (严格极大值点).

证明　(1) 由于

$$\left(\frac{\partial J(\boldsymbol{x})}{\partial x_i}\right)^{1\leqslant i \leqslant n} = \frac{\partial J(\boldsymbol{x})}{\partial \boldsymbol{x}}$$
$$= \frac{\partial}{\partial \boldsymbol{x}}\left(\frac{1}{2}\boldsymbol{x}^{\mathrm{T}}\boldsymbol{A}\boldsymbol{x} - \boldsymbol{b}^{\mathrm{T}}\boldsymbol{x} + c\right)$$

$$= \frac{1}{2}\frac{\partial}{\partial \boldsymbol{x}}\left(\boldsymbol{x}^{\mathrm{T}}\boldsymbol{A}\boldsymbol{x}\right) - \frac{\partial}{\partial \boldsymbol{x}}\left(\boldsymbol{b}^{\mathrm{T}}\boldsymbol{x}\right) + \frac{\partial c}{\partial \boldsymbol{x}}$$
$$= \frac{1}{2}\cdot 2\boldsymbol{A}\boldsymbol{x} - \boldsymbol{b} + \boldsymbol{0} = \boldsymbol{A}\boldsymbol{x} - \boldsymbol{b},$$

则 $J(\boldsymbol{x})$ 有唯一的驻点 $\boldsymbol{x}_0 = \boldsymbol{A}^{-1}\boldsymbol{b}$.

(2) 只证 $\boldsymbol{A}$ 正定的情形. 设 $\boldsymbol{A} = (\boldsymbol{A}_i)^{1\leqslant i \leqslant n}$, 并利用引理 1.3.2, 可得

$$\boldsymbol{H}_J(\boldsymbol{x}) = \left(\frac{\partial^2 J(\boldsymbol{x})}{\partial x_i \partial x_j}\right)^{1\leqslant i\leqslant n}_{1\leqslant j\leqslant n} = \left(\left(\frac{\partial}{\partial x_j}\left(\frac{\partial J(\boldsymbol{x})}{\partial x_i}\right)\right)^{1\leqslant i\leqslant n}\right)_{1\leqslant j\leqslant n}$$
$$= \left(\frac{\partial}{\partial x_j}\left(\frac{\partial J(\boldsymbol{x})}{\partial x_i}\right)^{1\leqslant i\leqslant n}\right)_{1\leqslant j\leqslant n} = \left(\frac{\partial}{\partial x_j}\left(\frac{\partial J(\boldsymbol{x})}{\partial \boldsymbol{x}}\right)\right)_{1\leqslant j\leqslant n}$$
$$= \left(\frac{\partial}{\partial x_j}\left(\frac{\partial}{\partial \boldsymbol{x}}(\frac{1}{2}\boldsymbol{x}^{\mathrm{T}}\boldsymbol{A}\boldsymbol{x} - \boldsymbol{b}^{\mathrm{T}}\boldsymbol{x} + c)\right)\right)_{1\leqslant j\leqslant n} = \left(\frac{\partial}{\partial x_j}(\boldsymbol{A}\boldsymbol{x} - \boldsymbol{b})\right)_{1\leqslant j\leqslant n}$$
$$= \left(\frac{\partial}{\partial x_j}\boldsymbol{A}\boldsymbol{x}\right)_{1\leqslant j\leqslant n} = \left(\frac{\partial}{\partial x_j}(\boldsymbol{A}_i)^{1\leqslant i\leqslant n}\boldsymbol{x}\right)_{1\leqslant j\leqslant n}$$
$$= \left(\frac{\partial}{\partial x_j}\boldsymbol{A}_i\boldsymbol{x}\right)^{1\leqslant i\leqslant n}_{1\leqslant j\leqslant n} = \left[\left(\frac{\partial}{\partial x_j}\boldsymbol{A}_i\boldsymbol{x}\right)^{1\leqslant j\leqslant n}_{1\leqslant i\leqslant n}\right]^{\mathrm{T}}$$
$$= \left[\left(\frac{\partial}{\partial \boldsymbol{x}}\boldsymbol{A}_i\boldsymbol{x}\right)_{1\leqslant i\leqslant n}\right]^{\mathrm{T}} = \left[(\boldsymbol{A}_i^{\mathrm{T}})_{1\leqslant i\leqslant n}\right]^{\mathrm{T}}$$
$$= (\boldsymbol{A}_i)^{1\leqslant i\leqslant n} = \boldsymbol{A}.$$

则 $\boldsymbol{H}_J(\boldsymbol{x})$ 正定, 因此 $\boldsymbol{x}_0$ 是 $J(\boldsymbol{x})$ 的严格极小值点. □

§1.4 带约束多元函数的极值

本节考虑 m 元函数 $f(\boldsymbol{x})$ 在约束条件

$$\begin{cases} g_1(\boldsymbol{x}) = 0, \\ \cdots\cdots\cdots \\ g_p(\boldsymbol{x}) = 0 \end{cases} (\boldsymbol{x} \in \mathbb{R}^m) \tag{1.4.1}$$

下的极值.

定理 1.4.1 (必要条件)　设 $f(\boldsymbol{x})(\boldsymbol{x} \in \mathbb{R}^m)$ 在 $\boldsymbol{a} \in \mathbb{R}^m$ 点可微. 若 $\boldsymbol{a}$ 为 $f(\boldsymbol{x})$ 在约束条件 (1.4.1) 下的极值点, 则 $\exists \boldsymbol{\lambda} = (\lambda_1, \cdots, \lambda_p) \in \mathbb{R}^p$, 使得 (a, λ) 是拉格朗日辅助函数

$$F(\boldsymbol{x}, \boldsymbol{\lambda}) = f(\boldsymbol{x}) + \sum_{k=1}^{p} \lambda_k g_k(\boldsymbol{x}) \qquad (\boldsymbol{x} \in \mathbb{R}^m, \boldsymbol{\lambda} \in \mathbb{R}^p) \tag{1.4.2}$$

的驻点, 即

$$\begin{cases} \dfrac{\partial F}{\partial x_i}(\boldsymbol{a}, \boldsymbol{\lambda}) = 0, & 1 \leqslant i \leqslant m, \\ \dfrac{\partial F}{\partial \lambda_k}(\boldsymbol{a}, \boldsymbol{\lambda}) = 0, & 1 \leqslant k \leqslant p. \end{cases} \tag{1.4.3}$$

证明　从约束方程中解出

$$\begin{cases} x_{m-p+1} = \psi_1(x_1, \cdots, x_{m-p}), \\ \cdots\cdots\cdots \\ x_m = \psi_p(x_1, \cdots, x_{m-p}), \end{cases} \tag{1.4.4}$$

代入 $f(x_1, \cdots, x_m)$, 得

$$\varphi(x_1, \cdots, x_{m-p}) = f(x_1, \cdots, x_{m-p}, \psi_1(x_1, \cdots, x_{m-p}), \cdots, \psi_p(x_1, \cdots, x_{m-p})).$$

由题意可知 $\varphi(x_1, \cdots, x_{m-p})$ 应在 $\boldsymbol{a}^* = (a_1, \cdots, a_{m-p})$ 处达到无条件极值, 故

$$\frac{\partial \varphi}{\partial x_i}(\boldsymbol{a}^*) = 0 \qquad (1 \leqslant i \leqslant m-p),$$

即

$$\frac{\partial f}{\partial x_i}(\boldsymbol{a}) + \sum_{j=1}^{p} \frac{\partial f}{\partial x_{m-p+j}}(\boldsymbol{a}) \frac{\partial \psi_j}{\partial x_i}(\boldsymbol{a}^*) = 0 \qquad (1 \leqslant i \leqslant m-p). \tag{1.4.5}$$

将方程组 (1.4.4) 代入约束方程, 得

$$\begin{cases} \phi_1(x_1, \cdots, x_{m-p}) = g_1(x_1, \cdots, x_{m-p}, \psi_1(x_1, \cdots, x_{m-p}), \cdots, \psi_p(x_1, \cdots, x_{m-p})) = 0, \\ \cdots\cdots\cdots \\ \phi_p(x_1, \cdots, x_{m-p}) = g_p(x_1, \cdots, x_{m-p}, \psi_1(x_1, \cdots, x_{m-p}), \cdots, \psi_p(x_1, \cdots, x_{m-p})) = 0. \end{cases} \tag{1.4.6}$$

对方程组 (1.4.6) 求偏导数
$$\frac{\partial \phi_k}{\partial x_i} = 0 \quad (1 \leqslant k \leqslant p, 1 \leqslant i \leqslant m-p),$$

即
$$\frac{\partial g_k}{\partial x_i}(\boldsymbol{a}) + \sum_{j=1}^{p} \frac{\partial g_k}{\partial x_{m-p+j}}(\boldsymbol{a}) \frac{\partial \psi_j}{\partial x_i}(\boldsymbol{a}^*) = 0 \quad (1 \leqslant k \leqslant p, 1 \leqslant i \leqslant m-p). \tag{1.4.7}$$

结合 (1.4.5) 与 (1.4.7) 式, 可得方程组
$$\left(\frac{\partial f}{\partial x_i}(\boldsymbol{a}) + \sum_{j=1}^{p} \frac{\partial f}{\partial x_{m-p+j}}(\boldsymbol{a}) \frac{\partial \psi_j}{\partial x_i}(\boldsymbol{a}^*)\right) + \sum_{k=1}^{p} \lambda_k \left(\frac{\partial g_k}{\partial x_i}(\boldsymbol{a}) + \sum_{j=1}^{p} \frac{\partial g_k}{\partial x_{m-p+j}}(\boldsymbol{a}) \frac{\partial \psi_j}{\partial x_i}(\boldsymbol{a}^*)\right) = 0$$
$$(1 \leqslant i \leqslant m-p, \lambda_k \in \mathbb{R}),$$

即
$$\frac{\partial f}{\partial x_i}(\boldsymbol{a}) + \sum_{k=1}^{p} \lambda_k \frac{\partial g_k}{\partial x_i}(\boldsymbol{a}) + \sum_{j=1}^{p} \left(\frac{\partial f}{\partial x_{m-p+j}}(\boldsymbol{a}) + \sum_{k=1}^{p} \lambda_k \frac{\partial g_k}{\partial x_i}(\boldsymbol{a})\right) \frac{\partial \psi_j}{\partial x_i}(\boldsymbol{a}^*) = 0$$
$$(1 \leqslant i \leqslant m-p, \lambda_k \in \mathbb{R}).$$

考查线性方程组
$$\sum_{k=1}^{p} \frac{\partial g_k}{\partial x_i}(\boldsymbol{a}) \lambda_k = -\frac{\partial f}{\partial x_{m-p+j}}(\boldsymbol{a}) \quad (1 \leqslant i \leqslant m-p),$$

由于 $\left|\left(\frac{\partial g_k}{\partial x_i}(\boldsymbol{a})\right)_{1 \leqslant k \leqslant p}^{1 \leqslant j \leqslant p}\right| \neq 0$, 知此方程组存在唯一解 $\lambda_k = \lambda_k^*$ $(1 \leqslant k \leqslant p)$. 于是, 有

$$\frac{\partial f}{\partial x_{m-p+j}}(\boldsymbol{a}) + \sum_{k=1}^{p} \lambda_k^* \frac{\partial g_k}{\partial x_i}(\boldsymbol{a}) = 0 \quad (1 \leqslant j \leqslant p)$$

及
$$\frac{\partial f}{\partial x_i}(\boldsymbol{a}) + \sum_{k=1}^{p} \lambda_k^* \frac{\partial g_k}{\partial x_i}(\boldsymbol{a}) = 0 \quad (1 \leqslant i \leqslant m-p).$$

综上可得

$$\frac{\partial f}{\partial x_i}(\boldsymbol{a}) + \sum_{k=1}^{p} \lambda_k^* \frac{\partial g_k}{\partial x_i}(\boldsymbol{a}) = 0 \quad (1 \leqslant i \leqslant m).$$

再注意到 $\boldsymbol{a}$ 满足约束方程

$$g_k(\boldsymbol{a}) = 0 \quad (1 \leqslant k \leqslant p),$$

则条件极值点 $\boldsymbol{a}$ 必然满足方程组

$$\begin{cases} \dfrac{\partial f}{\partial x_i}(\boldsymbol{a}) + \sum_{k=1}^{p} \lambda_k \dfrac{\partial g_k}{\partial x_i}(\boldsymbol{a}) = 0, & 1 \leqslant i \leqslant m, \\ g_k(\boldsymbol{a}) = 0, & 1 \leqslant k \leqslant p, \end{cases}$$

即

$$\begin{cases} \dfrac{\partial F}{\partial x_i}(\boldsymbol{a}, \boldsymbol{\lambda}) = 0, & 1 \leqslant i \leqslant m, \\ \dfrac{\partial F}{\partial \lambda_k}(\boldsymbol{a}, \boldsymbol{\lambda}) = 0, & 1 \leqslant k \leqslant p. \end{cases}$$

$\square$

例 1.4.1 求解带约束函数

$$\begin{cases} f(x,y,z) = xyz, & x > 0, y > 0, z > 0, \\ \varphi(x,y,z) = 2xy + 2yz + 2zx - a^2 = 0 \end{cases} \tag{1.4.8}$$

的驻点.

解 做拉格朗日辅助函数

$$F(x,y,z) = f(x,y,z) + \lambda \varphi(x,y,z) \quad (x > 0, y > 0, z > 0),$$

由此可建立驻点方程组

$$\begin{cases} yz + 2\lambda(y+z) = 0, \\ xz + 2\lambda(x+z) = 0, \\ yx + 2\lambda(y+x) = 0, \\ 2xy + 2yz + 2zx - a^2 = 0. \end{cases}$$

将上述方程组消去 λ, 得

$$\begin{cases} \dfrac{y}{x} = \dfrac{y+z}{x+z}, \\ \dfrac{z}{y} = \dfrac{x+z}{y+x}, \\ 2xy + 2yz + 2zx - a^2 = 0, \end{cases}$$

易得

$$\begin{cases} x = y, \\ y = z, \\ 2xy + 2yz + 2zx - a^2 = 0, \end{cases}$$

即

$$\begin{cases} x = y, \\ y = z, \\ 6x^2 - a^2 = 0. \end{cases}$$

由此可得带约束函数的驻点为

$$\begin{cases} x = \dfrac{\sqrt{6}}{6}a, \\ y = \dfrac{\sqrt{6}}{6}a, \\ z = \dfrac{\sqrt{6}}{6}a. \end{cases}$$

注 1.4.1 此驻点实为带约束函数的最大值点.

例 1.4.2 求解带约束函数

$$\begin{cases} f(\boldsymbol{x}) = \boldsymbol{x}^{\mathrm{T}} \boldsymbol{A} \boldsymbol{x}, \\ g(\boldsymbol{x}) = \boldsymbol{x}^{\mathrm{T}} \boldsymbol{x} - 1 = 0 \end{cases} \quad (\boldsymbol{x} \in \mathbb{R}^n) \tag{1.4.9}$$

的驻点, 其中 $\boldsymbol{A} \in \mathbb{R}^{n \times n}$ 是实对称矩阵.

解 做拉格朗日辅助函数

$$F(x, \lambda) = f(\boldsymbol{x}) + \lambda g(\boldsymbol{x}) \quad (\boldsymbol{x} \in \mathbb{R}^n, \lambda \in \mathbb{R}).$$

建立驻点方程组

$$\begin{cases} \dfrac{\partial}{\partial \boldsymbol{x}}(\boldsymbol{x}^{\mathrm{T}}\boldsymbol{A}\boldsymbol{x} + \lambda \boldsymbol{x}^{\mathrm{T}}\boldsymbol{x} - \lambda) = \boldsymbol{0}, \\ \boldsymbol{x}^{\mathrm{T}}\boldsymbol{x} - 1 = 0. \end{cases}$$

易得

$$\begin{cases} 2\boldsymbol{A}\boldsymbol{x} + \lambda 2\boldsymbol{x} = \boldsymbol{0}, \\ \boldsymbol{x}^{\mathrm{T}}\boldsymbol{x} - 1 = 0, \end{cases}$$

即

$$\begin{cases} \boldsymbol{A}\boldsymbol{x} = -\lambda \boldsymbol{x}, \\ \boldsymbol{x}^{\mathrm{T}}\boldsymbol{x} = 1. \end{cases}$$

由此可知带约束函数的驻点为 $\boldsymbol{A}$ 的单位特征向量, 且对属于 $\boldsymbol{A}$ 的特征值 λ_i 的单位特征向量 $\boldsymbol{x}^{(i)}$, 有

$$f(\boldsymbol{x}^{(i)}) = \boldsymbol{x}^{(i)\mathrm{T}}\boldsymbol{A}\boldsymbol{x}^{(i)} = \lambda_i.$$

注 1.4.2 事实上, 对应于 $\boldsymbol{A}$ 的最大 (最小) 特征值 $\lambda_{\max}(\lambda_{\min})$ 的单位特征向量 $\boldsymbol{x}_{\max}(\boldsymbol{x}_{\min})$ 为带约束函数的最大 (最小) 值点.

定理 1.4.2 (充分条件) 设 $f(\boldsymbol{x})(\boldsymbol{x} \in \mathbb{R}^m)$ 与 $g_k(\boldsymbol{x})(\boldsymbol{x} \in \mathbb{R}^m)$ $(1 \leqslant k \leqslant p, m > p)$ 都是二阶连续可微的, 函数 $(\boldsymbol{a}, \boldsymbol{\lambda})$ 是拉格朗日辅助函数

$$F(\boldsymbol{x}, \boldsymbol{\lambda}) = f(\boldsymbol{x}) + \sum_{k=1}^{p}\lambda_k g_k(\boldsymbol{x}) \quad (\boldsymbol{x} \in \mathbb{R}^m, \boldsymbol{\lambda} = (\lambda_1, \cdots, \lambda_p) \in \mathbb{R}^p) \quad (1.4.10)$$

的驻点. 若方阵

$$\left(\dfrac{\partial^2 F}{\partial x_i \partial x_j}(\boldsymbol{a}, \boldsymbol{\lambda})\right)_{\substack{1 \leqslant i \leqslant m \\ 1 \leqslant j \leqslant m}} \quad (1.4.11)$$

正定 (负定), 则 $\boldsymbol{a}$ 是 $f(\boldsymbol{x})$ 在约束条件 (1.4.1) 下的严格极小值点 (严格极大值点).

第二章

函数极值的应用

本章将函数极值理论应用于三个典型领域: 经济学领域的马科维茨组合投资问题, 纯数学领域的瑞利商问题, 统计物理学领域的量子态极值分布问题.

§2.1 马科维茨组合投资问题

假定市场中有 n 种风险资产, 代表其收益率的随机向量为

$$\boldsymbol{X} = (X_1, X_2, \cdots\cdots, X_n)^{\mathrm{T}}.$$

投资者欲对其做组合投资, 拟定的组合权重取为

$$\boldsymbol{W} = (w_1, w_2, \cdots\cdots, w_n)^{\mathrm{T}} \quad \left(\sum_{k=1}^{n} w_k = 1\right).$$

如是组合投资的收益率 $\sum_{k=1}^{n} w_k X_k = \boldsymbol{W}^{\mathrm{T}} \boldsymbol{X}$ 的期望为

$$h(\boldsymbol{W}) = E\left(\boldsymbol{W}^{\mathrm{T}} \boldsymbol{X}\right) = \boldsymbol{W}^{\mathrm{T}} E(\boldsymbol{X}),$$

而组合投资的风险可用如下函数表示:

$$\begin{aligned} f(\boldsymbol{W}) &= \mathrm{Var}\left(\sum_{k=1}^{n} w_k r_k\right) = \mathrm{Var}\left(\boldsymbol{W}^{\mathrm{T}} \boldsymbol{X}\right) \\ &= \boldsymbol{W}^{\mathrm{T}} \mathrm{Var}\left(\boldsymbol{X}\right) \boldsymbol{W} = \boldsymbol{W}^{\mathrm{T}} \boldsymbol{\Sigma} \boldsymbol{W}, \end{aligned}$$

其中 $\boldsymbol{\Sigma} = \text{Var}(\boldsymbol{X})$. 假定 $\boldsymbol{\Sigma}$ 非退化, $E(\boldsymbol{X}) \neq \lambda \mathbf{1}$, 此处 $\mathbf{1} = (1, \cdots, 1)^{\text{T}} \in \mathbb{R}^n$.

定义 2.1.1 当收益率期望 $h(\boldsymbol{W}) = R$ (正常数) 时, 风险 $f(\boldsymbol{W})$ 的最小值点 $\boldsymbol{W}^*$ 称为相应于收益率期望 R 的最优投资组合.

用数学来描述, 所谓最优投资组合即为如下带约束函数极值问题的解:

$$\begin{cases} f_1(\boldsymbol{W}) = \dfrac{1}{2} \boldsymbol{W}^{\text{T}} \boldsymbol{\Sigma} \boldsymbol{W}, \quad \boldsymbol{W} \in \mathbb{R}^n, \\ \varphi(\boldsymbol{W}) = 1 - \mathbf{1}^{\text{T}} \boldsymbol{W} = 0, \\ g(\boldsymbol{W}) = R - E(\boldsymbol{X})^{\text{T}} \boldsymbol{W} = 0. \end{cases} \tag{2.1.1}$$

做如下记号:

$$a = \mathbf{1}^{\text{T}} \boldsymbol{\Sigma}^{-1} \mathbf{1}, \quad b = \mathbf{1}^{\text{T}} \boldsymbol{\Sigma}^{-1} E(\boldsymbol{X}), \quad c = E(\boldsymbol{X})^{\text{T}} \boldsymbol{\Sigma}^{-1} E(\boldsymbol{X});$$

$$\triangle = ac - b^2, \quad \lambda_1^* = \frac{c - bR}{\triangle}, \quad \lambda_2^* = \frac{aR - b}{\triangle}.$$

定理 2.1.1 最优投资组合 $\boldsymbol{W}^*$ 为

$$\boldsymbol{W}^* = \boldsymbol{\Sigma}^{-1} [\lambda_1^* \mathbf{1} + \lambda_2^* E(\boldsymbol{X})], \tag{2.1.2}$$

且相应的风险为

$$f(\boldsymbol{W}^*) = \frac{1}{\triangle}(aR^2 - 2bR + c). \tag{2.1.3}$$

证明 用拉格朗日乘数法. 做拉格朗日辅助函数

$$F(\boldsymbol{W}) = \frac{1}{2} \boldsymbol{W}^{\text{T}} \boldsymbol{\Sigma} \boldsymbol{W} + \lambda_1 (1 - \mathbf{1}^{\text{T}} \boldsymbol{W}) + \lambda_2 [R - E(\boldsymbol{X})^{\text{T}} \boldsymbol{W}] \quad (\boldsymbol{W} \in \mathbb{R}^n),$$

其驻点方程为

$$\begin{cases} \dfrac{\partial F(\boldsymbol{W})}{\partial \boldsymbol{W}} = 0, \\ \dfrac{\partial F(\boldsymbol{W})}{\partial \lambda_1} = 0, \\ \dfrac{\partial F(\boldsymbol{W})}{\partial \lambda_2} = 0, \end{cases}$$

也就是

$$\begin{cases} \boldsymbol{\Sigma W} - \lambda_1 \boldsymbol{1} - \lambda_2 E(\boldsymbol{X}) = \boldsymbol{0}, \\ 1 - \boldsymbol{1}^{\mathrm{T}} \boldsymbol{W} = 0, \\ R - E(\boldsymbol{X})^{\mathrm{T}} \boldsymbol{W} = 0, \end{cases}$$

即

$$\begin{cases} \boldsymbol{W} = \boldsymbol{\Sigma}^{-1}(\lambda_1 \boldsymbol{1} + \lambda_2 E(\boldsymbol{X})), \\ \boldsymbol{1}^{\mathrm{T}} \boldsymbol{\Sigma}^{-1} \boldsymbol{1} \cdot \lambda_1 + \boldsymbol{1}^{\mathrm{T}} \boldsymbol{\Sigma}^{-1} E(\boldsymbol{X}) \cdot \lambda_2 = 1, \\ E(\boldsymbol{X})^{\mathrm{T}} \boldsymbol{\Sigma}^{-1} \boldsymbol{1} \cdot \lambda_1 + E(\boldsymbol{X})^{\mathrm{T}} \boldsymbol{\Sigma}^{-1} E(\boldsymbol{X}) \cdot \lambda_2 = R, \end{cases}$$

即

$$\begin{cases} \boldsymbol{W} = \boldsymbol{\Sigma}^{-1}(\lambda_1 \boldsymbol{1} + \lambda_2 E(\boldsymbol{X})) \\ a\lambda_1 + b\lambda_2 = 1, \\ b\lambda_1 + c\lambda_2 = R, \end{cases}$$

亦即

$$\begin{cases} \boldsymbol{W} = \boldsymbol{\Sigma}^{-1}(\lambda_1 \boldsymbol{1} + \lambda_2 E(\boldsymbol{X})), \\ \lambda_1 = \lambda_1^*, \\ \lambda_2 = \lambda_2^*. \end{cases}$$

由此可知最优投资组合为

$$\boldsymbol{W}^* = \boldsymbol{\Sigma}^{-1}(\lambda_1^* \boldsymbol{1} + \lambda_2^* E(\boldsymbol{X})),$$

继而

$$\begin{aligned} f(\boldsymbol{W}^*) &= \boldsymbol{W}^{*\mathrm{T}} \boldsymbol{\Sigma} \boldsymbol{W}^* = \boldsymbol{W}^{*\mathrm{T}} \boldsymbol{\Sigma} \boldsymbol{\Sigma}^{-1}(\lambda_1^* \boldsymbol{1} + \lambda_2^* E(\boldsymbol{X})) \\ &= \lambda_1^* \boldsymbol{W}^{*\mathrm{T}} \boldsymbol{1} + \lambda_2^* \boldsymbol{W}^{*\mathrm{T}} E(\boldsymbol{X}) = \lambda_1^* + \lambda_2^* R \\ &= \frac{1}{\triangle}(c - bR) + \frac{1}{\triangle}(aR - b)R \\ &= \frac{1}{\triangle}(aR^2 - 2bR + c). \end{aligned}$$

$\square$

注 2.1.1　W^* 为 R 的函数 $W^*(R)$, $f(W^*)$ 亦为 R 的函数 $f(W^*(R))$.

定义 2.1.2　称 $f(W^*(R))$ 的最小值点 R^* 为全局最小风险收益率期望; 称相应的最优投资组合 $W^*(R^*)$ 为全局最小风险最优投资组合, 记作 $W_g = W^*(R^*)$.

定义 2.1.3　称投资组合权重

$$W_d = \frac{\Sigma^{-1}E(X)}{\mathbf{1}^T\Sigma^{-1}E(X)} \tag{2.1.4}$$

为可分散化投资组合.

定理 2.1.2 (两基金分离定理)　W^* 可唯一地表示为 W_g 与 W_d 的线性组合, 即

$$W^* = AW_g + (1-A)W_d, \tag{2.1.5}$$

其中 $A = (ac - abR)/\triangle$.

证明　观察 $f(W^*(R))$ 的驻点方程

$$\frac{\mathrm{d}f(W^*(R))}{\mathrm{d}R} = 0,$$

即

$$\frac{1}{\triangle}(2aR - 2b) = 0,$$

得驻点 $R = b/a$. 注意到 $a > 0$, 由柯西不等式可知

$$\begin{aligned}
\triangle &= ac - b^2 \\
&= \mathbf{1}^T\Sigma^{-1}\mathbf{1}E(X)^T\Sigma^{-1}E(X) - (\mathbf{1}^T\Sigma^{-1}E(X))^2 \\
&= ((\Sigma^{-1/2}\mathbf{1})^T(\Sigma^{-1/2}\mathbf{1}))((\Sigma^{-1/2}E(X))^T(\Sigma^{-1/2}E(X))) - ((\Sigma^{-1/2}\mathbf{1})^T(\Sigma^{-1/2}E(X)))^2 \\
&> 0,
\end{aligned}$$

故而

$$\frac{\mathrm{d}^2 f(W^*(R))}{\mathrm{d}^2 R} = \frac{2a}{\triangle} > 0,$$

即知 $R^* = b/a$ 及

$$W_g^* = \Sigma^{-1}\left(\frac{c-bR^*}{\triangle}\mathbf{1} + \frac{aR^*-b}{\triangle}E(\boldsymbol{X})\right) = \frac{\Sigma^{-1}\mathbf{1}}{\mathbf{1}^{\mathrm{T}}\Sigma^{-1}\mathbf{1}}.$$

根据定理 2.1.1, 有

$$\begin{aligned}
\boldsymbol{W}^* &= \Sigma^{-1}(\lambda_1^*\mathbf{1} + \lambda_2^*E(\boldsymbol{X})) \\
&= \frac{ac-abR}{\triangle}\frac{\Sigma^{-1}\mathbf{1}}{\mathbf{1}^{\mathrm{T}}\Sigma^{-1}\mathbf{1}} + \frac{abR-b^2}{\triangle}\frac{\Sigma^{-1}E(\boldsymbol{X})}{\mathbf{1}\Sigma^{-1}E(\boldsymbol{X})} \\
&= \frac{ac-abR}{\triangle}\boldsymbol{W}_g + \frac{abR-b^2}{\triangle}\boldsymbol{W}_d
\end{aligned}$$

及

$$\frac{ac-abR}{\triangle} + \frac{abR-b^2}{\triangle} = 1.$$

由 $\mathbf{1}$ 与 $E(\boldsymbol{X})$ 的线性无关性, 可知 $\boldsymbol{W}^*$ 的线性组合表示是唯一的. □

推论 2.1.1 (1) 全局最小风险收益率期望为

$$R^* = \frac{b}{a}; \tag{2.1.6}$$

(2) 全局最小风险最优投资组合为

$$\boldsymbol{W}_g^* = \frac{\Sigma^{-1}\mathbf{1}}{\mathbf{1}^{\mathrm{T}}\Sigma^{-1}\mathbf{1}}. \tag{2.1.7}$$

例 2.1.1 设投资者拟做 3 个资产的组合投资, 3 个资产的收益率 X_1, X_2, X_3 的期望分别为

$$E(X_1) = 0.11, \quad E(X_2) = 0.15, \quad E(X_3) = 0.08,$$

而收益率 (X_1, X_2, X_3) 的方差为

$$\boldsymbol{\Sigma} = \mathrm{Var}\begin{pmatrix} X_1 \\ X_2 \\ X_3 \end{pmatrix} = \begin{pmatrix} 0.00015 & 0.00005 & -0.00007 \\ 0.00005 & 0.00025 & -0.00003 \\ -0.00007 & -0.00003 & 0.00010 \end{pmatrix},$$

且指定组合投资的收益率期望为 $R = 11\%$. 试求 (1) 最优投资组合及相应的风险;
(2) 全局最小风险收益率期望; (3) 全局最小风险最优投资组合; (4) 可分散化投资组合.

解 首先计算基础参数:

$$a = \mathbf{1}^\mathrm{T}\boldsymbol{\Sigma}^{-1}\mathbf{1}$$

$$= \begin{pmatrix} 1 \\ 1 \\ 1 \end{pmatrix}^\mathrm{T} \begin{pmatrix} 0.00015 & 0.00005 & -0.00007 \\ 0.00005 & 0.00025 & -0.00003 \\ -0.00007 & -0.00003 & 0.00010 \end{pmatrix}^{-1} \begin{pmatrix} 1 \\ 1 \\ 1 \end{pmatrix}$$

$$= \begin{pmatrix} 1 \\ 1 \\ 1 \end{pmatrix}^\mathrm{T} \begin{pmatrix} 10255.319 & -1234.043 & 6808.5106 \\ -1234.043 & 4297.8723 & 425.53191 \\ 6808.5106 & 425.53191 & 14893.617 \end{pmatrix} \begin{pmatrix} 1 \\ 1 \\ 1 \end{pmatrix}$$

$$= 41446.809,$$

$$b = \mathbf{1}^\mathrm{T}\boldsymbol{\Sigma}^{-1}E(\boldsymbol{X})$$

$$= \begin{pmatrix} 1 \\ 1 \\ 1 \end{pmatrix}^\mathrm{T} \begin{pmatrix} 0.00015 & 0.00005 & -0.00007 \\ 0.00005 & 0.00025 & -0.00003 \\ -0.00007 & -0.00003 & 0.00010 \end{pmatrix}^{-1} \begin{pmatrix} 0.11 \\ 0.15 \\ 0.08 \end{pmatrix}$$

$$= 4034.8936,$$

$$c = E(\boldsymbol{X})^\mathrm{T}\boldsymbol{\Sigma}^{-1}E(\boldsymbol{X}) = 405.42979,$$

$$\triangle = ac - b^2 = 523404.26,$$

$$\lambda_1^* = \frac{c - bR}{\triangle} = -0.000073,$$

$$\lambda_2^* = \frac{aR - b}{\triangle} = 0.0010016.$$

因此, 最优投资组合为

$$\boldsymbol{W}^* = \boldsymbol{\Sigma}^{-1}(\lambda_1^*\mathbf{1} + \lambda_2^*E(\boldsymbol{X})) = \begin{pmatrix} 0.3284553 \\ 0.2878049 \\ 0.3837398 \end{pmatrix},$$

相应的风险为
$$f(\boldsymbol{W}^*) = \frac{1}{\triangle}(aR^2 - 2bR + c) = 0.0000368.$$

全局最小风险收益率期望为
$$R^* = \frac{b}{a} = 0.0973511.$$

全局最小风险最优投资组合为
$$\boldsymbol{W}_g^* = \frac{\boldsymbol{\Sigma}^{-1}\mathbf{1}}{\mathbf{1}^{\mathrm{T}}\boldsymbol{\Sigma}^{-1}\mathbf{1}} = \begin{pmatrix} 0.3819302 \\ 0.0841889 \\ 0.5338809 \end{pmatrix}.$$

可分散化投资组合为
$$\boldsymbol{W}_d = \frac{\boldsymbol{\Sigma}^{-1}E(\boldsymbol{X})}{\mathbf{1}^{\mathrm{T}}\boldsymbol{\Sigma}^{-1}E(\boldsymbol{X})} = \begin{pmatrix} 0.3686986 \\ 0.1345708 \\ 0.4967306 \end{pmatrix}.$$

§2.2 瑞利商问题

定义 2.2.1 设 $\boldsymbol{A} \in \mathbb{C}^{n \times n}$ 是埃尔米特矩阵, 称

$$R(\boldsymbol{x}, \boldsymbol{A}) = \frac{\boldsymbol{x}^{\mathrm{H}} \boldsymbol{A} \boldsymbol{x}}{\boldsymbol{x}^{\mathrm{H}} \boldsymbol{x}} \qquad (\mathbf{0} \neq \boldsymbol{x} \in \mathbb{C}^n) \tag{2.2.1}$$

为矩阵 $\boldsymbol{A}$ 的瑞利商.

定理 2.2.1 (实性) $R(\boldsymbol{x}, \boldsymbol{A}) \in \mathbb{R}\ (\mathbf{0} \neq \boldsymbol{x} \in \mathbb{C}^n)$.

证明
$$(R(\boldsymbol{x}, \boldsymbol{A}))^* = \left(\frac{\boldsymbol{x}^{\mathrm{H}} \boldsymbol{A} \boldsymbol{x}}{\boldsymbol{x}^{\mathrm{H}} \boldsymbol{x}}\right)^* = \frac{(\boldsymbol{x}^{\mathrm{H}} \boldsymbol{A} \boldsymbol{x})^*}{(\boldsymbol{x}^{\mathrm{H}} \boldsymbol{x})^*}$$
$$= \frac{(\boldsymbol{x}^{\mathrm{H}} \boldsymbol{A} \boldsymbol{x})^{\mathrm{H}}}{(\boldsymbol{x}^{\mathrm{H}} \boldsymbol{x})^{\mathrm{H}}} = \frac{\boldsymbol{x}^{\mathrm{H}} \boldsymbol{A} \boldsymbol{x}}{\boldsymbol{x}^{\mathrm{H}} \boldsymbol{x}}$$
$$= R(\boldsymbol{x}, \boldsymbol{A}). \qquad \square$$

定理 2.2.2 (齐次性) 若 $\alpha, \beta \in \mathbb{C}$, 则 $R(\alpha \boldsymbol{x}, \beta \boldsymbol{A}) = \beta R(\boldsymbol{x}, \boldsymbol{A})$.

定理 2.2.3 (平移性) $R(\boldsymbol{x}, \boldsymbol{A} - \alpha \boldsymbol{I}) = R(\boldsymbol{x}, \boldsymbol{A}) - \alpha \ (\forall \alpha \in \mathbb{C})$.

定理 2.2.4 (正交性) $\boldsymbol{x} \perp [\boldsymbol{A} - R(\boldsymbol{x}, \boldsymbol{A})\boldsymbol{I}]\boldsymbol{x} \ (\boldsymbol{0} \neq \boldsymbol{x} \in \mathbb{C}^n)$.

证明 $\boldsymbol{x}^{\mathrm{H}}[\boldsymbol{A} - R(\boldsymbol{x}, \boldsymbol{A})\boldsymbol{I}]\boldsymbol{x} = \boldsymbol{x}^{\mathrm{H}}\boldsymbol{A}\boldsymbol{x} - \boldsymbol{x}^{\mathrm{H}}R(\boldsymbol{x}, \boldsymbol{A})\boldsymbol{I}\boldsymbol{x}$

$$= \boldsymbol{x}^{\mathrm{H}}\boldsymbol{A}\boldsymbol{x} - R(\boldsymbol{x}, \boldsymbol{A})\boldsymbol{x}^{\mathrm{H}}\boldsymbol{x}$$
$$= \boldsymbol{x}^{\mathrm{H}}\boldsymbol{x}\left(\frac{\boldsymbol{x}^{\mathrm{H}}\boldsymbol{A}\boldsymbol{x}}{\boldsymbol{x}^{\mathrm{H}}\boldsymbol{x}} - R(\boldsymbol{x}, \boldsymbol{A})\right)$$
$$= 0. \qquad \square$$

定理 2.2.5 (有界性)   存在 $a, b \in \mathbb{R}$, 使 $\mathrm{range} R(\boldsymbol{x}, \boldsymbol{A}) = [a, b]$.

定理 2.2.6 (单位圆性) $\{R(\boldsymbol{x}, \boldsymbol{A}) : \boldsymbol{0} \neq \boldsymbol{x} \in \mathbb{C}^n\} = \{\boldsymbol{x}^{\mathrm{H}}\boldsymbol{A}\boldsymbol{x} : \boldsymbol{x} \in \mathbb{C}^n, \|\boldsymbol{x}\| = 1\}$.

证明
$$R(\boldsymbol{x}, \boldsymbol{A}) = \frac{\boldsymbol{x}^{\mathrm{H}}\boldsymbol{A}\boldsymbol{x}}{\boldsymbol{x}^{\mathrm{H}}\boldsymbol{x}} = \frac{\boldsymbol{x}^{\mathrm{H}}\boldsymbol{A}\boldsymbol{x}}{\|\boldsymbol{x}\|^2}$$
$$= \left(\frac{\boldsymbol{x}}{\|\boldsymbol{x}\|}\right)^{\mathrm{H}} \boldsymbol{A} \left(\frac{\boldsymbol{x}}{\|\boldsymbol{x}\|}\right)$$
$$= \boldsymbol{x}^{\mathrm{H}}\boldsymbol{A}\boldsymbol{x} \qquad (\boldsymbol{0} \neq \boldsymbol{x} \in \mathbb{C}^n, \|\boldsymbol{x}\| = 1). \qquad \square$$

定理 2.2.7 (瑞利−里茨定理)   若 $\boldsymbol{A} \in \mathbb{C}^{n \times n}$ 是埃尔米特矩阵, 其特征值为

$$\lambda_{\min} = \lambda_1 \leqslant \lambda_2 \leqslant \cdots \leqslant \lambda_n = \lambda_{\max},$$

M_{λ_k} 为 λ_k 的特征子空间, 则

$$\max_{\boldsymbol{x} \neq \boldsymbol{0}} \left\{\frac{\boldsymbol{x}^H \boldsymbol{A} \boldsymbol{x}}{\boldsymbol{x}^H \boldsymbol{x}}\right\} = \lambda_{\max}, \tag{2.2.2}$$

$$\min_{\boldsymbol{x} \neq \boldsymbol{0}} \left\{\frac{\boldsymbol{x}^H \boldsymbol{A} \boldsymbol{x}}{\boldsymbol{x}^H \boldsymbol{x}}\right\} = \lambda_{\min}, \tag{2.2.3}$$

且

$$\frac{\boldsymbol{x}^H \boldsymbol{A} \boldsymbol{x}}{\boldsymbol{x}^H \boldsymbol{x}} = \lambda_{\max} \qquad (\boldsymbol{0} \neq \boldsymbol{x} \in M_{\lambda_{\max}}), \tag{2.2.4}$$

$$\frac{\boldsymbol{x}^H \boldsymbol{A} \boldsymbol{x}}{\boldsymbol{x}^H \boldsymbol{x}} = \lambda_{\min} \qquad (\boldsymbol{0} \neq \boldsymbol{x} \in M_{\lambda_{\min}}). \tag{2.2.5}$$

证法一 由于 A 是埃尔米特矩阵，故存在酉矩阵 U，使得 $A = U\Lambda U^H$，$\Lambda = \mathrm{diag}(\lambda_1, \cdots, \lambda_n)$，则 $\forall x \in \mathbb{C}^n$，有

$$\begin{aligned}
x^H A x &= x^H U \Lambda U^H x \\
&= (U^H x)^H \Lambda (U^H x) \\
&= \sum_{k=1}^n \lambda_k (U^H x)_k^* (U^H x)_k \\
&= \sum_{k=1}^n \lambda_k |(U^H x)_k|^2.
\end{aligned}$$

可知

$$\lambda_{\min} \sum_{k=1}^n |(U^H x)_k|^2 \leqslant x^H A x = \sum_{k=1}^n \lambda_k |(U^H x)_k|^2$$
$$\leqslant \lambda_{\max} \sum_{k=1}^n |(U^H x)_k|^2,$$

即

$$\lambda_{\min} x^H x \leqslant x^H A x \leqslant \lambda_{\max} x^H x,$$

亦即

$$\lambda_{\min} \leqslant \frac{x^H A x}{x^H x} \leqslant \lambda_{\max}.$$

又当 $0 \neq x \in M_{\lambda_{\max}}$ 时，有

$$\frac{x^H A x}{x^H x} = \frac{x^H \lambda_{\max} x}{x^H x} = \lambda_{\max};$$

当 $0 \neq x \in M_{\lambda_{\min}}$ 时，有

$$\frac{x^H A x}{x^H x} = \frac{x^H \lambda_{\min} x}{x^H x} = \lambda_{\min}.$$

□

证法二 如限制瑞利商为 $R(\boldsymbol{x})$ $(\boldsymbol{0} \neq \boldsymbol{x} \in \mathbb{R}^n)$,可用下法证之. 根据瑞利商的单位圆性,有

$$R(\boldsymbol{x}) = R(\boldsymbol{x}, A) = \boldsymbol{x}^{\mathrm{T}} \boldsymbol{A} \boldsymbol{x} \qquad (\boldsymbol{x} \in \mathbb{R}^n, \|\boldsymbol{x}\| = 1).$$

于是可知该定理所求为带约束函数

$$\begin{cases} R(\boldsymbol{x}) = \boldsymbol{x}^{\mathrm{T}} \boldsymbol{A} \boldsymbol{x}, \\ g(\boldsymbol{x}) = \boldsymbol{x}^{\mathrm{T}} \boldsymbol{x} - 1 = 0 \end{cases} \qquad (\boldsymbol{x} \in \mathbb{R}^n) \tag{2.2.6}$$

的最值. 引入拉格朗日辅助函数

$$F(\boldsymbol{x}, \lambda) = R(\boldsymbol{x}) + \lambda g(\boldsymbol{x}) \qquad (\boldsymbol{x} \in \mathbb{R}^n, \lambda \in \mathbb{R}),$$

建立驻点方程

$$\begin{cases} \dfrac{\partial F(\boldsymbol{x}, \lambda)}{\partial \boldsymbol{x}} = 0, \\ g(\boldsymbol{x}) = 0, \end{cases}$$

即

$$\begin{cases} \dfrac{\partial}{\partial \boldsymbol{x}}(\boldsymbol{x}^{\mathrm{T}} \boldsymbol{A} \boldsymbol{x} + \lambda \boldsymbol{x}^{\mathrm{T}} \boldsymbol{x} - \lambda) = 0, \\ \boldsymbol{x}^{\mathrm{T}} \boldsymbol{x} - 1 = 0, \end{cases}$$

亦即

$$\begin{cases} \boldsymbol{A} \boldsymbol{x} = -\lambda \boldsymbol{x}, \\ \boldsymbol{x}^{\mathrm{T}} \boldsymbol{x} = 1. \end{cases}$$

据此可知带约束函数的驻点为 $\boldsymbol{A}$ 的单位特征向量. 且对属于 $\boldsymbol{A}$ 的特征值 λ_i 的单位特征向量 $\boldsymbol{x}^{(i)}$,有

$$R(\boldsymbol{x}^{(i)}) = \boldsymbol{x}^{(i)\mathrm{T}} \boldsymbol{A} \boldsymbol{x}^{(i)} = \lambda_i.$$

由此可知欲求的最值在 $\{\lambda_1, \lambda_2, \cdots, \lambda_n\}$ 中,故而

$$\max_{\boldsymbol{x} \neq \boldsymbol{0}} \left\{ \frac{\boldsymbol{x}^{\mathrm{T}} \boldsymbol{A} \boldsymbol{x}}{\boldsymbol{x}^{\mathrm{T}} \boldsymbol{x}} \right\} = \max_{\boldsymbol{x} \neq \boldsymbol{0}} \{R(\boldsymbol{x})\} = \max_{\|\boldsymbol{x}\|=1} \{R(\boldsymbol{x})\} = \max_{1 \leqslant i \leqslant n} \{\lambda_i\} = \lambda_{\max},$$

$$\min_{\boldsymbol{x} \neq \boldsymbol{0}} \left\{ \frac{\boldsymbol{x}^{\mathrm{T}} \boldsymbol{A} \boldsymbol{x}}{\boldsymbol{x}^{\mathrm{T}} \boldsymbol{x}} \right\} = \min_{\boldsymbol{x} \neq \boldsymbol{0}} \{R(\boldsymbol{x})\} = \min_{\|\boldsymbol{x}\|=1} \{R(\boldsymbol{x})\} = \lambda_{\min},$$

且

$$\frac{\boldsymbol{x}^{\mathrm{T}}\boldsymbol{A}\boldsymbol{x}}{\boldsymbol{x}^{\mathrm{T}}\boldsymbol{x}} = \frac{\boldsymbol{x}^{\mathrm{T}}\lambda_{\max}\boldsymbol{x}}{\boldsymbol{x}^{\mathrm{T}}\boldsymbol{x}} = \lambda_{\max} \qquad (\boldsymbol{0} \neq \boldsymbol{x} \in M_{\lambda_{\max}}),$$

$$\frac{\boldsymbol{x}^{\mathrm{T}}\boldsymbol{A}\boldsymbol{x}}{\boldsymbol{x}^{\mathrm{T}}\boldsymbol{x}} = \frac{\boldsymbol{x}^{\mathrm{T}}\lambda_{\min}\boldsymbol{x}}{\boldsymbol{x}^{\mathrm{T}}\boldsymbol{x}} = \lambda_{\min} \qquad (\boldsymbol{0} \neq \boldsymbol{x} \in M_{\lambda_{\min}}). \qquad \square$$

定理 2.2.8 (埃尔米特矩阵谱定理) 若 $\boldsymbol{A} \in \mathbb{C}^{n \times n}$ 是埃尔米特矩阵，其全体不同特征值为 $\lambda_1, \cdots, \lambda_r$，而对应的特征子空间为 $N_1, \cdots, N_r$，则

$$\mathbb{C}^n = N_1 \oplus \cdots \oplus N_r, \tag{2.2.7}$$

且 $N_i \perp N_j \ (i \neq j)$.

定理 2.2.9 (柯朗 – 费歇尔 (Courant–Fischer) 极小 – 极大定理) 若 $\boldsymbol{A} \in \mathbb{C}^{n \times n}$ 是埃尔米特矩阵，其特征值为 $\lambda_1 \leqslant \lambda_2 \leqslant \cdots \leqslant \lambda_n$，则

$$\lambda_k = \min_{S, \dim S = k} \max_{\boldsymbol{0} \neq \boldsymbol{x} \in S} \left\{ \frac{\boldsymbol{x}^{\mathrm{H}}\boldsymbol{A}\boldsymbol{x}}{\boldsymbol{x}^{\mathrm{H}}\boldsymbol{x}} \right\} \qquad (1 \leqslant k \leqslant n). \tag{2.2.8}$$

证法一 设 $\boldsymbol{A}$ 的全体不同特征值为 $\lambda_1, \cdots, \lambda_r$，而对应的特征子空间为 $N_1, \cdots, N_r$. 如取 k 维线性子空间 $S \subset N_1 \oplus \cdots \oplus N_k$，则根据定理 2.2.7 有

$$\min_{S, \dim S = k} \max_{\boldsymbol{0} \neq \boldsymbol{x} \in S} \left\{ \frac{\boldsymbol{x}^{\mathrm{H}}\boldsymbol{A}\boldsymbol{x}}{\boldsymbol{x}^{\mathrm{H}}\boldsymbol{x}} \right\} \leqslant \lambda_k.$$

如取 k 维线性子空间 $S \cap (N_k \oplus \cdots \oplus N_r) \neq \varnothing$，则根据定理 2.2.7 有

$$\min_{S, \dim S = k} \max_{\boldsymbol{0} \neq \boldsymbol{x} \in S} \left\{ \frac{\boldsymbol{x}^{\mathrm{H}}\boldsymbol{A}\boldsymbol{x}}{\boldsymbol{x}^{\mathrm{H}}\boldsymbol{x}} \right\} \geqslant \lambda_k.$$

综上可知

$$\min_{S, \dim S = k} \max_{\boldsymbol{0} \neq \boldsymbol{x} \in S} \left\{ \frac{\boldsymbol{x}^{\mathrm{H}}\boldsymbol{A}\boldsymbol{x}}{\boldsymbol{x}^{\mathrm{H}}\boldsymbol{x}} \right\} = \lambda_k. \qquad \square$$

证法二 设对应于特征值 $\lambda_1 \leqslant \lambda_2 \leqslant \cdots \leqslant \lambda_n$ 的特征向量为 $\boldsymbol{u}_1, \boldsymbol{u}_2, \cdots, \boldsymbol{u}_n$.

(1) 设 S_k 是 $\mathbb{C}^n$ 的 k 维子空间, 令 $W_k = \mathrm{span}\{\boldsymbol{u}_k, \cdots, \boldsymbol{u}_n\}$. 由于 $\dim W_k = n - k + 1$, 故

$$\begin{aligned}
n &\geqslant \dim(W_k + S_k) \\
&= \dim W_k + \dim S_k - \dim(W_k \cap S_k) \\
&= n + 1 - \dim(W_k \cap S_k),
\end{aligned}$$

可知 $\dim(W_k \cap S_k) \geqslant 1$, 因此存在 $\boldsymbol{0} \neq \boldsymbol{\beta} = (\beta_k, \cdots, \beta_n)^{\mathrm{T}} \in \mathbb{C}^{n-k+1}$, 使得 $\boldsymbol{x}_0 = (\boldsymbol{u}_k, \cdots, \boldsymbol{u}_n)\boldsymbol{\beta} \in W_k \cap S_k$. 考查

$$\begin{aligned}
\boldsymbol{x}_0^{\mathrm{H}} \boldsymbol{A} \boldsymbol{x}_0 &= \boldsymbol{\beta}^{\mathrm{H}} \begin{pmatrix} \boldsymbol{u}_k^{\mathrm{H}} \\ \vdots \\ \boldsymbol{u}_n^{\mathrm{H}} \end{pmatrix} \boldsymbol{A}(\boldsymbol{u}_k, \cdots, \boldsymbol{u}_n)\boldsymbol{\beta} = \boldsymbol{\beta}^{\mathrm{H}} \left(\boldsymbol{u}_i^{\mathrm{H}} \boldsymbol{A} \boldsymbol{u}_j \right)_{k \leqslant j \leqslant n}^{k \leqslant i \leqslant n} \boldsymbol{\beta} \\
&= \boldsymbol{\beta}^{\mathrm{H}} \left(\boldsymbol{u}_i^{\mathrm{H}} \lambda_j \boldsymbol{u}_j \right)_{k \leqslant j \leqslant n}^{k \leqslant i \leqslant n} \boldsymbol{\beta} = \boldsymbol{\beta}^{\mathrm{H}} \begin{pmatrix} \lambda_k |\boldsymbol{u}_k|^2 & & \\ & \ddots & \\ & & \lambda_n |\boldsymbol{u}_n|^2 \end{pmatrix} \boldsymbol{\beta} \\
&= \sum_{i=k}^n \lambda_i |\beta_i|^2 |\boldsymbol{u}_i|^2 \geqslant \lambda_k \sum_{i=k}^n |\beta_i|^2 |\boldsymbol{u}_i|^2 \\
&= \lambda_k \boldsymbol{x}_0^{\mathrm{H}} \boldsymbol{x}_0,
\end{aligned}$$

可知 $\dfrac{\boldsymbol{x}_0^{\mathrm{H}} \boldsymbol{A} \boldsymbol{x}_0}{\boldsymbol{x}_0^{\mathrm{H}} \boldsymbol{x}_0} \geqslant \lambda_k$, 从而

$$\max_{\boldsymbol{0} \neq \boldsymbol{x} \in S_k} \frac{\boldsymbol{x}^{\mathrm{H}} \boldsymbol{A} \boldsymbol{x}}{\boldsymbol{x}^{\mathrm{H}} \boldsymbol{x}} \geqslant \lambda_k.$$

再由 S_k 的任意性, 可知

$$\min_{S, \dim S = k} \max_{\boldsymbol{0} \neq \boldsymbol{x} \in S} \left\{ \frac{\boldsymbol{x}^{\mathrm{H}} \boldsymbol{A} \boldsymbol{x}}{\boldsymbol{x}^{\mathrm{H}} \boldsymbol{x}} \right\} \geqslant \lambda_k.$$

(2) 做 $S_k^* = \mathrm{span}\{\boldsymbol{u}_1, \cdots, \boldsymbol{u}_k\}$. $\forall \boldsymbol{\gamma} = (\gamma_1, \cdots, \gamma_k)^{\mathrm{T}} \in \mathbb{C}^k$, $\boldsymbol{\gamma} \neq \boldsymbol{0}$, $\boldsymbol{x}_* = (\boldsymbol{u}_1, \cdots, \boldsymbol{u}_k)\boldsymbol{\gamma} \in S_k^*$. 考查

$$x_*^H A x_* = \gamma^H \begin{pmatrix} u_1^H \\ \vdots \\ u_k^H \end{pmatrix} A(u_1, \cdots, u_k) \gamma = \gamma^H \left(u_i^H A u_j \right)_{1 \leq j \leq k}^{1 \leq i \leq k} \gamma$$

$$= \gamma^H \left(u_i^H \lambda_j u_j \right)_{1 \leq j \leq k}^{1 \leq i \leq k} \gamma = \gamma^H \begin{pmatrix} \lambda_1 |u_1|^2 & & \\ & \ddots & \\ & & \lambda_k |u_k|^2 \end{pmatrix} \gamma$$

$$= \sum_{i=1}^{k} \lambda_i |\gamma_i|^2 |u_i|^2 \leq \lambda_k \sum_{i=k}^{n} |\beta_i|^2 |u_i|^2$$

$$= \lambda_k x_*^H x_*,$$

可知 $\dfrac{x_*^H A x_*}{x_*^H x_*} \leq \lambda_k$, 则

$$\max_{0 \neq x \in S_k^*} \frac{x^H A x}{x^H x} \leq \lambda_k,$$

即可得

$$\min_{S, \dim S = k} \max_{0 \neq x \in S} \left\{ \frac{x^H A x}{x^H x} \right\} \leq \lambda_k,$$

综合 (1), (2), 得

$$\min_{S, \dim S = k} \max_{0 \neq x \in S} \left\{ \frac{x^H A x}{x^H x} \right\} = \lambda_k. \qquad \square$$

定义 2.2.2 设 $A, B \in \mathbb{C}^{n \times n}$ 均是埃尔米特矩阵, B 为正定矩阵, 称

$$R(x, A, B) = \frac{x^H A x}{x^H B x} \qquad (0 \neq x \in \mathbb{C}^n) \tag{2.2.9}$$

为矩阵束 (A, B) 的广义瑞利商.

定理 2.2.10 $R(\boldsymbol{x}, \boldsymbol{A}, \boldsymbol{B}) = R(\boldsymbol{x}, (\boldsymbol{B}^{-1/2})^{\mathrm{H}} \boldsymbol{A} (\boldsymbol{B}^{-1/2}))$.

证明
$$R(\boldsymbol{x}, \boldsymbol{A}, \boldsymbol{B}) = \frac{\boldsymbol{x}^{\mathrm{H}} \boldsymbol{A} \boldsymbol{x}}{\boldsymbol{x}^{\mathrm{H}} \boldsymbol{B} \boldsymbol{x}}$$
$$= \frac{\boldsymbol{x}^{\mathrm{H}} \boldsymbol{B}^{1/2} \boldsymbol{B}^{-1/2} \boldsymbol{A} \boldsymbol{B}^{-1/2} \boldsymbol{B}^{1/2} \boldsymbol{x}}{\boldsymbol{x}^{\mathrm{H}} \boldsymbol{B}^{1/2} \boldsymbol{B}^{1/2} \boldsymbol{x}}$$
$$= \frac{(\boldsymbol{B}^{1/2} \boldsymbol{x})^{\mathrm{H}} (\boldsymbol{B}^{-1/2} \boldsymbol{A} \boldsymbol{B}^{-1/2}) (\boldsymbol{B}^{1/2} \boldsymbol{x})}{(\boldsymbol{B}^{1/2} \boldsymbol{x})^{\mathrm{H}} (\boldsymbol{B}^{1/2} \boldsymbol{x})}$$
$$= \frac{(\boldsymbol{B}^{1/2} \boldsymbol{x})^{\mathrm{H}} (\boldsymbol{B}^{-1/2} \boldsymbol{A} \boldsymbol{B}^{-1/2}) (\boldsymbol{B}^{1/2} \boldsymbol{x})}{(\boldsymbol{B}^{1/2} \boldsymbol{x})^{\mathrm{H}} (\boldsymbol{B}^{1/2} \boldsymbol{x})}$$
$$= \frac{\boldsymbol{x}^{\mathrm{H}} (\boldsymbol{B}^{-1/2} \boldsymbol{A} \boldsymbol{B}^{-1/2}) \boldsymbol{x}}{\boldsymbol{x}^{\mathrm{H}} \boldsymbol{x}}$$
$$= R(\boldsymbol{x}, (\boldsymbol{B}^{-1/2})^{\mathrm{H}} \boldsymbol{A} (\boldsymbol{B}^{-1/2})) \qquad (\boldsymbol{0} \neq \boldsymbol{x} \in \mathbb{C}^n). \qquad \square$$

§2.3 统计物理学量子态的极值分布问题

一、麦克斯韦 – 玻尔兹曼粒子系统

设粒子系统属可分辨 (两两不同) 的, 其所含粒子的个数为 N (N 充分大), 粒子所处的可能能级的个数为 n, 其能量值分别为 $\varepsilon_1, \cdots, \varepsilon_n$, 该粒子系统所含总能量为 E, 随机变量 X_j 表示处于能级 $\varepsilon_j (1 \leqslant j \leqslant n)$ 的粒子数.

定义 2.3.1 称该随机向量 $(X_1, \cdots, X_n)$ 的分布律

$$G(m_1, \cdots, m_n) = P\{(X_1, \cdots, X_n) = (m_1, \cdots, m_n)\}$$
$$\left(m_j \in \{0\} \cup \mathbb{N}, \ \sum_{j=1}^n m_j = N\right)$$

为麦克斯韦 – 玻尔兹曼分布律; 在该粒子系统所含总能量为 E 的条件之下, 称此分布律函数 $G(m_1, \cdots, m_n)$ 的最大值点为麦克斯韦 – 玻尔兹曼分布.

定理 2.3.1 麦克斯韦 – 玻尔兹曼分布律为

$$G(m_1,\cdots,m_n) = \frac{N!}{n^N \prod\limits_{j=1}^{n} m_j!} \quad \left(m_j \in \{0\} \cup \mathbb{N},\ \sum_{j=1}^{n} m_j = N\right).$$

证明 考虑多项式概率模型, 可见随机向量 $(X_1,\cdots,X_n)$ 符合此模型. 再注意到, 根据玻尔兹曼微观状态等概率假定, 每个粒子处于的能级 $\varepsilon_j(1 \leqslant j \leqslant n)$ 的概率均为 $p_j = 1/n$, 即得

$$G(m_1,\cdots,m_n) = \frac{N!}{\prod\limits_{j=1}^{n} m_j!} \prod_{j=1}^{n} \left(\frac{1}{n}\right)^{m_j}$$

$$= \frac{N!}{n^N \prod\limits_{j=1}^{n} m_j!} \quad \left(m_j \in \{0\} \cup \mathbb{N},\ \sum_{j=1}^{n} m_j = N\right). \qquad \square$$

定理 2.3.2 麦克斯韦–玻尔兹曼分布为

$$\begin{cases} m_j = N \dfrac{\mathrm{e}^{-\mu\varepsilon_j}}{\sum\limits_{j=1}^{n} \mathrm{e}^{-\mu\varepsilon_j}}, \\ \dfrac{E}{N} = \dfrac{\sum\limits_{j=1}^{n} \varepsilon_j \mathrm{e}^{-\mu\varepsilon_j}}{\sum\limits_{j=1}^{n} \mathrm{e}^{-\mu\varepsilon_j}} \end{cases} \quad (1 \leqslant j \leqslant n). \tag{2.3.1}$$

证明 易知所求的麦克斯韦–玻尔兹曼分布即是如下函数 G^* 的条件极大值点:

$$\begin{cases} G^*(m_1,\cdots,m_n) = \dfrac{N!}{\prod\limits_{j=1}^{n} m_j!}, \quad m_j \in \{0\} \cup \mathbb{N}, \\ \sum\limits_{j=1}^{n} m_j = N, \\ \sum\limits_{j=1}^{n} m_j \varepsilon_j = E. \end{cases}$$

运用斯特林公式

$$\ln m! \doteq m(\ln m - 1) \qquad (m \in \mathbb{N}, \text{且 } m \text{ 充分大}),$$

得

$$\ln G^*(m_1, \cdots, m_n) = \ln N! - \sum_{j=1}^{n} \ln m_j!$$
$$\doteq N(\ln N - 1) - \sum_{j=1}^{n} m_j(\ln m_j - 1).$$

做拉格朗日辅助函数

$$F(m_1, \cdots, m_n, \lambda, \mu) = N(\ln N - 1) - \sum_{j=1}^{n} m_j(\ln m_j - 1)$$
$$+ \lambda \left(N - \sum_{j=1}^{n} m_j \right) + \mu \left(E - \sum_{j=1}^{n} m_j \varepsilon_j \right).$$

根据必要条件定理, 知极大值点 $(m_1, \cdots, m_n)$ 满足驻点方程组

$$\begin{cases} -\ln m_j - \lambda - \mu \varepsilon_j = 0, & 1 \leqslant j \leqslant n, \\ \sum_{j=1}^{n} m_j = N, \\ \sum_{j=1}^{n} m_j \varepsilon_j = E. \end{cases}$$

可得麦克斯韦–玻尔兹曼分布为

$$\begin{cases} m_j = \mathrm{e}^{-\lambda - \mu \varepsilon_j}, & 1 \leqslant j \leqslant n, \\ \sum_{j=1}^{n} m_j = N, \\ \sum_{j=1}^{n} m_j \varepsilon_j = E, \end{cases}$$

即
$$\begin{cases} m_j = N\dfrac{\mathrm{e}^{-\mu\varepsilon_j}}{\displaystyle\sum_{j=1}^{n}\mathrm{e}^{-\mu\varepsilon_j}}, & 1 \leqslant j \leqslant n, \\ \dfrac{E}{N} = \dfrac{\displaystyle\sum_{j=1}^{n}\varepsilon_j\mathrm{e}^{-\mu\varepsilon_j}}{\displaystyle\sum_{j=1}^{n}\mathrm{e}^{-\mu\varepsilon_j}}. \end{cases}$$

□

二、玻色–爱因斯坦粒子系统

设全同性粒子系属不可分辨的，其所含粒子的数目为 N（N 充分大），所含总能量值为 E，其粒子所处的可能能级的个数为 n，相应的能量值分别为 $\varepsilon_1, \cdots, \varepsilon_n$，而能级 ε_j 的可能量子态（简并态）有 ω_j 个（ω_j 充分大），每个量子态可容纳粒子的数目不限，随机变量 X_j 表示处于能级 $\varepsilon_j (1 \leqslant j \leqslant n)$ 的粒子数.

定义 2.3.2 称该随机向量 $(X_1, \cdots, X_n)$ 的分布律

$$G(m_1, \cdots, m_n) = P\{(X_1, \cdots, X_n) = (m_1, \cdots, m_n)\}$$
$$\left(m_j \in \{0\} \cup \mathbb{N}, \sum_{j=1}^{n} m_j = N\right)$$

为玻色–爱因斯坦分布律. 而在该粒子系统所含总能量为 E 的条件下，称此分布律函数 $G(m_1, \cdots, m_n)$ 的最大值点为玻色–爱因斯坦分布.

定理 2.3.3 玻色–爱因斯坦分布律为

$$G(m_1, \cdots, m_n) = \frac{N!(\Omega-1)!}{(\Omega+N-1)!}\prod_{j=1}^{n}\frac{(\omega_j+m_j-1)!}{m_j!(\omega_j-1)!},$$

其中 $m_j \in \{0\} \cup \mathbb{N}, \displaystyle\sum_{j=1}^{n} m_j = N, \Omega = \sum_{j=1}^{n}\omega_j$.

证明 考虑古典概率模型, 一般样本点为在 Ω 个量子态 (用 □ 表示) 中放入 N 个粒子 (用 • 表示) 的方式, 可用下列排列形式表达:

$$□ • □ □ • • • □ • • □ \cdots,$$

其中 □ 与 □ 之间的 • 意为放入左边 □ 中的 •. 于是, 排列总数 (除去重复的) 为

$$\frac{(\Omega + N - 1)!}{N!(\Omega - 1)!}.$$

同理可知事件 $(X_1, \cdots, X_n) = (m_1, \cdots, m_n)$ 所含样本点数为

$$\prod_{j=1}^{n} C_{\omega_j + m_j - 1}^{m_j} = \prod_{j=1}^{n} \frac{(\omega_j + m_j - 1)!}{m_j!(\omega_j - 1)!}.$$

余者自明. □

定理 2.3.4 玻色–爱因斯坦分布为

$$\begin{cases} m_j = \dfrac{\omega_j}{\mathrm{e}^{\lambda + \mu \varepsilon_j} - 1}, & 1 \leqslant j \leqslant n, \\ \displaystyle\sum_{j=1}^{n} m_j = N, \\ \displaystyle\sum_{j=1}^{n} m_j \varepsilon_j = E. \end{cases} \quad (2.3.2)$$

证明 易见, 所求的玻色–爱因斯坦分布即是如下函数 G^* 的条件极大值点:

$$\begin{cases} G^*(m_1, \cdots, m_n) = \displaystyle\prod_{j=1}^{n} \dfrac{(\omega_j + m_j - 1)!}{m_j!(\omega_j - 1)!}, & m_j \in \{0\} \cup \mathbb{N}, \\ \displaystyle\sum_{j=1}^{n} m_j = N, \\ \displaystyle\sum_{j=1}^{n} m_j \varepsilon_j = E. \end{cases}$$

运用斯特林公式

$$\ln m! \doteq m(\ln m - 1) \qquad (m \in \mathbb{N} \text{充分大}),$$

得

$$\ln G^*(m_1,\cdots,m_n)$$
$$=\sum_{j=1}^{n}(\ln(m_j+\omega_j-1)!-\ln m_j!-\ln(\omega_j-1)!)$$
$$\doteq\sum_{j=1}^{n}((m_j+\omega_j-1)(\ln(m_j+\omega_j-1)-1)-m_j(\ln m_j-1)-(\omega_j-1)(\ln(\omega_j-1)-1))$$
$$\doteq\sum_{j=1}^{n}((m_j+\omega_j)\ln(m_j+\omega_j)-m_j\ln m_j-\omega_j\ln\omega_j).$$

做拉格朗日辅助函数

$$F(m_1,\cdots,m_n,\lambda,\mu)=\sum_{j=1}^{n}((m_j+\omega_j)\ln(m_j+\omega_j)-m_j\ln m_j-\omega_j\ln\omega_j)$$
$$+\lambda\left(N-\sum_{j=1}^{n}m_j\right)+\mu\left(E-\sum_{j=1}^{n}m_j\varepsilon_j\right),$$

根据必要条件定理，知极大值点 $(m_1,\cdots,m_n)$ 满足驻点方程组

$$\begin{cases}\ln(m_j+\omega_j)-\ln m_j-\lambda-\mu\varepsilon_j=0,\quad 1\leqslant j\leqslant n,\\ \sum_{j=1}^{n}m_j=N,\\ \sum_{j=1}^{n}m_j\varepsilon_j=E.\end{cases}$$

由此可知玻色-爱因斯坦分布为

$$\begin{cases}m_j=\dfrac{\omega_j}{\mathrm{e}^{\lambda+\mu\varepsilon_j}-1},\quad 1\leqslant j\leqslant n,\\ \sum_{j=1}^{n}m_j=N,\\ \sum_{j=1}^{n}m_j\varepsilon_j=E.\end{cases}$$

□

三、费米-狄拉克粒子系统

设全同性粒子系属不可分辨的,其所含粒子的数目为 N(N 充分大),所含总能量值为 E,其粒子所处的可能能级的个数为 n,相应的能量值分别为 $\varepsilon_1,\cdots,\varepsilon_n$,而能级 ε_j 的可能量子态 (简并态) 有 ω_j 个 (ω_j 充分大),每个量子态可容纳的粒子至多一个,随机变量 X_j 表示处于能级 $\varepsilon_j(1\leqslant j\leqslant n)$ 的粒子数.

定义 2.3.3 称该随机向量 $(X_1,\cdots,X_n)$ 的分布律

$$G(m_1,\cdots,m_n)=P\{(X_1,\cdots,X_n)=(m_1,\cdots,m_n)\}$$
$$\left(m_j\in\{0\}\cup\mathbb{N},\ \sum_{j=1}^n m_j=N\right)$$

为费米-狄拉克分布律. 而在该粒子系所含总能量为 E 的条件下,称此分布律函数 $G(m_1,\cdots,m_n)$ 的最大值点为费米-狄拉克分布.

定理 2.3.5 费米-狄拉克分布律为

$$G(m_1,\cdots,m_n)=\frac{N!(\Omega-N)!}{\Omega!}\prod_{j=1}^n\frac{\omega_j!}{m_j!(\omega_j-m_j)!},$$

其中 $m_j\in\{0\}\cup\mathbb{N},\ \sum_{j=1}^n m_j=N, \Omega=\sum_{j=1}^n\omega_j.$

证明 考虑古典概率模型,一般样本点为 Ω 个量子态任取 N 个的组合,其数为

$$C_\Omega^N=\frac{\Omega!}{N!(\Omega-N)!}.$$

事件 $(X_1,\cdots,X_n)=(m_1,\cdots,m_n)$ 所含样本点数为

$$\prod_{j=1}^n C_{\omega_j}^{m_j}=\prod_{j=1}^n\frac{\omega_j!}{m_j!(\omega_j-m_j)!}.$$

余者自明. □

定理 2.3.6 费米-狄拉克分布为

$$\begin{cases} m_j = \dfrac{\omega_j}{\mathrm{e}^{\lambda+\mu\varepsilon_j}+1}, & 1 \leqslant j \leqslant n, \\ \displaystyle\sum_{j=1}^{n} m_j = N, \\ \displaystyle\sum_{j=1}^{n} m_j \varepsilon_j = E. \end{cases} \qquad (2.3.3)$$

证明过程与玻色-爱因斯坦分布的证明类似.

第三章

泛函的极值

类同于函数的状况, 泛函极值点与极值的求解, 要借助泛函的导数. 本章 §3.1、§3.2 分别揭示了泛函的弱导数与强导数的概念, 基于此, 在 §3.3 中研究求解泛函极值的方法, 即泛函极值点的必要条件与充分条件.

§3.1 弱导数 (加托导数)

定义 3.1.1 设 X, Y 均为实赋范线性空间, $U \subset X$ 是开集, 算子 $J: U \to Y$, $y_0 \in U$. 若

$$\lim_{\|h\| \to 0} J(y_0 + h) = J(y_0), \tag{3.1.1}$$

则称 $J(x)$ 在点 y_0 连续.

算子的弱导数系函数方向导数概念的推广.

定义 3.1.2 设 X, Y 均为实赋范线性空间, $U \subset X$ 是开集, 算子 $J: U \to Y$, $y_0 \in U, \eta \in X$. 若极限

$$\mathrm{D}J(y_0; \eta) \triangleq \lim_{t \to 0} \frac{J(y_0 + t\eta) - J(y_0)}{t} \tag{3.1.2}$$

存在, 则称 $\mathrm{D}J(y_0; \eta)$ 为 $J(y)$ 在点 y_0 沿方向 η 的弱微分 (加托微分); 若 $J(y)$ 在点 y_0 沿所有方向 η 的弱微分皆存在, 则称 $J(y)$ 在点 y_0 弱可微 (加托可微); 若 $J(y)$ 在 U 上点点弱可微, 则称 $J(y)$ 在 U 上弱可微.

定义 3.1.3 设 $J(y)$ 在点 y_0 弱可微 (加托可微), $B(X, Y)$ 表示从 X 到 Y 的有

界线性算子的全体, 且存在 $\phi_{y_0} \in B(X,Y)$, 使得

$$\mathrm{D}J(y_0;\eta) = \phi_{y_0}(\eta) \qquad (\forall \eta \in X), \tag{3.1.3}$$

称 $J(y)$ 在点 y_0 弱可导 (加托可导), 称 ϕ_{y_0} 为 $J(y)$ 在点 y_0 的弱导数 (加托导数), 记作 $J'(y_0)$.

用函数求导的方法求解泛函算子的弱微分, 就是下列定理的意义:

定理 3.1.1 设 X 为实赋范线性空间, $U \subset X$ 是开集, 泛函 $J: U \to \mathbb{R}$. 若令 $\varphi(t) = J(y_0 + t\eta)$ $(t \in \mathbb{R})$, 则

$$\mathrm{D}J(y_0;\eta) = \left.\frac{\mathrm{d}\varphi}{\mathrm{d}t}(t)\right|_{t=0}. \tag{3.1.4}$$

证明 由

$$\begin{aligned}\frac{\mathrm{d}\varphi}{\mathrm{d}t}(t) &= \lim_{\Delta t \to 0} \frac{J(y_0 + (t+\Delta t)\eta) - J(y_0 + t\eta)}{\Delta t} \\ &= \lim_{\Delta t \to 0} \frac{J(y_0 + t\eta + \Delta t\eta) - J(y_0 + t\eta)}{\Delta t} \\ &= \mathrm{D}J(y_0 + t\eta;\eta),\end{aligned}$$

可得

$$\left.\frac{\mathrm{d}\varphi}{\mathrm{d}t}(t)\right|_{t=0} = \mathrm{D}J(y_0 + t\eta;\eta)\big|_{t=0} = \mathrm{D}J(y_0;\eta). \qquad \square$$

例 3.1.1 设 $\mathscr{H}$ 是实希尔伯特空间, 泛函 $J: \mathscr{H} \to \mathbb{R}$ 为

$$J(x) = \|x\| \qquad (x \in \mathscr{H}).$$

求 $\mathrm{D}J(x;\eta)(x \neq 0)$.

解法一 由于

$$\begin{aligned}\lim_{t \to 0} \frac{J(x+t\eta) - J(x)}{t} &= \lim_{t \to 0} \frac{\|x+t\eta\| - \|x\|}{t} = \lim_{t \to 0} \frac{\|x+t\eta\|^2 - \|x\|^2}{t(\|x+t\eta\| + \|x\|)} \\ &= \lim_{t \to 0} \frac{\langle x+t\eta, x+t\eta \rangle - \langle x,x \rangle}{t(\|x+t\eta\| + \|x\|)} = \lim_{t \to 0} \frac{2\langle x, t\eta\rangle + \langle t\eta, t\eta\rangle}{t(\|x+t\eta\| + \|x\|)} \\ &= \lim_{t \to 0} \frac{2\langle x, \eta\rangle + t\langle \eta, \eta\rangle}{\|x+t\eta\| + \|x\|} = \frac{\langle x, \eta\rangle}{\|x\|},\end{aligned}$$

因此
$$\mathrm{D}J(x_0;\eta) = \frac{\langle x,\eta\rangle}{\|x\|}.$$

易见 $\mathrm{D}J(x_0;\eta)$ 是关于 η 的线性泛函, 则 J 的弱导数 $J'(x):\mathscr{H}\to\mathbb{R}$ 为

$$J'(x)(\eta) = \frac{\langle x,\eta\rangle}{\|x\|}.$$

解法二 做函数 $\varphi(t):\mathbb{R}\to\mathbb{R}$ 为

$$\begin{aligned}\varphi(t) &= J(x+t\eta) = (\|x+t\eta\|^2)^{1/2}\\ &= (\langle x+t\eta, x+t\eta\rangle)^{1/2}\\ &= (\langle x,x\rangle + 2t\langle x,\eta\rangle + t^2\langle\eta,\eta\rangle)^{1/2},\end{aligned}$$

于是

$$\begin{aligned}\mathrm{D}J(x;\eta) &= \left.\frac{\mathrm{d}\varphi}{\mathrm{d}t}(t)\right|_{t=0} = \left.\frac{1}{2}(\langle x,x\rangle + 2t\langle x,\eta\rangle + t^2\langle\eta,\eta\rangle)^{-1/2}(2\langle x,\eta\rangle + 2t\langle\eta,\eta\rangle)\right|_{t=0}\\ &= \frac{\langle x,\eta\rangle}{\|x\|}.\end{aligned}$$

定理 3.1.2 若 $J(x)$ 在点 y_0 沿方向 η 的弱微分存在, 则其是唯一的.

证明 设 $J(x)$ 在点 y_0 沿方向 h 的弱微分存在两个: $A(y_0;\eta)$ 与 $B(y_0;\eta)$, 于是,

$$\begin{aligned}&\|A(y_0;\eta) - B(y_0;\eta)\|\\ &= \left\|-\left(\frac{J(y_0+t\eta)-J(y_0)}{t} - A(y_0;\eta)\right) + \left(\frac{J(y_0+t\eta)-J(y_0)}{t} - B(y_0;\eta)\right)\right\|\\ &\leqslant \left\|\frac{J(y_0+t\eta)-J(y_0)}{t} - A(y_0;\eta)\right\| + \left\|\frac{J(y_0+t\eta)-J(y_0)}{t} - B(y_0;\eta)\right\|\\ &\to 0 \quad (t\to 0).\end{aligned}$$

由此可知 $\|A(y_0;\eta) - B(y_0;\eta)\| = 0$. □

§3.2 强导数 (弗雷歇导数)

定义 3.2.1 设 X,Y 均为实赋范线性空间, $U \subset X$ 是开集, 算子 $J: U \to Y$, $y_0 \in U$. 若存在 $\phi_{y_0} \in B(X,Y)$, 使得

$$J(y_0 + \eta) = J(y_0) + \phi_{y_0}(\eta) + o(\|\eta\|) \quad (\eta \in X), \tag{3.2.1}$$

则称 $J(y)$ 在点 y_0 处强可微 (弗雷歇可微); 称 $\phi_{y_0}(\eta)$ 为 $J(y)$ 在点 y_0 处的强微分 (弗雷歇微分), 记作 $\mathrm{d}J(y_0;\eta)$; 称 ϕ_{y_0} 为 $J(y)$ 在点 y_0 处的强导数 (弗雷歇导数), 记作 $J'(y_0)$. 若 $J(y)$ 在 U 上点点强可微, 则称 $J(y)$ 在 U 上强可微, 称 $J'(y): U \to B(X,Y)$ 为 $J(y)$ 在 U 上的强导函数.

泛函的强导数系函数微分概念的演绎.

例 3.2.1 设泛函 $J: \mathbb{R}^2 \to \mathbb{R}$ 为

$$J(\boldsymbol{x}) = x_1 x_2 + x_1^2 \quad (\boldsymbol{x} = (x_1, x_2) \in \mathbb{R}^2),$$

求 $\mathrm{d}J(\boldsymbol{x};\boldsymbol{\eta})$, 其中 $\boldsymbol{\eta} \in \mathbb{R}^2$.

解 $\forall \boldsymbol{\eta} = (\eta_1, \eta_2) \in \mathbb{R}^2$, 由于

$$\begin{aligned} J(\boldsymbol{x}+\boldsymbol{\eta}) - J(\boldsymbol{x}) &= (x_1+\eta_1)(x_2+\eta_2) + (x_1+\eta_1)^2 - (x_1 x_2 + x_1^2) \\ &= (x_2 \eta_1 + x_1 \eta_2 + 2 x_1 \eta_1) + (\eta_1 \eta_2 + \eta_1^2), \end{aligned}$$

而且

$$\begin{aligned} \lim_{\|\boldsymbol{\eta}\| \to 0} \frac{|\eta_1 \eta_2 + \eta_1^2|}{\|\boldsymbol{\eta}\|} &= \lim_{\|\boldsymbol{\eta}\| \to 0} \frac{|\eta_1 \eta_2 + \eta_1^2|}{(\eta_1^2 + \eta_2^2)^{1/2}} \\ &\leqslant \lim_{\|\boldsymbol{\eta}\| \to 0} \frac{2|\eta_1||\eta_2| + \eta_1^2 + \eta_2^2}{(\eta_1^2 + \eta_2^2)^{1/2}} \\ &\leqslant \lim_{\|\boldsymbol{\eta}\| \to 0} \frac{2(\eta_1^2 + \eta_2^2)}{(\eta_1^2 + \eta_2^2)^{1/2}} = 0, \end{aligned}$$

即 $\eta_1 \eta_2 + \eta_1^2 = o(\|\boldsymbol{\eta}\|)$. 可知

$$\mathrm{d}J(\boldsymbol{x};\boldsymbol{\eta}) = x_2 \eta_1 + x_1 \eta_2 + 2 x_1 \eta_1,$$

亦可知 $J(\boldsymbol{x})$ 的强导函数 $J'(\boldsymbol{x}) : \mathbb{R}^2 \to \mathbb{R}$ 为

$$J'(\boldsymbol{x})\boldsymbol{\eta} = \begin{pmatrix} 2x_1 + x_2 \\ x_1 \end{pmatrix}^{\mathrm{T}} \begin{pmatrix} \eta_1 \\ \eta_2 \end{pmatrix}.$$

定理 3.2.1　若 J 在点 y_0 强可微, 则 J 在点 y_0 连续.

证明　由于

$$\begin{aligned}
\|J(y_0 + \eta) - J(y_0)\| &\leqslant \|\mathrm{d}J(y_0; \eta)\| + \|o(\|\eta\|)\| \\
&\leqslant \|\mathrm{d}J(y_0; \eta)\| + \frac{\|o(\|\eta\|)\|}{\|\eta\|} \|\eta\| \\
&\leqslant M_1 \|\eta\| + M_2 \|\eta\| \to 0 \quad (\|\eta\| \to 0),
\end{aligned}$$
□

定理 3.2.2　若 J 在点 y_0 强可微, 则 J 在点 y_0 弱可微, 且

$$\mathrm{D}J(y_0; \eta) = \mathrm{d}J(y_0; \eta) \quad (\forall \eta \in X). \tag{3.2.2}$$

证明　据题设知 $\forall t \in \mathbb{R}, \forall \eta \in X$, 有

$$J(y_0 + t\eta) - J(y_0) = \mathrm{d}J(y_0; t\eta) + o(\|t\eta\|),$$

故而

$$\begin{aligned}
\mathrm{D}J(y_0; \eta) &= \lim_{t \to 0} \frac{J(y_0 + t\eta) - J(y_0)}{t} \\
&= \lim_{t \to 0} \frac{\mathrm{d}J(y_0; t\eta)}{t} + \lim_{t \to 0} \frac{o(\|t\eta\|)}{t} \\
&= \lim_{t \to 0} \frac{t\,\mathrm{d}J(y_0; \eta)}{t} + \lim_{t \to 0} \frac{\|t\eta\|}{t} \frac{o(\|t\eta\|)}{\|t\eta\|} \\
&= \mathrm{d}J(y_0; \eta) \quad (\forall \eta \in X).
\end{aligned}$$
□

注 3.2.1　强导数与弱导数相等.

定义 3.2.2　设 X, Y 均为实赋范线性空间, $U \subset X$ 是开集, 算子 $J : U \to Y$ 强可微. 若强导数 $J'(y) : U \to B(X, Y)$ 在 $y_0 \in U$ 处强可微, 则称 J 在 $y_0 \in U$ 处二阶强可微, 记 J' 在 $y_0 \in U$ 处的强导数为 $(J'(y_0))' = J''(y_0)$, 称之为 J 的二阶强导数. 若强导数 $J''(y) : U \to B(X, B(X, Y))$ 在 $y_0 \in U$ 处强可微, 则称 J 在 $y_0 \in U$

处三阶强可微, 记 J'' 在 $y_0 \in U$ 处的强导数为 $(J''(y_0))' = J^{(3)}(y_0)$, 称之为 J 的三阶强导数. 一般地, 若强导数 $J^{(n-1)}(y) : U \to B(X, B(X, B(X, \cdots, B(X, Y)) \cdots)$ 在 $y_0 \in U$ 处强可微, 则称 J 在 $y_0 \in U$ 处 n 阶强可微, 记 $J^{(n-1)}$ 在 $y_0 \in U$ 处的强导数为 $(J^{(n-1)}(y_0))' = J^{(n)}(y_0)$, 称之为 J 的 n 阶强导数.

记
$$(\cdots((J^{(n)}(y_0)h_1)h_2)\cdots)h_n = J^{(n)}(y_0)(h_1, h_2, \cdots, h_n) \quad (h_i \in X),$$

特别地, 当 $h_1 = h_2 = \cdots = h_n = h$ 时, 记

$$J^{(n)}(y_0)(h_1, h_2, \cdots, h_n) = J^{(n)}(y_0)h^n.$$

定理 3.2.3 (泰勒–杨公式) 设 X, Y 均为实赋范线性空间, $U \subset X$ 是开集. 若算子 $J : U \to Y$ 在 U 上具有 $m-1$ 阶导数, 且在 $y_0 \in U$ 处有 m 阶导数, 则

$$J(y_0 + h) = J(y_0) + \sum_{k=1}^{m} \frac{J^{(k)}(y_0)}{k!} h^k + o(\|\eta\|^m) \quad (h \in X). \tag{3.2.3}$$

§3.3 泛函极值的必要条件与充分条件

定义 3.3.1 设 X 为实赋范线性空间, $y_0 \in X, r > 0$, 称

$$B_r(y_0) \triangleq \{y \in X : \|y - y_0\| < r\} \tag{3.3.1}$$

为以 y_0 为中心 r 为半径的开球邻域.

定义 3.3.2 设 X 为实赋范线性空间, $U \subset X$ 是开集, 泛函 $J : U \to \mathbb{R}, y_0 \in \mathscr{Y}$. 若存在点 y_0 的邻域 $B_r(y_0)$, 使得

$$J(y_0) \leqslant J(y) \quad \text{或} \quad J(y_0) \geqslant J(y) \quad (\forall y \in B_r(y_0)), \tag{3.3.2}$$

则称 J 在点 y_0 取得 (局部) 极小值或 (局部) 极大值.

定义 3.3.3 设 X 为实赋范线性空间, $U \subset X$ 是开集, 泛函 $J : U \to \mathbb{R}, J(y)$ 在 U 上弱可微, 称

$$DJ(y; \eta) = 0 \quad (\forall \eta \in X) \tag{3.3.3}$$

即 $J'(y) = 0$ 为 $J(y)$ 的驻点方程, 其解为 $J(y)$ 的驻点.

定理 3.3.1 (必要条件) 设 X 为实赋范线性空间, $U \subset X$ 是开集, 泛函 $J : U \to \mathbb{R}$ 在点 y_0 弱可微. 若 J 在点 y_0 取得极值, 则 y_0 为 $J(y)$ 的驻点.

证明 任取 $\eta \in X$, 令
$$\varphi(t) = J(y_0 + t\eta) \qquad (t \in \mathbb{R}).$$

由题设知 $\varphi(t)$ 在点 $t = 0$ 取得极值, 则根据一元函数极值点的必要条件, 知
$$\begin{aligned} 0 = \varphi'(t)\big|_{t=0} &= \lim_{t \to 0} \frac{\varphi(t) - \varphi(0)}{t} \\ &= \lim_{t \to 0} \frac{J(y_0 + t\eta) - J(y_0)}{t} \\ &= \mathrm{D}J(y_0; \eta) \qquad (\forall \eta \in X). \end{aligned} \qquad \square$$

推论 3.3.1 设 X 为实赋范线性空间, $U \subset X$ 是开集, 泛函 $J : U \to \mathbb{R}$ 在点 y_0 弱可微. 令
$$\varphi(t) = J(y_0 + t\eta) \qquad (\forall \eta \in X, t \in \mathbb{R}),$$
若 J 在点 y_0 取得极值, 则
$$\frac{\mathrm{d}\varphi(t)}{\mathrm{d}t}\bigg|_{t=0} = 0 \qquad (\forall \eta \in X). \tag{3.3.4}$$

例 3.3.1 设泛函 $J : \mathbb{R}^2 \to \mathbb{R}$ 为
$$J(\boldsymbol{x}) = x_1 x_2 + x_1^2 \qquad (\boldsymbol{x} = (x_1, x_2) \in \mathbb{R}^2),$$
求 $J(\boldsymbol{x})$ 的驻点.

解 $\forall \boldsymbol{\eta} = (\eta_1, \eta_2) \in \mathbb{R}^2$, 由于
$$\mathrm{D}J(\boldsymbol{x}; \boldsymbol{\eta}) = \mathrm{d}J(\boldsymbol{x}; \boldsymbol{\eta}) = x_2\eta_1 + x_1\eta_2 + 2x_1\eta_1 = (2x_1 + x_2)\eta_1 + x_1\eta_2,$$
则知 $J(\boldsymbol{x})$ 的驻点方程为
$$\mathrm{D}J(\boldsymbol{x}; \boldsymbol{\eta}) = (2x_1 + x_2)\eta_1 + x_1\eta_2 = 0 \qquad (\forall \boldsymbol{\eta} \in \mathbb{R}^2).$$

因此可得 $J(\boldsymbol{x})$ 的驻点 $\boldsymbol{x} = (0, 0)$.

定理 3.3.2 (充分条件) 设 X 为实赋范线性空间, $U \subset X$ 是开集, 泛函 $J : U \to \mathbb{R}$ 在点 y_0 有二阶强导数, $J'(y_0) = 0$. 若 $\exists \lambda > 0$, 使得

$$J''(y_0)\eta^2 > \lambda \|\eta\|^2 \quad (\forall \eta \in X),$$

则 J 在点 y_0 取得极小值.

证明 因为 J 在点 y_0 有二阶强导数, 根据泰勒–杨公式, 可得

$$J(y_0 + \eta) = J(y_0) + J'(y_0)\eta + \frac{1}{2}J''(y_0)\eta^2 + o(\|\eta\|^2) \quad (\eta \in X).$$

再注意到 $J'(y_0) = 0$ 及 $\exists \delta > 0$, 使得

$$|o(\|\eta\|^2)| < \frac{1}{2}\lambda \|\eta\|^2 \quad (0 < \|\eta\| < \delta).$$

于是

$$\begin{aligned} J(y_0 + \eta) - J(y_0) &= \frac{1}{2}J''(y_0)\eta^2 + o(\|\eta\|^2) \\ &\geqslant \frac{1}{2}\lambda \|\eta\|^2 + o(\|\eta\|^2) \\ &\geqslant \frac{1}{2}\lambda \|\eta\|^2 - |o(\|\eta\|^2)| > 0 \quad (0 < \|\eta\| < \delta). \end{aligned}$$ $\square$

例 3.3.2 设泛函 $J(y) : C[0,1] \to \mathbb{R}$ 为

$$J(y) = \int_0^1 (xy(x) + y^2(x))\mathrm{d}x,$$

若 $J(y)$ 存在极值, 试求其极值点.

解 令 $\varphi(t) = J(y + t\eta)$ $(t \in \mathbb{R})(\eta \in C[0,1])$. 由于

$$\begin{aligned} \mathrm{D}J(y;\eta) &= \left.\frac{\mathrm{d}\varphi(t)}{\mathrm{d}t}\right|_{t=0} \\ &= \left.\frac{\mathrm{d}}{\mathrm{d}t} \int_0^1 (x(y + t\eta) + (y + t\eta)^2)\mathrm{d}x\right|_{t=0} \end{aligned}$$

$$= \int_0^1 \frac{\mathrm{d}}{\mathrm{d}t}(x(y+t\eta)+(y+t\eta)^2)\mathrm{d}x\bigg|_{t=0}$$
$$= \int_0^1 (x\eta + 2(y+t\eta)\eta)\mathrm{d}x\bigg|_{t=0}$$
$$= \int_0^1 (x+2y)\eta\mathrm{d}x,$$

故 $J(y)$ 极值点应满足的方程 $\mathrm{D}J(y;\eta)=0$ ($\forall \eta \in C[0,1]$),即为

$$\int_0^1 (x+2y)\eta\mathrm{d}x = 0 \quad (\forall \eta \in C[0,1]),$$

取 $\eta = x+2y$,则 $y(x) = -\frac{1}{2}x$,这就是泛函 $J(y)$ 的极值点.

第四章

投影泛函的极值

泛函的最简类型系投影泛函,本章探讨其极值点的性质及求法. §4.1 中投影泛函的投影空间是抽象的; §4.2 中的投影空间是有限维的, 此时求泛函的极值可转换为求多元函数的极值; §4.3 中的投影空间是可列维的, 借助投影极限定理能与有限维的情形相沟通; 在 §4.4 中, 将背景空间从一般的希尔伯特空间具体为平方可积随机变量空间.

此后的四章, 即第五、六、七、八章所讨论的问题, 抽象而言, 皆隶属于投影泛函极值点问题, 甚至第九章二次泛函的极值、第十章线性算子泛函方程, 亦在本章理论的视野之内.

§4.1 正交投影定理

定义 4.1.1 设 $\mathscr{H}$ 是希尔伯特空间, $\mathscr{M}$ 是 $\mathscr{H}$ 的闭线性子空间, $f \in \mathscr{H}$. 泛函 $J : \mathscr{M} \to \mathbb{R}$ 为

$$J(z) = \|f - z\|, \tag{4.1.1}$$

称之为 f 向 $\mathscr{M}$ 的投影泛函.

定理 4.1.1 (正交投影定理) 若 $\mathscr{M}$ 是希尔伯特空间 $\mathscr{H}$ 的闭线性子空间, $f \in \mathscr{H}$, 设投影泛函 $J(z) = \|f - z\|$ $(z \in \mathscr{M})$, 则

(1) 存在唯一的元素 $y \in \mathscr{M}$ 满足投影泛函最值方程

$$J(y) = \min_{z \in \mathscr{M}} J(z),$$

即

$$\|f - y\| = \min_{z \in \mathscr{M}} \|f - z\|; \tag{4.1.2}$$

(2) $y \in \mathcal{M}$ 满足 (4.1.2) 式的充要条件为 $f - y \perp \mathcal{M}$.

注 4.1.1 此时称 y 为 f 在 $\mathcal{M}$ 上的最佳逼近元,亦称 y 为 f 在 $\mathcal{M}$ 上的正交投影,如图 4.1 所示.

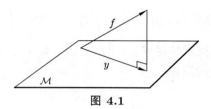

图 4.1

证明 只证定理 4.1.1 (2). 令 $\varphi(t) = J(z + t\eta)(\eta \in \mathcal{M}, t \in \mathbb{R})$,由于

$$(\varphi(t))^2 = \|f - z - t\eta\|^2$$
$$= \langle f - z - t\eta, f - z - t\eta \rangle$$
$$= \langle f, f \rangle + \langle z, z \rangle + t^2 \langle \eta, \eta \rangle - 2\langle f, z \rangle - 2t\langle f, \eta \rangle + 2t\langle z, \eta \rangle$$

可得

$$\frac{\mathrm{d}}{\mathrm{d}t}(\varphi(t))^2 = \frac{\mathrm{d}}{\mathrm{d}t}[\langle f, f \rangle + \langle z, z \rangle + t^2 \langle \eta, \eta \rangle - 2\langle f, z \rangle - 2t\langle f, \eta \rangle + 2t\langle z, \eta \rangle],$$

即

$$2\varphi(t)\frac{\mathrm{d}\varphi(t)}{\mathrm{d}t} = 2t\langle \eta, \eta \rangle - 2\langle f, \eta \rangle + 2\langle z, \eta \rangle,$$

亦即

$$\frac{\mathrm{d}\varphi(t)}{\mathrm{d}t} = \frac{1}{\varphi(t)}(t\langle \eta, \eta \rangle - \langle f, \eta \rangle + \langle z, \eta \rangle),$$

因此,可得

$$\mathrm{D}J(z, \eta) = \frac{\mathrm{d}\varphi(t)}{\mathrm{d}t}\bigg|_{t=0}$$
$$= \frac{1}{\varphi(0)}(-\langle f, \eta \rangle + \langle z, \eta \rangle)$$
$$= \frac{1}{\|f - z\|}\langle z - f, \eta \rangle \qquad (\eta \in \mathcal{M}).$$

于是, y 是 $J(z)$ 极小值点 $\Leftrightarrow \mathrm{D}J(y,\eta)=0 \Leftrightarrow \langle y-f,\eta\rangle=0 \Leftrightarrow y-f\perp\mathcal{M}$. □

§4.2　有限维正交投影定理

下面的有限维正交投影定理是正交投影定理的一个特殊情形.

定理 4.2.1 (有限维正交投影定理)　若 $\{\varphi_n:1\leqslant n\leqslant m\}$ 是希尔伯特空间 $\mathscr{H}$ 的线性无关组, $f\in\mathscr{H}$. 设投影泛函

$$J(\boldsymbol{\alpha})=\left\|f-\sum_{k=1}^{m}\alpha_k\varphi_k\right\|\quad(\boldsymbol{\alpha}\in\mathbb{R}^m),$$

则

(1) 有限维投影泛函最值方程 $J(\beta)=\min\limits_{\alpha_k\in\mathbb{R}}J(\boldsymbol{\alpha})$, 即

$$\left\|f-\sum_{k=1}^{m}\beta_k\varphi_k\right\|=\min_{\alpha_k\in\mathbb{R}}\left\|f-\sum_{k=1}^{m}\alpha_k\varphi_k\right\| \tag{4.2.1}$$

的解存在、唯一, 且为 f 关于 $\varphi_1,\cdots,\varphi_m$ 的傅里叶系数, 即

$$(\beta_k)^{1\leqslant k\leqslant m}=\left[(\langle\varphi_i,\varphi_j\rangle)_{1\leqslant j\leqslant m}^{1\leqslant i\leqslant m}\right]^{-1}(\langle\varphi_i,f\rangle)^{1\leqslant i\leqslant m}. \tag{4.2.2}$$

(2) 逼近误差平方为

$$\begin{aligned}\min_{\alpha_k\in\mathbb{R}}J^2(\boldsymbol{\alpha})&=\langle f,f\rangle-(\langle f,\varphi_j\rangle)_{1\leqslant j\leqslant m}\left[(\langle\varphi_i,\varphi_j\rangle)_{1\leqslant j\leqslant m}^{1\leqslant i\leqslant m}\right]^{-1}(\langle\varphi_i,f\rangle)^{1\leqslant i\leqslant m}\\ &=\langle f,f\rangle-(\langle f,\varphi_j\rangle)_{1\leqslant j\leqslant m}(\beta_k)^{1\leqslant k\leqslant m}.\end{aligned} \tag{4.2.3}$$

证明　(1) **方法一**　用正交投影定理. 根据正交投影定理及 $\{\varphi_n:1\leqslant n\leqslant m\}$ 的线性无关性, 可知解 $\beta_k(1\leqslant k\leqslant m)$ 存在、唯一, 且有

$$f-\sum_{k=1}^{m}\beta_k\varphi_k\perp\varphi_i\quad(1\leqslant i\leqslant m),$$

即

$$\sum_{k=1}^{m}\langle\varphi_k,\varphi_i\rangle\beta_k=\langle f,\varphi_i\rangle\quad(1\leqslant i\leqslant m),$$

亦即
$$\left[(\langle\varphi_i,\varphi_j\rangle)_{1\leqslant j\leqslant m}^{1\leqslant i\leqslant m}\right](\beta_k)^{1\leqslant k\leqslant m}=(\langle\varphi_i,f\rangle)^{1\leqslant i\leqslant m}.$$

解之, 即可得证.

方法二 用多元函数极值的充分和必要定理. 由于

$$\begin{aligned}J^2(\boldsymbol{\alpha})&=\left\|f-\sum_{k=1}^m\alpha_k\varphi_k\right\|^2\\&=\left\langle f-\sum_{i=1}^m\alpha_i\varphi_i,f-\sum_{j=1}^m\alpha_j\varphi_j\right\rangle\\&=\langle f,f\rangle-2\left\langle f,\sum_{j=1}^m\alpha_j\varphi_j\right\rangle+\left\langle\sum_{i=1}^m\alpha_i\varphi_i,\sum_{j=1}^m\alpha_j\varphi_j\right\rangle\\&=\langle f,f\rangle-2\sum_{j=1}^m\alpha_j\langle f,\varphi_j\rangle+\sum_{i=1}^m\sum_{j=1}^m\alpha_j\alpha_i\langle\varphi_i,\varphi_j\rangle\\&=\langle f,f\rangle-2(\langle f,\varphi_j\rangle)_{1\leqslant j\leqslant m}\boldsymbol{\alpha}+\boldsymbol{\alpha}^{\mathrm{T}}(\langle\varphi_i,\varphi_j\rangle)_{1\leqslant j\leqslant m}^{1\leqslant i\leqslant m}\boldsymbol{\alpha}\\&=c-2b^{\mathrm{T}}\boldsymbol{\alpha}+\boldsymbol{\alpha}^{\mathrm{T}}\boldsymbol{A}\boldsymbol{\alpha}\end{aligned}$$

其中 $c=\langle f,f\rangle, \boldsymbol{b}=(\langle f,\varphi_j\rangle)^{1\leqslant j\leqslant m}, \boldsymbol{A}=(\langle\varphi_i,\varphi_j\rangle)_{1\leqslant j\leqslant m}^{1\leqslant i\leqslant m}$. 易见 $\boldsymbol{A}$ 对称, 且有

$$\boldsymbol{\alpha}^{\mathrm{T}}\boldsymbol{A}\boldsymbol{\alpha}=\left\|\sum_{k=1}^m\alpha_k\varphi_k\right\|^2>0\qquad(\forall\alpha\neq 0),$$

即 $\boldsymbol{A}$ 正定, 由定理 1.3.5(二次泛函极值定理), 即可得证.

(2) 利用 (1) 的结果, 可得

$$\begin{aligned}\left\|f-\sum_{k=1}^m\beta_k\varphi_k\right\|^2&=\left\langle f-\sum_{k=1}^m\beta_k\varphi_k,f-\sum_{k=1}^m\beta_k\varphi_k\right\rangle\\&=\left\langle f-\sum_{k=1}^m\beta_k\varphi_k,f\right\rangle-\left\langle f-\sum_{k=1}^m\beta_k\varphi_k,\sum_{k=1}^m\beta_k\varphi_k\right\rangle\\&=\left\langle f-\sum_{k=1}^m\beta_k\varphi_k,f\right\rangle\end{aligned}$$

$$= \langle f, f \rangle - \left\langle \sum_{k=1}^{m} \beta_k \varphi_k, f \right\rangle$$

$$= \langle f, f \rangle - \sum_{k=1}^{m} \beta_k \langle \varphi_k, f \rangle$$

$$= \langle f, f \rangle - (\langle \varphi_k, f \rangle)_{1 \leq k \leq m} (\beta_k)^{1 \leq k \leq m}$$

$$= \langle f, f \rangle - (\langle \varphi_k, f \rangle)_{1 \leq k \leq m} \left[(\langle \varphi_i, \varphi_j \rangle)_{1 \leq j \leq m}^{1 \leq i \leq m} \right]^{-1} (\langle \varphi_i, f \rangle)^{1 \leq i \leq m}. \quad \square$$

§4.3 可列维正交投影定理

定义 4.3.1 设 $\mathcal{M}$ 是希尔伯特空间 $\mathcal{H}$ 的闭线性子空间, $\mathcal{M}_n(n \in \mathbb{N})$ 是 $\mathcal{H}$ 的闭线性子空间序列, $\forall u \in \mathcal{M}, \exists u_n \in \mathcal{M}_n$, 使得

$$\lim_{n \to \infty} \|u_n - u\| = 0. \tag{4.3.1}$$

称 $\mathcal{M}_n$ 趋向于 $\mathcal{M}$, 记为 $\mathcal{M}_n \to \mathcal{M}$; 若还有 $\mathcal{M}_n \subset \mathcal{M}$, 称 $\mathcal{M}_n$ 内趋向于 $\mathcal{M}$, 记为 $\mathcal{M}_n \uparrow \mathcal{M}$.

引理 4.3.1 (投影极限定理) 设 $\mathcal{M}$ 是希尔伯特空间 $\mathcal{H}$ 的闭线性子空间, $\mathcal{M}_n(n \in \mathbb{N})$ 是 $\mathcal{M}$ 的闭线性子空间序列, $\mathcal{M}_n \uparrow \mathcal{M}$. 若 $x \in \mathcal{H}$, x_0, x_n 分别为 x 在 $\mathcal{M}$ 与 $\mathcal{M}_n$ 上的正交投影, 则

$$\lim_{n \to \infty} \|x_n - x_0\| = 0. \tag{4.3.2}$$

证明 先往证

$$\|x_0 - x_n\| = \min_{h \in \mathcal{M}_n} \|x_0 - h\| \quad (n \in \mathbb{N}). \tag{4.3.3}$$

由题设, 知 $x - x_n \perp \mathcal{M}_n, x - x_0 \perp \mathcal{M}_n$, 故 $x_0 - x_n = (x - x_n) - (x - x_0) \perp \mathcal{M}_n$. 又 $x_n \in \mathcal{M}_n$, 故可根据正交投影定理获证 (4.3.3) 式.

由题设, 对 $x_0 \in \mathcal{M}, \exists u_n \in \mathcal{M}_n$, 使得

$$\lim_{n \to \infty} \|u_n - x_0\| = 0,$$

即得
$$\|x_0 - x_n\| = \min_{h \in \mathcal{M}_n} \|x_0 - h\|$$
$$\leqslant \|x_0 - u_n\| \to 0 \quad (n \to \infty). \qquad \square$$

定义 4.3.2 设 $\mathscr{X}$ 是无限维的巴拿赫空间, 元素序列 $\{\varphi_n : n \in \mathbb{N}\} (\subset \mathscr{X})$, 对 $\forall x \in \mathscr{X}$ 皆存在唯一数列 $\{a_n : n \in \mathbb{N}\}$, 使得

$$x = \sum_{k=1}^{\infty} a_k \varphi_k, \tag{4.3.4}$$

称 $\{\varphi_n : n \in \mathbb{N}\}$ 为 $\mathscr{X}$ 的绍德尔基.

定理 4.3.1 (可列维正交投影定理) 若 $\mathcal{M}$ 是希尔伯特空间 $\mathscr{H}$ 的闭子空间, $\{\varphi_n : n \in \mathbb{N}\}$ 是 $\mathcal{M}$ 的绍德尔基, $f \in \mathscr{X}$, 则

(1) 可列维投影泛函最值方程

$$\|f - f_0\| = \inf_{h \in \mathcal{M}} \|f - h\| \quad (f_0 \in \mathcal{M}) \tag{4.3.5}$$

的解存在唯一, 且为

$$f_0 = \lim_{m \to \infty} \sum_{k=1}^{m} d_{mk} \varphi_k, \tag{4.3.6}$$

即

$$\lim_{m \to \infty} \left\| f_0 - \sum_{k=1}^{m} d_{mk} \varphi_k \right\| = 0,$$

其中 $(d_{mk})^{1 \leqslant k \leqslant m} = \left[(\langle \varphi_i, \varphi_j \rangle)_{1 \leqslant j \leqslant m}^{1 \leqslant i \leqslant m} \right]^{-1} (\langle \varphi_i, f \rangle)^{1 \leqslant i \leqslant m} \ (m \in \mathbb{N})$;

(2) 逼近误差平方为

$$\inf_{h \in \mathcal{M}} \|f - h\|^2$$
$$= \langle f, f \rangle - \lim_{m \to \infty} \left[(\langle f, \varphi_j \rangle)_{1 \leqslant j \leqslant m} \left[(\langle \varphi_i, \varphi_j \rangle)_{1 \leqslant j \leqslant m}^{1 \leqslant i \leqslant m} \right]^{-1} (\langle \varphi_i, f \rangle)^{1 \leqslant i \leqslant m} \right]. \tag{4.3.7}$$

证明 (1) 据正交投影定理, 即获解的存在唯一性. 设唯一解是 f_0, $\mathcal{M}_m = \mathrm{span}\{\varphi_k : 1 \leqslant k \leqslant m\}(m \in \mathbb{N})$, 由于 $\mathcal{M}_m \uparrow \mathcal{M}$, f_0 与 $\sum_{k=1}^{m} d_{mk}\varphi_k$ 分别为 f 在 $\mathcal{M}$ 与 $\mathcal{M}_m$ 上的正交投影, 故由投影极限定理, 可得

$$\lim_{m \to \infty} \left\| f_0 - \sum_{k=1}^{m} d_{mk}\varphi_k \right\| = 0.$$

(2) 利用有限维正交投影定理及内积的连续性, 得

$$\begin{aligned}
\inf_{h \in \mathcal{M}} \|f - h\|^2 &= \left\| f - \lim_{m \to \infty} \sum_{k=1}^{m} d_{mk}\varphi_k \right\|^2 \\
&= \left\langle f - \lim_{m \to \infty} \sum_{k=1}^{m} d_{mk}\varphi_k, f - \lim_{m \to \infty} \sum_{k=1}^{m} d_{mk}\varphi_k \right\rangle \\
&= \lim_{m \to \infty} \left\langle f - \sum_{k=1}^{m} d_{mk}\varphi_k, f - \sum_{k=1}^{m} d_{mk}\varphi_k \right\rangle \\
&= \lim_{m \to \infty} \left\| f - \sum_{k=1}^{m} d_{mk}\varphi_k \right\|^2 \\
&= \langle f, f \rangle - \lim_{m \to \infty} \left[(\langle f, \varphi_j \rangle)_{1 \leqslant j \leqslant m} \left[(\langle \varphi_i, \varphi_j \rangle)_{\substack{1 \leqslant i \leqslant m \\ 1 \leqslant j \leqslant m}} \right]^{-1} (\langle \varphi_i, f \rangle)_{1 \leqslant i \leqslant m} \right].
\end{aligned}$$

□

§4.4 条件数学期望

一、概念

定义 4.4.1 设 $X, Y_1, \cdots, Y_m \in L^2(\Omega, \mathscr{F}, P)$, $B \in \mathscr{B}(\mathbb{R}^m), P\{(Y_1, \cdots, Y_m) \in B\} > 0$, 称

$$P\{Y \leqslant y | (Y_1, \cdots, Y_m) \in B\} = \frac{P\{X \leqslant x, (Y_1, \cdots, Y_m) \in B\}}{P\{(Y_1, \cdots, Y_m) \in B\}}$$

为条件随机变量 $X | (Y_1, \cdots, Y_m) \in B$ 的分布函数. 特别地, 条件随机变量 $X | Y_1 = y_1, \cdots, Y_m = y_m$ 的分布函数定义为

$$P\{X \leqslant x | Y_1 = y_1, \cdots, Y_m = y_m\} = \frac{P\{X \leqslant x, Y_1 = y_1, \cdots, Y_m = y_m\}}{P\{Y_1 = y_1, \cdots, Y_m = y_m\}}.$$

注 4.4.1 当 $P\{Y_1 = y_1, \cdots, Y_m = y_m\} = 0$ 时, 可如是定义条件随机变量 $X | Y_1 = y_1, \cdots, Y_m = y_m$ 的分布函数为

$$P\{X \leqslant x | Y_1 = y_1, \cdots, Y_m = y_m\}$$
$$= \lim_{\triangle x_i \to 0^+} \frac{P\{X \leqslant x, y_1 \leqslant Y_1 \leqslant y_1 + \Delta y_1, \cdots, y_m \leqslant Y_m \leqslant y_m + \Delta y_m\}}{P\{y_1 \leqslant Y_1 \leqslant y_1 + \Delta y_1, \cdots, y_m \leqslant Y_m \leqslant y_m + \Delta y_m\}}.$$

定义 4.4.2 设 $X, Y_1, \cdots, Y_m \in L^2(\Omega, \mathscr{F}, P)$, $B \in \mathscr{B}(\mathbb{R}^m), P((Y_1, \cdots, Y_m) \in B) > 0$, 称条件随机变量 $X | (Y_1, \cdots, Y_m) \in B$ 的数学期望

$$E(X | (Y_1, \cdots, Y_m) \in B)$$

为 X 在条件 $(Y_1, \cdots, Y_m) \in B$ 下的条件数学期望. 特别地, 称

$$g(y_1, \cdots, y_m) \triangleq E(X | Y_1 = y_1, \cdots, Y_m = y_m) \quad (y_i \in \mathbb{R})$$

为 X 关于 $Y_1, \cdots, Y_m$ 的回归函数或回归曲线, 称 $g(Y_1, \cdots, Y_m)$ 为 X 关于 $Y_1, \cdots, Y_m$ 的条件数学期望, 记作 $g(Y_1, \cdots, Y_m) = E(X | Y_1, \cdots, Y_m)$.

可用更高级的方法圆满地定义条件数学期望:

定义 4.4.3 设 φ 是测度空间 $(\Omega, \mathscr{F}, \mu)$ 上的符号测度. 若存在唯一 (a.e.) 可测函数 f, 使得

$$\varphi(A) = \int_A f \mathrm{d}\mu \quad (\forall A \in \mathscr{F}),$$

则称 f 为 φ 对 μ 的拉东–尼科迪姆导数, 记作 $f = \dfrac{\mathrm{d}\varphi}{\mathrm{d}\mu}$.

定理 4.4.1 (拉东–尼科迪姆定理) 设 φ 与 μ 分别是可测空间 $(\Omega, \mathscr{F})$ 上的符号测度与 σ 有限测度. 若 φ 关于 μ 绝对连续, 则存在测度空间 $(\Omega, \mathscr{F}, \mu)$ 上唯一的 (a.e.) 可测函数 f, 使得

$$\varphi(A) = \int_A f \mathrm{d}\mu \quad (\forall A \in \mathscr{F}),$$

且当 φ 是 σ 有限测度时,f 是有限的 a.e. 可测函数.

注 4.4.2 f 即是拉东 – 尼科迪姆导数 $\dfrac{\mathrm{d}\varphi}{\mathrm{d}\mu}$.

定义 4.4.4 设 $(\Omega, \mathscr{F}, P)$ 是概率空间,$\mathcal{C}$ 是 $\mathscr{F}$ 的子 σ 代数,X 是随机变量,$E(X) < \infty$,$P_\mathcal{C}$ 是 P 在 $\mathcal{C}$ 上的限制,称符号测度 $E(XI_B)$ $(B \in \mathcal{C})$ 对测度 $P_\mathcal{C}$ 的拉东 – 尼科迪姆导数为 X 在 σ 代数 $\mathcal{C}$ 下关于 P 的条件期望,记作 $E(X|\mathcal{C})$. 若 $Y_1, \cdots, Y_m$ 均是随机变量,取 $\mathcal{C} = \sigma(Y_1, \cdots, Y_m)$,则称

$$E(X|\sigma(Y_1, \cdots, Y_m))$$

为 X 在 $Y_1, \cdots, Y_m$ 下的条件期望,并记作 $E(X|Y_1, \cdots, Y_m)$.

二、性质

定理 4.4.2
(1) $E(\alpha X + \beta Y|\mathcal{C}) = \alpha E(X|\mathcal{C}) + \beta E(Y|\mathcal{C}) (\alpha, \beta \in \mathbb{R})$;
(2) 若 $X \geqslant 0$,则 $E(X|\mathcal{C}) \geqslant 0$;
(3) $|E(X|\mathcal{C})| \leqslant E(|X| \, |\mathcal{C})$;
(4) 若 $0 \leqslant X_n \uparrow X$,$E(X) < \infty$,则 $E(X_n|\mathcal{C}) \uparrow E(X|\mathcal{C})$;
(5) 若 $X_n \to X$,$X_n \leqslant \eta$,$E(\eta < \infty)$,则 $\lim\limits_{n \to \infty} E(X_n|\mathcal{C}) = E(X|\mathcal{C})$;
(6) 若 η 是 $(\Omega, \mathcal{C})$ 上的可测函数,$E(X\eta) < \infty$,则 $E(X\eta|\mathcal{C}) = \eta E(X|\mathcal{C})$;
(7) 若 $\mathcal{C}_1 \subset \mathcal{C}_2 \subset \mathscr{F}$,则

$$E\{E(X|\mathcal{C}_2)|\mathcal{C}_1\} = E(X|\mathcal{C}_1),$$
$$E\{E(X|\mathcal{C}_1)|\mathcal{C}_2\} = E(X|\mathcal{C}_1);$$

(8) $E\{E(X|\mathcal{C})\} = E(X)$;
(9) 若 $\mathcal{C}$ 与 $\sigma(X)$ 独立,则 $E(X|\mathcal{C}) = E(X)$.

定理 4.4.3 若 $X, Y_1, \cdots, Y_m$ 均是概率空间 $(\Omega, \mathscr{F}, P)$ 上的随机变量,$E(|X|) < \infty$,则存在 $\mathbb{R}^m$ 上的实值可测函数 $g(y_1, \cdots, y_m)$,使得

$$E(X|Y_1, \cdots, Y_m) = g(Y_1, \cdots, Y_m).$$

注 4.4.3 $E(X|Y_1 = y_1, \cdots, Y_m = y_m)$ 自然为 $g(y_1, \cdots, y_m)$.

定理 4.4.4　$E(X|\mathcal{C}) \in L^2(\Omega, \mathcal{C}, P_{\mathcal{C}})$.

定理 4.4.5　$L^2(\Omega, \mathscr{F}, P)$ 是希尔伯特空间.

定理 4.4.6　若 Ω 是集合, $(E, \mathcal{E})$ 是可测空间, 映射 $f: \Omega \to E$, 令 $\sigma(f) = f^{-1}(\mathcal{E})$(它是 Ω 的一个 σ 代数), 则 φ 为 $(\Omega, \sigma(f))$ 上的可测函数的充要条件是存在 $(E, \mathcal{E})$ 上的可测函数 g, 使得 $\varphi = g \circ f$, 且若 φ 有限 (有界), 则可取 g 有限 (有界).

定理 4.4.7　若 $Y_1, \cdots, Y_m$ 均是概率空间 $(\Omega, \mathscr{F}, P)$ 上的随机变量, $\mathcal{C} = \sigma(Y_1, \cdots, Y_m)$, 令

$$M^2(Y_1, \cdots, Y_m) = \left\{ g(Y_1, \cdots, Y_m) : g \text{是} \mathbb{R}^m \text{上的可测函数}, \int_\Omega g^2(Y_1, \cdots, Y_m) dP < \infty \right\},$$

则 $L^2(\Omega, \mathcal{C}, P_{\mathcal{C}}) = M^2(Y_1, \cdots, Y_m)$.

证明　(1) 根据定理 4.4.6, 即得 $L^2(\Omega, \mathcal{C}, P_{\mathcal{C}}) \subset M^2(Y_1, \cdots, Y_m)$.

(2) 任取 $g(Y_1, \cdots, Y_m) \in M^2(Y_1, \cdots, Y_m)$, $\forall B \in \mathcal{B}$(博雷尔代数), 由 g 是 $\mathbb{R}^m$ 上的可测函数, 而知 $g^{-1}(B) \in \mathcal{B}^m$, 则 $(Y_1, \cdots, Y_m)^{-1}[g^{-1}(B)] \in \mathcal{C}$, 即得 $[g(Y_1, \cdots, Y_m)]^{-1}(B) \in \mathcal{C}$, 即 $g(Y_1, \cdots, Y_m)$ 为 $(\Omega, \mathcal{C})$ 上的可测函数, 再注意到

$$\int_\Omega g(Y_1, \cdots, Y_m) dP_{\mathcal{C}} = \int_\Omega g(Y_1, \cdots, Y_m) dP < \infty,$$

即获 $g(Y_1, \cdots, Y_m) \in L^2(\Omega, \mathcal{C}, P_{\mathcal{C}})$.　□

三、最佳逼近性

定理 4.4.8　若 $X \in L^2(\Omega, \mathscr{F}, P)$, $\mathcal{C}$ 是 $\mathscr{F}$ 的子 σ 代数, 则

$$E(X - E(X|\mathcal{C}))^2 = \min_{f \in L^2(\Omega, \mathcal{C}, P_{\mathcal{C}})} E(X - f)^2.$$

特别当 $\mathcal{C} = \sigma(Y_1, \cdots, Y_m)$ 时, 有

$$E(X - E(X|Y_1, \cdots, Y_m))^2 = \min_{f \in M^2(Y_1, \cdots, Y_m)} E(X - f)^2.$$

注 4.4.4　其方程属于可列维投影泛函最值方程.

证明 $\forall \eta \in L^2(\Omega, \mathcal{C}, P_\mathcal{C})$, 由 η 是 $(\Omega, \mathcal{C})$ 上可测的, 而有 $E(X\eta|\mathcal{C}) = \eta E(X|\mathcal{C})$, 则

$$\begin{aligned}
\langle X - E(X|\mathcal{C}), \eta \rangle &= E((X - E(X|\mathcal{C}))\eta) \\
&= E(X\eta) - E(\eta E(X|\mathcal{C})) \\
&= E(X\eta) - E(E(X\eta|\mathcal{C})) \\
&= E(X\eta) - E(X\eta) = 0.
\end{aligned}$$

故知 $X - E(X|\mathcal{C}) \perp L^2(\Omega, \mathcal{C}, P_\mathcal{C})$. 由正交投影定理, 得

$$E(X - E(X|\mathcal{C}))^2 = \min_{f \in L^2(\Omega, \mathcal{C}, P_\mathcal{C})} E(X - f)^2. \qquad \square$$

线性回归方程

线性回归方程是回归分析中最基本的回归方程 (模型), 其他回归方程 (模型), 诸如拟线性回归方程、带约束线性回归方程、G–M 线性回归方程及非参数回归方程, 均是其之演绎与发展.

从泛函极值的观点言之, 线性回归方程属于有限维投影空间的投影泛函最值方程.

§5.1　线性回归方程

一、概念

定义 5.1.1　设随机变量 $Y, X_1, \cdots, X_m, W \in L^2(\Omega, \mathscr{F}, P)$, $X_1, \cdots, X_m$ 与 W 独立, $E(W) = 0$, $X_0 = 1, X_1, \cdots, X_m$ 线性无关, 称方程

$$Y = \beta_0 + \beta_1 X_1 + \cdots + \beta_m X_m + W \quad (\beta_k \in \mathbb{R}, 0 \leqslant k \leqslant m) \tag{5.1.1}$$

为 Y 关于 $X_1, \cdots, X_m$ 的线性回归方程, $\sum_{k=0}^{m} \beta_k X_k$ 为回归函数, $\beta_0, \cdots, \beta_m$ 为方程系数, W 为误差项, $\sigma^2 = \text{Var}(W)$ 为误差项方差.

定理 5.1.1　有限维投影泛函最值方程

$$\left\| Y - \sum_{k=0}^{m} \beta_k X_k \right\| = \min_{c_k \in \mathbb{R}} \left\| Y - \sum_{k=0}^{m} c_k X_k \right\| \quad (\beta_k \in \mathbb{R}, 0 \leqslant k \leqslant m) \tag{5.1.2}$$

的解唯一, 且与线性回归方程同解.

证明 解唯一, 其原因是 $\mathrm{span}\{X_0,\cdots,X_m\}$ 是 $L^2(\Omega,\mathscr{F},P)$ 的闭子空间. 设 $\beta_k \in \mathbb{R}(0 \leqslant k \leqslant m)$ 满足线性回归方程, 则有

$$\left\langle Y - \sum_{k=0}^m \beta_k X_k, X_i \right\rangle = \langle W, X_i \rangle = E(WX_i) = E(W)E(X_i) = 0 \quad (0 \leqslant i \leqslant m).$$

而见 $Y - \sum_{k=0}^m \beta_k X_k \perp \mathrm{span}\{X_0,\cdots,X_m\}$, 根据正交投影定理, 得

$$\left\| Y - \sum_{k=0}^m \beta_k X_k \right\| = \min_{c_k \in \mathbb{R}} \left\| Y - \sum_{k=0}^m c_k X_k \right\| \quad (\beta_k \in \mathbb{R}, 0 \leqslant k \leqslant m). \qquad \square$$

二、方程参数的概率解

下面, 我们会在 $X_0,\cdots,X_m,Y$ 的相关概率混合原点矩已知的前提下, 求解线性回归方程.

定理 5.1.2 (1) 方程系数的概率解存在唯一, 且为 Y 关于 $X_0,\cdots,X_m$ 的傅里叶系数, 即

$$\begin{aligned}(\beta_k)^{0 \leqslant k \leqslant m} &= \left[(E(X_i X_j))_{0 \leqslant j \leqslant m}^{0 \leqslant i \leqslant m}\right]^{-1} (E(X_i Y))^{0 \leqslant i \leqslant m} \\ &= (E(\boldsymbol{X}^\mathrm{T} \boldsymbol{X}))^{-1} E(\boldsymbol{X}^\mathrm{T} Y),\end{aligned} \tag{5.1.3}$$

其中 $\boldsymbol{X} = (X_i)_{0 \leqslant i \leqslant m}$;

(2) 误差项方差 σ^2 的概率解存在且唯一, 并为

$$\begin{aligned}\sigma^2 &= \langle Y, Y \rangle - (E(YX_j))_{0 \leqslant j \leqslant m} \left[(E(X_i X_j))_{0 \leqslant j \leqslant m}^{0 \leqslant i \leqslant m}\right]^{-1} (E(X_i Y))^{0 \leqslant i \leqslant m} \\ &= E(Y^2) - E(Y\boldsymbol{X})(E(\boldsymbol{X}^\mathrm{T} \boldsymbol{X}))^{-1} E(\boldsymbol{X}^\mathrm{T} Y).\end{aligned} \tag{5.1.4}$$

证明 (1) 根据同解的有限维投影泛函最值方程, 再援用有限维正交投影定理, 即可获证.

(2) 注意到 $E(W) = 0$, 从而

$$\sigma^2 = E(W^2) = E\left(Y - \sum_{k=0}^{m}\beta_k X_k\right)^2$$
$$= \left\|Y - \sum_{k=0}^{m}\beta_k X_k\right\|^2 = \min_{h\in\text{span}\{X_0,\cdots,X_m\}} \|Y - h\|^2.$$

再由有限维正交投影定理, 即可获证. □

例 5.1.1 设线性回归方程

$$Y = \beta_0 + \beta_1 X_1 + \beta_2 X_2 + W$$

满足 $(X_1, X_2, Y) \sim N_3(\boldsymbol{\mu}, \boldsymbol{\Sigma})$, $\boldsymbol{\mu} = \begin{pmatrix} 0 \\ 0 \\ 12 \end{pmatrix}$, $\boldsymbol{\Sigma} = \begin{pmatrix} 1 & 0 & -9 \\ 0 & 1 & 6 \\ -9 & 6 & 118 \end{pmatrix}$, 试求方程参数 $\beta_0, \beta_1, \beta_2, \sigma^2 = \text{Var}(W)$ 的概率解.

解

$$(\beta_k)^{0\leqslant k\leqslant 2} = \left[(E(X_i X_j))_{0\leqslant j\leqslant 2}^{0\leqslant i\leqslant 2}\right]^{-1} (E(X_i Y))^{0\leqslant i\leqslant 2}$$
$$= \left[(\text{Cov}(X_i, X_j) + E(X_i)E(X_j))_{0\leqslant j\leqslant 2}^{0\leqslant i\leqslant 2}\right]^{-1} (\text{Cov}(X_i, Y) + E(X_i)E(Y))^{0\leqslant i\leqslant 2}$$
$$= \left[\begin{pmatrix} 0 & 0 & 0 \\ 0 & 1 & 0 \\ 0 & 0 & 1 \end{pmatrix} + \begin{pmatrix} 1 & 0 & 0 \\ 0 & 0 & 0 \\ 0 & 0 & 0 \end{pmatrix}\right]^{-1} \left[\begin{pmatrix} 0 \\ -9 \\ 6 \end{pmatrix} + \begin{pmatrix} 12 \\ 0 \\ 0 \end{pmatrix}\right]$$
$$= \left[\begin{pmatrix} 1 & 0 & 0 \\ 0 & 1 & 0 \\ 0 & 0 & 1 \end{pmatrix}\right]^{-1} \begin{pmatrix} 12 \\ -9 \\ 6 \end{pmatrix} = \begin{pmatrix} 12 \\ -9 \\ 6 \end{pmatrix},$$
$$\sigma^2 = E(Y^2) - (E(X_i Y))_{0\leqslant i\leqslant 2} \left[(E(X_i X_j))_{0\leqslant j\leqslant 2}^{0\leqslant i\leqslant 2}\right]^{-1} (E(X_i Y))^{0\leqslant i\leqslant 2}$$
$$= \text{Cov}(Y, Y) + (E(Y))^2 - \begin{pmatrix} 12 \\ -9 \\ 6 \end{pmatrix}^{\text{T}} \begin{pmatrix} 12 \\ -9 \\ 6 \end{pmatrix}$$
$$= 118 + 12^2 - 261 = 1.$$

三、方程参数的统计解

下面，我们在已知 $(X_0,\cdots,X_m,Y)$ 简单样本的前提下，求解线性回归方程.

根据方程参数的概率解的矩结构，运用建立在强大数定律基础上的矩方法，即可构造出方程参数的统计解.

下面的引理揭示了连续函数对强相合 (几乎处处收敛) 的传递性.

引理 5.1.1 设 $T_n^{(k)}(n\in\mathbb{N})$ 是随机变量序列 $(1\leqslant k\leqslant m)$，$a_k$ 是实数 $(1\leqslant k\leqslant m)$，矩阵函数 $\varphi(x_1,\cdots,x_m)=(\varphi_{ij}(x_1,\cdots,x_m))_{1\leqslant j\leqslant t}^{1\leqslant i\leqslant s}$. 若 $\lim\limits_{n\to\infty}T_n^{(k)}=a_k(\text{a.s.})(1\leqslant k\leqslant m)$，$\varphi(x_1,\cdots,x_m)$ (即 $\varphi_{ij}(x_1,\cdots,x_m)(1\leqslant i\leqslant s, 1\leqslant j\leqslant t)$) 在 $(a_1,\cdots,a_m)$ 处连续，则

$$\lim_{n\to\infty}\varphi(T_n^{(1)},\cdots,T_n^{(m)})=\varphi(a_1,\cdots,a_m) \quad (\text{a.s.}). \tag{5.1.5}$$

定理 5.1.3 若 $\{(X_{n0},\cdots,X_{nm},Y_n):1\leqslant n\leqslant N\}$ 是随机向量 $(X_0,\cdots,X_m,Y)$ 的简单样本，即前者独立同分布于后者，令

$$(\widehat{\beta}_{kN})^{0\leqslant k\leqslant m}=(\widetilde{\boldsymbol{X}}^{\mathrm{T}}\widetilde{\boldsymbol{X}})^{-1}\widetilde{\boldsymbol{X}}^{\mathrm{T}}\widetilde{\boldsymbol{Y}}, \tag{5.1.6}$$

$$\widehat{\sigma}_N^2=\frac{1}{N}\widetilde{\boldsymbol{Y}}^{\mathrm{T}}(\boldsymbol{I}_N-\widetilde{\boldsymbol{X}}(\widetilde{\boldsymbol{X}}^{\mathrm{T}}\widetilde{\boldsymbol{X}})^{-1}\widetilde{\boldsymbol{X}}^{\mathrm{T}})\widetilde{\boldsymbol{Y}}, \tag{5.1.7}$$

其中 $\widetilde{\boldsymbol{X}}\triangleq(X_{ni})_{0\leqslant i\leqslant m}^{1\leqslant n\leqslant N}$，$\widetilde{\boldsymbol{Y}}\triangleq(Y_n)^{1\leqslant n\leqslant N}$，则方程系数的统计解为

$$(\beta_k)^{0\leqslant k\leqslant m}=\lim_{N\to\infty}(\widehat{\beta}_{kN})^{0\leqslant k\leqslant m} \quad (\text{a.s.});$$

σ^2 的统计解为

$$\sigma^2=\lim_{N\to\infty}\widehat{\sigma}_N^2 \quad (\text{a.s.}).$$

证明 (1) 做向量函数

$$\varphi\left[\text{Vec}\left((\nu_{ij})_{0\leqslant j\leqslant m}^{0\leqslant i\leqslant m}\vdots(\nu_i)^{0\leqslant i\leqslant m}\right)\right]=\left[(\nu_{ij})_{0\leqslant j\leqslant m}^{0\leqslant i\leqslant m}\right]^{-1}(\nu_i)^{0\leqslant i\leqslant m},$$

于是

$$(\beta_k)^{0\leqslant k\leqslant m}=\left[(E(X_iX_j))_{0\leqslant j\leqslant m}^{0\leqslant i\leqslant m}\right]^{-1}(E(X_iY))^{0\leqslant i\leqslant m}$$

$$=\varphi\left[\text{Vec}\left((E(X_iX_j))_{0\leqslant j\leqslant m}^{0\leqslant i\leqslant m}\vdots(E(X_iY))^{0\leqslant i\leqslant m}\right)\right],$$

$$(\widehat{\beta}_{kN})^{0\leqslant k\leqslant m} = \left[\left(\frac{1}{N}\sum_{n=1}^{N}X_{ni}X_{nj}\right)^{0\leqslant i\leqslant m}_{0\leqslant j\leqslant m}\right]^{-1}\left(\frac{1}{N}\sum_{n=1}^{N}X_{ni}Y_n\right)^{0\leqslant i\leqslant m}$$

$$= \varphi\left[\operatorname{Vec}\left(\left(\frac{1}{N}\sum_{n=1}^{N}X_{ni}X_{nj}\right)^{0\leqslant i\leqslant m}_{0\leqslant j\leqslant m} \vdots \left(\frac{1}{N}\sum_{n=1}^{N}X_{ni}Y_n\right)^{0\leqslant i\leqslant m}\right)\right].$$

根据柯尔莫哥洛夫强大数定律, 有

$$\lim_{N\to\infty}\frac{1}{N}\sum_{n=1}^{N}(X_{ni}X_{nj}) = E(X_iX_j) \quad (\text{a.s.}) \quad (0\leqslant i,j\leqslant m),$$

$$\lim_{N\to\infty}\frac{1}{N}\sum_{n=1}^{N}(X_{ni}Y_n) = E(X_iY) \quad (\text{a.s.}) \quad (0\leqslant i\leqslant m).$$

再注意到 $\varphi(\cdot)$ 在 $V_0 = \operatorname{Vec}\left((E(X_iX_j))^{0\leqslant i\leqslant m}_{0\leqslant j\leqslant m} \vdots (E(X_iY))^{0\leqslant i\leqslant m}\right)$ 处连续, 因此, 由连续函数对强相合的传递性, 即可得证.

(2) 由于

$$\sigma^2 = E(Y^2) - (E(YX_j))_{0\leqslant j\leqslant m}\left[(E(X_iX_j))^{0\leqslant i\leqslant m}_{0\leqslant j\leqslant m}\right]^{-1}(E(X_iY))^{0\leqslant i\leqslant m},$$

$$\widehat{\sigma}_N^2 = \frac{1}{N}\sum_{n=1}^{N}Y_n^2 - \left(\frac{1}{N}\sum_{n=1}^{N}Y_nX_{nj}\right)_{0\leqslant j\leqslant m}\left[\left(\frac{1}{N}\sum_{n=1}^{N}X_{ni}X_{nj}\right)^{0\leqslant i\leqslant m}_{0\leqslant j\leqslant m}\right]^{-1}$$

$$\cdot \left(\frac{1}{N}\sum_{n=1}^{N}X_{ni}Y_n\right)^{0\leqslant i\leqslant m}.$$

余者类同于 (1) 的方法, 即可得证. □

注 5.1.1 由 $X_0,\cdots,X_m$ 的线性无关性, 可知 $\operatorname{rank}(\widetilde{\boldsymbol{X}}) = m+1(\text{a.s.})$, 从而知 $\widetilde{\boldsymbol{X}}^\mathrm{T}\widetilde{\boldsymbol{X}}$ 概率 1 可逆.

模拟实验 5.1.1 取线性回归方程为

$$Y = \beta_0 + \beta_1 X_1 + \beta_2 X_2 + \beta_3 X_3 + W,$$

其中 $\beta_0 = 6, \beta_1 = -24, \beta_2 = -1, \beta_3 = 8$, $X_1 \sim \chi^2(6), X_2 \sim \exp\{1\}, X_3 = X_1^3, W \sim$

$N(0, 0.04)$. 利用计算机的随机数功能, 可获取随机向量 (X_1, X_2, X_3, W) 的取值, 再借回归方程可得随机变量 Y 的相应取值, 如是而获得随机向量 (X_1, X_2, X_3, Y) 容量是 15 的简单样本

$$\begin{pmatrix} 8.7942678 & 1.008124 & 680.14116 & 5235.0301 \\ 5.1414269 & 0.5112758 & 135.90987 & 969.2044 \\ 3.3507852 & 0.9146766 & 37.621816 & 225.89981 \\ 3.9243098 & 1.1549104 & 60.435185 & 394.48418 \\ 3.4277521 & 1.9775462 & 40.27432 & 243.61942 \\ 2.4542501 & 1.1609979 & 14.782791 & 63.997314 \\ 2.216582 & 0.8901365 & 10.89059 & 38.956548 \\ 3.061761 & 0.8180151 & 28.702112 & 161.31858 \\ 5.6104446 & 2.2403665 & 176.60046 & 1282.3014 \\ 2.4853466 & 0.6654649 & 15.351857 & 68.533841 \\ 4.0335965 & 0.4815018 & 65.626214 & 433.79862 \\ 2.4324045 & 1.1521151 & 14.391544 & 61.518399 \\ 5.2344736 & 0.0431126 & 143.42308 & 1027.7917 \\ 2.6014519 & 3.5435759 & 17.60546 & 80.496534 \\ 6.5901243 & 0.2343647 & 286.20737 & 2137.5838 \end{pmatrix}.$$

基于此样本, 试求线性回归方程的参数 $\beta_0, \beta_1, \beta_2, \beta_3, \sigma^2 = \text{Var}(W)$ 的统计解.

解 由题设, 做样本矩阵

$$\widetilde{X} = \begin{pmatrix} 1 & 8.7942678 & 1.008124 & 680.14116 \\ 1 & 5.1414269 & 0.5112758 & 135.90987 \\ 1 & 3.3507852 & 0.9146766 & 37.621816 \\ 1 & 3.9243098 & 1.1549104 & 60.435185 \\ 1 & 3.4277521 & 1.9775462 & 40.27432 \\ 1 & 2.4542501 & 1.1609979 & 14.782791 \\ 1 & 2.216582 & 0.8901365 & 10.89059 \\ 1 & 3.061761 & 0.8180151 & 28.702112 \\ 1 & 5.6104446 & 2.2403665 & 176.60046 \\ 1 & 2.4853466 & 0.6654649 & 15.351857 \\ 1 & 4.0335965 & 0.4815018 & 65.626214 \\ 1 & 2.4324045 & 1.1521151 & 14.391544 \\ 1 & 5.2344736 & 0.0431126 & 143.42308 \\ 1 & 2.6014519 & 3.5435759 & 17.60546 \\ 1 & 6.5901243 & 0.2343647 & 286.20737 \end{pmatrix}, \quad \widetilde{Y} = \begin{pmatrix} 5235.0301 \\ 969.2044 \\ 225.89981 \\ 394.48418 \\ 243.61942 \\ 63.997314 \\ 38.956548 \\ 161.31858 \\ 1282.3014 \\ 68.533841 \\ 433.79862 \\ 61.518399 \\ 1027.7917 \\ 80.496534 \\ 2137.5838 \end{pmatrix}.$$

根据 (5.1.5) 式, 得到 $\beta_0,\beta_1,\beta_2,\beta_3$ 的统计解为

$$(\widehat{\beta}_{0N},\widehat{\beta}_{1N},\widehat{\beta}_{2N},\widehat{\beta}_{3N})^{\mathrm{T}} = (\widetilde{\boldsymbol{X}}^{\mathrm{T}}\widetilde{\boldsymbol{X}})^{-1}\widetilde{\boldsymbol{X}}^{\mathrm{T}}\widetilde{\boldsymbol{Y}}$$
$$= (5.6006784, -23.84253, -1.064805, 7.998641)^{\mathrm{T}};$$

根据 (5.1.6) 式, 得 σ^2 的统计解为

$$\widehat{\sigma}_N^2 = \frac{1}{N}\widetilde{\boldsymbol{Y}}^{\mathrm{T}}(\boldsymbol{I}_N - \widetilde{\boldsymbol{X}}(\widetilde{\boldsymbol{X}}^{\mathrm{T}}\widetilde{\boldsymbol{X}})^{-1}\widetilde{\boldsymbol{X}}^{\mathrm{T}})\widetilde{\boldsymbol{Y}}$$
$$= 0.0336461.$$

四、回归函数的逼近度

定理 5.1.4

$$E(Y - E(Y))^2 = E\left(Y - \sum_{k=0}^{m}\beta_k X_k\right)^2 + E\left(\sum_{k=0}^{m}\beta_k X_k - E(Y)\right)^2. \tag{5.1.8}$$

证明留给读者.

线性回归方程的回归函数 $\sum_{k=0}^{m}\beta_k X_k$ 对 Y 的逼近程度, 可刻画如下:

定义 5.1.2 称

$$R^2 = \frac{E\left(\sum_{k=0}^{m}\beta_k X_k - E(Y)\right)^2}{E(Y - E(Y))^2} \tag{5.1.9}$$

为回归函数 $\sum_{k=0}^{m}\beta_k X_k$ 对 Y 的相对逼近度.

注 5.1.2 (1) (相对) 逼近度 $0 \leqslant R^2 \leqslant 1$, R^2 越大, $\sum_{k=0}^{m}\beta_k X_k$ 对 Y 的逼近越好; R^2 越小, $\sum_{k=0}^{m}\beta_k X_k$ 对 Y 的逼近越差;

(2) 当 $R^2 = 1$ 时, $Y = \sum_{k=0}^{m}\beta_k X_k(\mathrm{a.s.})$; 当 $R^2 = 0$ 时, $\sum_{k=0}^{m}\beta_k X_k = E(Y)(\mathrm{a.s.})$.

下面的定理给出了 R^2 统计方面的强相合估计.

定理 5.1.5 若题设同定理 5.1.3, 令统计量

$$R_N^2 \triangleq \frac{\sum_{n=1}^{N}\left(\sum_{k=0}^{m}\widehat{\beta}_{kN}X_{nk} - \frac{1}{N}\sum_{n=1}^{N}Y_n\right)^2}{\sum_{n=1}^{N}\left(Y_n - \frac{1}{N}\sum_{n=1}^{N}Y_n\right)^2}$$

$$= \frac{\left(\widetilde{\boldsymbol{X}}(\widetilde{\boldsymbol{X}}^{\mathrm{T}}\widetilde{\boldsymbol{X}})^{-1}\widetilde{\boldsymbol{X}}^{\mathrm{T}}\widetilde{\boldsymbol{Y}} - \frac{1}{N}\mathbf{1}_N^{\mathrm{T}}\widetilde{\boldsymbol{Y}}\mathbf{1}_N\right)^{\mathrm{T}}\left(\widetilde{\boldsymbol{X}}(\widetilde{\boldsymbol{X}}^{\mathrm{T}}\widetilde{\boldsymbol{X}})^{-1}\widetilde{\boldsymbol{X}}^{\mathrm{T}}\widetilde{\boldsymbol{Y}} - \frac{1}{N}\mathbf{1}_N^{\mathrm{T}}\widetilde{\boldsymbol{Y}}\mathbf{1}_N\right)}{\left(\widetilde{\boldsymbol{Y}} - \frac{1}{N}\mathbf{1}_N^{\mathrm{T}}\widetilde{\boldsymbol{Y}}\mathbf{1}_N\right)^{\mathrm{T}}\left(\widetilde{\boldsymbol{Y}} - \frac{1}{N}\mathbf{1}_N^{\mathrm{T}}\widetilde{\boldsymbol{Y}}\mathbf{1}_N\right)} \quad (5.1.10)$$

则 R^2 的强相合估计为

$$R^2 = \lim_{N\to\infty} R_N^2 \quad \text{(a.s.)}. \tag{5.1.11}$$

证明 一方面

$$E\left(\sum_{k=0}^{m}\beta_k X_k - E(Y)\right)^2$$
$$= E\left(\sum_{k=0}^{m}\beta_k X_k\right)^2 + (E(Y))^2 - 2E\left(\sum_{k=0}^{m}\beta_k X_k\right)E(Y)$$
$$= \sum_{k=0}^{m}\sum_{t=0}^{m}\beta_k\beta_t E(X_k X_t) + (E(Y))^2 - 2\left(\sum_{k=0}^{m}\beta_k E(X_k)\right)E(Y),$$
$$E(Y - E(Y))^2 = E(Y^2) - (E(Y))^2.$$

另一方面

$$\frac{1}{N}\sum_{n=1}^{N}\left(\sum_{k=0}^{m}\widehat{\beta}_{kN}X_{nk} - \frac{1}{N}\sum_{n=1}^{N}Y_n\right)^2$$
$$= \frac{1}{N}\sum_{n=1}^{N}\left[\left(\sum_{k=0}^{m}\widehat{\beta}_{kN}X_{nk}\right)^2 + \left(\frac{1}{N}\sum_{n=1}^{N}Y_n\right)^2 - 2\left(\sum_{k=0}^{m}\widehat{\beta}_{kN}X_{nk}\right)\left(\frac{1}{N}\sum_{n=1}^{N}Y_n\right)\right]$$
$$= \sum_{k=0}^{m}\sum_{t=0}^{m}\widehat{\beta}_{kN}\widehat{\beta}_{tN}\frac{1}{N}\sum_{n=1}^{N}(X_{nk}X_{nt}) + \left(\frac{1}{N}\sum_{n=1}^{N}Y_n\right)^2$$

$$-2\left(\sum_{k=0}^{m}\widehat{\beta}_{kN}\frac{1}{N}\sum_{n=1}^{N}X_{nk}\right)\left(\frac{1}{N}\sum_{n=1}^{N}Y_n\right),$$

$$\frac{1}{N}\sum_{n=1}^{N}\left(Y_n-\frac{1}{N}\sum_{n=1}^{N}Y_n\right)^2 = \frac{1}{N}\sum_{n=1}^{N}Y_n^2 - \left(\frac{1}{N}\sum_{n=1}^{N}Y_n\right)^2.$$

并注意到由科尔莫哥洛夫大数定律, 有

$$\lim_{N\to\infty}\frac{1}{N}\sum_{n=1}^{N}X_{nk} = E(X_k) \quad (\text{a.s.}) \quad (0\leqslant k\leqslant m),$$

$$\lim_{N\to\infty}\frac{1}{N}\sum_{n=1}^{N}(X_{nk}X_{nt}) = E(X_kX_t) \quad (\text{a.s.}) \quad (0\leqslant k,t\leqslant m),$$

$$\lim_{N\to\infty}\frac{1}{N}\sum_{n=1}^{N}Y_n^i = E(Y^i) \quad (\text{a.s.}) \quad (i=1,2),$$

$$\lim_{N\to\infty}\widehat{\beta}_{kN} = \beta_k \quad (\text{a.s.}) \quad (0\leqslant k\leqslant m),$$

因此, 由连续函数对强相合的传递性, 即可获证. □

§5.2 拟线性回归方程

线性回归方程的本质特征, 在于其回归函数关于方程系数呈线性形式. 本节所讨论的回归方程类型为在保持本质特征情况下, 对线性回归方程的推广.

定义 5.2.1 设随机变量 $Y, X_1, \cdots, X_m, W \in L^2(\Omega, \mathscr{F}, P)$, $X_1, \cdots, X_m$ 与 W 独立, $f(Y) \in \text{Gspan}\{Y\}$, $\varphi_k(X_1, \cdots, X_m) \in \text{Gspan}\{X_1, \cdots, X_m\}(1\leqslant k\leqslant p)$, $E(W)=0$, $\varphi_1(X_1,\cdots,X_m),\cdots,\varphi_p(X_1,\cdots,X_m)$ 线性无关, 称方程

$$f(Y) = \beta_1\varphi_1 + \cdots + \beta_p\varphi_p + W \quad (\beta_k\in\mathbb{R}, 1\leqslant k\leqslant p) \tag{5.2.1}$$

为 Y 关于 $X_1, \cdots, X_m$ 的拟线性回归方程, $\beta_1, \cdots, \beta_p$ 为方程的系数, $\sigma^2 = E(W^2)$ 为误差项方差.

定理 5.2.1 有限维投影泛函最值方程

$$\left\|f(Y)-\sum_{k=1}^{p}\beta_k\varphi_k\right\| = \min_{c_k\in\mathbb{R}}\left\|f(Y)-\sum_{k=1}^{p}c_k\varphi_k\right\| \quad (\beta_k\in\mathbb{R}) \tag{5.2.2}$$

的解唯一, 且与拟线性回归方程同解.

例 5.2.1 下面是几个拟线性回归方程的例子:
(1) $Y = \beta_0 + \beta_1 X + \cdots + \beta_m X^m + W$;
(2) $Y = \dfrac{1}{\beta_1 X_3 + \beta_2 X_1 X_2 + \beta_3 X_3^2 + W}$;
(3) $Y = \beta_0 + \beta_1 \mathrm{e}^X + W$.

拟线性回归方程与线性回归方程于机理上并无本质区别, 因此, 上一节的结果可类似地转化到拟线性回归方程上. 下面仅列出相应的结果, 证明留给读者完成.

一、方程参数的概率解

定理 5.2.2 (1) 方程系数的概率解存在、唯一, 且为

$$(\beta_k)^{1 \leqslant k \leqslant p} = \left(E\left(\boldsymbol{\Phi}^{\mathrm{T}}\boldsymbol{\Phi}\right)\right)^{-1} E\left(\boldsymbol{\Phi}^{\mathrm{T}} f(Y)\right), \tag{5.2.3}$$

其中 $\boldsymbol{\Phi} = (\varphi_i)_{1 \leqslant i \leqslant p}$;
(2) 误差项方差的概率解存在唯一, 且为

$$\sigma^2 = E(f(Y))^2 - E(f(Y)\boldsymbol{\Phi})\left(E\left(\boldsymbol{\Phi}^{\mathrm{T}}\boldsymbol{\Phi}\right)\right)^{-1} E(\boldsymbol{\Phi}^{\mathrm{T}} f(Y)). \tag{5.2.4}$$

二、方程参数的统计解

定理 5.2.3 若 $\{(X_{n1}, \cdots, X_{nm}, Y_n) : 1 \leqslant n \leqslant N\}$ 是 $(X_1, \cdots, X_m, Y)$ 的简单样本, 令

$$(\widehat{\beta}_{kN})^{1 \leqslant k \leqslant p} = (\widetilde{\boldsymbol{\Phi}}^{\mathrm{T}}\widetilde{\boldsymbol{\Phi}})^{-1} \widetilde{\boldsymbol{\Phi}}^{\mathrm{T}} \widetilde{\boldsymbol{Y}}, \tag{5.2.5}$$

$$\widehat{\sigma}_N^2 = \frac{1}{N} \widetilde{\boldsymbol{Y}}^{\mathrm{T}} (\boldsymbol{I}_N - \widetilde{\boldsymbol{\Phi}}(\widetilde{\boldsymbol{\Phi}}^{\mathrm{T}}\widetilde{\boldsymbol{\Phi}})^{-1}\widetilde{\boldsymbol{\Phi}}^{\mathrm{T}}) \widetilde{\boldsymbol{Y}}, \tag{5.2.6}$$

其中 $\widetilde{\boldsymbol{\Phi}} = (\varphi_i(X_{n1}, \cdots, X_{nm}))_{1 \leqslant i \leqslant p}^{1 \leqslant n \leqslant N}$, $\widetilde{\boldsymbol{Y}} = (f(Y_n))^{1 \leqslant n \leqslant N}$, 则
(1) 方程系数的统计解为

$$(\beta_k)^{1 \leqslant k \leqslant p} = \lim_{N \to \infty} (\widehat{\beta}_{kN})^{1 \leqslant k \leqslant p} \quad (\text{a.s.});$$

(2) 误差项方差的统计解为

$$\sigma^2 = \lim_{N \to \infty} \widehat{\sigma}_N^2 \quad (\text{a.s.}).$$

例 5.2.2 设随机变量 Y 关于 X 服从下列所谓一元代数多项式线性回归方程

$$Y = \beta_0 + \beta_1 X + \cdots + \beta_m X^m + W, \tag{5.2.7}$$

$\{(X_n, Y_n) : 1 \leqslant n \leqslant N\}$ 是 (X, Y) 的简单样本. 那么, 方程系数 $(\beta_0, \cdots, \beta_m)^{\mathrm{T}}$ 及误差项方差 σ^2 统计解的计算公式为

$$(\widehat{\beta}_{0N}, \cdots, \widehat{\beta}_{mN})^{\mathrm{T}} = (\widetilde{\boldsymbol{\Phi}}^{\mathrm{T}} \widetilde{\boldsymbol{\Phi}})^{-1} \widetilde{\boldsymbol{\Phi}}^{\mathrm{T}} \widetilde{\boldsymbol{Y}}, \tag{5.2.8}$$

$$\widehat{\sigma}_N^2 = \frac{1}{N} \widetilde{\boldsymbol{Y}}^{\mathrm{T}} (\boldsymbol{I}_N - \widetilde{\boldsymbol{\Phi}} (\widetilde{\boldsymbol{\Phi}}^{\mathrm{T}} \widetilde{\boldsymbol{\Phi}})^{-1} \widetilde{\boldsymbol{\Phi}}^{\mathrm{T}}) \widetilde{\boldsymbol{Y}}, \tag{5.2.9}$$

其中 $\widetilde{\boldsymbol{\Phi}} = (X_n^k)_{0 \leqslant k \leqslant m}^{1 \leqslant n \leqslant N}$, $\widetilde{\boldsymbol{Y}} = (Y_n)^{1 \leqslant n \leqslant N}$.

下面给出此例的一个模拟试验.

模拟实验 5.2.1 选取一元三次代数多项式回归方程

$$Y = \beta_0 + \beta_1 X + \beta_2 X^2 + \beta_3 X^3 + W$$

其中 $\beta_0 = 1, \beta_1 = 3, \beta_2 = 25, \beta_3 = -6, X \sim \chi^2(4), W \sim N(0, 0.03)$. 利用计算机的随机数功能, 可获取随机向量 (X, W) 的取值, 再由回归方程可得随机变量 Y 的相应取值, 如是而获得随机向量 (X, Y) 容量是 20 的简单样本:

$$\{(X_n, Y_n) : 1 \leqslant n \leqslant N\}.$$

试根据此样本, 求方程参数 $\beta_0, \beta_1, \beta_2, \beta_3, \sigma^2 = \mathrm{Var}(W)$ 的统计解.

解 由题设, 令 $\widetilde{\boldsymbol{\Phi}} = (X_n^k)_{0 \leqslant k \leqslant 3}^{1 \leqslant n \leqslant 20}$, $\widetilde{\boldsymbol{Y}} = (Y_n)^{1 \leqslant n \leqslant 20}$. 遂根据 (5.2.8) 式, 得 $\beta_0, \beta_1, \beta_2, \beta_3$ 的统计解为

$$(\widehat{\beta}_{0N}, \widehat{\beta}_{1N}, \widehat{\beta}_{2N}, \widehat{\beta}_{3N})^{\mathrm{T}} = (\widetilde{\boldsymbol{\Phi}}^{\mathrm{T}} \widetilde{\boldsymbol{\Phi}})^{-1} \widetilde{\boldsymbol{\Phi}}^{\mathrm{T}} \widetilde{\boldsymbol{Y}},$$
$$= (0.849348, 3.1468363, 24.966463, -5.998209)^{\mathrm{T}}.$$

根据 (5.2.9) 式, 得 σ^2 的统计解

$$\widehat{\sigma}_N^2 = \frac{1}{20} \widetilde{\boldsymbol{Y}}^{\mathrm{T}} (\boldsymbol{I}_{20} - \widetilde{\boldsymbol{\Phi}} (\widetilde{\boldsymbol{\Phi}}^{\mathrm{T}} \widetilde{\boldsymbol{\Phi}})^{-1} \widetilde{\boldsymbol{\Phi}}^{\mathrm{T}}) \widetilde{\boldsymbol{Y}} = 0.0350981.$$

注 5.2.1 关于 $\widetilde{\boldsymbol{\Phi}}$ 的计算，为便于计算机程序编制，可用下面的公式，

$$\widetilde{\boldsymbol{\Phi}} = \boldsymbol{I}_N \mathbf{1}_N \boldsymbol{e}_1^{\mathrm{T}} + \mathrm{diag}\left((X_n)^{1\leqslant n\leqslant N}\right) \mathbf{1}_N \boldsymbol{e}_2^{\mathrm{T}} + \cdots + \left(\mathrm{diag}\left((X_n)^{1\leqslant n\leqslant N}\right)\right)^m \mathbf{1}_N \boldsymbol{e}_{m+1}^{\mathrm{T}},$$

其中 $\mathrm{diag}\left((X_n)^{1\leqslant n\leqslant N}\right) \triangleq \mathrm{diag}(X_1,\cdots,X_N)$，$\boldsymbol{e}_i (1\leqslant i \leqslant m+1)$ 是 $m+1$ 维列向量，其第 i 维之数是 1，余者均为 0.

§5.3 带约束线性回归方程

在线性回归方程上，附加一组关于其系数的约束线性方程，此是本节所考虑的方程模式.

定义 5.3.1 设随机变量 $Y, X_1, \cdots, X_m, W \in L^2(\Omega, \mathscr{F}, P)$，$X_1, \cdots, X_m$ 与 W 独立，$E(W)=0$，$X_0,\cdots,X_m$ 为线性无关系，$\boldsymbol{H} = (h_{ij})_{1\leqslant j\leqslant m+1}^{1\leqslant i\leqslant s}$，$\boldsymbol{d} = (d_i)^{1\leqslant i\leqslant s}$ 是常数矩阵，称

$$\begin{cases} Y = \beta_0 + \beta_1 X_1 + \cdots + \beta_m X_m + W, \\ \boldsymbol{H}(\beta_k)^{0\leqslant k\leqslant m} = \boldsymbol{d} \end{cases} \tag{5.3.1}$$

为 Y 关于 $X_1,\cdots,X_m$ 的带约束线性回归方程，$\beta_0,\cdots,\beta_m$ 为方程的系数，$\sigma^2 = E(W^2)$ 为方程的误差项方差.

注 5.3.1 带约束线性回归方程同解于带约束有限维投影泛函最值方程

$$\begin{cases} \left\| Y - \sum_{k=0}^{m} \beta_k X_k \right\| = \min_{c_k \in \mathbb{R}} \left\| Y - \sum_{k=0}^{m} c_k X_k \right\|, \\ \boldsymbol{H}(\beta_k)^{0\leqslant k\leqslant m} = \boldsymbol{d}. \end{cases} \tag{5.3.2}$$

定理 5.3.1 若线性方程组 $\boldsymbol{H}\boldsymbol{\beta} = \boldsymbol{d}$ 相容，$\mathrm{rank}(\boldsymbol{H}) = s$，记 $\boldsymbol{X} = (X_i)_{0\leqslant i\leqslant m}$，则方程系数的概率解存在唯一，且为

$$(\beta_k)^{0\leqslant k\leqslant m} = \boldsymbol{\beta}^{(0)} - \left(E(\boldsymbol{X}^{\mathrm{T}}\boldsymbol{X})\right)^{-1} \boldsymbol{H}^{\mathrm{T}} \left[\boldsymbol{H}\left(E(\boldsymbol{X}^{\mathrm{T}}\boldsymbol{X})\right)^{-1}\boldsymbol{H}^{\mathrm{T}}\right]^{-1} (\boldsymbol{H}\boldsymbol{\beta}^{(0)} - \boldsymbol{d}), \tag{5.3.3}$$

其中 $\boldsymbol{\beta}^{(0)}$ 是无约束线性回归方程系数的概率解，即

$$\boldsymbol{\beta}^{(0)} = \left(E(\boldsymbol{X}^{\mathrm{T}}\boldsymbol{X})\right)^{-1} E\left(\boldsymbol{X}^{\mathrm{T}}\boldsymbol{Y}\right).$$

证明 用拉格朗日乘子法求此解. 记 $\boldsymbol{\lambda} = (\lambda_1,\cdots,\lambda_s)^{\mathrm{T}}$，$\boldsymbol{\beta} = (\beta_k)^{0\leqslant k\leqslant m}$，做辅助函

数

$$F(\boldsymbol{\beta},\boldsymbol{\lambda}) = \left\| \boldsymbol{Y} - \sum_{k=0}^{m} \beta_k \boldsymbol{X}_k \right\|^2 + \boldsymbol{\lambda}^{\mathrm{T}}(\boldsymbol{H}\boldsymbol{\beta} - \boldsymbol{d})$$
$$= \langle \boldsymbol{Y}, \boldsymbol{Y} \rangle - 2 \left(\langle \boldsymbol{X}_i, \boldsymbol{Y} \rangle \right)_{0 \leqslant i \leqslant m} \boldsymbol{\beta} + \boldsymbol{\beta}^{\mathrm{T}} \left(\langle \boldsymbol{X}_i, \boldsymbol{X}_j \rangle \right)_{0 \leqslant j \leqslant m}^{0 \leqslant i \leqslant m} \boldsymbol{\beta} + \boldsymbol{\lambda}^{\mathrm{T}}(\boldsymbol{H}\boldsymbol{\beta} - \boldsymbol{d}),$$

对上式求导，得

$$\frac{\partial F(\boldsymbol{\beta},\boldsymbol{\lambda})}{\partial \boldsymbol{\beta}} = \left(\frac{\partial F(\boldsymbol{\beta},\boldsymbol{\lambda})}{\partial \beta_k} \right)^{0 \leqslant k \leqslant m} = -2 \left(\langle \boldsymbol{X}_i, \boldsymbol{Y} \rangle \right)^{0 \leqslant i \leqslant m} + 2 \left(\langle \boldsymbol{X}_i, \boldsymbol{X}_j \rangle \right)_{0 \leqslant j \leqslant m}^{0 \leqslant i \leqslant m} \boldsymbol{\beta} + \boldsymbol{H}^{\mathrm{T}} \boldsymbol{\lambda},$$

即知解应满足方程组

$$\begin{cases} -2 \left(\langle \boldsymbol{X}_i, \boldsymbol{Y} \rangle \right)^{0 \leqslant i \leqslant m} + 2 \left(\langle \boldsymbol{X}_i, \boldsymbol{X}_j \rangle \right)_{0 \leqslant j \leqslant m}^{0 \leqslant i \leqslant m} \boldsymbol{\beta} + \boldsymbol{H}^{\mathrm{T}} \boldsymbol{\lambda} = \boldsymbol{0}, \\ \boldsymbol{H}\boldsymbol{\beta} = \boldsymbol{d}. \end{cases}$$

做若干同解变形

$$\begin{cases} \boldsymbol{\beta} = \left[\left(\langle \boldsymbol{X}_i, \boldsymbol{X}_j \rangle \right)_{0 \leqslant j \leqslant m}^{0 \leqslant i \leqslant m} \right]^{-1} \left(\langle \boldsymbol{X}_i, \boldsymbol{Y} \rangle \right)^{0 \leqslant i \leqslant m} - \frac{1}{2} \left[\left(\langle \boldsymbol{X}_i, \boldsymbol{X}_j \rangle \right)_{0 \leqslant j \leqslant m}^{0 \leqslant i \leqslant m} \right]^{-1} \boldsymbol{H}^{\mathrm{T}} \boldsymbol{\lambda}, \\ \boldsymbol{H}\boldsymbol{\beta} = \boldsymbol{d} \end{cases}$$

$$\Rightarrow \begin{cases} \boldsymbol{\beta} = \left[\left(\langle \boldsymbol{X}_i, \boldsymbol{X}_j \rangle \right)_{0 \leqslant j \leqslant m}^{0 \leqslant i \leqslant m} \right]^{-1} \left(\langle \boldsymbol{X}_i, \boldsymbol{Y} \rangle \right)^{0 \leqslant i \leqslant m} - \frac{1}{2} \left[\left(\langle \boldsymbol{X}_i, \boldsymbol{X}_j \rangle \right)_{0 \leqslant j \leqslant m}^{0 \leqslant i \leqslant m} \right]^{-1} \boldsymbol{H}^{\mathrm{T}} \boldsymbol{\lambda}, \\ \frac{1}{2} \boldsymbol{H} \left[\left(\langle \boldsymbol{X}_i, \boldsymbol{X}_j \rangle \right)_{0 \leqslant j \leqslant m}^{0 \leqslant i \leqslant m} \right]^{-1} \boldsymbol{H}^{\mathrm{T}} \boldsymbol{\lambda} = \boldsymbol{H} \left[\left(\langle \boldsymbol{X}_i, \boldsymbol{X}_j \rangle \right)_{0 \leqslant j \leqslant m}^{0 \leqslant i \leqslant m} \right]^{-1} \left(\langle \boldsymbol{X}_i, \boldsymbol{Y} \rangle \right)^{0 \leqslant i \leqslant m} - \boldsymbol{d} \end{cases}$$

$$\Rightarrow \begin{cases} \boldsymbol{\beta} = \left(E(\boldsymbol{X}^{\mathrm{T}}\boldsymbol{X}) \right)^{-1} E \left(\boldsymbol{X}^{\mathrm{T}}\boldsymbol{Y} \right) - \frac{1}{2} \left(E(\boldsymbol{X}^{\mathrm{T}}\boldsymbol{X}) \right)^{-1} \boldsymbol{H}^{\mathrm{T}} \boldsymbol{\lambda}, \\ \frac{1}{2} \boldsymbol{\lambda} = \left[\boldsymbol{H} \left(E(\boldsymbol{X}^{\mathrm{T}}\boldsymbol{X}) \right)^{-1} \boldsymbol{H}^{\mathrm{T}} \right]^{-1} \left[\boldsymbol{H} \left(E(\boldsymbol{X}^{\mathrm{T}}\boldsymbol{X}) \right)^{-1} E \left(\boldsymbol{X}^{\mathrm{T}}\boldsymbol{Y} \right) - \boldsymbol{d} \right]. \end{cases}$$

由此即获带约束线性回归方程系数的解. □

例 5.3.1 设带约束线性回归方程

$$\begin{cases} Y = \beta_0 + \beta_1 X_1 + \beta_2 X_2 + W, \\ \boldsymbol{H}(\beta_k)^{0 \leqslant k \leqslant 2} = \boldsymbol{d}, \end{cases}$$

其中 $(X_1, X_2, Y) \sim N_3(\boldsymbol{\mu}, \boldsymbol{\Sigma})$,

$$\boldsymbol{\mu} = \begin{pmatrix} 0 \\ 0 \\ 12 \end{pmatrix}, \boldsymbol{\Sigma} = \begin{pmatrix} 1 & 0 & -9 \\ 0 & 1 & 6 \\ -9 & 6 & 118 \end{pmatrix},$$

$\boldsymbol{H} = (0, 1, -1)$, $\boldsymbol{d} = \boldsymbol{0}$, 试求方程参数 $\beta_0, \beta_1, \beta_2$ 的概率解.

解

$$\begin{aligned}
\boldsymbol{\beta}^{(0)} &= (\beta_k^{(0)})^{0 \leqslant k \leqslant 2} \\
&= \left[(E(X_i X_j))_{0 \leqslant j \leqslant 2}^{0 \leqslant i \leqslant 2} \right]^{-1} (E(X_i Y))^{0 \leqslant i \leqslant 2} \\
&= \left[(\mathrm{Cov}(X_i, X_j) + E(X_i)E(X_j))_{0 \leqslant j \leqslant 2}^{0 \leqslant i \leqslant 2} \right]^{-1} (\mathrm{Cov}(X_i, Y) + E(X_i)E(Y))^{0 \leqslant i \leqslant 2} \\
&= \left[\begin{pmatrix} 0 & 0 & 0 \\ 0 & 1 & 0 \\ 0 & 0 & 1 \end{pmatrix} + \begin{pmatrix} 1 & 0 & 0 \\ 0 & 0 & 0 \\ 0 & 0 & 0 \end{pmatrix} \right]^{-1} \left[\begin{pmatrix} 0 \\ -9 \\ 6 \end{pmatrix} + \begin{pmatrix} 12 \\ 0 \\ 0 \end{pmatrix} \right] \\
&= \begin{bmatrix} \begin{pmatrix} 1 & 0 & 0 \\ 0 & 1 & 0 \\ 0 & 0 & 1 \end{pmatrix} \end{bmatrix}^{-1} \begin{pmatrix} 12 \\ -9 \\ 6 \end{pmatrix} = \begin{pmatrix} 12 \\ -9 \\ 6 \end{pmatrix},
\end{aligned}$$

$$\begin{aligned}
(\beta_k)^{0 \leqslant k \leqslant 3} &= \boldsymbol{\beta}^{(0)} - \left(E(\boldsymbol{X}^\mathrm{T} \boldsymbol{X}) \right)^{-1} \boldsymbol{H}^\mathrm{T} \left[\boldsymbol{H} \left(E(\boldsymbol{X}^\mathrm{T} \boldsymbol{X}) \right)^{-1} \boldsymbol{H}^\mathrm{T} \right]^{-1} (\boldsymbol{H} \boldsymbol{\beta}^{(0)} - \boldsymbol{d}) \\
&= \boldsymbol{\beta}^{(0)} - \left[(E(X_i X_j))_{0 \leqslant j \leqslant 2}^{0 \leqslant i \leqslant 2} \right]^{-1} \boldsymbol{H}^\mathrm{T} \left[\boldsymbol{H} \left[(E(X_i X_j))_{0 \leqslant j \leqslant 2}^{0 \leqslant i \leqslant 2} \right]^{-1} \boldsymbol{H}^\mathrm{T} \right]^{-1} \\
&\quad \cdot (\boldsymbol{H} \boldsymbol{\beta}^{(0)} - \boldsymbol{d}) \\
&= \boldsymbol{\beta}^{(0)} - \boldsymbol{H}^\mathrm{T} \left[\boldsymbol{H} \boldsymbol{H}^\mathrm{T} \right]^{-1} (\boldsymbol{H} \boldsymbol{\beta}^{(0)}) \\
&= \begin{pmatrix} 12 \\ -1.5 \\ -1.5 \end{pmatrix}.
\end{aligned}$$

由带约束线性回归方程系数的概率解, 遂获其统计解.

定理 5.3.2 若题设同定理 5.3.1, 且 $\{(X_{n0} \cdots, X_{nm}, Y_n) : 1 \leqslant n \leqslant N\}$ 是

$(X_0, \cdots, X_m, Y)$ 的简单样本, 令

$$(\widehat{\beta}_{kN})^{0 \leqslant k \leqslant m} \triangleq \widehat{\boldsymbol{\beta}}_{(0)N} - (\widetilde{\boldsymbol{X}}^{\mathrm{T}}\widetilde{\boldsymbol{X}})^{-1}\boldsymbol{H}^{\mathrm{T}}\left[\boldsymbol{H}(\widetilde{\boldsymbol{X}}^{\mathrm{T}}\widetilde{\boldsymbol{X}})^{-1}\boldsymbol{H}^{\mathrm{T}}\right]^{-1}(\boldsymbol{H}\widehat{\boldsymbol{\beta}}_{(0)N} - \boldsymbol{d}), \quad (5.3.4)$$

其中 $\widehat{\boldsymbol{\beta}}_{(0)N} = (\widetilde{\boldsymbol{X}}^{\mathrm{T}}\widetilde{\boldsymbol{X}})^{-1}\widetilde{\boldsymbol{X}}^{\mathrm{T}}\widetilde{\boldsymbol{Y}}$, $\widetilde{\boldsymbol{X}} \triangleq (X_{ni})_{0 \leqslant i \leqslant m}^{1 \leqslant n \leqslant N}$, $\widetilde{\boldsymbol{Y}} \triangleq (Y_n)^{1 \leqslant n \leqslant N}$, 则约束线性回归方程系数的统计解为

$$(\beta_k)^{0 \leqslant k \leqslant m} = \lim_{N \to \infty} (\widehat{\beta}_{kN})^{0 \leqslant k \leqslant m} \quad \text{(a.s.)}.$$

证明留给读者.

模拟实验 5.3.1 题设同例 5.3.1, 试求方程参数 $\beta_0, \beta_1, \beta_2$ 的统计解.

解 取 $X_1 \sim N^{(1)}(0,1)$, $X_2 \sim N^{(2)}(0,1)$, $W \sim N^{(3)}(0,1)$, 且相互独立, 令

$$Y = 12 - 9X_1 + 6X_2 + W,$$

不难算得 $(X_1, X_2, Y) \sim N_3(\boldsymbol{\mu}, \boldsymbol{\Sigma})$, $\boldsymbol{\mu} = \begin{pmatrix} 0 \\ 0 \\ 12 \end{pmatrix}$, $\boldsymbol{\Sigma} = \begin{pmatrix} 1 & 0 & -9 \\ 0 & 1 & 6 \\ -9 & 6 & 118 \end{pmatrix}$, 利用计算机的随机数功能, 可获得 X_1, X_2, W 各自的容量 100000 的样本, 从而得到 (X_0, X_1, X_2, Y) 的容量 100000 的样本

$$(X_{n0}, X_{n1}, X_{n2}, Y_n) \quad (1 \leqslant n \leqslant 100000).$$

令统计量矩阵 $\widetilde{\boldsymbol{X}} = (X_{nk})_{0 \leqslant k \leqslant 2}^{1 \leqslant n \leqslant 100000}$, $\widetilde{\boldsymbol{Y}} = (Y_n)^{1 \leqslant n \leqslant 100000}$. 则根据定理 5.3.2, 得方程无约束时 $(\beta_k)^{0 \leqslant k \leqslant 3}$ 的统计解为

$$\widehat{\boldsymbol{\beta}}_{(0)N} = (\widetilde{\boldsymbol{X}}^{\mathrm{T}}\widetilde{\boldsymbol{X}})^{-1}\widetilde{\boldsymbol{X}}^{\mathrm{T}}\widetilde{\boldsymbol{Y}}$$
$$= (11.99555, -9.003159, 5.9972944)^{\mathrm{T}},$$

继而得方程有约束时 $(\beta_k)^{0 \leqslant k \leqslant 3}$ 的统计解为

$$(\widehat{\beta}_{kN})^{0 \leqslant k \leqslant 3} = \widehat{\boldsymbol{\beta}}_{(0)N} - (\widetilde{\boldsymbol{X}}^{\mathrm{T}}\widetilde{\boldsymbol{X}})^{-1}\boldsymbol{H}^{\mathrm{T}}\left[\boldsymbol{H}(\widetilde{\boldsymbol{X}}^{\mathrm{T}}\widetilde{\boldsymbol{X}})^{-1}\boldsymbol{H}^{\mathrm{T}}\right]^{-1}(\boldsymbol{H}\widehat{\boldsymbol{\beta}}_{(0)N} - \boldsymbol{d})$$
$$= (11.996306, -1.504418, -1.504418)^{\mathrm{T}}.$$

第六章

G-M 线性回归方程

本章的回归方程类型, 从理论上而言, 乃前一章线性回归方程的推广; 从历史上而言, 其起源自 19 世纪初勒让德、高斯的工作, 经过后人 (包括马尔可夫) 的发展、完善, 而流行于当今, 习称线性回归模型.

G-M 线性回归方程, 亦属有限维投影泛函最值方程, 其与线性回归方程的不同之处, 在于后者的背景空间是 $L^2(\Omega,\mathscr{F},P)$, 而前者的背景空间是所谓纵向样本空间 $\mathbb{R}^N$.

这里给出求解 G-M 线性回归方程的 3 种方法: 最小二乘方法、极大似然方法与消参数方法.

§6.1 定 义

G-M 线性回归方程, 是将线性回归方程中的误差项从随机变量推广为随机过程而演绎来的.

定义 6.1.1 设随机变量 $X_1,\cdots,X_m \in L^2(\Omega,\mathscr{F},P)$, 随机过程 $Y_t, W_t \in L^2(\Omega,\mathscr{F},P)(t\in\mathbb{R})$, $\mathrm{Cov}(W_t, W_s) = \begin{cases} \sigma^2, t=s, \\ 0, t\neq s, \end{cases}$ $X_1,\cdots,X_m$ 与 W_t 独立 $(t\in\mathbb{R})$, $E(W_t)=0$, $X_0, X_1, \cdots, X_m$ 线性无关, $X_0, X_1, \cdots, X_m$ 线性无关, 称方程族

$$Y_t = \beta_0 + \beta_1 X_1 + \cdots + \beta_m X_m + W_t \quad (t\in\mathbb{R}) \tag{6.1.1}$$

为 Y_t 关于 $X_0, X_1, \cdots, X_m$ 的 G-M 线性回归方程, W_t 为误差项. 如果对 $\forall n \in \mathbb{N}, t_1, \cdots, t_n \in \mathbb{R}$, 有 $(W_{t_1}, \cdots, W_{t_n})^{\mathrm{T}} \sim N_n(\mathbf{0}, \sigma^2 \mathbf{I}_n)$, 则称之为正态 G-M 线性回归方程.

注 6.1.1 随机过程 $W_t(t \in \mathbb{R})$ 是线性独立同分布的, 此乃独立同分布之退而求其次也.

§6.2 最小二乘方法

本节着意于在 $(X_0, \cdots, X_m, Y_t)$ 的纵向样本之下, 求解 G-M 线性回归方程参数的最优统计估计. 所谓 $(X_0, \cdots, X_m, Y_t)$ 的纵向样本, 定义如下:

定义 6.2.1 对 G-M 线性回归方程中的参数 t 随机选取 N 个值 $t_1, \cdots, t_N \in \mathbb{R}$, $(X_{n0} \cdots, X_{nm}, Y_n)$ 是随机向量 $(X_0, \cdots, X_m, Y_{t_n})$ 容量为 1 的简单样本 $(1 \leqslant n \leqslant N)$, 称

$$\{(X_{n0} \cdots, X_{nm}, Y_n) : 1 \leqslant n \leqslant N\}$$

为随机过程向量 $(X_0, \cdots, X_m, Y_t)$ 容量为 N 的纵向样本. 记

$$\widetilde{\boldsymbol{X}} = (X_{nk})_{0 \leqslant k \leqslant m}^{1 \leqslant n \leqslant N} = (\widetilde{\boldsymbol{X}}_0, \widetilde{\boldsymbol{X}}_1, \cdots, \widetilde{\boldsymbol{X}}_m),$$
$$\widetilde{\boldsymbol{Y}} = (Y_n)^{1 \leqslant n \leqslant N},$$
$$\widetilde{\boldsymbol{W}} = \widetilde{\boldsymbol{Y}} - \widetilde{\boldsymbol{X}}\boldsymbol{\beta}, \quad \boldsymbol{\beta} = (\beta_k)^{0 \leqslant k \leqslant m}.$$

在纵向样本下, 由于其非独立同分布, 不足以使用大数定律及矩方法, 故而不能获得概率 1 意义下的统计解. 这里取纵向样本空间 $\mathbb{R}^N$ 的观点, 所使用的估计方法为最小二乘方法、极大似然方法及消参数方法.

一、最小二乘估计

最小二乘方法的意义是从纵向样本值层面求解随机变量的线性函数对随机过程 Y_t 的最佳逼近. 而与纵向样本值相应的希尔伯特空间如下:

定理 6.2.1 若在 $\mathbb{R}^N$ 上界定映射 $\langle \cdot, \cdot \rangle_N : \mathbb{R}^N \times \mathbb{R}^N \to \mathbb{R}$ 为

$$\langle \boldsymbol{x}, \boldsymbol{y} \rangle_N = \frac{1}{N} \sum_{i=1}^N x_i y_i \quad (\boldsymbol{x}, \boldsymbol{y} \in \mathbb{R}^N), \tag{6.2.1}$$

则 $\langle \cdot, \cdot \rangle_N$ 成为内积, 且 $(\mathbb{R}^N, \langle \cdot, \cdot \rangle_N)$ 成为希尔伯特空间.

定义 6.2.2 设 Y_t 关于 $X_0, X_1, \cdots, X_m$ 的 G-M 线性回归方程为

$$Y_t = \beta_0 + \beta_1 X_1 + \cdots + \beta_m X_m + W_t \quad (t \in \mathbb{R}),$$

$\{(X_{n0} \cdots, X_{nm}, Y_n) : 1 \leqslant n \leqslant N\}$ 为随机过程向量 $(X_0, \cdots, X_m, Y_t)$ 的纵向样本, $W_n = Y_n - \sum_{k=0}^{m} \beta_k X_{nk} (1 \leqslant n \leqslant N)$, 称方程组

$$Y_n = \beta_0 + \beta_1 X_{n1} + \cdots + \beta_m X_{nm} + W_n \tag{6.2.2}$$

为 Y_t 关于 $X_0, X_1, \cdots, X_m$ 的 G-M 线性回归方程的样本方程.

定理 6.2.2 有限维投影泛函最值方程

$$\left\| \widetilde{\boldsymbol{Y}} - \sum_{i=0}^{m} \beta_i \widetilde{\boldsymbol{X}}_i \right\|_N = \min_{c_i \in \mathbb{R}} \left\| \widetilde{\boldsymbol{Y}} - \sum_{i=0}^{m} c_i \widetilde{\boldsymbol{X}}_i \right\|_N \tag{6.2.3}$$

的解存在、唯一, 且与 G-M 线性回归方程之样本方程同解.

证明 解的存在且唯一. 显然. 注意到, 于乘积概率空间意义下而言 (见 §6.4), 有如下等价关系:

$$E(W_t X_j) = 0 \Leftrightarrow \lim_{N \to \infty} \frac{1}{N} \sum_{n=1}^{N} W_n X_{nj} = 0$$

$$\Leftrightarrow \frac{1}{N} \sum_{n=1}^{N} W_n X_{nj} \doteq 0$$

$$\Leftrightarrow \langle \widetilde{\boldsymbol{W}}, \widetilde{\boldsymbol{X}}_j \rangle_N \doteq 0 \quad (0 \leqslant j \leqslant m).$$

于是有如下推演:

$$\beta_j \text{ 满足样本方程} \Rightarrow \left\langle \widetilde{\boldsymbol{Y}} - \sum_{i=0}^{m} \beta_i \widetilde{\boldsymbol{X}}_i, \widetilde{\boldsymbol{X}}_j \right\rangle_N \doteq 0$$

$$\Rightarrow \widetilde{\boldsymbol{Y}} - \sum_{i=0}^{m} \beta_i \widetilde{\boldsymbol{X}}_i \perp \text{span}\{\widetilde{\boldsymbol{X}}_0, \widetilde{\boldsymbol{X}}_1, \cdots, \widetilde{\boldsymbol{X}}_m\}$$

$$\Rightarrow \left\| \widetilde{\boldsymbol{Y}} - \sum_{i=0}^{m} \beta_i \widetilde{\boldsymbol{X}}_i \right\|_N = \min_{c_i \in \mathbb{R}} \left\| \widetilde{\boldsymbol{Y}} - \sum_{i=0}^{m} c_i \widetilde{\boldsymbol{X}}_i \right\|_N,$$

即见最值方程与样本方程同解. □

定理 6.2.3 G-M 线性回归方程之样本方程的解为

$$\widehat{\boldsymbol{\beta}} = (\widehat{\beta}_i)^{0 \leqslant i \leqslant m} = (\widetilde{\boldsymbol{X}}^{\mathrm{T}} \widetilde{\boldsymbol{X}})^{-1} \widetilde{\boldsymbol{X}}^{\mathrm{T}} \widetilde{\boldsymbol{Y}}, \qquad (6.2.4)$$

且误差项方差 σ^2 的解为

$$\widehat{\sigma}^2 = \frac{1}{N} \widetilde{\boldsymbol{Y}}^{\mathrm{T}} (\boldsymbol{I}_N - \widetilde{\boldsymbol{X}} (\widetilde{\boldsymbol{X}}^{\mathrm{T}} \widetilde{\boldsymbol{X}})^{-1} \widetilde{\boldsymbol{X}}^{\mathrm{T}}) \widetilde{\boldsymbol{Y}}. \qquad (6.2.5)$$

证明 根据有限维空间最佳逼近定理, 即有

$$\begin{aligned}
(\widehat{\beta}_i)^{0 \leqslant i \leqslant m} &= \left[\left(\langle \widetilde{\boldsymbol{X}}_i, \widetilde{\boldsymbol{X}}_j \rangle_N \right)_{0 \leqslant j \leqslant m}^{0 \leqslant i \leqslant m} \right]^{-1} \left(\langle \widetilde{\boldsymbol{X}}_i, \widetilde{\boldsymbol{Y}} \rangle_N \right)^{0 \leqslant i \leqslant m} \\
&= (\widetilde{\boldsymbol{X}}^{\mathrm{T}} \widetilde{\boldsymbol{X}})^{-1} \widetilde{\boldsymbol{X}}^{\mathrm{T}} \widetilde{\boldsymbol{Y}},
\end{aligned}$$

$$\begin{aligned}
\widehat{\sigma}^2 &= \left\| \widetilde{\boldsymbol{Y}} - \sum_{i=0}^{m} \beta_i \widetilde{\boldsymbol{X}}_i \right\|_N \\
&= \langle \widetilde{\boldsymbol{Y}}, \widetilde{\boldsymbol{Y}} \rangle_N - \left(\langle \widetilde{\boldsymbol{Y}}, \widetilde{\boldsymbol{X}}_j \rangle_N \right)_{0 \leqslant j \leqslant m} \left[\left(\langle \widetilde{\boldsymbol{X}}_i, \widetilde{\boldsymbol{X}}_j \rangle_N \right)_{0 \leqslant j \leqslant m}^{0 \leqslant i \leqslant m} \right]^{-1} \left(\langle \widetilde{\boldsymbol{X}}_i, \widetilde{\boldsymbol{Y}} \rangle_N \right)^{0 \leqslant i \leqslant m} \\
&= \frac{1}{N} \widetilde{\boldsymbol{Y}}^{\mathrm{T}} \widetilde{\boldsymbol{Y}} - \frac{1}{N} \widetilde{\boldsymbol{Y}}^{\mathrm{T}} \widetilde{\boldsymbol{X}} \left(\frac{1}{N} \widetilde{\boldsymbol{X}}^{\mathrm{T}} \widetilde{\boldsymbol{X}} \right)^{-1} \frac{1}{N} \widetilde{\boldsymbol{X}}^{\mathrm{T}} \widetilde{\boldsymbol{Y}} \\
&= \frac{1}{N} \widetilde{\boldsymbol{Y}}^{\mathrm{T}} (\boldsymbol{I}_N - \widetilde{\boldsymbol{X}} (\widetilde{\boldsymbol{X}}^{\mathrm{T}} \widetilde{\boldsymbol{X}})^{-1} \widetilde{\boldsymbol{X}}^{\mathrm{T}}) \widetilde{\boldsymbol{Y}}.
\end{aligned}$$
□

二、最小二乘估计的性质

这里考虑的统计估计的概率性质, 系相对于条件概率空间而言的. 条件概率空间的概念如下.

定理 6.2.4 设 $(\Omega, \mathscr{F}, P)$ 是概率空间, $B \in \mathscr{F}, P(B) > 0$. 若设 $\mathscr{F}$ 上的集合函数 P_B 为

$$P_B(A) = P(A|B) = \frac{P(AB)}{P(B)} \qquad (\forall A \in \mathscr{F}),$$

则 P_B 成为 $(\Omega, \mathscr{F})$ 上的概率. 此时称概率空间 $(\Omega, \mathscr{F}, P_B)$ 为由 B 在 $(\Omega, \mathscr{F}, P)$ 上诱导出的条件概率空间.

注 6.2.1 当 $A \in \mathscr{F}$ 与 B 相互独立时, 有 $P_B(A) = P(A)$.

考虑由 $B = \{\widetilde{\boldsymbol{X}} = (x_{nk})_{0 \leqslant k \leqslant m}^{1 \leqslant n \leqslant N}\}$ 在 $(\Omega, \mathscr{F}, P)$ 上诱导出的条件概率空间 $(\Omega, \mathscr{F}, P_B)$, 本目所讨论的估计之性质, 系在条件概率空间 $(\Omega, \mathscr{F}, P_B)$ 上进行的. 为行文方便, 以下还用 $(X_{nk})_{0 \leqslant k \leqslant m}^{1 \leqslant n \leqslant N}$ 表示 $(x_{nk})_{0 \leqslant k \leqslant m}^{1 \leqslant n \leqslant N}$.

定理 6.2.5 若 $\boldsymbol{c} \in \mathbb{R}^{m+1}$, 则 $E_{P_B}(\boldsymbol{c}^\mathrm{T} \widehat{\boldsymbol{\beta}}) = \boldsymbol{c}^\mathrm{T} \boldsymbol{\beta}$.

证明 注意到 W_n 与 $\widetilde{\boldsymbol{X}}$ 相互独立 $(1 \leqslant n \leqslant N)$, 于是

$$E_{P_B}(W_n) = E_P(W_n) = 0 \quad (1 \leqslant n \leqslant N),$$

则有

$$\begin{aligned}
E_{P_B}(\boldsymbol{c}^\mathrm{T} \widehat{\boldsymbol{\beta}}) &= E_{P_B}(\boldsymbol{c}^\mathrm{T} (\widetilde{\boldsymbol{X}}^\mathrm{T} \widetilde{\boldsymbol{X}})^{-1} \widetilde{\boldsymbol{X}}^\mathrm{T} \widetilde{\boldsymbol{Y}}) \\
&= \boldsymbol{c}^\mathrm{T} (\widetilde{\boldsymbol{X}}^\mathrm{T} \widetilde{\boldsymbol{X}})^{-1} \widetilde{\boldsymbol{X}}^\mathrm{T} E_{P_B}(\widetilde{\boldsymbol{Y}}) \\
&= \boldsymbol{c}^\mathrm{T} (\widetilde{\boldsymbol{X}}^\mathrm{T} \widetilde{\boldsymbol{X}})^{-1} \widetilde{\boldsymbol{X}}^\mathrm{T} E_{P_B}(\widetilde{\boldsymbol{X}} \boldsymbol{\beta} + \widetilde{\boldsymbol{W}}) \\
&= \boldsymbol{c}^\mathrm{T} (\widetilde{\boldsymbol{X}}^\mathrm{T} \widetilde{\boldsymbol{X}})^{-1} \widetilde{\boldsymbol{X}}^\mathrm{T} (E_{P_B}(\widetilde{\boldsymbol{X}} \boldsymbol{\beta}) + E_{P_B}(\widetilde{\boldsymbol{W}})) \\
&= \boldsymbol{c}^\mathrm{T} (\widetilde{\boldsymbol{X}}^\mathrm{T} \widetilde{\boldsymbol{X}})^{-1} \widetilde{\boldsymbol{X}}^\mathrm{T} (\widetilde{\boldsymbol{X}} \boldsymbol{\beta} + E_P(\widetilde{\boldsymbol{W}})) \\
&= \boldsymbol{c}^\mathrm{T} (\widetilde{\boldsymbol{X}}^\mathrm{T} \widetilde{\boldsymbol{X}})^{-1} \widetilde{\boldsymbol{X}}^\mathrm{T} \widetilde{\boldsymbol{X}} \boldsymbol{\beta} \\
&= \boldsymbol{c}^\mathrm{T} \boldsymbol{\beta}.
\end{aligned}$$
$\square$

定理 6.2.6 若 $\boldsymbol{c} \in \mathbb{R}^{m+1}$, 则 $\mathrm{Var}_{P_B}(\boldsymbol{c}^\mathrm{T} \widehat{\boldsymbol{\beta}}) = \sigma^2 \boldsymbol{c}^\mathrm{T} (\widetilde{\boldsymbol{X}}^\mathrm{T} \widetilde{\boldsymbol{X}})^{-1} \boldsymbol{c}$.

证明
$$\begin{aligned}
\mathrm{Var}_{P_B}(\boldsymbol{c}^\mathrm{T} \widehat{\boldsymbol{\beta}}) &= \mathrm{Var}_{P_B}[\boldsymbol{c}^\mathrm{T} (\widetilde{\boldsymbol{X}}^\mathrm{T} \widetilde{\boldsymbol{X}})^{-1} \widetilde{\boldsymbol{X}}^\mathrm{T} \widetilde{\boldsymbol{Y}}] \\
&= \mathrm{Var}_{P_B}[\boldsymbol{c}^\mathrm{T} (\widetilde{\boldsymbol{X}}^\mathrm{T} \widetilde{\boldsymbol{X}})^{-1} \widetilde{\boldsymbol{X}}^\mathrm{T} (\widetilde{\boldsymbol{X}} \boldsymbol{\beta} + \widetilde{\boldsymbol{W}})] \\
&= \mathrm{Var}_{P_B}[\boldsymbol{c}^\mathrm{T} (\widetilde{\boldsymbol{X}}^\mathrm{T} \widetilde{\boldsymbol{X}})^{-1} \widetilde{\boldsymbol{X}}^\mathrm{T} \widetilde{\boldsymbol{X}} \boldsymbol{\beta} + \boldsymbol{c}^\mathrm{T} (\widetilde{\boldsymbol{X}}^\mathrm{T} \widetilde{\boldsymbol{X}})^{-1} \widetilde{\boldsymbol{X}}^\mathrm{T} \widetilde{\boldsymbol{W}}] \\
&= \mathrm{Var}_{P_B}[\boldsymbol{c}^\mathrm{T} (\widetilde{\boldsymbol{X}}^\mathrm{T} \widetilde{\boldsymbol{X}})^{-1} \widetilde{\boldsymbol{X}}^\mathrm{T} \widetilde{\boldsymbol{W}}] \\
&= \boldsymbol{c}^\mathrm{T} (\widetilde{\boldsymbol{X}}^\mathrm{T} \widetilde{\boldsymbol{X}})^{-1} \widetilde{\boldsymbol{X}}^\mathrm{T} \mathrm{Var}_{P_B}(\widetilde{\boldsymbol{W}}) \widetilde{\boldsymbol{X}} (\widetilde{\boldsymbol{X}}^\mathrm{T} \widetilde{\boldsymbol{X}})^{-1} \boldsymbol{c} \\
&= \boldsymbol{c}^\mathrm{T} (\widetilde{\boldsymbol{X}}^\mathrm{T} \widetilde{\boldsymbol{X}})^{-1} \widetilde{\boldsymbol{X}}^\mathrm{T} \mathrm{Var}(\widetilde{\boldsymbol{W}}) \widetilde{\boldsymbol{X}} (\widetilde{\boldsymbol{X}}^\mathrm{T} \widetilde{\boldsymbol{X}})^{-1} \boldsymbol{c} \\
&= \boldsymbol{c}^\mathrm{T} (\widetilde{\boldsymbol{X}}^\mathrm{T} \widetilde{\boldsymbol{X}})^{-1} \widetilde{\boldsymbol{X}}^\mathrm{T} \sigma^2 \boldsymbol{I}_N \widetilde{\boldsymbol{X}} (\widetilde{\boldsymbol{X}}^\mathrm{T} \widetilde{\boldsymbol{X}})^{-1} \boldsymbol{c} \\
&= \sigma^2 \boldsymbol{c}^\mathrm{T} (\widetilde{\boldsymbol{X}}^\mathrm{T} \widetilde{\boldsymbol{X}})^{-1} \boldsymbol{c}.
\end{aligned}$$
$\square$

定理 6.2.7 (1) $E_{P_B}(\widehat{\boldsymbol{\beta}}) = \boldsymbol{\beta}$; (2) $\mathrm{Var}_{P_B}(\widehat{\boldsymbol{\beta}}) = \sigma^2 (\widetilde{\boldsymbol{X}}^\mathrm{T} \widetilde{\boldsymbol{X}})^{-1}$.

证明留给读者.

定理 6.2.8 $E_{P_B}\left(\dfrac{N}{N-m-1}\widehat{\sigma}^2\right) = \sigma^2$.

证明 注意到 $\operatorname{tr}\left(\widetilde{\boldsymbol{X}}(\widetilde{\boldsymbol{X}}^{\mathrm{T}}\widetilde{\boldsymbol{X}})^{-1}\widetilde{\boldsymbol{X}}^{\mathrm{T}}\right) = \operatorname{rank}(\widetilde{\boldsymbol{X}})$, 可得到

$$\begin{aligned}
E_{P_B}(\widehat{\sigma}^2) &= E_{P_B}\left(\frac{1}{N}\widetilde{\boldsymbol{Y}}^{\mathrm{T}}(\boldsymbol{I}_N - \widetilde{\boldsymbol{X}}(\widetilde{\boldsymbol{X}}^{\mathrm{T}}\widetilde{\boldsymbol{X}})^{-1}\widetilde{\boldsymbol{X}}^{\mathrm{T}})\widetilde{\boldsymbol{Y}}\right) \\
&= \frac{1}{N}(E_{P_B}(\widetilde{\boldsymbol{Y}}))^{\mathrm{T}}(\boldsymbol{I}_N - \widetilde{\boldsymbol{X}}(\widetilde{\boldsymbol{X}}^{\mathrm{T}}\widetilde{\boldsymbol{X}})^{-1}\widetilde{\boldsymbol{X}}^{\mathrm{T}})E_{P_B}(\widetilde{\boldsymbol{Y}}) \\
&\quad + \frac{1}{N}\operatorname{tr}\left((\boldsymbol{I}_N - \widetilde{\boldsymbol{X}}(\widetilde{\boldsymbol{X}}^{\mathrm{T}}\widetilde{\boldsymbol{X}})^{-1}\widetilde{\boldsymbol{X}}^{\mathrm{T}})\operatorname{Var}_{P_B}(\widetilde{\boldsymbol{Y}})\right) \\
&= \frac{1}{N}(\widetilde{\boldsymbol{X}}\boldsymbol{\beta})^{\mathrm{T}}(\boldsymbol{I}_N - \widetilde{\boldsymbol{X}}(\widetilde{\boldsymbol{X}}^{\mathrm{T}}\widetilde{\boldsymbol{X}})^{-1}\widetilde{\boldsymbol{X}}^{\mathrm{T}})\widetilde{\boldsymbol{X}}\boldsymbol{\beta} \\
&\quad + \frac{1}{N}\operatorname{tr}\left(\sigma^2(\boldsymbol{I}_N - \widetilde{\boldsymbol{X}}(\widetilde{\boldsymbol{X}}^{\mathrm{T}}\widetilde{\boldsymbol{X}})^{-1}\widetilde{\boldsymbol{X}}^{\mathrm{T}})\right) \\
&= \frac{1}{N}\sigma^2\left(\operatorname{tr}(\boldsymbol{I}_N) - \operatorname{tr}(\widetilde{\boldsymbol{X}}(\widetilde{\boldsymbol{X}}^{\mathrm{T}}\widetilde{\boldsymbol{X}})^{-1}\widetilde{\boldsymbol{X}}^{\mathrm{T}})\right) \\
&= \frac{1}{N}\sigma^2\left(N - \operatorname{rank}(\widetilde{\boldsymbol{X}})\right) \\
&= \frac{N-m-1}{N}\sigma^2.
\end{aligned}$$

$\square$

三、G-M 定理

定义 6.2.3 设随机变量 $X_n (1 \leqslant n \leqslant N)$ 及 X 满足

$$\operatorname{Cov}(X_m, X_n) = \begin{cases} \operatorname{Var}(X), & m = n, \\ 0, & m \neq n, \end{cases}$$

称 $X_n (1 \leqslant n \leqslant N)$ 线性独立同分布于 X.

引理 6.2.1 若 $Y_n (1 \leqslant n \leqslant N)$ 线性独立同分布, $\boldsymbol{Y} = (Y_n)^{1 \leqslant n \leqslant N}$, $E(\boldsymbol{Y}) = \boldsymbol{A}\boldsymbol{\beta}$, 其中 $\boldsymbol{A} \in \mathbb{R}^{N \times N}$ 对称幂等, 即 $\boldsymbol{A}^{\mathrm{T}} = \boldsymbol{A}, \boldsymbol{A}^2 = \boldsymbol{A}$, 则 $\forall \boldsymbol{b} \in \mathbb{R}^N$, 有:

(1) $E(\boldsymbol{b}^{\mathrm{T}}\boldsymbol{A}\boldsymbol{Y}) = E(\boldsymbol{b}^{\mathrm{T}}\boldsymbol{Y})$;

(2) $\operatorname{Var}(\boldsymbol{b}^{\mathrm{T}}\boldsymbol{A}\boldsymbol{Y}) \leqslant \operatorname{Var}(\boldsymbol{b}^{\mathrm{T}}\boldsymbol{Y})$, 且等号成立当且仅当 $\boldsymbol{A} = \boldsymbol{I}$.

证明 (1) $E(\boldsymbol{b}^{\mathrm{T}}\boldsymbol{A}\boldsymbol{Y}) = \boldsymbol{b}^{\mathrm{T}}\boldsymbol{A}E(\boldsymbol{Y}) = \boldsymbol{b}^{\mathrm{T}}\boldsymbol{A}\boldsymbol{\beta} = \boldsymbol{b}^{\mathrm{T}}E(\boldsymbol{Y}) = E(\boldsymbol{b}^{\mathrm{T}}\boldsymbol{Y})$.

(2) 设 $\mathrm{Var}(Y_n) = \sigma^2 (1 \leqslant n \leqslant N)$, 可得

$$\begin{aligned}
\mathrm{Var}(\boldsymbol{b}^\mathrm{T}\boldsymbol{Y}) - \mathrm{Var}(\boldsymbol{b}^\mathrm{T}\boldsymbol{A}\boldsymbol{Y}) &= \boldsymbol{b}^\mathrm{T}\mathrm{Var}(\boldsymbol{Y})\boldsymbol{b} - \boldsymbol{b}^\mathrm{T}\boldsymbol{A}\mathrm{Var}(\boldsymbol{Y})\boldsymbol{A}^\mathrm{T}\boldsymbol{b} \\
&= \boldsymbol{b}^\mathrm{T}\sigma^2\boldsymbol{I}\boldsymbol{b} - \boldsymbol{b}^\mathrm{T}\boldsymbol{A}\sigma^2\boldsymbol{I}\boldsymbol{A}^\mathrm{T}\boldsymbol{b} \\
&= \sigma^2(\boldsymbol{b}^\mathrm{T}\boldsymbol{b} - \boldsymbol{b}^\mathrm{T}\boldsymbol{A}\boldsymbol{b}) \\
&= \sigma^2 \boldsymbol{b}^\mathrm{T}(\boldsymbol{I} - \boldsymbol{A})\boldsymbol{b} \\
&= \sigma^2 \boldsymbol{b}^\mathrm{T}(\boldsymbol{I} - \boldsymbol{A})^\mathrm{T}(\boldsymbol{I} - \boldsymbol{A})\boldsymbol{b} \\
&= \sigma^2 [(\boldsymbol{I} - \boldsymbol{A})\boldsymbol{b}]^\mathrm{T}[(\boldsymbol{I} - \boldsymbol{A})\boldsymbol{b}] \geqslant 0.
\end{aligned}$$

易见等号成立当且仅当 $\boldsymbol{A} = \boldsymbol{I}$. □

定理 6.2.9 若最小方差无偏估计存在, 则其在概率 1 意义下唯一.

定理 6.2.10 (G-M 定理) 若 $\boldsymbol{c} \in \mathbb{R}^{m+1}$, 则 $\boldsymbol{c}^\mathrm{T}\widehat{\boldsymbol{\beta}}$ 为 $\boldsymbol{c}^\mathrm{T}\boldsymbol{\beta}$ 唯一的最小方差线性无偏估计.

证明 由 $\boldsymbol{c}^\mathrm{T}\widehat{\boldsymbol{\beta}} = \boldsymbol{c}^\mathrm{T}(\widetilde{\boldsymbol{X}}^\mathrm{T}\widetilde{\boldsymbol{X}})^{-1}\widetilde{\boldsymbol{X}}^\mathrm{T}\widetilde{\boldsymbol{Y}}$, 知 $\boldsymbol{c}^\mathrm{T}\widehat{\boldsymbol{\beta}}$ 为 $\widetilde{\boldsymbol{Y}}$ 的线性函数, 即 $\boldsymbol{c}^\mathrm{T}\widehat{\boldsymbol{\beta}}$ 是线性估计. $\boldsymbol{c}^\mathrm{T}\widehat{\boldsymbol{\beta}}$ 的无偏性前面已证.

设 $\boldsymbol{b}^\mathrm{T}\widetilde{\boldsymbol{Y}}$ 为 $\boldsymbol{c}^\mathrm{T}\boldsymbol{\beta}$ 的任一线性无偏估计, 则有 $E_{P_B}(\boldsymbol{b}^\mathrm{T}\widetilde{\boldsymbol{Y}}) = \boldsymbol{c}^\mathrm{T}\boldsymbol{\beta}$, 故 $\boldsymbol{b}^\mathrm{T}\widetilde{\boldsymbol{X}}\boldsymbol{\beta} = \boldsymbol{c}^\mathrm{T}\boldsymbol{\beta}$. 由 $\boldsymbol{\beta}$ 的任意性, 而有 $\boldsymbol{c}^\mathrm{T} = \boldsymbol{b}^\mathrm{T}\widetilde{\boldsymbol{X}}$. 令 $\boldsymbol{A} = \widetilde{\boldsymbol{X}}(\widetilde{\boldsymbol{X}}^\mathrm{T}\widetilde{\boldsymbol{X}})^{-1}\widetilde{\boldsymbol{X}}^\mathrm{T}$, 易知 $\boldsymbol{A}$ 对称幂等, 且 $\boldsymbol{c}^\mathrm{T}\widehat{\boldsymbol{\beta}} = \boldsymbol{b}^\mathrm{T}\boldsymbol{A}\widetilde{\boldsymbol{Y}}$, 及 $\widetilde{\boldsymbol{Y}}$ 线性独立同分布, 根据引理 6.2.1, 即得

$$\begin{aligned}
\mathrm{Var}_{P_B}(\boldsymbol{c}^\mathrm{T}\widehat{\boldsymbol{\beta}}) &= \mathrm{Var}_{P_B}(\boldsymbol{b}^\mathrm{T}\boldsymbol{A}\widetilde{\boldsymbol{Y}}) \\
&\leqslant \mathrm{Var}_{P_B}(\boldsymbol{b}^\mathrm{T}\widetilde{\boldsymbol{Y}}).
\end{aligned}$$ □

四、逼近度

下面会对逼近量 $\sum_{k=0}^{m}\widehat{\beta}_k X_k$ 对被逼近量 Y_t 的逼近程度, 给出一个合理的刻画指标.

定理 6.2.11

$$\left\|\widetilde{\boldsymbol{Y}} - \frac{1}{N}\boldsymbol{1}_N^\mathrm{T}\widetilde{\boldsymbol{Y}}\boldsymbol{1}_N\right\|_N^2 = \left\|\widetilde{\boldsymbol{Y}} - \sum_{k=0}^{m}\widehat{\beta}_k\widetilde{\boldsymbol{X}_k}\right\|_N^2 + \left\|\sum_{k=0}^{m}\widehat{\beta}_k\widetilde{\boldsymbol{X}_k} - \frac{1}{N}\boldsymbol{1}_N^\mathrm{T}\widetilde{\boldsymbol{Y}}\boldsymbol{1}_N\right\|_N^2. \quad (6.2.6)$$

证明 设 $\mathcal{M} = \left\{\sum_{k=0}^{m} c_k \widetilde{\boldsymbol{X}}_k : c_k \in \mathbb{R}\right\}$. 因为 $\sum_{k=0}^{m} \hat{\beta}_k \widetilde{\boldsymbol{X}}_k$ 是 $\widetilde{\boldsymbol{Y}}$ 在 $\mathcal{M}$ 上的最佳逼近元, 故根据正交投影定理知

$$\widetilde{\boldsymbol{Y}} - \sum_{k=0}^{m} \hat{\beta}_k \widetilde{\boldsymbol{X}}_k \perp \mathcal{M}.$$

易知 $\sum_{k=0}^{m} \hat{\beta}_k \widetilde{\boldsymbol{X}}_k - \frac{1}{N} \mathbf{1}_N^{\mathrm{T}} \widetilde{\boldsymbol{Y}} \mathbf{1}_N \in \mathcal{M}$, 遂有

$$\widetilde{\boldsymbol{Y}} - \sum_{k=0}^{m} \hat{\beta}_k \widetilde{\boldsymbol{X}}_k \perp \sum_{k=0}^{m} \hat{\beta}_k \widetilde{\boldsymbol{X}}_k - \frac{1}{N} \mathbf{1}_N^{\mathrm{T}} \widetilde{\boldsymbol{Y}} \mathbf{1}_N,$$

即

$$\left\langle \widetilde{\boldsymbol{Y}} - \sum_{k=0}^{m} \hat{\beta}_k \widetilde{\boldsymbol{X}}_k, \; \sum_{k=0}^{m} \hat{\beta}_k \widetilde{\boldsymbol{X}}_k - \frac{1}{N} \mathbf{1}_N^{\mathrm{T}} \widetilde{\boldsymbol{Y}} \mathbf{1}_N \right\rangle = 0.$$

因此,

$$\begin{aligned}
\left\| \widetilde{\boldsymbol{Y}} - \frac{1}{N} \mathbf{1}_N^{\mathrm{T}} \widetilde{\boldsymbol{Y}} \mathbf{1}_N \right\|_N^2 &= \left\| \widetilde{\boldsymbol{Y}} - \sum_{k=0}^{m} \hat{\beta}_k \widetilde{\boldsymbol{X}}_k + \sum_{k=0}^{m} \hat{\beta}_k \widetilde{\boldsymbol{X}}_k - \frac{1}{N} \mathbf{1}_N^{\mathrm{T}} \widetilde{\boldsymbol{Y}} \mathbf{1}_N \right\|_N^2 \\
&= \left\| \widetilde{\boldsymbol{Y}} - \sum_{k=0}^{m} \hat{\beta}_k \widetilde{\boldsymbol{X}}_k \right\|_N^2 + \left\| \sum_{k=0}^{m} \hat{\beta}_k \widetilde{\boldsymbol{X}}_k - \frac{1}{N} \mathbf{1}_N^{\mathrm{T}} \widetilde{\boldsymbol{Y}} \mathbf{1}_N \right\|_N^2 \\
&\quad + 2 \left\langle \widetilde{\boldsymbol{Y}} - \sum_{k=0}^{m} \hat{\beta}_k \widetilde{\boldsymbol{X}}_k, \sum_{k=0}^{m} \hat{\beta}_k \widetilde{\boldsymbol{X}}_k - \frac{1}{N} \mathbf{1}_N^{\mathrm{T}} \widetilde{\boldsymbol{Y}} \mathbf{1}_N \right\rangle \\
&= \left\| \widetilde{\boldsymbol{Y}} - \sum_{k=0}^{m} \hat{\beta}_k \widetilde{\boldsymbol{X}}_k \right\|_N^2 + \left\| \sum_{k=0}^{m} \hat{\beta}_k \widetilde{\boldsymbol{X}}_k - \frac{1}{N} \mathbf{1}_N^{\mathrm{T}} \widetilde{\boldsymbol{Y}} \mathbf{1}_N \right\|_N^2. \quad \square
\end{aligned}$$

定义 6.2.4 令

$$R^2 \triangleq \frac{\left\| \sum_{k=0}^{m} \hat{\beta}_k \widetilde{\boldsymbol{X}}_k - \frac{1}{N} \mathbf{1}_N^{\mathrm{T}} \widetilde{\boldsymbol{Y}} \mathbf{1}_N \right\|_N^2}{\left\| \widetilde{\boldsymbol{Y}} - \frac{1}{N} \mathbf{1}_N^{\mathrm{T}} \widetilde{\boldsymbol{Y}} \mathbf{1}_N \right\|_N^2}$$

$$= \frac{\left(\widetilde{\boldsymbol{X}}\widehat{\boldsymbol{\beta}} - \frac{1}{N}\mathbf{1}_N^{\mathrm{T}}\widetilde{\boldsymbol{Y}}\mathbf{1}_N\right)^{\mathrm{T}}\left(\widetilde{\boldsymbol{X}}\widehat{\boldsymbol{\beta}} - \frac{1}{N}\mathbf{1}_N^{\mathrm{T}}\widetilde{\boldsymbol{Y}}\mathbf{1}_N\right)}{\left(\widetilde{\boldsymbol{Y}} - \frac{1}{N}\mathbf{1}_N^{\mathrm{T}}\widetilde{\boldsymbol{Y}}\mathbf{1}_N\right)^{\mathrm{T}}\left(\widetilde{\boldsymbol{Y}} - \frac{1}{N}\mathbf{1}_N^{\mathrm{T}}\widetilde{\boldsymbol{Y}}\mathbf{1}_N\right)}, \qquad (6.2.7)$$

称其为 $\sum_{k=0}^{m}\widehat{\beta}_k X_k$ 对 Y_t 的 (相对) 逼近度.

§6.3 极大似然方法

定理 6.3.1 若 G-M 线性回归方程为正态的, 则

$$\widehat{\boldsymbol{\beta}} = (\widetilde{\boldsymbol{X}}^{\mathrm{T}}\widetilde{\boldsymbol{X}})^{-1}\widetilde{\boldsymbol{X}}^{\mathrm{T}}\widetilde{\boldsymbol{Y}},$$

$$\widehat{\sigma}^2 = \frac{1}{N}(\widetilde{\boldsymbol{Y}} - \widetilde{\boldsymbol{X}}\widehat{\boldsymbol{\beta}})^{\mathrm{T}}(\widetilde{\boldsymbol{Y}} - \widetilde{\boldsymbol{X}}\widehat{\boldsymbol{\beta}})$$

分别为方程参数 $\boldsymbol{\beta}, \sigma^2$ 关于概率空间 $(\Omega, \mathscr{F}, P_B)$ 的极大似然估计.

证明 注意到在概率空间 $(\Omega, \mathscr{F}, P_B)$ 上,

$$\widetilde{\boldsymbol{Y}} = \widetilde{\boldsymbol{X}}\boldsymbol{\beta} + \widetilde{\boldsymbol{W}} \sim N_N(\widetilde{\boldsymbol{X}}\boldsymbol{\beta}, \sigma^2 \boldsymbol{I}_N),$$

因而参数的 $\boldsymbol{\beta}, \mu$ 的对数似然函数为

$$\ln L(\boldsymbol{\beta}, \sigma^2) = \ln \frac{1}{(2\pi\sigma^2)^{N/2}} \exp\left\{-\frac{1}{2\sigma^2}(\widetilde{\boldsymbol{Y}} - \widetilde{\boldsymbol{X}}\boldsymbol{\beta})^{\mathrm{T}}(\widetilde{\boldsymbol{Y}} - \widetilde{\boldsymbol{X}}\boldsymbol{\beta})\right\}$$

$$= -\frac{N}{2}\ln 2\pi - \frac{N}{2}\ln \sigma^2 - \frac{1}{2\sigma^2}(\widetilde{\boldsymbol{Y}} - \widetilde{\boldsymbol{X}}\boldsymbol{\beta})^{\mathrm{T}}(\widetilde{\boldsymbol{Y}} - \widetilde{\boldsymbol{X}}\boldsymbol{\beta}).$$

任意取定的 $\sigma^2 \in \mathbb{R}^+$, 根据最小二乘估计, 可得

$$\max_{\boldsymbol{\beta} \in \mathbb{R}^{m+1}} \ln L(\boldsymbol{\beta}, \sigma^2) = -\frac{N}{2}\ln 2\pi - \frac{N}{2}\ln \sigma^2 - \frac{N}{2\sigma^2}\min_{\boldsymbol{\beta} \in \mathbb{R}^{m+1}} \|\widetilde{\boldsymbol{Y}} - \widetilde{\boldsymbol{X}}\boldsymbol{\beta}\|_N^2$$

$$= -\frac{N}{2}\ln 2\pi - \frac{N}{2}\ln \sigma^2 - \frac{N}{2\sigma^2}\|\widetilde{\boldsymbol{Y}} - \widetilde{\boldsymbol{X}}\widehat{\boldsymbol{\beta}}\|_N^2$$

$$= -\frac{N}{2}\ln 2\pi - \frac{N}{2}\ln \sigma^2 - \frac{1}{2\sigma^2}(\widetilde{\boldsymbol{Y}} - \widetilde{\boldsymbol{X}}\widehat{\boldsymbol{\beta}})^{\mathrm{T}}(\widetilde{\boldsymbol{Y}} - \widetilde{\boldsymbol{X}}\widehat{\boldsymbol{\beta}})$$

$$= \ln L(\widehat{\boldsymbol{\beta}}, \sigma^2).$$

而由微积分的知识易得 $\ln L(\widehat{\boldsymbol{\beta}}, \sigma^2)$ 在 $\sigma^2 = \widehat{\sigma}^2 = \dfrac{1}{N}(\widetilde{\boldsymbol{Y}} - \widetilde{\boldsymbol{X}}\widehat{\boldsymbol{\beta}})^{\mathrm{T}}(\widetilde{\boldsymbol{Y}} - \widetilde{\boldsymbol{X}}\widehat{\boldsymbol{\beta}})$ 达到最大值, 即

$$\max_{\sigma^2 \in \mathbb{R}^+} \ln L(\widehat{\boldsymbol{\beta}}, \sigma^2) = \ln L(\widehat{\boldsymbol{\beta}}, \widehat{\sigma}^2).$$

综上可得

$$\max_{\boldsymbol{\beta} \in \mathbb{R}^{m+1}, \sigma^2 \in \mathbb{R}^+} \ln L(\boldsymbol{\beta}, \sigma^2) = \ln L(\widehat{\boldsymbol{\beta}}, \widehat{\sigma}^2),$$

即 $L(\boldsymbol{\beta}, \sigma^2)$ 的最大值点为 $(\widehat{\boldsymbol{\beta}}, \widehat{\sigma}^2)$. □

§6.4 消参数方法

定义 6.4.1 设 G-M 线性回归方程中的参数 t 是概率空间 $(\mathbb{R}, \mathscr{L}, \mu)$ 上的随机变量, $Y_t(\omega), W_t(\omega) \in L^2(\Omega \times \mathbb{R}, \mathscr{F} \times \mathscr{L}, P \times \mu)$, 称此 G-M 线性回归方程为可消参数型的.

定理 6.4.1 若 G-M 线性回归方程为可消参数型的, 则

(1) $X_1(\omega), \cdots, X_m(\omega) \in L^2(\Omega \times \mathbb{R}, \mathscr{F} \times \mathscr{L}, P \times \mu)$;

(2) $X_0(\omega) = 1, X_1(\omega), \cdots, X_m(\omega)$ 在 $L^2(\Omega \times \mathbb{R}, \mathscr{F} \times \mathscr{L}, P \times \mu)$ 中线性无关;

(3) $\boldsymbol{X}(\omega) \triangleq (X_1(\omega), \cdots, X_m(\omega))^{\mathrm{T}}$ 与 $W_t(\omega)$ 于乘积概率空间 $(\Omega \times \mathbb{R}, \mathscr{F} \times \mathscr{L}, P \times \mu)$ 上独立;

(4) $E_{P \times \mu} W_t(\omega) = 0$.

证明 (1) 由题设, 有

$$\int_{\Omega} X_j^2(\omega) \mathrm{d}P(\omega) < \infty \quad (1 \leqslant j \leqslant m).$$

利用富比尼定理, 得

$$\int_{\Omega \times \mathbb{R}} X_j^2(\omega) \mathrm{d}(P(\omega) \times \mu(t)) = \int_{\Omega} X_j^2(\omega) \left[\int_{\mathbb{R}} \mathrm{d}\mu(t) \right] \mathrm{d}P(\omega)$$
$$= \int_{\Omega} X_j^2(\omega) \mathrm{d}P(\omega) < \infty \quad (1 \leqslant j \leqslant m).$$

(2) 根据乘积概率空间的性质, 有

$$P \times \mu \left\{ (\omega, t) : \sum_{i=0}^{m} \lambda_i X_i(\omega) = 0 \right\} = P \times \mu \left(\left\{ \omega : \sum_{i=0}^{m} \lambda_i X_i(\omega) = 0 \right\} \times \mathbb{R} \right)$$
$$= P \left\{ \omega : \sum_{i=0}^{m} \lambda_i X_i(\omega) = 0 \right\} \times \mu(\mathbb{R})$$
$$= P \left\{ \omega : \sum_{i=0}^{m} \lambda_i X_i(\omega) = 0 \right\}.$$

余者自明.

(3) 利用富比尼定理, 有

$$P \times \mu \left\{ \boldsymbol{X}(\omega) \in \prod_{j=1}^{m}(-\infty, x_j], W_t(\omega) \in (-\infty, w] \times (-\infty, \tau] \right\}$$
$$= P \times \mu \left[\{\omega \in \Omega : \boldsymbol{X}(\omega) \in \prod_{j=1}^{m}(-\infty, x_j]\} \right.$$
$$\left. \cap \left(\{\omega \in \Omega : W_t(\omega) \in (-\infty, w]\} \times \{t \in \mathbb{R} : W_t(\omega) \in (-\infty, \tau]\} \right) \right]$$
$$= P \times \mu \left[\left(\left\{ \omega \in \Omega : \boldsymbol{X}(\omega) \in \prod_{j=1}^{m}(-\infty, x_j] \right\} \cap \{\omega \in \Omega : W_t(\omega) \in (-\infty, w]\} \right) \right.$$
$$\left. \times \{t \in \mathbb{R} : W_t(\omega) \in (-\infty, \tau]\} \right]$$
$$= P \left(\left\{ \omega \in \Omega : \boldsymbol{X}(\omega) \in \prod_{j=1}^{m}(-\infty, x_j] \right\} \cap \{\omega \in \Omega : W_t(\omega) \in (-\infty, w]\} \right)$$
$$\cdot \mu \left\{ t \in \mathbb{R} : W_t(\omega) \in (-\infty, \tau] \right\}$$
$$= P \left\{ \omega \in \Omega : \boldsymbol{X}(\omega) \in \prod_{j=1}^{m}(-\infty, x_j] \right\} \cdot P \{\omega \in \Omega : W_t(\omega) \in (-\infty, w]\}$$
$$\cdot \mu \left\{ t \in \mathbb{R} : W_t(\omega) \in (-\infty, \tau] \right\}$$
$$= P \times \mu \left\{ \boldsymbol{X}(\omega) \in \prod_{j=1}^{m}(-\infty, x_j] \right\} \cdot P \times \mu \{W_t(\omega) \in (-\infty, w] \times (-\infty, \tau]\}.$$

(4) 利用富比尼定理, 可获

$$E_{P\times\mu}W_t(\omega) = \int_{\Omega\times\mathbb{R}} W_t(\omega)\mathrm{d}(P(\omega)\times\mu(t))$$
$$= \int_{\mathbb{R}}\left[\int_{\Omega} W_t(\omega)\mathrm{d}P(\omega)\right]\mathrm{d}\mu(t)$$
$$= \int_{\mathbb{R}} 0\mathrm{d}\mu(t) = 0. \qquad \square$$

从上述定理可以看到, 在乘积概率空间 $(\Omega\times\mathbb{R},\mathscr{F}\times\mathscr{L},P\times\mu)$ 观点下, G-M 线性回归方程已变化为线性回归方程, 即可用解线性回归方程的方法解之, 称此解法为消参数方法.

定理 6.4.2 有限维投影泛函最值方程

$$\left\|Y-\sum_{k=0}^{m}\beta_k X_k\right\|_{P\times\mu} = \min_{c_k\in\mathbb{R}}\left\|Y-\sum_{k=0}^{m}c_k X_k\right\|_{P\times\mu} \qquad (\beta_k\in\mathbb{R},0\leqslant k\leqslant m) \quad (6.4.8)$$

的解唯一, 且与可消参数型 G-M 线性回归方程同解.

一、方程参数的概率解

定理 6.4.3 (1) 方程系数的概率解存在唯一, 且为

$$(\beta_k)^{0\leqslant k\leqslant m} = \left[(E_{P\times\mu}(X_iX_j))^{0\leqslant i\leqslant m}_{0\leqslant j\leqslant m}\right]^{-1}(E_{P\times\mu}(X_iY_t))^{0\leqslant i\leqslant m}$$
$$= (E_{P\times\mu}(\boldsymbol{X}^\mathrm{T}\boldsymbol{X}))^{-1}E_{P\times\mu}(\boldsymbol{X}^\mathrm{T}Y_t), \tag{6.4.9}$$

其中 $\boldsymbol{X}=(X_i)_{0\leqslant i\leqslant m}$;

(2) 方程误差项方差的概率解存在唯一, 且为

$$\sigma^2 = E_{P\times\mu}(Y_tY_t) - (E_{P\times\mu}(Y_tX_j))_{0\leqslant j\leqslant m}\left[(E_{P\times\mu}(X_iX_j))^{0\leqslant i\leqslant m}_{0\leqslant j\leqslant m}\right]^{-1}(E_{P\times\mu}(X_iY_t))^{0\leqslant i\leqslant m}$$
$$= E_{P\times\mu}(\boldsymbol{Y}^2) - E_{P\times\mu}(\boldsymbol{YX})(E(\boldsymbol{X}^\mathrm{T}\boldsymbol{X}))^{-1}E_{P\times\mu}(\boldsymbol{X}^\mathrm{T}\boldsymbol{Y}). \tag{6.4.10}$$

例 6.4.1 设有可消参数型 G-M 线性回归方程

$$Y_t = \beta_0 + \beta_1 X_1 + \beta_2 X_2 + W_t \quad (t\in[0,\pi]),$$

而 $t \sim U[0,\pi], (X_1, X_2, Y_t) \sim N_3(\boldsymbol{\mu}(t), \boldsymbol{\Sigma}(t))$，其中

$$\boldsymbol{\mu}(t) = \begin{pmatrix} 1 \\ 0 \\ t \end{pmatrix}, \ \boldsymbol{\Sigma}(t) = \begin{pmatrix} 1 & 0 & \cos t \\ 0 & 1 & \sin t \\ \cos t & \sin t & e^t \end{pmatrix}.$$

试用消参数方法求方程 β_k 及 σ^2 的概率解.

解 根据题设，得

$$(\langle X_i, X_j \rangle_{P \times \mu})_{0 \leqslant j \leqslant 2}^{0 \leqslant i \leqslant 2} = (E_{P \times \mu}(X_i X_j))_{0 \leqslant j \leqslant 2}^{0 \leqslant i \leqslant 2}$$
$$= (\text{Cov}_{P \times \mu}(X_i, X_j) + E_{P \times \mu}(X_i) E_{P \times \mu}(X_j))_{0 \leqslant j \leqslant 2}^{0 \leqslant i \leqslant 2}$$
$$= \begin{pmatrix} 0 & 0 & 0 \\ 0 & 1 & 0 \\ 0 & 0 & 1 \end{pmatrix} + \begin{pmatrix} 1 & 1 & 0 \\ 1 & 1 & 0 \\ 0 & 0 & 0 \end{pmatrix}$$
$$= \begin{pmatrix} 1 & 1 & 0 \\ 1 & 2 & 0 \\ 0 & 0 & 1 \end{pmatrix},$$

$$\langle X_0, Y_t \rangle_{P \times \mu} = \int_0^\pi E_P(Y_t) \mathrm{d}t = \int_0^\pi t \mathrm{d}t = \frac{\pi^2}{2},$$

$$\langle X_1, Y_t \rangle_{P \times \mu} = \int_0^\pi E_P(X_1 Y_t) \mathrm{d}t$$
$$= \int_0^\pi (\text{Cov}_P(X_1, Y_t) + E_P(X_1) E_P(Y_t)) \mathrm{d}t$$
$$= \int_0^\pi (\cos t + t) \mathrm{d}t = \frac{\pi^2}{2},$$

$$\langle X_2, Y_t \rangle_{P \times \mu} = \int_0^\pi E_P(X_2 Y_t) \mathrm{d}t$$
$$= \int_0^\pi (\text{Cov}_P(X_2, Y_t) + E_P(X_2) E_P(Y_t)) \mathrm{d}t$$
$$= \int_0^\pi (\sin t + t) \mathrm{d}t = 2,$$

$$\langle Y_t, Y_t \rangle_{P \times \mu} = \int_0^\pi E_P(Y_t^2) \mathrm{d}t$$

$$= \int_0^\pi (\mathrm{Var}_P(Y_t) + E_P^2(Y_t))\mathrm{d}t$$
$$= \int_0^\pi (\mathrm{e}^t + t^2)\mathrm{d}t = \mathrm{e}^\pi - 1 + \frac{\pi^3}{3}.$$

因此可得参数的概率解为

$$(\beta_k)^{0\leqslant k\leqslant 2} = \begin{pmatrix} 1 & 1 & 0 \\ 1 & 2 & 0 \\ 0 & 0 & 1 \end{pmatrix}^{-1} \begin{pmatrix} \pi^2/2 \\ \pi^2/2 \\ 2 \end{pmatrix} = \begin{pmatrix} 4.93 \\ 0 \\ 2 \end{pmatrix},$$

$$\sigma^2 = \mathrm{e}^\pi - 1 + \frac{\pi^3}{3} - \begin{pmatrix} \pi^2/2 \\ \pi^2/2 \\ 2 \end{pmatrix}^\mathrm{T} \begin{pmatrix} 1 & 1 & 0 \\ 1 & 2 & 0 \\ 0 & 0 & 1 \end{pmatrix}^{-1} \begin{pmatrix} \pi^2/2 \\ \pi^2/2 \\ 2 \end{pmatrix}$$

$$= 4.1151.$$

二、方程参数的统计解

定理 6.4.4 若 $\{(X_{n0}, \cdots, X_{nm}, Y_n) : 1 \leqslant n \leqslant N\}$ 是乘积概率空间 $(\Omega \times \mathbb{R}, \mathscr{F} \times \mathscr{L}, P \times \mu)$ 上随机向量 $(X_0, \cdots, X_m, Y_t)$ 的简单样本, 令

$$(\widehat{\beta}_{kN})^{0\leqslant k\leqslant m} = (\widetilde{\boldsymbol{X}}^\mathrm{T} \widetilde{\boldsymbol{X}})^{-1} \widetilde{\boldsymbol{X}}^\mathrm{T} \widetilde{\boldsymbol{Y}}, \tag{6.4.11}$$

$$\widehat{\sigma}_N^2 = \frac{1}{N} \widetilde{\boldsymbol{Y}}^\mathrm{T}(\boldsymbol{I}_N - \widetilde{\boldsymbol{X}}(\widetilde{\boldsymbol{X}}^\mathrm{T}\widetilde{\boldsymbol{X}})^{-1}\widetilde{\boldsymbol{X}}^\mathrm{T})\widetilde{\boldsymbol{Y}}, \tag{6.4.12}$$

其中 $\widetilde{\boldsymbol{X}} \triangleq (X_{ni})_{0\leqslant i\leqslant m}^{1\leqslant n\leqslant N}$, $\widetilde{\boldsymbol{Y}} \triangleq (Y_n)^{1\leqslant n\leqslant N}$, 则用消参数方法, 得

(1) 方程系数的统计解为

$$(\beta_k)^{0\leqslant k\leqslant m} = \lim_{N\to\infty} (\widehat{\beta}_{kN})^{0\leqslant k\leqslant m} \quad (\mathrm{a.s.});$$

(2) σ^2 的统计解为

$$\sigma^2 = \lim_{N\to\infty} \widehat{\sigma}_N^2 \quad (\mathrm{a.s.}). \tag{6.4.13}$$

模拟实验 6.4.1 取可消参数型 G-M 线性回归方程为

$$Y_t = \beta_0 + \beta_1 X_1 + \beta_2 X_2 + \beta_3 X_3 + W_t,$$

其中 $\beta_0 = 6, \beta_1 = -24, \beta_2 = -1, \beta_3 = 8, X_1 \sim \chi^2(6), X_2 \sim \exp\{1\}, X_3 = X_1^3, W_t \sim tN(0, 0.04), t \sim U[2,3]$. 概率空间 $\mathcal{S} = ([2,3], \mathscr{L}_{[2,3]}, \mu_{[2,3]}) \times (\Omega, \mathscr{F}, P)$ 上随机变量 W_t 之样本的取法为：先取概率空间 $([2,3], \mathscr{L}_{[2,3]}, \mu_{[2,3]})$ 上随机变量 t 的样本，遂取概率空间 $(\Omega, \mathscr{F}, P)$ 上随机变量 W_t 的样本，如此样本即是概率空间 $\mathcal{S} = ([2,3], \mathscr{L}_{[2,3]}, \mu_{[2,3]}) \times (\Omega, \mathscr{F}, P)$ 上随机变量 W_t 的样本. 利用计算机的随机数功能，获取随机向量 (X_1, X_2, X_3, W_t) 的样本，再借回归方程可得随机变量 Y_t 的相应取值，则可获得概率空间 $\mathcal{S}$ 上随机向量 (X_1, X_2, X_3, Y_t) 容量是 1000 的简单样本 $\{(X_{n0} \cdots, X_{nm}, Y_n) : 1 \leqslant n \leqslant 1000\}$，试基于此样本用消参数方法求方程的参数 $\beta_0, \beta_1, \beta_2, \beta_3, \sigma^2 = \text{Var}(W)$ 的统计解.

解 由题设样本，做 $\widetilde{X} \triangleq (X_{ni})_{0 \leqslant i \leqslant m}^{1 \leqslant n \leqslant N}, \widetilde{Y} \triangleq (Y_n)^{1 \leqslant n \leqslant N}$，根据 (6.4.11) 式，得 $\beta_0, \beta_1, \beta_2, \beta_3$ 的统计解为

$$(\widehat{\beta}_{0N}, \widehat{\beta}_{1N}, \widehat{\beta}_{2N}, \widehat{\beta}_{3N})^{\text{T}}$$
$$= (\widetilde{X}^{\text{T}}\widetilde{X})^{-1}\widetilde{X}^{\text{T}}\widetilde{Y}$$
$$= (6.0082796, -23.97199, -1.033218, 7.9997413)^{\text{T}};$$

根据 (6.4.12) 式，得 σ^2 的统计解为

$$\widehat{\sigma}_N^2 = \frac{1}{N}\widetilde{Y}^{\text{T}}(I_N - \widetilde{X}(\widetilde{X}^{\text{T}}\widetilde{X})^{-1}\widetilde{X}^{\text{T}})\widetilde{Y}$$
$$= 5.9619916.$$

第七章

非参数回归方程

非参数回归方程 (模型) 是全能型、终结式回归方程 (模型); 原理上, 其等价于可列维投影空间之投影泛函的最值方程. 此回归方程的概念定义如下:

定义 7.0.1   设随机变量 $Y, X_1, \cdots, X_m, W \in L^2(\Omega, \mathscr{F}, P)$, $X_1, \cdots, X_m$ 与 W 独立, $E(W) = 0$, 记

$$M^2(X_1, \cdots, X_m) = \left\{ g(X_1, \cdots, X_m) : g \text{ 是 } \mathbb{R}^m \text{ 上的可测函数}, \int_\Omega g^2(X_1, \cdots, X_m) \mathrm{d}P < \infty \right\}.$$

称方程
$$Y = g(X_1, \cdots, X_m) + W \qquad (g \in M^2(X_1, \cdots, X_m)) \tag{7.0.1}$$

为 Y 关于 $X_1, \cdots, X_m$ 的非参数回归方程, 称 $g(x_1, \cdots, x_m)$ 为 Y 关于 $X_1, \cdots, X_m$ 的回归函数, $\sigma^2 = \mathrm{Var}(W)$ 为误差项方差.

在 §7.1 中, 我们利用条件数学期望的理论, 给出非参数回归方程之回归函数的解析式解; 在 §7.2 中, 我们运用傅里叶分析的方法, 得到回归函数的级数式解. 所谓概率解, 意为其求解的根据是概率矩; 而统计解, 其求解的根据是统计矩. 至于所谓全局解, 其意为回归函数于整个定义域上的解, 而局部解是指回归函数于定义; 域上某点处的解.

§7.1 解析解法

一、概率解

1. 全局概率解

定理 7.1.1　非参数回归方程的解存在、唯一, 且与可列维投影泛函最值方程

$$\|Y - g(X_1, \cdots, X_m)\| = \min_{h(X_1, \cdots, X_m) \in M^2(X_1, \cdots, X_m)} \|Y - h(X_1, \cdots, X_m)\|$$
$$(g \in M^2(X_1, \cdots, X_m))$$

同解, 并且解为 $g(X_1, \cdots, X_m) = E(Y|X_1, \cdots, X_m)$.

证明　设 $g(X_1, \cdots, X_m) \in M^2(X_1, \cdots, X_m)$ 是非参数回归方程的解. 由于 $\forall h(X_1, \cdots, X_m) \in M^2(X_1, \cdots, X_m)$, 有

$$\langle Y - g, h \rangle = \langle W, h \rangle = E(Wh(X_1, \cdots, X_m)) = E(W)E(h(X_1, \cdots, X_m)) = 0,$$

即知

$$Y - g \perp M^2(X_1, \cdots, X_m).$$

遂根据正交投影定理, 有

$$\|Y - g(X_1, \cdots, X_m)\| = \min_{h(X_1, \cdots, X_m) \in M^2(X_1, \cdots, X_m)} \|Y - h(X_1, \cdots, X_m)\|,$$

且 $g(X_1, \cdots, X_m)$ 是满足此方程的唯一解, 而根据定理 4.4.8 知此解为 $g(X_1, \cdots, X_m) = E(Y|X_1, \cdots, X_m)$. □

例 7.1.1　设 $(Y, X_1, X_2)^\mathrm{T}$ 为随机向量, 条件随机向量 $Y|X_1 = x_1, X_2 = x_2$ 的密度函数为

$$f_{Y|X_1=x_1, X_2=x_2}(y) = \begin{cases} \dfrac{\Gamma(x_1+x_2)}{\Gamma(x_1)\Gamma(x_2)} y^{x_1-1}(1-y)^{x_2-1}, & 0 < y < 1, \\ 0, & \text{其他} \end{cases} \quad (x_1 > 0, x_2 > 0).$$

试求非参数回归方程 $Y = g(X_1, X_2) + W$ 的回归函数 $g(x_1, x_2)$.

解 利用 β 分布的性质，可得

$$\begin{aligned}
E(Y|X_1=x_1,X_2=x_2) &= \int_{-\infty}^{\infty} y f_{Y|X_1=x_1,X_2=x_2}(y)\mathrm{d}y \\
&= \frac{\Gamma(x_1+x_2)}{\Gamma(x_1)\Gamma(x_2)} \int_0^1 y^{(x_1+1)-1}(1-y)^{x_2-1}\mathrm{d}y \\
&= \frac{\Gamma(x_1+x_2)}{\Gamma(x_1)\Gamma(x_2)} B(x_1+1,x_2) \\
&= \frac{\Gamma(x_1+x_2)}{\Gamma(x_1)\Gamma(x_2)} \frac{x_1+1-1}{x_1+1+x_2-1} B(x_1,x_2) \\
&= \frac{\Gamma(x_1+x_2)}{\Gamma(x_1)\Gamma(x_2)} \frac{x_1}{x_1+x_2} \frac{\Gamma(x_1)\Gamma(x_2)}{\Gamma(x_1+x_2)} \\
&= \frac{x_1}{x_1+x_2} \quad (x_1>0, x_2>0),
\end{aligned}$$

故回归函数为 $g(x_1,x_2) = \dfrac{x_1}{x_1+x_2}(x_1>0,x_2>0)$.

在总体 $(Y,X_1,\cdots,X_m)$ 正态分布的背景之下，线性回归函数与非参数回归函数合二为一，即非参数回归函数就是线性回归函数.

考虑 Y 关于 $X_1,\cdots,X_m$ 的线性回归方程与非参数回归方程分别如下：

$$Y = \beta_0 + \beta_1 X_1 + \cdots + \beta_m X_m + W,$$
$$Y = g(X_1,\cdots,X_m) + W.$$

于是有下列事实：

定理 7.1.2 若随机向量 $(Y,X_1,\cdots,X_m)^{\mathrm{T}} = (Y,\boldsymbol{X}^{\mathrm{T}})^{\mathrm{T}} \sim N_{m+1}(\boldsymbol{\mu},\boldsymbol{\Sigma})$，其中

$$\boldsymbol{\mu} = \begin{pmatrix} \boldsymbol{\mu}_1 \\ \boldsymbol{\mu}_2 \end{pmatrix} = \begin{pmatrix} E(Y) \\ E(\boldsymbol{X}) \end{pmatrix}$$

$$\boldsymbol{\Sigma} = \begin{pmatrix} \boldsymbol{\Sigma}_{YY} & \boldsymbol{\Sigma}_{Y\boldsymbol{X}} \\ \boldsymbol{\Sigma}_{\boldsymbol{X}Y} & \boldsymbol{\Sigma}_{\boldsymbol{X}\boldsymbol{X}} \end{pmatrix} = \begin{pmatrix} \mathrm{Var}(Y) & \mathrm{Cov}(Y,\boldsymbol{X}^{\mathrm{T}}) \\ \mathrm{Cov}(\boldsymbol{X},Y) & \mathrm{Var}(\boldsymbol{X}) \end{pmatrix},$$

则 Y 关于 $X_1,\cdots,X_m$ 的线性回归函数与非参数回归函数相等，且均为

$$\sum_{k=0}^{m} \beta_k x_k = g(x_1,\cdots,x_m) = \boldsymbol{\Sigma}_{Y\boldsymbol{X}} \boldsymbol{\Sigma}_{\boldsymbol{X}\boldsymbol{X}}^{-1} \boldsymbol{x} + \left(\mu_1 - \boldsymbol{\Sigma}_{Y\boldsymbol{X}} \boldsymbol{\Sigma}_{\boldsymbol{X}\boldsymbol{X}}^{-1} \boldsymbol{\mu}_2\right). \tag{7.1.2}$$

证明 (1) 根据多元正态分布理论, 有
$$Y|\boldsymbol{X} = \boldsymbol{x} \sim N_1\left(\mu_1 + \boldsymbol{\Sigma}_{Y\boldsymbol{X}}\boldsymbol{\Sigma}_{\boldsymbol{X}\boldsymbol{X}}^{-1}(\boldsymbol{x} - \boldsymbol{\mu}_2), \Sigma_{YY} - \boldsymbol{\Sigma}_{Y\boldsymbol{X}}\boldsymbol{\Sigma}_{\boldsymbol{X}\boldsymbol{X}}^{-1}\boldsymbol{\Sigma}_{\boldsymbol{X}Y}\right).$$

故而
$$\begin{aligned}
g(x_1,\cdots,x_m) &= E(Y|\boldsymbol{X}=\boldsymbol{x}) \\
&= \int_{-\infty}^{\infty} y f_{Y|\boldsymbol{X}=\boldsymbol{x}}(y)\mathrm{d}y \\
&= \mu_1 + \boldsymbol{\Sigma}_{Y\boldsymbol{X}}\boldsymbol{\Sigma}_{\boldsymbol{X}\boldsymbol{X}}^{-1}(\boldsymbol{x} - \boldsymbol{\mu}_2) \\
&= \boldsymbol{\Sigma}_{Y\boldsymbol{X}}\boldsymbol{\Sigma}_{\boldsymbol{X}\boldsymbol{X}}^{-1}\boldsymbol{x} + \left(\mu_1 - \boldsymbol{\Sigma}_{Y\boldsymbol{X}}\boldsymbol{\Sigma}_{\boldsymbol{X}\boldsymbol{X}}^{-1}\boldsymbol{\mu}_2\right).
\end{aligned}$$

(2) 设 $\gamma = (\gamma_0, \cdots, \gamma_m)^{\mathrm{T}}$ 是 Y 关于 $Z_0 = 1, Z_1 = X_1 - E(X_1), \cdots, Z_m = X_m - E(X_m)$ 的傅里叶系数, 即
$$\boldsymbol{\gamma} = \left[(\langle Z_i, Z_j\rangle)_{0\leqslant j\leqslant m}^{0\leqslant i\leqslant m}\right]^{-1}(\langle Z_i, Y\rangle)^{0\leqslant i\leqslant m}.$$

易见 $\mathrm{span}\{X_0, \cdots, X_m\} = \mathrm{span}\{Z_0, \cdots, Z_m\}$, 于是,
$$\begin{aligned}
\left\|Y - \sum_{k=0}^{m}\gamma_k Z_k\right\| &= \inf_{\xi\in\mathrm{span}\{Z_0,\cdots,Z_m\}}\|Y-\xi\| \\
&= \inf_{\xi\in\mathrm{span}\{X_0,\cdots,X_m\}}\|Y-\xi\| \\
&= \left\|Y - \sum_{k=0}^{m}\beta_k X_k\right\|.
\end{aligned}$$

根据投影的唯一性, 可得
$$\sum_{k=0}^{m}\beta_k X_k = \sum_{k=0}^{m}\gamma_k Z_k.$$

注意到
$$\begin{aligned}
\boldsymbol{\gamma} &= \left[(\langle E(Z_iZ_j)\rangle)_{0\leqslant j\leqslant m}^{0\leqslant i\leqslant m}\right]^{-1}(\langle E(Z_iY)\rangle)^{0\leqslant i\leqslant m} \\
&= \begin{pmatrix} 1 & \mathbf{0} \\ \mathbf{0} & (\mathrm{Cov}(X_i,X_j))_{1\leqslant j\leqslant m}^{1\leqslant i\leqslant m} \end{pmatrix}^{-1} \begin{pmatrix} E(Y) \\ (\mathrm{Cov}(X_i,Y))^{1\leqslant i\leqslant m} \end{pmatrix}
\end{aligned}$$

$$= \begin{pmatrix} 1 & \mathbf{0} \\ \mathbf{0} & \boldsymbol{\Sigma}_{\boldsymbol{XX}}^{-1} \end{pmatrix} \begin{pmatrix} E(Y) \\ \boldsymbol{\Sigma}_{\boldsymbol{XY}} \end{pmatrix} = \begin{pmatrix} E(Y) \\ \boldsymbol{\Sigma}_{\boldsymbol{XX}}^{-1} \boldsymbol{\Sigma}_{\boldsymbol{XY}} \end{pmatrix},$$

则有

$$\begin{aligned}
\sum_{k=0}^{m} \beta_k X_k &= \sum_{k=0}^{m} \gamma_k Z_k \\
&= \begin{pmatrix} E(Y) \\ \boldsymbol{\Sigma}_{\boldsymbol{XX}}^{-1} \boldsymbol{\Sigma}_{\boldsymbol{XY}} \end{pmatrix}^{\mathrm{T}} \begin{pmatrix} Z_0 \\ (Z_i)_{1 \leqslant i \leqslant m} \end{pmatrix} \\
&= E(Y) + \boldsymbol{\Sigma}_{\boldsymbol{XY}}^{\mathrm{T}} \boldsymbol{\Sigma}_{\boldsymbol{XX}}^{-1} (Z_i)_{1 \leqslant i \leqslant m} \\
&= E(Y) + \boldsymbol{\Sigma}_{\boldsymbol{XY}}^{\mathrm{T}} \boldsymbol{\Sigma}_{\boldsymbol{XX}}^{-1} (\boldsymbol{X}_i - E(X_i))_{1 \leqslant i \leqslant m} \\
&= E(Y) + \boldsymbol{\Sigma}_{\boldsymbol{XY}}^{\mathrm{T}} \boldsymbol{\Sigma}_{\boldsymbol{XX}}^{-1} (\boldsymbol{X} - E(\boldsymbol{X})) \\
&= \mu_1 + \boldsymbol{\Sigma}_{\boldsymbol{XY}}^{\mathrm{T}} \boldsymbol{\Sigma}_{\boldsymbol{XX}}^{-1} (\boldsymbol{X} - \boldsymbol{\mu}_2) \\
&= \boldsymbol{\Sigma}_{\boldsymbol{YX}} \boldsymbol{\Sigma}_{\boldsymbol{XX}}^{-1} \boldsymbol{X} + \left(\mu_1 - \boldsymbol{\Sigma}_{\boldsymbol{YX}} \boldsymbol{\Sigma}_{\boldsymbol{XX}}^{-1} \boldsymbol{\mu}_2 \right).
\end{aligned}$$ □

对 $m = 1$ 的特殊情况,其结果如下:

定理 7.1.3 若

$$(Y, X) \sim N_2 \left[\begin{pmatrix} \mu_1 \\ \mu_2 \end{pmatrix}, \begin{pmatrix} \sigma_1^2 & \rho \sigma_1 \sigma_2 \\ \rho \sigma_1 \sigma_2 & \sigma_2^2 \end{pmatrix} \right] = N_2 \left[\begin{pmatrix} \mu_1 \\ \mu_2 \end{pmatrix}, \begin{pmatrix} \sigma_{YY} & \sigma_{YX} \\ \sigma_{XY} & \sigma_{XX} \end{pmatrix} \right],$$

则 Y 关于 X 的线性回归函数与非参数回归函数相等,且均为

$$\beta_0 + \beta_1 x = g(x) = \frac{\sigma_{YX}}{\sigma_{XX}} x + \left(\mu_1 - \frac{\sigma_{YX}}{\sigma_{XX}} \mu_2 \right). \tag{7.1.3}$$

2. 局部概率解

定义 7.1.1 设 Y 关于 $X_1, \cdots, X_m$ 的非参数回归函数为

$$g(x_1, \cdots, x_m) \qquad ((x_1, \cdots, x_m) \in \mathbb{R}^m),$$

其对某点 $(x_1, \cdots, x_m) = (x_{10}, \cdots, x_{m0}) \in \mathbb{R}^m$ 的值 $g(x_{10}, \cdots, x_{m0})$ 称为非参数回归方程的局部解.

根据条件数学期望的理论，有如下结果：

定理 7.1.4 非参数回归方程的局部解 $g(x_{10},\cdots,x_{m0})$ 为

$$g(x_{10},\cdots,x_{m0}) = E(Y|X_1=x_{10},\cdots,X_m=x_{m0}). \tag{7.1.4}$$

二、统计解

1. 局部统计解

此处讨论 Y 关于 X 的非参数回归函数 $g(x)$ 某点值 $g(x_0)$ 的统计解法．

a. 局部平均估计

设 $\{(X_n,Y_n):1\leqslant n\leqslant N\}$ 是 (X,Y) 的简单样本，从中选取条件随机变量 $Y|X=x_0$ 的简单样本，即

$$\{Y_{n_i}:X_{n_i}=x_0, 1\leqslant n_i\leqslant N, 1\leqslant i\leqslant N_1\}.$$

运用强大数定律，可得 $g(x_0)=E(Y|X=x_0)$ 的统计解如下：

定理 7.1.5 $g(x_0)=E(Y|X=x_0)$ 的统计解为

$$g(x_0) = \lim_{N_1\to\infty}\frac{1}{N_1}\sum_{i=1}^{N_1}Y_{n_i} \quad (\text{a.s.}). \tag{7.1.5}$$

事实上，在大多数情形下，条件随机变量 $Y|X=x_0$ 的简单样本不易获得，可退而求其近似统计解．如果回归函数 $g(x)$ 于 $x=x_0$ 附近具有光滑性，即对较小的正数 h 有

$$g(x)\approx g(x_0) \quad (x_0-h/2\leqslant x\leqslant x_0+h/2).$$

由此可将条件随机变量 $Y|X=x_0$ 的简单样本变通为

$$\{Y_{n_i}:x_0-h/2\leqslant X_{n_i}\leqslant x_0+h/2, 1\leqslant n_i\leqslant N, 1\leqslant i\leqslant N_1\},$$

从而得到下列 $g(x_0)$ 的近似统计解．

定义 7.1.2 称

$$\widehat{g}(x_0) = \frac{1}{\#\{n : |X_n - x_0| \leqslant h/2\}} \sum_{n \in \{n : |X_n - x_0| \leqslant h/2\}} Y_n$$

$$= \frac{1}{\sum_{n=1}^{N} I\left(\frac{X_n - x_0}{h}\right)} \sum_{n=1}^{N} Y_n I\left(\frac{X_n - x_0}{h}\right)$$

$$= \left(\mathbf{1}_N^{\mathrm{T}} \widetilde{\boldsymbol{W}}(x_0) \mathbf{1}_N\right)^{-1} \mathbf{1}_N^{\mathrm{T}} \widetilde{\boldsymbol{W}}(x_0) \widetilde{\boldsymbol{Y}} \quad (x_0 \in \mathbb{R}) \tag{7.1.6}$$

为回归函数 $g(x)$ 在 $x = x_0$ 处的局部平均估计，其中 $h > 0$, $I(x) = \begin{cases} 1, & |x| \leqslant 1/2, \\ 0, & |x| > 0, \end{cases}$
$\widetilde{\boldsymbol{W}}(x_0) = \mathrm{diag}\left(I\left(\frac{X_1 - x_0}{h}\right), \cdots, I\left(\frac{X_N - x_0}{h}\right)\right)$, $\widetilde{\boldsymbol{Y}} = (Y_1, \cdots, Y_N)^{\mathrm{T}}$, 称 h 为窗宽.

例 7.1.2 已知一元非参数回归方程的 (X, Y) 容量是 60 的简单样本如表 7.1 所示：

表 7.1

n	1	2	3	4	5	6	7	8	9	10
X_n	1.43866	1.12554	0.12286	1.67058	1.45152	0.75629	0.21854	0.52893	0.92539	1.77418
Y_n	-1.03717	-0.27013	0.27725	-0.75890	-0.99122	0.43442	0.49138	1.02962	0.33433	-0.64958
n	11	12	13	14	15	16	17	18	19	20
X_n	1.80420	1.64881	1.70546	1.04935	1.66088	1.03796	0.97678	0.01463	0.55998	1.17742
Y_n	-0.58140	-0.88791	-0.95414	-0.07689	-0.86411	-0.05094	0.05063	0.07321	1.02815	-0.56430
n	21	22	23	24	25	26	27	28	29	30
X_n	1.81479	1.58029	0.61887	1.44929	1.16842	0.41077	0.28830	0.92378	0.86504	0.46739
Y_n	-0.63601	-0.95907	1.03136	-0.73196	-0.29538	1.00097	0.69072	0.23533	0.40810	0.89929
n	31	32	33	34	35	36	37	38	39	40
X_n	0.53739	0.41497	0.19571	1.43363	0.91809	0.74830	1.54408	0.25185	1.59468	0.48462
Y_n	0.98699	0.73052	0.55243	-0.93709	0.20723	0.80645	-0.96443	0.83661	-1.07204	1.12351
n	41	42	43	44	45	46	47	48	49	50
X_n	0.50458	0.86971	0.07323	0.24711	1.44397	0.24870	1.97308	0.10210	0.84879	1.45738
Y_n	1.05259	0.27260	0.32179	0.62961	-0.92408	0.62753	-0.03840	0.43888	0.40503	-1.27489
n	51	52	53	54	55	56	57	58	59	60
X_n	1.76402	1.71638	1.49109	0.69561	0.82752	0.01636	1.11883	1.27088	1.76345	1.83582
Y_n	-0.66748	-0.71961	-1.08764	0.79111	0.49866	0.05222	-0.33712	-0.90946	-0.35964	-0.38777

试求解回归函数 $g(\cdot)$ 在 $x = 1.2$ 处的局部平均估计，取窗宽为 $h = 0.2$.

解 样本有关数据计算如表 7.2 所示：

表 7.2

区间	X_n 个数	所含下标
[1.1, 1.3]	5	2, 20, 25, 57, 58

因此, 回归函数 $g(x)$ 在 $x = 1.2$ 处的局部平均估计为

$$\widehat{g}_N(1.2) = \frac{1}{\#\{n : |X_n - 1.2| \leqslant 0.1\}} \sum_{n \in \{n:|X_n-1.2|\leqslant 0.1\}} Y_n$$

$$= \frac{1}{5} \sum_{n \in \{2,\ 20,\ 25,\ 57,\ ,58\}} Y_n$$

$$= \frac{1}{5}(-0.27013 - 0.56430 - 0.29538 - 0.33712 - 0.90946)$$

$$= -0.47528.$$

本例的样本源于回归方程

$$Y = \sin(\pi X) + W,$$

其中 $X \sim U[0, 2], W \sim N(0, 0.01)$. 因此回归函数 $g(x)$ 在 $x = 1.2$ 处的真值是

$$g(1.2) = \sin(\pi 1.2) = -0.58779.$$

b. k 最近邻估计

本估计法是局部平均估计方法的变形.

定义 7.1.3 设 $1 \leqslant k \leqslant N, J_k(x_0) = \{n : X_n \text{ 为离 } x_0 \text{ 最近的 } k \text{ 个样本点之一}\}$, 称

$$\widehat{g}_N(x_0) = \frac{1}{k} \sum_{n \in J_k(x_0)} Y_n \quad (x_0 \in \mathbb{R}) \tag{7.1.7}$$

为回归函数 $g(x)$ 在 $x = x_0$ 处的 k 最近邻估计, 称 k 为光滑参数.

例 7.1.3 题设如例 7.1.2, 试求解回归函数 $g(x)$ 在 $x = 1$ 处的最近邻估计, 取光滑参数 $k = 5$.

解 因为

$$J_5(1) = \{9, 14, 16, 17, 28\},$$

所以回归函数 $g(x)$ 在 $x=1$ 处的最近邻估计为

$$\widehat{g}_N(1) = \frac{1}{5} \sum_{n \in \{9,14,16,17,28\}} Y_n$$
$$= \frac{1}{5}(0.33433 - 0.07689 - 0.05094 + 0.05063 + 0.23533)$$
$$= 0.098492.$$

而回归函数 $g(x)$ 在 $x=1$ 处的真值是

$$g(1) = \sin \pi = 0.$$

2. 全局统计解

根据上面的研究，$\widehat{g}(x_0)$ 亦可视为 $g(x)$ 在 $[x_0 - h/2, x_0 + h/2]$ 上的近似统计解，而将 $\mathbb{R}$ 上诸段局部平均估计连缀起来，即可得到回归函数 $g(x)$ 在全局 $\mathbb{R}$ 上的统计解.

定义 7.1.4 设 $a, b \in \mathbb{R}: a \leqslant X_n \leqslant b (n=1,\cdots,N), m \in \mathbb{N}$, 称

$$\widehat{g}_N(x) = \begin{cases} 0, & x < a, \\ \dfrac{\sum_{n \in \{n: a \leqslant X_n < a + \frac{b-a}{m}\}} Y_n}{\#\{n: a \leqslant X_n < a + \frac{b-a}{m}\}}, & a \leqslant x < a + \dfrac{b-a}{m}, \\ \vdots & \\ \dfrac{\sum_{n \in \{n: a + \frac{b-a}{m}(k-1) \leqslant X_n < a + \frac{b-a}{m}k\}} Y_n}{\#\{n: a + \frac{b-a}{m}(k-1) \leqslant X_n < a + \frac{b-a}{m}k\}}, & a + \dfrac{b-a}{m}(k-1) \leqslant x < a + \dfrac{b-a}{m}k, \\ \vdots & \\ \dfrac{\sum_{n \in \{n: a + \frac{b-a}{m}(m-1) \leqslant X_n < b\}} Y_n}{\#\{n: a + \frac{b-a}{m}(m-1) \leqslant X_n < b\}}, & a + \dfrac{b-a}{m}(m-1) \leqslant x < b, \\ 0, & x \geqslant b \end{cases}$$

(7.1.8)

为回归函数 $g(x)$ 的直方图估计，m 为光滑参数.

例 7.1.4 设题设如例 7.1.2，试求解非参数回归函数 $g(x)$ 的回归直方图估计，并画出图像.

解 因为 $\min\{X_n\} = X_{18} = 0.0146, \max\{X_n\} = X_{47} = 1.97308$，故取 $a = 0, b = 2$，及 $m = 10$，样本有关数据计算如表 7.3 所示：

表 7.3

区间	含 X_n 个数	所涉下标
[0, 0.2)	6	3, 18, 33, 43, 48, 56
[0.2, 0.4)	5	7, 27, 38, 44, 46
[0.4, 0.6)	8	8, 19, 26, 30, 31, 32, 40, 41
[0.6, 0.8)	4	6, 23, 36, 54
[0.8, 1.0)	8	9, 17, 28, 29, 35, 42, 49, 55
[1.0, 1.2)	6	2, 14, 16, 20, 25, 57
[1.2, 1.4)	1	58
[1.4, 1.6)	10	1, 5, 22, 24, 34, 37, 39, 45, 50, 53
[1.6, 1.8)	8	4, 10, 12, 13, 15, 51, 52, 59
[1.8, 2.0)	4	11, 21, 47, 60

因而, 回归函数 $g(x)$ 的回归直方图估计为

$$\widehat{g}_N(x) = \begin{cases} 0, & x < 0, \\ \dfrac{1}{\#\{n: 0 \leqslant X_n < 0.2\}} \sum_{n \in \{n: 0 \leqslant X_n < 0.2\}} Y_n, & 0 \leqslant x < 0.2, \\ \dfrac{1}{\#\{n: 0.2 \leqslant X_n < 0.4\}} \sum_{n \in \{n: 0.2 \leqslant X_n < 0.4\}} Y_n, & 0.2 \leqslant x < 0.4, \\ \dfrac{1}{\#\{n: 0.4 \leqslant X_n < 0.6\}} \sum_{n \in \{n: 0.4 \leqslant X_n < 0.6\}} Y_n, & 0.4 \leqslant x < 0.6, \\ \dfrac{1}{\#\{n: 0.6 \leqslant X_n < 0.8\}} \sum_{n \in \{n: 0.6 \leqslant X_n < 0.8\}} Y_n, & 0.6 \leqslant x < 0.8, \\ \dfrac{1}{\#\{n: 0.8 \leqslant X_n < 1.0\}} \sum_{n \in \{n: 0.8 \leqslant X_n < 1.0\}} Y_n, & 0.8 \leqslant x < 1.0, \\ \dfrac{1}{\#\{n: 1.0 \leqslant X_n < 1.2\}} \sum_{n \in \{n: 1.0 \leqslant X_n < 1.2\}} Y_n, & 1.0 \leqslant x < 1.2, \\ \dfrac{1}{\#\{n: 1.2 \leqslant X_n < 1.4\}} \sum_{n \in \{n: 1.2 \leqslant X_n < 1.4\}} Y_n, & 1.2 \leqslant x < 1.4, \\ \dfrac{1}{\#\{n: 1.4 \leqslant X_n < 1.6\}} \sum_{n \in \{n: 1.4 \leqslant X_n < 1.6\}} Y_n, & 1.4 \leqslant x < 1.6, \\ \dfrac{1}{\#\{n: 1.6 \leqslant X_n < 1.8\}} \sum_{n \in \{n: 1.6 \leqslant X_n < 1.8\}} Y_n, & 1.6 \leqslant x < 1.8, \\ \dfrac{1}{\#\{n: 1.8 \leqslant X_n < 2.0\}} \sum_{n \in \{n: 1.8 \leqslant X_n < 2.0\}} Y_n, & 1.8 \leqslant x < 2.0, \\ 0, & x \geqslant 2 \end{cases}$$

$$= \begin{cases} 0, & x < 0, \\ \frac{1}{6}(0.27725 + 0.07321 + 0.55243 + 0.32179 + 0.43888 + 0.05222), & 0 \leqslant x < 0.2, \\ \frac{1}{5}(0.49138 + 0.69072 + 0.83661 + 0.62961 + 0.62753), & 0.2 \leqslant x < 0.4, \\ \frac{1}{8}(1.02962 + 1.02815 + 1.00097 + 0.89929 + 0.98699 + 0.73052 \\ \quad + 1.12351 + 1.05259), & 0.4 \leqslant x < 0.6, \\ \frac{1}{4}(0.43442 + 1.03136 + 0.80645 + 0.79111), & 0.6 \leqslant x < 0.8, \\ \frac{1}{8}(0.33433 + 0.05063 + 0.23533 + 0.40810 + 0.20723 + 0.27260 \\ \quad + 0.40503 + 0.49866), & 0.8 \leqslant x < 1.0, \\ \frac{1}{6}(-0.27013 - 0.07689 - 0.05094 - 0.56430 - 0.29538 - 0.33712) & 1.0 \leqslant x < 1.2, \\ \frac{1}{1}(-0.90946), & 1.2 \leqslant x < 1.4, \\ \frac{1}{10}(-1.03717 - 0.99122 - 0.95907 - 0.73196 - 0.93709 - 0.96443 \\ \quad - 1.07204 - 0.92408 - 1.27489 - 1.08764), & 1.4 \leqslant x < 1.6, \\ \frac{1}{8}(-0.75890 - 0.64958 - 0.88791 - 0.95414 - 0.86411 - 0.66748 \\ \quad - 0.71961 - 0.35964), & 1.6 \leqslant x < 1.8, \\ \frac{1}{4}(-0.58140 - 0.63601 - 0.03840 - 0.38777), & 1.8 \leqslant x < 2.0, \\ 0, & x \geqslant 2 \end{cases}$$

$$= \begin{cases} 0, & x < 0, \\ 0.28596, & 0 \leqslant x < 0.2, \\ 0.65517, & 0.2 \leqslant x < 0.4, \\ 0.98146, & 0.4 \leqslant x < 0.6, \\ 0.76584, & 0.6 \leqslant x < 0.8, \\ 0.30149, & 0.8 \leqslant x < 1.0, \\ -0.26579, & 1.0 \leqslant x < 1.2, \\ -0.90946, & 1.2 \leqslant x < 1.4, \\ -0.99796, & 1.4 \leqslant x < 1.6, \\ -0.73267, & 1.6 \leqslant x < 1.8, \\ -0.41090, & 1.8 \leqslant x < 2.0, \\ 0, & x \geqslant 2. \end{cases}$$

而回归直方图估计 $y = \hat{g}(x)$ 与真实回归函数 $y = \sin(\pi x)$ 的对比图像如图 7.1 所示.

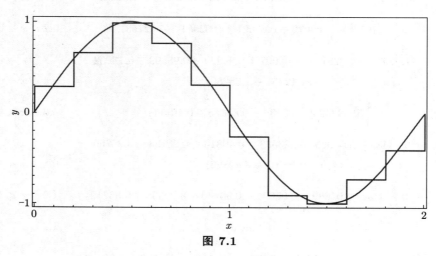

图 7.1

§7.2 级 数 解 法

本节讨论一元非参数回归方程 $Y = g(X) + W$ 的级数解法, 此处假定 $X \in L^2(\Omega, \mathscr{F}, P)$, 满足 $\exists a < b \in \mathbb{R}$, 使 $P_X[a, b] = 1$.

定理 7.2.1 若 $([a, b], \mathscr{B}[a, b], \mu)$ 是测度空间, 则 $\{x^n : n \in \{0\} \cup \mathbb{N}\}$ 是 $L^2([a, b], \mathscr{B}[a, b], \mu)$ 的绍德尔基.

定理 7.2.2 若 $X \in L^2(\Omega, \mathscr{F}, P)$, $\exists a < b \in \mathbb{R}$, 使 $P_X[a, b] = 1$, 则 $\{X^n : n \in \{0\} \cup \mathbb{N}\}$ 是 $M^2(X)$ 的绍德尔基.

证明 $\forall f(X) \in M^2(X)$, 有 $\int_\Omega f^2(X) \mathrm{d}P < \infty$, 而

$$\int_\Omega f^2(X) \mathrm{d}P = \int_\mathbb{R} f(x) \mathrm{d}P_X = \int_{[a,b]} f(x) \mathrm{d}P_X.$$

故有 $f(x) \in L^2([a, b], \mathscr{B}[a, b], P_X)$, 则根据定理 7.2.1, 知存在唯一的 $c_k (k \in \{0\} \cup \mathbb{N})$, 使得 $f(x) = \sum_{k=0}^\infty c_k x^k (\text{a.s.} - P_X)$, 即

$$\int_{\mathbb{R}} \left(f(x) - \sum_{k=0}^{\infty} c_k x^k \right)^2 \mathrm{d}P_X = 0.$$

而

$$\int_{\mathbb{R}} \left(f(x) - \sum_{k=0}^{\infty} c_k x^k \right)^2 \mathrm{d}P_X = \int_{\Omega} \left(f(X) - \sum_{k=0}^{\infty} c_k X^k \right)^2 \mathrm{d}P,$$

可知 $f(X) = \sum_{k=0}^{\infty} c_k X^k (\text{a.s.} - P)$. □

一、概率解

1. 全局概率解

定理 7.2.3 若对一元非参数回归方程, 令

$$(\beta_{sk})^{0 \leqslant k \leqslant s} = \left[E\left(\boldsymbol{\Phi}_s^{\mathrm{T}} \boldsymbol{\Phi}_s \right) \right]^{-1} E\left(\boldsymbol{\Phi}_s^{\mathrm{T}} Y \right), \tag{7.2.9}$$

$$\sigma_s^2 = E(Y^2) - E(Y \boldsymbol{\Phi}_s) \left[E\left(\boldsymbol{\Phi}_s^{\mathrm{T}} \boldsymbol{\Phi}_s \right) \right]^{-1} E\left(\boldsymbol{\Phi}_s^{\mathrm{T}} Y \right), \tag{7.2.10}$$

其中 $\boldsymbol{\Phi}_s = (X^i)_{0 \leqslant i \leqslant s}$, 则

(1) 回归函数 $g(x)$ 的概率解为

$$g(x) = \lim_{s \to \infty} \sum_{k=0}^{s} \beta_{sk} x^k, \tag{7.2.11}$$

即

$$\lim_{s \to \infty} \left\| g(X) - \sum_{k=0}^{s} \beta_{sk} X^k \right\| = 0;$$

(2) 误差方差 σ^2 的概率解为

$$\sigma^2 = \lim_{s \to \infty} \sigma_s^2. \tag{7.2.12}$$

证明 (1) 根据题设, 有

$$M^2(X) = \overline{\mathrm{span}}\{X^k : k \in \{0\} \cup \mathbb{N}\},$$

即有
$$\text{span}\{X^k : 0 \leqslant k \leqslant s\} \uparrow M^2(X).$$

而 $g(X), \sum_{k=0}^{s} \beta_{sk} X^k$ 分别为 Y 在 $M^2(X), \text{span}\{X^k : 0 \leqslant k \leqslant s\}$ 上的正交投影, 故根据投影极限定理, 知
$$\lim_{s \to \infty} \left\| g(X) - \sum_{k=0}^{s} \beta_{sk} X^k \right\| = 0.$$

(2) 借用 (1) 的结论, 可见
$$\begin{aligned}
\sigma^2 &= E(W^2) = \langle W, W \rangle \\
&= \langle Y - g(X), Y - g(X) \rangle \\
&= \lim_{s \to \infty} \left\langle Y - \sum_{k=0}^{s} \beta_{sk} X^k, Y - \sum_{k=0}^{s} \beta_{sk} X^k \right\rangle \\
&= \lim_{s \to \infty} \left\| Y - \sum_{k=0}^{s} \beta_{sk} \varphi_k(X_1, \cdots, X_m) \right\| \\
&= \lim_{s \to \infty} \sigma_s^2.
\end{aligned}$$
□

注 7.2.1 回归函数概率解的收敛速度应与函数 $g(x)$ 的连续程度有关.

2. 局部概率解

为获得下面的局部多项式估计方法, 这里先给出两个概念: 核函数与测度的局部化.

定义 7.2.1 设函数 $K(x) \in L^2(\mathbb{R}, \mathscr{B}(\mathbb{R}), \mu)$, 满足
$$K(x) \geqslant 0, \quad \int_{\mathbb{R}} K(x) \mathrm{d}x = 1, \quad \int_{\mathbb{R}} x K(x) \mathrm{d}x = 0,$$

则称 $K(x)$ 为核函数.

核函数是数轴上诸点的一个权重分配, 其特点是权重分配以 0 点为重心而渐远渐轻. 下列为几种常见核函数.

(1) 均匀核函数
$$K(x) = \begin{cases} \dfrac{1}{2}, & -1 \leqslant x \leqslant 1, \\ 0, & \text{其他}; \end{cases}$$

(2) 正态核函数

$$K(x) = \frac{1}{\sqrt{2\pi}} \exp\left\{-\frac{x^2}{2}\right\} \qquad (-\infty \leqslant x \leqslant \infty);$$

(3) 三角核函数

$$K(x) = \begin{cases} 1 - |x|, & -1 \leqslant x \leqslant 1, \\ 0, & \text{其他}; \end{cases}$$

(4) 余弦核函数

$$K(x) = \begin{cases} \dfrac{\pi}{4} \cos\left(\dfrac{\pi}{2}x\right), & -1 \leqslant x \leqslant 1, \\ 0, & \text{其他}. \end{cases}$$

利用核函数, 可对测度空间上的测度做局部化改造.

定义 7.2.2 设 g 是测度空间 $(\Omega, \mathscr{F}, \mu)$ 上的可测函数, $K(x)$ 是核函数, 称 $(\Omega, \mathscr{F})$ 上的测度

$$\lambda(A) = \int_A K\left(\frac{g-a}{h}\right) d\mu \quad (A \in \mathscr{F}; a, h \in \mathbb{R}, h > 0) \tag{7.2.13}$$

为测度 μ 在 $g = a$ 处核函数为 $K(x)$ 窗宽为 h 的局部化测度.

局部化测度有下面的性质.

定理 7.2.4 若 g 是测度空间 $(\Omega, \mathscr{F}, \mu)$ 上的可测函数, λ 为测度 μ 在 $g = a$ 处核函数为 $K(x)$, 窗宽为 h 的局部化测度, 则对 $\forall f \in L^2(\Omega, \mathscr{F}, \mu)$, 有

$$\int_A f d\lambda = \int_A f K\left(\frac{g-a}{h}\right) d\mu \quad (A \in \mathscr{F}). \tag{7.2.14}$$

下面给出局部概率解的定义, 并求解.

定义 7.2.3 设概率测度 P_{x_0} 是概率空间 $(\Omega, \mathscr{F}, P)$ 上测度 P 在 $X = x_0$ 处核函数是 $K(x)$ 窗宽是 h 的局部化测度. 若 $\sum_{k=0}^{p} \beta_k (X - x_0)^k (\beta_k \in \mathbb{R})$ 满足有限维投影泛函

最值方程

$$\left\|Y - \sum_{k=0}^{p} \beta_k(X-x_0)^k\right\|_{P_{x_0}} = \min_{c_i \in \mathbb{R}} \left\|Y - \sum_{k=0}^{p} c_k(X-x_0)^k\right\|_{P_{x_0}}, \qquad (7.2.15)$$

则称 $\sum_{k=0}^{p} \beta_k(x-x_0)^k$ 为 $g(x)$ 在 $x = x_0$ 附近的 p 阶局部多项式概率解. 特别在 $p = 0$ 时, 称 β_0 为 $g(x_0)$ 的核概率解.

定理 7.2.5 若对一元非参数回归方程,

$$(\beta_k)^{0\leqslant k\leqslant p} = \left[\left(E_P\left((X-x_0)^{i+j}K\left(\frac{X-x_0}{h}\right)\right)\right)_{0\leqslant j\leqslant p}^{0\leqslant i\leqslant p}\right]^{-1}$$
$$\cdot \left(E_P\left((X-x_0)^{i}YK\left(\frac{X-x_0}{h}\right)\right)\right)^{0\leqslant i\leqslant p}, \qquad (7.2.16)$$

则 $g(x_0)$ 的 p 阶局部多项式概率解为 $\sum_{k=0}^{p} \beta_k(x-x_0)^k$.

证明 根据有限维正交投影定理, 知最值方程 (7.2.15) 的解为

$$(\beta_k)^{0\leqslant k\leqslant p} = \left[\left(\langle(X-x_0)^i, (X-x_0)^j\rangle_{P_{x_0}}\right)_{0\leqslant j\leqslant p}^{0\leqslant i\leqslant p}\right]^{-1} \left(\langle(X-x_0)^i, Y\rangle_{P_{x_0}}\right)^{0\leqslant i\leqslant p}$$
$$= \left[\left(E_{P_{x_0}}(X-x_0)^{i+j}\right)_{0\leqslant j\leqslant p}^{0\leqslant i\leqslant p}\right]^{-1} \left(E_{P_{x_0}}\left((X-x_0)^iY\right)\right)^{0\leqslant i\leqslant p}$$
$$= \left[\left(E_P\left((X-x_0)^{i+j}K\left(\frac{X-x_0}{h}\right)\right)\right)_{0\leqslant j\leqslant p}^{0\leqslant i\leqslant p}\right]^{-1}$$
$$\cdot \left(E_P\left((X-x_0)^iYK\left(\frac{X-x_0}{h}\right)\right)\right)^{0\leqslant i\leqslant p}. \qquad \square$$

定理 7.2.6 $g(x_0)$ 的核概率解 β_0 为

$$\beta_0 = \left(E_P\left(K\left(\frac{X-x_0}{h}\right)\right)\right)^{-1} E_P\left(Y\left(K\left(\frac{X-x_0}{h}\right)\right)\right), \qquad (7.2.17)$$

二、统计解

1. 全局统计解

定理 7.2.7 若题设同定理 7.2.3, 且 $\{(X_n, Y_n) : n = 1, \cdots, N\}$ 是 (X, Y) 的简单样本, 令

$$\left(\widehat{\beta}_{skN}\right)^{0 \leqslant k \leqslant s} = (\widetilde{\boldsymbol{\Phi}}_s^{\mathrm{T}} \widetilde{\boldsymbol{\Phi}}_s)^{-1} \widetilde{\boldsymbol{\Phi}}_s^{\mathrm{T}} \widetilde{\boldsymbol{Y}}, \tag{7.2.18}$$

$$\widehat{g}_{sN}(X) = \sum_{k=0}^{s} \widehat{\beta}_{skN} X^k, \tag{7.2.19}$$

$$\widehat{\sigma}_{sN}^2 = \frac{1}{N} \widetilde{\boldsymbol{Y}}^{\mathrm{T}} (\boldsymbol{I}_N - \widetilde{\boldsymbol{\Phi}}_s (\widetilde{\boldsymbol{\Phi}}_s^{\mathrm{T}} \widetilde{\boldsymbol{\Phi}}_s)^{-1} \widetilde{\boldsymbol{\Phi}}_s^{\mathrm{T}}) \widetilde{\boldsymbol{Y}}, \tag{7.2.20}$$

其中 $\widetilde{\boldsymbol{X}_n^i}{}_{1 \leqslant i \leqslant s}^{1 \leqslant n \leqslant N}$, $\widetilde{\boldsymbol{Y}} \triangleq (Y_n)^{1 \leqslant n \leqslant N}$, 则

(1) 系数 β_{sk} 的统计解为

$$(\beta_{sk})^{0 \leqslant k \leqslant s} = \lim_{N \to \infty} \left(\widehat{\beta}_{skN}\right)^{0 \leqslant k \leqslant s} \quad (\text{a.s.});$$

(2) 回归函数的统计解为 $g(X) = \lim\limits_{s \to \infty} \lim\limits_{N \to \infty} \widehat{g}_{sN}(X)$, 即

$$\lim_{s \to \infty} \lim_{N \to \infty} \|g(X) - \widehat{g}_{sN}(X)\| = 0 \quad (\text{a.s.});$$

(3) 误差项方差的统计解为

$$\sigma^2 = \lim_{s \to \infty} \lim_{N \to \infty} \widehat{\sigma}_{sN}^2 \quad (\text{a.s.}).$$

证明 (1) 留给读者完成.

(2) 直接计算, 可得

$$\lim_{s \to \infty} \lim_{N \to \infty} \left\| g(X) - \sum_{k=0}^{s} \widehat{\beta}_{skN} X^k \right\|$$

$$\leqslant \lim_{s \to \infty} \left\| g(X) - \sum_{k=0}^{s} \beta_{sk} X^k \right\|$$

$$+ \lim_{s \to \infty} \lim_{N \to \infty} \left\| \sum_{k=0}^{s} \beta_{sk} X^k - \sum_{k=0}^{s} \widehat{\beta}_{skN} X^k \right\|$$

$$\leqslant \lim_{s\to\infty}\lim_{N\to\infty}\sum_{k=0}^{s}\left|\beta_{sk}-\widehat{\beta}_{skN}\right|\left\|X^{k}\right\|$$

$$=\lim_{s\to\infty}\sum_{k=0}^{s}\lim_{N\to\infty}\left|\beta_{sk}-\widehat{\beta}_{skN}\right|\left\|X^{k}\right\|=0\quad\text{(a.s.)}.$$

(3) 易见 $\lim_{N\to\infty}\widehat{\sigma}_{sN}^{2}=\sigma_{s}^{2}$ (a.s.), 从而

$$\lim_{s\to\infty}\lim_{N\to\infty}\left|\widehat{\sigma}_{Ns}^{2}-\sigma^{2}\right|\leqslant\lim_{s\to\infty}\lim_{N\to\infty}\left|\widehat{\sigma}_{Ns}^{2}-\sigma_{s}^{2}\right|+\lim_{s\to\infty}\left|\sigma_{s}^{2}-\sigma^{2}\right|=0\quad\text{(a.s.)}.\qquad\square$$

模拟实验 7.2.1　　实验设计: 选择一元非参数回归方程

$$Y=\mathrm{e}^{\sin X}+W,$$

其中 $X\sim U[-4,7], W\sim N(0,0.09)$; 取回归函数统计解级数的长度 $s=9$, (X,Y) 简单样本为 $\{(X_n,Y_n):1\leqslant n\leqslant 100\}$.

实验结果: 回归函数概率解之系数与误差项方差的统计解分别为

$$\left(\widehat{\beta}_{skN}\right)^{0\leqslant k\leqslant s}=(\widetilde{\boldsymbol{\Phi}}_{s}^{\mathrm{T}}\widetilde{\boldsymbol{\Phi}}_{s})^{-1}\widetilde{\boldsymbol{\Phi}}_{s}^{\mathrm{T}}\widetilde{\boldsymbol{Y}}$$
$$=(1.1830138, 1.2476246, 0.0863398, -0.25997, -0.008895,$$
$$0.0177628, -0.000377, -0.000457, 0.0000383)^{\mathrm{T}},$$
$$\widehat{\sigma}_{sN}^{2}=\frac{1}{N}\widetilde{\boldsymbol{Y}}^{\mathrm{T}}(\boldsymbol{I}_{N}-\widetilde{\boldsymbol{\Phi}}_{s}(\widetilde{\boldsymbol{\Phi}}_{s}^{\mathrm{T}}\widetilde{\boldsymbol{\Phi}}_{s})^{-1}\widetilde{\boldsymbol{\Phi}}_{s}^{\mathrm{T}})\widetilde{\boldsymbol{Y}}$$
$$=0.0897014.$$

遂得回归函数 $g(x)=\mathrm{e}^{\sin x}$ 的统计解为

$$\widehat{g}_{sN}(x)=1.1830138+1.2476246x+0.0863398x^{2}-0.25997x^{3}-0.008895x^{4}$$
$$+0.0177628x^{5}-0.000377x^{6}-0.000457x^{7}+0.0000383x^{8}.$$

$g(x)$ 与 $\widehat{g}_{sN}(x)$ 的函数图像对比如图 7.2 所示 (不带星号线是回归函数 $g(x)$ 的图像, 带星号线是其估计函数 $\widehat{g}_{mN}(x)$ 的图像).

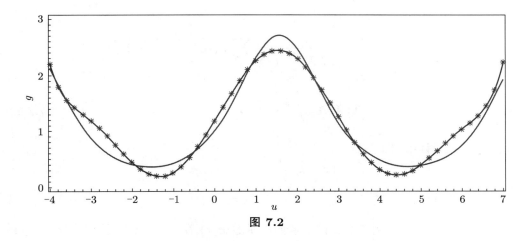

图 7.2

2. 局部统计解

a. 多项式估计

定理 7.2.8 若已知 (X,Y) 的简单样本 $\{(X_n, Y_n) : 1 \leqslant n \leqslant N\}$, 设统计量 $\widetilde{\boldsymbol{X}} \triangleq ((X_n - x_0)^k)_{0 \leqslant k \leqslant p}^{1 \leqslant n \leqslant N}$, $\widetilde{\boldsymbol{Y}} \triangleq (Y_n)^{1 \leqslant n \leqslant N}$, $\widetilde{\boldsymbol{W}}(x_0) \triangleq \mathrm{diag}\left(K\left(\dfrac{X_n - x_0}{h}\right)^{1 \leqslant n \leqslant N}\right)$, 令

$$(\widehat{\beta}_{kN})^{0 \leqslant k \leqslant p} = (\widetilde{\boldsymbol{X}}^\mathrm{T} \widetilde{\boldsymbol{W}} \widetilde{\boldsymbol{X}})^{-1} \widetilde{\boldsymbol{X}}^\mathrm{T} \widetilde{\boldsymbol{W}} \widetilde{\boldsymbol{Y}}, \tag{7.2.21}$$

则 $g(x_0)$ 的局部多项式统计解为 $\lim\limits_{N \to \infty} \sum\limits_{k=0}^{p} \widehat{\beta}_{kN}(x - x_0)^k$, 即

$$\lim_{N \to \infty} \left\| \sum_{k=0}^{p} \beta_k (X - x_0)^k - \sum_{k=0}^{p} \widehat{\beta}_{kN}(X - x_0)^k \right\| = 0 \quad \text{(a.s.)}.$$

证明留给读者.

b. 核估计

本估计法是局部多项式估计法在 $p = 0$ 情形的特例, 即局部常数估计.

定理 7.2.9 若已知 (X,Y) 的简单样本 $\{(X_n, Y_n) : 1 \leqslant n \leqslant N\}$, 设统计量 $\widetilde{\boldsymbol{X}} \triangleq ((X_n - x_0)^k)_{0 \leqslant k \leqslant p}^{1 \leqslant n \leqslant N}$, $\widetilde{\boldsymbol{Y}} \triangleq (Y_n)^{1 \leqslant n \leqslant N}$, $\widetilde{\boldsymbol{W}}(x_0) \triangleq \mathrm{diag}\left(K\left(\dfrac{X_n - x_0}{h}\right)^{1 \leqslant n \leqslant N}\right)$, 则

$$\widehat{\beta}_{0N} = \frac{1}{\sum_{n=1}^{N} K\left(\frac{X_n - x_0}{h}\right)} \sum_{n=1}^{N} Y_n K\left(\frac{X_n - x_0}{h}\right)$$

$$= \left(\mathbf{1}_N^\mathrm{T} \widetilde{\boldsymbol{W}} \mathbf{1}_N\right)^{-1} \mathbf{1}_N^\mathrm{T} \widetilde{\boldsymbol{W}} \widetilde{\boldsymbol{Y}} \tag{7.2.22}$$

为 $g(x_0)$ 的核统计解, 即

$$\lim_{N \to \infty} \widehat{\beta}_{0N} = \beta_0 \quad \text{(a.s.)}.$$

证明留给读者.

例 7.2.1 题设同例 7.1.2, 试求解回归函数 $g(x)$ 在 $x = 0.2$ 处的核统计解, 取核函数 $K(x)$ 为三角核函数窗宽为 $h = 0.1$.

解 因为,

$$K\left(\frac{X_3 - 0.2}{0.1}\right) = 1 - \left|\frac{0.12286 - 0.2}{0.1}\right| = 0.2286,$$

$$K\left(\frac{X_7 - 0.2}{0.1}\right) = 1 - \left|\frac{0.21854 - 0.2}{0.1}\right| = 0.8146,$$

$$K\left(\frac{X_{27} - 0.2}{0.1}\right) = 1 - \left|\frac{0.28830 - 0.2}{0.1}\right| = 0.117,$$

$$K\left(\frac{X_{33} - 0.2}{0.1}\right) = 1 - \left|\frac{0.19571 - 0.2}{0.1}\right| = 0.9571,$$

$$K\left(\frac{X_{38} - 0.2}{0.1}\right) = 1 - \left|\frac{0.25185 - 0.2}{0.1}\right| = 0.4815,$$

$$K\left(\frac{X_{44} - 0.2}{0.1}\right) = 1 - \left|\frac{0.24711 - 0.2}{0.1}\right| = 0.5289,$$

$$K\left(\frac{X_{46} - 0.2}{0.1}\right) = 1 - \left|\frac{0.24870 - 0.2}{0.1}\right| = 0.513,$$

$$K\left(\frac{X_{48} - 0.2}{0.1}\right) = 1 - \left|\frac{0.10210 - 0.2}{0.1}\right| = 0.021,$$

而剩余的

$$K\left(\frac{X_n - 0.2}{0.1}\right) = 0 \quad (n \in \{1, 2, \cdots, 60\} - \{3, 7, 27, 33, 38, 44, 46, 48\}).$$

故回归函数 $g(x)$ 在 $x = 0.2$ 处的核统计解为

$$\widehat{g}_N(0.2) = \frac{1}{\sum_{n=1}^{60} K\left(\dfrac{X_n - 0.2}{0.1}\right)} \sum_{n=1}^{60} Y_n K\left(\frac{X_n - 0.2}{0.1}\right)$$

$$= (0.2286 + 0.8146 + 0.117 + 0.9571 + 0.4815 + 0.5289 + 0.513 + 0.021)^{-1}$$

$$\times (0.27725 \times 0.2286 + 0.49138 \times 0.8146 + 0.69072 \times 0.117 + 0.55243 \times 0.9571$$

$$+ 0.83661 \times 0.4815 + 0.62961 \times 0.5289 + 0.62753 \times 0.513 + 0.43888 \times 0.021)$$

$$= 0.58447.$$

回归函数 $g(x)$ 在 $x = 0.2$ 处的真值为

$$g(0.2) = \sin(0.2\pi) = 0.58779.$$

第八章

密 度 函 数

本章研究随机变量的密度函数求解, 此可化为求解可列维投影泛函最值方程的最小值点. 应该指出, 本章对随机变量的密度函数之求解模式, 与前一章对非参数回归方程的回归函数之求解模式, 将两者如何统一起来, 是一个颇有意义的问题.

随机变量密度函数的概念定义如下:

定义 8.0.4 设 X 是概率空间 $(\Omega, \mathscr{F}, P)$ 上的随机变量, 存在非负可积函数 $f(x)$, 使得
$$F_X(x) = \int_{-\infty}^{x} f(u)\mathrm{d}u \quad (x \in \mathbb{R}),$$
式中的积分为勒贝格积分, 称 X 为连续型随机变量, $f(x)$ 为 X 的密度函数.

下面, 我们将在 §8.1 研究密度函数 $f(x)$ 在 $x \in \mathbb{R}$ 上的求解, 即所谓全局解. 在 §8.2 研究密度函数 $f(x)$ 在 $x = x_0$ 点处的求解, 即所谓局部解.

§8.1 全 局 解

一、概率解

定理 8.1.1 设概率空间 $(\mathbb{R}, \mathscr{B}(\mathbb{R}), \mu)$ 的概率测度 μ 对勒贝格测度 L 有密度函数为 $\rho(x)$, $\{\varphi_n(x) : n \in \mathbb{N}\}$ 构成 $L^2(\mathbb{R}, \mathscr{B}(\mathbb{R}), \mu)$ 的绍德尔基. 若 Y 是概率空间 $(\Omega, \mathscr{F}, P)$ 上的随机变量, 其密度函数 $f(x) \in L^2(\mathbb{R}, \mathscr{B}(\mathbb{R}), \mu)$, 令

$$(\beta_{sk})^{1 \leqslant k \leqslant s} = \left[(E_\mu(\varphi_i(x)\varphi_j(x)))_{1 \leqslant j \leqslant s}^{1 \leqslant i \leqslant s}\right]^{-1} (E_P(\varphi_i(Y)\rho(Y)))^{1 \leqslant i \leqslant s}, \tag{8.1.1}$$

则密度函数 $f(x)$ 的概率解为 $f(x) = \lim\limits_{s \to \infty} \sum\limits_{k=1}^{s} \beta_{sk} \varphi_k(x)$, 即

$$\lim_{s \to \infty} \left\| f(x) - \sum_{k=1}^{s} \beta_{sk} \varphi_k(x) \right\|_\mu = 0.$$

证明 令 $\mathcal{M} = L^2(\mathbb{R}, \mathscr{B}(\mathbb{R}), \mu)$,

$$\mathcal{M}_m = \operatorname{span}\{\varphi_k(x) : 1 \leqslant k \leqslant m\} \quad (m \in \mathbb{N}).$$

根据正交投影定理, 知存在 $f_m(x) \in \mathcal{M}_m$ 满足有限维投影泛函最值方程

$$\|f(x) - g(x)\|_\mu = \min_{h(x) \in \mathcal{M}_m} \|f(x) - h(x)\|_\mu \quad (g(x) \in \mathcal{M}_m).$$

而由 $f(x) \in \mathcal{M}$, 知其满足可列维投影泛函最值方程

$$\|f(x) - g(x)\|_\mu = \min_{h(x) \in \mathcal{M}} \|f(x) - h(x)\|_\mu \quad (g(x) \in \mathcal{M}).$$

再注意到 $\mathcal{M}_m \uparrow \mathcal{M}$, 则根据投影极限定理, 有

$$\lim_{m \to \infty} f_m(x) = f(x) \quad (\text{a.s.} - \mu).$$

而据有限维正交投影定理, 知 $f_m(x) = \sum\limits_{k=1}^{m} \beta_{mk} \varphi_k(x)$ 的系数为

$$(\beta_{mk})^{1 \leqslant k \leqslant m} = \left[(E_\mu(\varphi_i(x)\varphi_j(x)))^{1 \leqslant i \leqslant m}_{1 \leqslant j \leqslant m} \right]^{-1} (E_\mu(\varphi_i(x)f(x)))^{1 \leqslant i \leqslant m},$$

而

$$\begin{aligned} E_\mu(\varphi_i(x)f(x)) &= \int_{\mathbb{R}} \varphi_i(x) f(x) \mathrm{d}\mu \\ &= \int_{\mathbb{R}} \varphi_i(x) f(x) \rho(x) \mathrm{d}L \\ &= \int_{\mathbb{R}} \varphi_i(x) \rho(x) \mathrm{d}F_Y(x) \\ &= \int_{\Omega} \varphi_i(Y) \rho(Y) \mathrm{d}P \\ &= E_P(\varphi_i(Y) \rho(Y)) \quad (i \in \mathbb{N}). \end{aligned}$$

$\square$

推论 8.1.1 若 Y 是概率空间 $(\Omega, \mathscr{F}, P)$ 上的随机变量, 其密度函数 $f(x) \in L^2([a,b], \mathscr{B}([a,b]), \mu)$, 概率测度 $\mu = \dfrac{1}{b-a} L_{[a,b]}$, $L_{[a,b]}$ 是勒贝格测度 L 在 $[a,b]$ 上的限制, 令

$$(\beta_{mk})^{0 \leqslant k \leqslant m} = \frac{1}{b-a} \left[(E_\mu(x^{i+j}))_{0 \leqslant j \leqslant m}^{0 \leqslant i \leqslant m} \right]^{-1} (E_P(Y^i))^{0 \leqslant i \leqslant m}, \tag{8.1.2}$$

则密度函数 $f(x)$ 的概率解为

$$f(x) = \lim_{m \to \infty} \sum_{k=0}^{m} \beta_{mk} x^k \quad (\text{a.s.} - \mu), \tag{8.1.3}$$

即

$$\lim_{s \to \infty} \left\| f(x) - \sum_{k=0}^{m} \beta_{mk} x^k \right\|_\mu = 0. \tag{8.1.4}$$

证明 由于 $\{x^k : k \in \{0\} \cup \mathbb{N}\}$ 系 $L^2([a,b], \mathscr{B}([a,b]), \mu)$ 的绍德尔基, 概率测度 μ 对勒贝格测度 L 有密度函数为

$$\rho(x) = \frac{1}{b-a} \sigma(x), \quad \sigma(x) = \begin{cases} 1, & x \in [a, b], \\ 0, & x \in \mathbb{R} \setminus [a, b]. \end{cases}$$

于是, 由定理 8.1.1 知 $f_m(x) = \sum_{k=0}^{m} \beta_{mk} x^k$ 的系数为

$$(\beta_{mk})^{0 \leqslant k \leqslant m} = \left[(E_\mu(x^{i+j}))_{0 \leqslant j \leqslant m}^{0 \leqslant i \leqslant m} \right]^{-1} (E_P(Y^i \rho(Y)))^{0 \leqslant i \leqslant m},$$

而

$$\rho(Y) = \frac{1}{b-a} \sigma(Y) = \frac{1}{b-a}. \qquad \square$$

二、统计解

定理 8.1.2 若题设同推论 8.1.1, 且 $\{X_n : 1 \leqslant n \leqslant N_1\}$ 是来自随机变量 x 的简单样本, $\{Y_n : 1 \leqslant n \leqslant N_2\}$ 是来自随机变量 Y 的简单样本, 记统计量 $\widetilde{\boldsymbol{\Phi}}_m \triangleq (X_n^k)_{0 \leqslant k \leqslant m}^{1 \leqslant n \leqslant N_1}$, $\widetilde{\boldsymbol{\Psi}}_m \triangleq (Y_n^k)_{0 \leqslant k \leqslant m}^{1 \leqslant n \leqslant N_2}$, 并令

$$\left(\widehat{\beta}_{mk}\right)^{0\leqslant k\leqslant m} = \frac{1}{b-a}\frac{N_1}{N_2}(\widetilde{\boldsymbol{\Phi}}_m^T\widetilde{\boldsymbol{\Phi}}_m)^{-1}\widetilde{\boldsymbol{\Psi}}_m^T\mathbf{1}_{N_2}, \tag{8.1.5}$$

则

(1) β_{mk} 的统计解为

$$\beta_{mk} = \lim_{N_1,N_2\to\infty}\widehat{\beta}_{mk} \quad \text{(a.s.)} \quad (0\leqslant k\leqslant m);$$

(2) 密度函数 $f(x)$ 的统计解为 $f(x) = \lim\limits_{m\to\infty}\lim\limits_{N_1,N_2\to\infty}\sum\limits_{k=0}^{m}\widehat{\beta}_{mk}x^k$, 即

$$\lim_{m\to\infty}\lim_{N_1,N_2\to\infty}\left\|f(x)-\sum_{k=0}^{m}\widehat{\beta}_{mk}x^k\right\|_{\mu} = 0 \quad \text{(a.s.)}.$$

证明 (1) 由于

$$(\beta_{mk})^{0\leqslant k\leqslant m} = \frac{1}{b-a}\left[(E_\mu(x^{i+j}))_{0\leqslant j\leqslant m}^{0\leqslant i\leqslant m}\right]^{-1}(E_P(Y^i))^{0\leqslant i\leqslant m},$$

$$\left(\widehat{\beta}_{mk}\right)^{0\leqslant k\leqslant m} = \frac{1}{b-a}\left[\left(\frac{1}{N_1}\sum_{n=1}^{N_1}X_n^{i+j}\right)_{0\leqslant j\leqslant m}^{0\leqslant i\leqslant m}\right]^{-1}\left(\frac{1}{N_2}\sum_{n=1}^{N_2}Y_n^i\right)^{1\leqslant i\leqslant s},$$

由强大数定律, 有

$$\lim_{N_1\to\infty}\frac{1}{N_1}\sum_{n=1}^{N_1}X_n^{i+j} = E_\mu(x_n^{i+j}) \quad \text{(a.s.)} \quad (0\leqslant i,j\leqslant m),$$

$$\lim_{N_2\to\infty}\frac{1}{N_2}\sum_{n=1}^{N_2}Y_n^i = E_P(Y^i) \quad \text{(a.s.)} \quad (0\leqslant i\leqslant m).$$

再注意到连续函数对强相合性的传递性, 即证得 (1).

(2) 结合 (1), 有

$$\lim_{m\to\infty}\lim_{N_1,N_2\to\infty}\left\|f(x)-\sum_{k=0}^{m}\widehat{\beta}_{mk}x^k\right\|_{\mu}$$

$$\leqslant \lim_{m\to\infty}\left\|f(x)-\sum_{k=0}^{m}\beta_{mk}x^k\right\|_{\mu}+\lim_{m\to\infty}\lim_{N_1,N_2\to\infty}\left\|\sum_{k=0}^{m}\beta_{mk}x^k-\sum_{k=0}^{m}\widehat{\beta}_{mk}x^k\right\|_{\mu}$$

$$=\lim_{s\to\infty}\lim_{N_1,N_2\to\infty}\left\|\sum_{k=0}^{s}(\widehat{\beta}_{mk}-\beta_{mk})x^k\right\|_{\mu}+0$$

$$\leqslant \lim_{s\to\infty}\lim_{N_1,N_2\to\infty}\sum_{k=0}^{s}\left|\widehat{\beta}_{mk}-\beta_{mk}\right|\left\|x^k\right\|_{\mu}$$

$$=\lim_{m\to\infty}\sum_{k=0}^{s}\lim_{N_1,N_2\to\infty}\left|\widehat{\beta}_{mk}-\beta_{mk}\right|\left\|x^k\right\|_{\mu}=0 \quad \text{(a.s.)}. \qquad \square$$

三、模拟实验

下面，我们对该节理论做出一个模拟实验.

模拟实验 8.1.1 实验设计：考虑概率空间 $(\Omega,\mathscr{F},P)$ 上的随机变量 $Y=3\sin U(U\sim U[-\pi/2,\pi/2])$，其密度函数为

$$f(x)=\begin{cases} \dfrac{1}{\pi\sqrt{9-x^2}}, & |x|<3, \\ 0, & |x|\geqslant 3. \end{cases}$$

于 $f(x)$ 的定义域 $\mathbb{R}$ 上置概率空间 $(\mathbb{R},\mathscr{B}(\mathbb{R}),\mu)$，其概率测度 μ 对勒贝格测度的密度函数为

$$\rho(x)=\begin{cases} \dfrac{1}{7}, & |x|\leqslant 3.5, \\ 0, & |x|>3.5. \end{cases}$$

易知 $f(x)\in L^2(\mathbb{R},\mathscr{B}(\mathbb{R}),\mu)$，取概率空间 $(\mathbb{R},\mathscr{B}(\mathbb{R}),\mu)$ 上随机变量 x 的简单样本 $\{X_n:1\leqslant n\leqslant 800\}$，随机变量 Y 的简单样本 $\{Y_n:1\leqslant n\leqslant 800\}$，统计解序列之序号 $m=8$.

试验操作：做统计量 $\widetilde{\boldsymbol{\Phi}}_m\triangleq\left(X_n^k\right)_{0\leqslant k\leqslant 8}^{1\leqslant n\leqslant 800}$, $\widetilde{\boldsymbol{\Psi}}_m\triangleq\left(Y_n^k\right)_{0\leqslant k\leqslant 8}^{1\leqslant n\leqslant 800}$，运用计算公式 8.1.5，可得

$$\left(\widehat{\beta}_{mk}\right)^{0\leqslant k\leqslant 8}=\frac{1}{7}\cdot\frac{800}{800}(\widetilde{\boldsymbol{\Phi}}_m^T\widetilde{\boldsymbol{\Phi}}_m)^{-1}\widetilde{\boldsymbol{\Psi}}_m^T\mathbf{1}_{800}$$
$$=(0.1144728,0.0008052,-0.002506,0.0014119,-0.001772,$$
$$-0.000343,0.0015599,0.0000219,-0.000126)^T,$$

继而获得 $f(x)$ 的估计

$$\hat{f}_m(x) = 0.1144728 + 0.0008052x - 0.002506x^2 + 0.0014119x^3 - 0.001772x^4 \\ - 0.000343x^5 + 0.0015599x^6 + 0.0000219x^7 - 0.000126x^8.$$

$f(x)$ 的估计 $\hat{f}_m(x)$ 函数图像对比如图 8.1 所示 (不带星号线为被估计函数, 带星号线为估计函数).

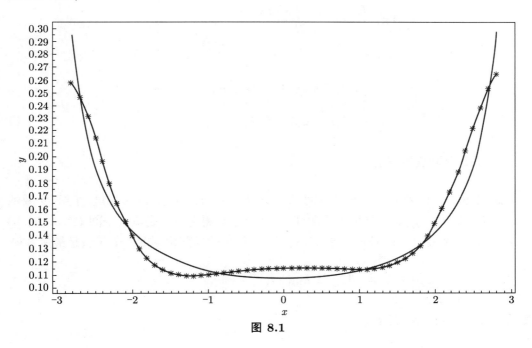

图 8.1

§8.2 局 部 解

一、概率解

1. 局部概率解

定理 8.2.1 若 Y 是概率空间 $(\Omega, \mathscr{F}, P)$ 上的连续型随机变量, $f(x)(x \in \mathbb{R})$ 是 Y 密度函数, $x_0 \in \mathbb{R}$, 则 $f(x_0)$ 的概率解为

$$f(x_0) = \lim_{h \to 0^+} \frac{1}{h} P\{|Y - x_0| \leqslant h/2\}. \tag{8.2.6}$$

证明 设 Y 的分布函数是 $F(x)(x \in \mathbb{R})$, 于是

$$\begin{aligned}
f(x_0) &= \lim_{h \to 0^+} \frac{F(x_0 + h) - F(x_0)}{h} \\
&= \lim_{h \to 0^+} \frac{F(x_0 - h) - F(x_0)}{-h} \\
&= \frac{1}{2} \lim_{h \to 0^+} \left(\frac{F(x_0 + h) - F(x_0)}{h} + \frac{F(x_0 - h) - F(x_0)}{-h} \right) \\
&= \lim_{h \to 0^+} \frac{F(x_0 + h) - F(x_0 - h)}{2h} \\
&= \lim_{h \to 0^+} \frac{F(x_0 + h/2) - F(x_0 - h/2)}{h} \\
&= \lim_{h \to 0^+} \frac{1}{h}(P\{Y \leqslant x_0 + h/2\} - P\{Y \leqslant x_0 - h/2\}) \\
&= \lim_{h \to 0^+} \frac{1}{h} P\{|Y - x_0| \leqslant h/2\}. \qquad \square
\end{aligned}$$

2. 局部化测度概率解

定义 8.2.1 若 Y 是概率空间 $(\Omega, \mathscr{F}, P)$ 上的连续型随机变量, 其密度函数 $f(x) \in L^2(\mathbb{R}, \mathscr{B}(\mathbb{R}), \mu)$ (μ 是勒贝格测度), $x_0 \in \mathbb{R}$, 又测度 μ_{x_0} 是测度空间 $(\mathbb{R}, \mathscr{B}(\mathbb{R}), \mu)$ 上测度 μ 在 $X = x_0$ 处, 核函数是 $K(x)$, 窗宽是 h 的局部化测度. 若 β 满足最值方程

$$\|f(x) - \alpha\|_{\mu_{x_0}} = \min_{c \in \mathbb{R}} \|f(x) - c\|_{\mu_{x_0}} \qquad (\alpha \in \mathbb{R}), \tag{8.2.7}$$

则称 β 为 $f(x_0)$ 的核概率解.

定理 8.2.2 若 Y 是概率空间 $(\Omega, \mathscr{F}, P)$ 上的连续型随机变量, 其密度函数 $f(x) \in L^2(\mathbb{R}, \mathscr{B}(\mathbb{R}, \mu)$ (μ 是勒贝格测度), $x_0 \in \mathbb{R}$, 则 $f(x_0)$ 的核概率解为

$$f(x_0) = \frac{1}{h} E_P \left(K \left(\frac{Y - x_0}{h} \right) \right). \tag{8.2.8}$$

证明 根据有限维空间最佳逼近定理, 可知

$$\begin{aligned}
\beta &= (\langle 1, 1 \rangle_{\mu_{x_0}})^{-1} \cdot \langle 1, f(x) \rangle_{\mu_{x_0}} \\
&= \left(\int_{\mathbb{R}} 1 d\mu_{x_0} \right)^{-1} \int_{\mathbb{R}} f(x) \mathrm{d}\mu_{x_0}
\end{aligned}$$

$$= \left(\int_{\mathbb{R}} K\left(\frac{x-x_0}{h}\right) \mathrm{d}\mu\right)^{-1} \int_{\mathbb{R}} f(x) K\left(\frac{x-x_0}{h}\right) \mathrm{d}\mu$$

$$= \frac{1}{h} \int_{\mathbb{R}} K\left(\frac{x-x_0}{h}\right) \mathrm{d}F_Y(x)$$

$$= \frac{1}{h} \int_{\Omega} K\left(\frac{Y-x_0}{h}\right) \mathrm{d}P$$

$$= \frac{1}{h} E_P\left(K\left(\frac{Y-x_0}{h}\right)\right). \qquad \square$$

二、统计解

1. 局部统计解

定理 8.2.3 若题设同定理 8.2.1, 且 $\{Y_n : 1 \leqslant n \leqslant N\}$ 是 Y 的简单样本, 则 $f(x_0)$ 的统计解为

$$f(x_0) = \lim_{h \to 0^+} \lim_{N \to \infty} \frac{1}{Nh} \#\{n : |Y_n - x_0| \leqslant h/2, 1 \leqslant n \leqslant N\} \qquad \text{(a.s.)}. \qquad (8.2.9)$$

证明 令 $(\Omega, \mathscr{F}, P)$ 上的随机变量 ξ 为

$$\xi(\omega) = \begin{cases} 1, & |Y(\omega) - x_0| \leqslant h/2, \\ 0, & |Y(\omega) - x_0| > h/2, \end{cases}$$

相应于 Y 的简单样本, 可获 ξ 的简单样本

$$\xi_n = \begin{cases} 1, & |Y_n - x_0| \leqslant h/2, \\ 0, & |Y_n - x_0| > h/2 \end{cases} \qquad (1 \leqslant n \leqslant N).$$

根据强大数定律, 有

$$E(\xi) = \lim_{N \to \infty} \frac{1}{N} \sum_{n=1}^{N} \xi_n \qquad \text{(a.s.)},$$

而

$$E(\xi) = 1 \times P\{|Y - x_0| \leqslant h/2\} + 0 \times P\{|Y - x_0| > h/2\}$$
$$= P\{|Y - x_0| \leqslant h/2\},$$

$$\sum_{n=1}^{N} \xi_n = \#\{n : |Y_n - x_0| \leqslant h/2, 1 \leqslant n \leqslant N\},$$

因此

$$\begin{aligned} f(x_0) &= \lim_{h \to 0^+} \frac{1}{h} P\{|Y - x_0| \leqslant h/2\} \\ &= \lim_{h \to 0^+} \frac{1}{h} \lim_{N \to \infty} \frac{1}{N} \#\{n : |Y_n - x_0| \leqslant h/2, 1 \leqslant n \leqslant N\} \quad \text{(a.s.)}. \quad \Box \end{aligned}$$

a. 局部平均估计

定义 8.2.2 称

$$\begin{aligned} \widehat{f}(x_0) &= \frac{1}{Nh} \#\{n : |x_0 - Y_n| \leqslant h/2, 1 \leqslant n \leqslant N\} \\ &= \frac{1}{Nh} \sum_{n=1}^{N} I\left(\frac{x_0 - Y_n}{h}\right) \\ &= \frac{1}{Nh} \mathbf{1}_N^{\mathrm{T}} \widetilde{\boldsymbol{W}}(x_0) \mathbf{1}_N \qquad (x_0 \in \mathbb{R}) \end{aligned} \tag{8.2.10}$$

为密度函数 $f(x)$ 在 $x = x_0$ 处的局部平均估计,h 为窗宽,$h > 0$,$I(x) = \begin{cases} 1, |x| \leqslant 1/2, \\ 0, |x| > 1/2, \end{cases}$
$\widetilde{\boldsymbol{W}}(x) = \mathrm{diag}\left(I\left(\frac{x - Y_1}{h}\right), \cdots, I\left(\frac{x - Y_N}{h}\right)\right).$

例 8.2.1 设连续型随机变量 Y 容量是 40 的简单样本如表 8.1 所示,

表 8.1

n	1	2	3	4	5	6	7	8	9	10
Y_n	0.13839	-1.11995	-0.75376	-0.05588	-0.39161	-0.18832	0.07853	0.12502	-0.89899	-0.54179
n	11	12	13	14	15	16	17	18	19	20
Y_n	0.96760	-0.44099	0.29974	0.38961	0.75542	2.72399	1.18126	0.11870	-0.23149	0.47360
n	21	22	23	24	25	26	27	28	29	30
Y_n	1.55599	0.70262	-1.27017	0.02769	-0.34158	1.36853	0.87316	-0.49013	0.99670	-0.59597
n	31	32	33	34	35	36	37	38	39	40
Y_n	0.19199	-0.18529	-0.98799	0.56295	0.67598	-1.15608	-0.40066	0.06924	1.73423	-0.19353

试求解随机变量 Y 的密度函数 $f(x)$ 在 $x = 1.0$ 处的局部平均估计,取窗宽为 $h = 0.6$.

解 样本有关数据计算如表 8.2 所示,

表 8.2

区间	含 Y_n 个数	所及下标
[0.7, 1.3]	6	11, 15, 17, 22, ,27, 29

因此, 函数 $f(x)$ 在 $x = 1.0$ 处的局部平均估计为

$$\widehat{f}(1.0) = \frac{1}{40 \times 0.6} \times 6 = 0.25.$$

本例的随机变量 $Y \sim N(0,1)$, 即 Y 的密度密度为

$$f(x) = \frac{1}{\sqrt{2\pi}} \mathrm{e}^{-\frac{x^2}{2}}$$

故密度函数 $f(x)$ 在 $x = 1.0$ 处的真值是

$$f(1.0) = \frac{1}{\sqrt{2\pi}} \mathrm{e}^{-\frac{1.0^2}{2}} = 0.2419707.$$

b. 直方图估计

上面所讲的 $\widehat{f}_N(x_0)$ 可视为 $f(x)$ 在 $[x_0 - h/2, x_0 + h/2]$ 上的近似统计估计, 若将诸段局部平均估计首尾连缀, 就可得到密度函数于整个数轴上的近似统计估计.

定义 8.2.3 设 $a \leqslant Y_n \leqslant b (1 \leqslant n \leqslant N), m \in \mathbb{N}$, 称

$$\widehat{f}(x) = \begin{cases} 0, & x < a, \\ \frac{m}{N(b-a)} \#\{n : a + \frac{b-a}{m}(k-1) \leqslant Y_n < a + \frac{b-a}{m}k\}, & a + \frac{b-a}{m}(k-1) \leqslant x < a + \frac{b-a}{m}k \\ & (1 \leqslant k \leqslant m), \\ 0, & x \geqslant b \end{cases}$$

为密度函数 $f(x)$ 的直方图估计, 称 m 为光滑参数.

例 8.2.2 若题设如例 8.2.1, 试求密度函数 $f(x)$ 的直方图估计, 并画出图像.

解 因为, $\min\{Y_n\} = Y_{23} = -1.27017, \max\{Y_n\} = Y_{16} = 2.72399$, 故取 $a = -1.4, b = 3, m = 8$, 样本数据的有关计算如表 8.3 所示.

表 8.3

区间	所含 Y_n 个数	所及下标
[-1.40, -0.85)	5	2, 9, 23, 33, 36
[-0.85, -0.30)	8	3, 5, 10, 12, 25, 28, ,30, 37
[-0.30, 0.25)	12	1, 4, 6, 7, 8, 18, 19, 24, 31, 32, 38, 40
[0.25, 0.80)	7	13, 14, 15, 20, 22, 34, 34, 35
[0.80, 1.35)	4	11, 17, 27, 29
[1.35, 1.90)	3	21, 26, 39
[1.90, 2.45)	0	
[2.45, 3.00)	1	16

因此, 密度函数 $f(x)$ 的直方图估计为

$$\widehat{f}(x) = \begin{cases} 0, & x < -1.40, \\ \frac{8}{40 \times 4.4} \times 5 = 0.22727, & -1.40 \leqslant x < -0.85, \\ \frac{8}{40 \times 4.4} \times 8 = 0.36364, & -0.85 \leqslant x < -0.30, \\ \frac{8}{40 \times 4.4} \times 12 = 0.54545, & -0.30 \leqslant x < 0.25, \\ \frac{8}{40 \times 4.4} \times 7 = 0.31818, & 0.25 \leqslant x < 0.80, \\ \frac{8}{40 \times 4.4} \times 4 = 0.18182, & 0.80 \leqslant x < 1.35, \\ \frac{8}{40 \times 4.4} \times 3 = 0.13636, & 1.35 \leqslant x < 1.90, \\ \frac{8}{40 \times 4.4} \times 0 = 0, & 1.90 \leqslant x < 2.45, \\ \frac{8}{40 \times 4.4} \times 1 = 0.045455, & 2.45 \leqslant x < 3.00, \\ 0, & x \geqslant 3.00. \end{cases}$$

函数 $y = \widehat{f}(x)$ 与 $y = f(x)$ 的对比图像如图 8.2 所示.

c. k 最近邻估计

本估计方法是局部平均估计的变形, 其 x_0 邻域的长度是由邻域所含样本点个数的预设所决定.

定义 8.2.4 设 $1 \leqslant k \leqslant N$, 取 $h_k(x_0) = \min\{h > 0 : \#\{n : 1 \leqslant n \leqslant N, |Y_n - x_0| \leqslant h/2\} \geqslant k\}$, 称

$$\widehat{f}(x_0) = \frac{k}{N h_k(x_0)} \quad (x_0 \in \mathbb{R}) \tag{8.2.11}$$

为密度函数 $f(x)$ 在 $x = x_0$ 处的 k 最近邻估计, 称 k 为光滑参数.

例 8.2.3 若题设同例 8.2.1, 试求解密度函数 $f(x)$ 在 $x = 1.0$ 处的最近邻估计, 取光滑参数 $k = 5$.

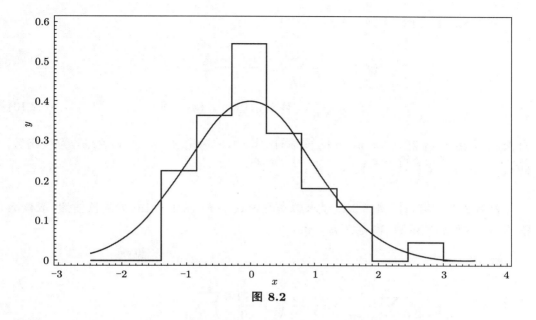

图 8.2

解 因为, 离 1.0 最近的 5 个样本点是

$$Y_{11}, Y_{15}, Y_{17}, Y_{27}, Y_{29},$$

易知

$$h_5(1.0) = 2 \times |Y_{15} - 1.0| = 0.48916,$$

从而密度函数 $f(x)$ 在 $x = 1.0$ 处的最近邻估计为

$$\widehat{f}(1.0) = \frac{5}{40 \times 0.48916} = 0.25554.$$

2. 局部化测度统计解

定理 8.2.4 若题设同定理 8.2.2, 且 $\{Y_n : 1 \leqslant n \leqslant N\}$ 是 Y 的简单样本, 则 $f(x_0)$ 的核统计解为

$$f(x_0) = \lim_{N \to \infty} \frac{1}{h} \frac{1}{N} \sum_{n=1}^{N} K\left(\frac{Y_n - x_0}{h}\right). \tag{8.2.12}$$

第八章 密度函数

定义 8.2.5 称

$$\widehat{f}(x_0) = \frac{1}{Nh} \sum_{n=1}^{N} K\left(\frac{Y_n - x_0}{h}\right)$$

$$= \frac{1}{Nh} \mathbf{1}_N^{\mathrm{T}} \widetilde{\boldsymbol{W}}(x_0) \mathbf{1}_N \qquad (x_0 \in \mathbb{R}) \tag{8.2.13}$$

为密度函数 $f(x)$ 在 $x = x_0$ 处的核估计,其中 h 为窗宽,$h > 0$,$K(x)$ 为核函数,$\widetilde{\boldsymbol{W}}(x) = \mathrm{diag}\left(K\left(\frac{Y_1 - x}{h}\right), \cdots, K\left(\frac{Y_N - x}{h}\right)\right)$.

例 8.2.4 题设同例 8.2.1,试求解密度函数 $f(x)$ 在 $x = 1.0$ 处的核估计,取核函数 $K(x)$ 为正态核函数,窗宽为 $h = 0.6$.

解

$$\widehat{f}(1.0) = \frac{1}{40 \times 0.6} \sum_{n=1}^{40} \frac{1}{\sqrt{2\pi}} \exp\left\{-\frac{1}{2}\left(\frac{Y_n - 1.0}{0.6}\right)^2\right\}$$

$$= \frac{1}{40 \times 0.6}(0.1422726 + 0.0007764 + 0.0055681 + 0.0848062 + 0.0270889$$
$$+ 0.0561238 + 0.1226705 + 0.1377578 + 0.0026651 + 0.0146915$$
$$+ 0.398361 + 0.022306 + 0.2018966 + 0.237781 + 0.3671367$$
$$+ 0.0064292 + 0.3811468 + 0.1356504 + 0.0485441 + 0.2714994$$
$$+ 0.2596869 + 0.3528315 + 0.0003107 + 0.1073162 + 0.0327546$$
$$+ 0.3303609 + 0.3901268 + 0.0182617 + 0.3989362 + 0.0116017$$
$$+ 0.1611022 + 0.0566873 + 0.0016484 + 0.3059805 + 0.3448118$$
$$+ 0.0006265 + 0.0261547 + 0.1197735 + 0.1886844 + 0.0551648)$$
$$= 0.2428331.$$

第九章

二次泛函的极值

本章研究较为复杂的泛函——二次泛函之最值点问题. 投影泛函的平方是二次泛函的特型, 二次泛函的最值方程, 在一定条件下, 可转换为投影泛函的最值方程, 这也指明了求解二次泛函最值点的路径.

§9.1 概　　念

定义 9.1.1　　设 $\mathscr{H}$ 为实希尔伯特空间, $A(v,u): \mathscr{H} \times \mathscr{H} \to \mathbb{R}$ 是双线性泛函, $F(v): \mathscr{H} \to \mathbb{R}$ 是线性泛函, 常数 $C \in \mathbb{R}$, 称泛函

$$J(v) = \frac{1}{2}A(v,v) - F(v) + C \quad (v \in \mathscr{H}) \tag{9.1.1}$$

为二次泛函.

注 9.1.1　　此处二次泛函与如是泛函 $J^*(v) = \frac{1}{2}A(v,v) - F(v)$ $(v \in \mathscr{H})$ 有相同的极值点.

定理 9.1.1　　投影泛函的平方为二次泛函.

证明　　设投影泛函为

$$J(v) = \|f - v\| \quad (v \in \mathscr{H}),$$

可知
$$(J(v))^2 = \langle f-v, f-v \rangle = \langle f,f \rangle - 2\langle f,v \rangle + \langle v,v \rangle$$
$$= \frac{1}{2} \cdot 2\langle v,v \rangle - 2\langle f,v \rangle + \langle f,f \rangle = \frac{1}{2}A(v,v) - F(v) + C,$$

其中 $A(v,v) = 2\langle v,v \rangle, F(v) = 2\langle f,v \rangle$, 根据内积的性质, 显然 $A(u,v)$ 是双线性泛函, $F(v)$ 是线性泛函. □

定义 9.1.2 设 $\mathscr{H}$ 为实希尔伯特空间, 泛函 $F(v): \mathscr{H} \to \mathbb{R}, \exists M > 0$, 使得

$$|F(v)| \leqslant M\|v\| \quad (\forall v \in \mathscr{H}),$$

称 $F(v)$ 有界.

定义 9.1.3 设 $\mathscr{H}$ 为实希尔伯特空间, 泛函 $A(u,v): \mathscr{H} \times \mathscr{H} \to \mathbb{R}$.
(1) 若

$$A(u,v) = A(v,u) \quad (\forall u, v \in \mathscr{H}),$$

则称 $A(u,v)$ 是对称的;
(2) 若

$$A(v,v) \geqslant 0 \quad (\forall v \in \mathscr{H}),$$

且 $A(v,v) = 0$ 当且仅当 $v = 0$, 则称 $A(u,v)$ 是正定的;
(3) 若 $\exists M > 0$, 使得

$$|A(u,v)| \leqslant M\|u\|\|v\| \quad (\forall u, v \in \mathscr{H}),$$

则称 $A(u,v)$ 有界.

例 9.1.1 设 $\boldsymbol{K} \in \mathbb{R}^{n \times n}, |\boldsymbol{K}| > 0, b \in \mathbb{R}^n$. 若于 $\mathbb{R}^n$ 上设泛函

$$J(v) = \frac{1}{2}\boldsymbol{v}^{\mathrm{T}}\boldsymbol{K}\boldsymbol{v} - \boldsymbol{v}^{\mathrm{T}}\boldsymbol{b} \quad (\boldsymbol{v} \in \mathbb{R}^n),$$

则其为二次泛函, 并且 $A(\boldsymbol{u},\boldsymbol{v}) = \boldsymbol{u}^{\mathrm{T}}\boldsymbol{K}\boldsymbol{v}$ 是对称、正定、有界的, $F(\boldsymbol{v}) = \boldsymbol{v}^{\mathrm{T}}\boldsymbol{b}$ 是有界的.

证明 泛函 $A(\boldsymbol{u},\boldsymbol{v})$ 的双线性性及 $F(\boldsymbol{v})$ 的线性性显然, 遂得 $J(v)$ 为二次泛函. 泛函 $A(\boldsymbol{u},\boldsymbol{v})$ 的对称性、正定性是显然的. 根据瑞利商的有界性, 知存在 $\exists M > 0$, 使得

$\left|\dfrac{A(\boldsymbol{v},\boldsymbol{v})}{\boldsymbol{v}^{\mathrm{T}}\boldsymbol{v}}\right|\leqslant M$, 则 $|A(\boldsymbol{v},\boldsymbol{v})|\leqslant M\boldsymbol{v}^{\mathrm{T}}\boldsymbol{v}=M\|\boldsymbol{v}\|^2$, 继而用柯西不等式, 得

$$|A(\boldsymbol{u},\boldsymbol{v})|^2 = |\boldsymbol{u}^{\mathrm{T}}\boldsymbol{K}\boldsymbol{v}|^2 = |(\boldsymbol{K}^{1/2}\boldsymbol{u})^{\mathrm{T}}(\boldsymbol{K}^{1/2}\boldsymbol{v})|^2$$
$$\leqslant (\boldsymbol{K}^{1/2}\boldsymbol{u})^{\mathrm{T}}(\boldsymbol{K}^{1/2}\boldsymbol{u})(\boldsymbol{K}^{1/2}\boldsymbol{v})^{\mathrm{T}}(\boldsymbol{K}^{1/2}\boldsymbol{v})$$
$$= \boldsymbol{u}^{\mathrm{T}}\boldsymbol{K}\boldsymbol{u}\boldsymbol{v}^{\mathrm{T}}\boldsymbol{K}\boldsymbol{v} \leqslant M^2\|\boldsymbol{u}\|^2\|\boldsymbol{v}\|^2,$$

即 $A(\boldsymbol{u},\boldsymbol{v})$ 有界. 令 $H=\left(\displaystyle\sum_{k=1}^{n}b_k^2\right)^{1/2}$, 运用柯西不等式, 可得

$$|F(\boldsymbol{v})| = |\boldsymbol{b}^{\mathrm{T}}\boldsymbol{v}| = \left|\sum_{k=1}^{n}b_k v_k\right| \leqslant \sum_{k=1}^{n}|b_k v_k|$$
$$\leqslant \left(\sum_{k=1}^{n}b_k^2\right)^{1/2}\left(\sum_{k=1}^{n}v_k\right)^{1/2} = H\cdot\|\boldsymbol{v}\|,$$

即 $F(v)$ 有界. $\square$

例 9.1.2 设 $A(u,v):L^2[a,b]\times L^2[a,b]\to\mathbb{R}$ 为

$$A(u,v)=\int_a^b uv\mathrm{d}x,$$

$F(u):L^2[a,b]\to\mathbb{R}$ 为

$$F(v)=\int_a^b v\mathrm{d}x,$$

则泛函

$$J(v)=\frac{1}{2}A(v,v)-F(v)\quad (v\in L^2[a,b])$$

为二次泛函, 并且 $A(u,v)$ 是对称、正定、有界的, $F(v)$ 是有界的.

证明 泛函 $A(u,v)$ 的双线性性及 $F(v)$ 的线性性显然, 遂得 $J(v)$ 为二次泛函. $A(u,v)$ 对称是显然的. 易见, $A(v,v)\geqslant 0$, 而由勒贝特积分的性质, 立见 $A(v,v)=\int_a^b v^2\mathrm{d}x=0\Leftrightarrow v=0$, 因此 $A(u,v)$ 正定. 由

$$|A(u,v)|=\left|\int_a^b uv\mathrm{d}x\right|\leqslant\left(\int_a^b v^2\mathrm{d}x\right)^{1/2}\left(\int_a^b v^2\mathrm{d}x\right)^{1/2}=\|u\|\|v\|$$

知 $A(u,v)$ 有界. 根据柯西不等式, 得

$$|F(v)| = \left|\int_a^b v\mathrm{d}x\right| \leqslant \int_a^b 1 \cdot |v|\,\mathrm{d}x$$
$$\leqslant \left(\int_a^b 1^2 \mathrm{d}x\right)^{1/2} \left(\int_a^b u^2 \mathrm{d}x\right)^{1/2} = \sqrt{b-a} \cdot \|v\|,$$

即 $F(u)$ 有界. □

注 9.1.2   本书 $L^2[a,b]$ 中的积分是指勒贝格积分.

§9.2 二次泛函的对应方程

定义 9.2.1   设

$$J(v) = \frac{1}{2}A(v,v) - F(v) \quad (v \in \mathscr{H}) \tag{9.2.1}$$

是二次泛函, 称泛函方程 (族)

$$A(u,v) = F(v) \quad (\forall v \in \mathscr{H}, u \in \mathscr{H}) \tag{9.2.2}$$

为二次泛函的对应方程.

定理 9.2.1   若二次泛函

$$J(v) = \frac{1}{2}A(v,v) - F(v) \quad (v \in \mathscr{H}) \tag{9.2.3}$$

中的 $A(u,v)$ 是对称、正定的, 则二次泛函的最值方程

$$J(u) = \min_{v \in \mathscr{H}} J(v) \tag{9.2.4}$$

与二次泛函的对应方程

$$A(u,v) = F(v) \quad (\forall v \in \mathscr{H}, u \in \mathscr{H}) \tag{9.2.5}$$

同解.

证明 (1) 设 u_* 是对应方程的解. 由于 $\forall v \in \mathscr{H}$, 有

$$\begin{aligned}
&J(u_* + v) - J(u_*) \\
&= \left[\frac{1}{2}A(u_* + v, u_* + v) - F(u_* + v)\right] - \left[\frac{1}{2}A(u_*, u_*) - F(u_*)\right] \\
&= \frac{1}{2}A(u_*, u_*) + \frac{1}{2}A(u_*, v) + \frac{1}{2}A(v, u_*) + \frac{1}{2}A(v, v) - F(u_*) - F(v) \\
&\quad - \frac{1}{2}A(u_*, u_*) + F(u_*) \\
&= A(u_*, v) - F(v) + \frac{1}{2}A(v, v) \\
&= \frac{1}{2}A(v, v) \geqslant 0,
\end{aligned}$$

故

$$J(u_* + v) \geqslant J(u_*) \qquad (\forall v \in \mathscr{H}),$$

即 u_* 是最值方程的解.

(2) 设 u_* 是最值方程的解. 由于对任意取定 $v \in \mathscr{H}$, 有

$$J(u_* + \lambda v) \geqslant J(u_*) \qquad (\forall \lambda \in \mathbb{R}),$$

即

$$\frac{1}{2}A(u_* + \lambda v, u_* + \lambda v) - F(u_* + \lambda v) \geqslant \frac{1}{2}A(u_*, u_*) - F(u_*) \qquad (\forall \lambda \in \mathbb{R}),$$

等价于

$$\frac{1}{2}A(v, v)\lambda^2 + (A(u_*, v) - F(v))\lambda \geqslant 0 \qquad (\forall \lambda \in \mathbb{R}).$$

故而左端二次函数的判别式满足

$$(A(u_*, v) - F(v))^2 - 4 \cdot \frac{1}{2}A(v, v) \cdot 0 \leqslant 0,$$

则

$$A(u_*, v) - F(v) = 0 \qquad (\forall v \in \mathscr{H}),$$

即 u_* 是对应方程的解. 综合 (1), (2), 即获证本定理. □

定理 9.2.2 设

$$A(u,v) = F(v) \quad (\forall v \in \mathscr{H}, u \in \mathscr{H}) \tag{9.2.6}$$

是二次泛函的对应方程. 若 $A(u,v)$ 是对称、正定、有界的, $F(v)$ 是有界的, 则对应方程的解存在、唯一, 且 $\exists M > 0$, 使得解 u 满足

$$\|u\| \leqslant M\|F\|.$$

证明 在 $\mathscr{H}$ 中定义新内积 $\langle \cdot, \cdot \rangle_*$ 如下:

$$\langle u, v \rangle_* = A(u,v) \quad (u, v \in \mathscr{H}).$$

易见 $\langle \cdot, \cdot \rangle_*$ 满足内积的三条性质. 根据 $A(u,v)$ 的有界性, 有

$$M_1\|v\|^2 \leqslant A(v,v) \leqslant M_2\|v\|^2,$$

故

$$M_1\|v\|^2 \leqslant \|v\|_*^2 \leqslant M_2\|v\|^2.$$

可见范数 $\|\cdot\|$ 与 $\|\cdot\|_*$ 等价, 即知 $F(v)$ 对 $\|\cdot\|_*$ 亦是有界的. 于是, 根据里斯表示定理, 存在唯一的 $u \in \mathscr{H}$, 使得

$$F(v) = \langle u, v \rangle_* \quad (\forall v \in \mathscr{H}),$$

即

$$F(v) = A(u,v) \quad (\forall v \in \mathscr{H}),$$

则可知对应方程的解存在唯一. 另由

$$M_1\|u\|^2 \leqslant A(u,u) = F(u) \leqslant \|F\|\|u\|$$

可知

$$\|u\| \leqslant \frac{1}{M_1}\|F\|. \qquad \square$$

推论 9.2.1 设

$$J(v) = \frac{1}{2}A(v,v) - F(v) + C \quad (v \in \mathscr{H}) \tag{9.2.7}$$

是二次泛函. 若 $A(u,v)$ 是对称、正定、有界的, $F(v)$ 是有界的, 则二次泛函的最值方程

$$J(u) = \min_{v \in \mathscr{H}} J(v) \tag{9.2.8}$$

的解存在唯一.

§9.3 二次泛函最值方程与投影泛函最值方程的关系

定理 9.3.1 若二次泛函

$$J(v) = \frac{1}{2}A(v,v) - F(v) \quad (v \in \mathscr{H})$$

中的 $A(u,v)$ 是对称、正定、有界的, $F(v)$ 是有界的, 做 $\mathscr{H}$ 上的新内积 $\langle \cdot, \cdot \rangle_*$ 即

$$\langle u, v \rangle_* = A(u,v).$$

则存在 $f \in \mathscr{H}$ 满足 $F(v) = \langle f, v \rangle_*$, 使投影泛函 $J_1(v) = \|f - v\|_*$ 的最值方程

$$J_1(u) = \min_{v \in \mathscr{H}} J_1(v) \tag{9.3.1}$$

与二次泛函最值方程

$$J(u) = \min_{v \in \mathscr{H}} J(v) \tag{9.3.2}$$

同解. 此时称 $J_1(v)$ 为二次泛函 $J(v)$ 的对应投影泛函.

证明 由于 $F(v)$ 是 $\mathscr{H}$ 上的有界线性泛函, 故根据里斯表示定理, 知存在唯一 $f \in \mathscr{H}$, 使得

$$F(v) = \langle f, v \rangle_* \quad (v \in \mathscr{H}).$$

设 u_* 是方程 9.3.2 的解, 即

$$J(u_*) = \min_{v \in \mathscr{H}} J(v),$$

则根据定理 9.2.1, 知 u_* 是使

$$A(u_*, v) = F(v) \quad (\forall v \in \mathscr{H})$$

成立的唯一解, 从而

$$\langle u_*, v \rangle_* = \langle f, v \rangle_*,$$

即

$$\langle u_* - f, v \rangle_* = 0,$$

可知 $u_* - f \perp \mathscr{H}$. 故根据正交投影定理, 得

$$\|f - u_*\|_* = \min_{v \in \mathscr{H}} \|f - v\|_*,$$

即 $J_1(u) = \min\limits_{v \in \mathscr{H}} J_1(v)$, 再注意到 (9.3.1), (9.3.2) 两方程的解均唯一. □

§9.4 二次泛函最值方程的级数解

一、泛函定义域为有限维空间

定理 9.4.1 若二次泛函

$$J(v) = \frac{1}{2} A(v, v) - F(v) \quad (v \in \mathscr{H})$$

的 $A(u, v)$ 是对称、正定、有界的, $F(v)$ 是有界的, 且存在线性无关组 $\{\varphi_k : 1 \leqslant k \leqslant m\} \subset \mathscr{H}$, 使得

$$\mathscr{H} = \mathrm{span}\{\varphi_k : 1 \leqslant k \leqslant m\}.$$

置

$$(\beta_k)^{1 \leqslant k \leqslant m} = \left[(A(\varphi_i, \varphi_j))_{1 \leqslant j \leqslant m}^{1 \leqslant i \leqslant m}\right]^{-1} (F(\varphi_i))^{1 \leqslant i \leqslant m}, \tag{9.4.1}$$

则最值方程

$$J(u) = \min_{v \in \mathscr{H}} J(v) \tag{9.4.2}$$

的解为

$$u = \sum_{k=1}^{m} \beta_k \varphi_k. \tag{9.4.3}$$

证明 设二次泛函 $J(v)$ 的对应投影泛函为 $\|f-u\|_*$ $(u \in \mathscr{H})$. 因为最值方程 (9.4.2) 同解于投影泛函最值方程

$$\|f-u\|_* = \min_{v \in \mathscr{H}} \|f-v\|_* \quad (u \in \mathscr{H}),$$

从而根据有限维正交投影定理, 知方程 (9.4.2) 的解为

$$u = \sum_{k=1}^{m} \beta_k \varphi_k,$$

其中

$$\begin{aligned}(\beta_k)^{1 \leqslant k \leqslant m} &= \left[(\langle \varphi_i, \varphi_j \rangle_*)^{1 \leqslant i \leqslant m}_{1 \leqslant j \leqslant m} \right]^{-1} (\langle \varphi_i, f \rangle_*)^{1 \leqslant i \leqslant m} \\ &= \left[(A(\varphi_i, \varphi_j))^{1 \leqslant i \leqslant m}_{1 \leqslant j \leqslant m} \right]^{-1} (F(\varphi_i))^{1 \leqslant i \leqslant m}.\end{aligned}$$

注意到由 $A(u,v)$ 的正定性, 则对 $\forall (c_i)^{1 \leqslant i \leqslant m} \neq 0$, 有

$$\begin{aligned}(c_i)_{1 \leqslant i \leqslant m}(A(\varphi_i, \varphi_j))^{1 \leqslant i \leqslant m}_{1 \leqslant j \leqslant m}(c_i)^{1 \leqslant i \leqslant m} &= \sum_{i=1}^{m} \sum_{j=1}^{m} A(\varphi_i, \varphi_j) c_i c_j \\ &= A\left(\sum_{i=1}^{m} c_i \varphi_i, \sum_{j=1}^{m} c_j \varphi_j \right) > 0.\end{aligned}$$

故 $(A(\varphi_i, \varphi_j))^{1 \leqslant i \leqslant m}_{1 \leqslant j \leqslant m} > 0$, 遂知 $(A(\varphi_i, \varphi_j))^{1 \leqslant i \leqslant m}_{1 \leqslant j \leqslant m}$ 可逆. $\square$

例 9.4.1 设二次泛函

$$J(\boldsymbol{u}) = \frac{1}{2} \boldsymbol{u}^{\mathrm{T}} \boldsymbol{K} \boldsymbol{u} - \boldsymbol{u}^{\mathrm{T}} \boldsymbol{b} \quad (\boldsymbol{u} \in \mathbb{R}^3),$$

其中 $\boldsymbol{K} = \begin{pmatrix} 2 & & \\ & 1 & \\ & & 1 \end{pmatrix}$, $\boldsymbol{b} = \begin{pmatrix} 6 \\ 2 \\ 5 \end{pmatrix}$, 求最值方程

$$J(\boldsymbol{u}) = \min_{\boldsymbol{v} \in \mathbb{R}^3} J(\boldsymbol{v})$$

的级数解.

解 令
$$A(\boldsymbol{u},\boldsymbol{v}) = \boldsymbol{u}^{\mathrm{T}}\boldsymbol{K}\boldsymbol{v}, \quad F(\boldsymbol{u}) = \boldsymbol{U}^{\mathrm{T}}\boldsymbol{b} \quad (\boldsymbol{u},\boldsymbol{v} \in \mathbb{R}^3).$$

于是, 题设二次泛函的标准表达形式为
$$J(\boldsymbol{u}) = \frac{1}{2}A(\boldsymbol{u},\boldsymbol{v}) - F(\boldsymbol{u}).$$

取 $\mathbb{R}^3$ 的线性无关组为
$$\boldsymbol{\varphi}_1 = \begin{pmatrix} 1 \\ 0 \\ 0 \end{pmatrix}, \quad \boldsymbol{\varphi}_2 = \begin{pmatrix} 0 \\ 1 \\ 0 \end{pmatrix}, \quad \boldsymbol{\varphi}_3 = \begin{pmatrix} 0 \\ 0 \\ 1 \end{pmatrix},$$

根据定理 9.4.1, 知最值方程的解为
$$\boldsymbol{u} = \sum_{k=1}^{3} \beta_k \boldsymbol{\varphi}_k,$$

其中系数为
$$\begin{aligned}(\beta_k)^{1 \leqslant k \leqslant 3} &= \left[(A(\boldsymbol{\varphi}_i,\boldsymbol{\varphi}_j))_{1 \leqslant j \leqslant 3}^{1 \leqslant i \leqslant 3}\right]^{-1} (F(\boldsymbol{\varphi}_i))^{1 \leqslant i \leqslant 3} \\ &= \left[(\boldsymbol{\varphi}_i^{\mathrm{T}} \boldsymbol{K} \boldsymbol{\varphi}_j)_{1 \leqslant j \leqslant 3}^{1 \leqslant i \leqslant 3}\right]^{-1} (\boldsymbol{\varphi}_i^{\mathrm{T}} \boldsymbol{b})^{1 \leqslant i \leqslant 3} \\ &= \begin{pmatrix} 2 & & \\ & 1 & \\ & & 1 \end{pmatrix}^{-1} \begin{pmatrix} 6 \\ 2 \\ 5 \end{pmatrix} = \begin{pmatrix} 3 \\ 2 \\ 5 \end{pmatrix},\end{aligned}$$

即最值方程的级数解为
$$\boldsymbol{u} = 3\boldsymbol{\varphi}_1 + 2\boldsymbol{\varphi}_2 + 5\boldsymbol{\varphi}_3 = \begin{pmatrix} 3 \\ 2 \\ 5 \end{pmatrix}.$$

二、泛函定义域为可列维空间

定理 9.4.2 若二次泛函

$$J(v) = \frac{1}{2}A(v,v) - F(v) \quad (v \in \mathscr{H})$$

的 $A(u,v)$ 是对称、正定、有界的，$F(v)$ 是有界的，且存在有限线性无关序列 $\{\varphi_k : k \in \mathbb{N}\} \subset \mathscr{H}$，使得

$$\mathscr{H} = \overline{\mathrm{span}}\{\varphi_k : k \in \mathbb{N}\}.$$

设

$$(\beta_{mk})^{1 \leqslant k \leqslant m} = \left[(A(\varphi_i, \varphi_j))_{1 \leqslant j \leqslant m}^{1 \leqslant i \leqslant m}\right]^{-1} (F(\varphi_i))^{1 \leqslant i \leqslant m}, \tag{9.4.4}$$

则最值方程

$$J(u) = \min_{v \in \mathscr{H}} J(v)$$

的解为

$$u = \lim_{m \to \infty} \sum_{k=1}^{m} \beta_{mk}\varphi_k \quad (L^2).$$

证明 注意到二次泛函最值方程与投影泛函最值方程的关系，再根据可列维正交投影定理，即可得证. □

例 9.4.2 求边值条件泛函

$$J(y) = \int_1^2 (y^2 - 2xy)\mathrm{d}x \quad (y \in C[1,2])$$

的最小值点.

解 设 $A(u,v) : C[1,2] \times C[1,2] \to \mathbb{R}$ 为

$$A(u,v) = \int_1^2 2uv\mathrm{d}x,$$

$F(u) : C[1,2] \to \mathbb{R}$ 为

$$F(u) = \int_1^2 2xu\mathrm{d}x.$$

易知 $A(u,v)$ 是双线性、对称、正定、有界的，$F(v)$ 是线性、有界的，且

$$J(y) = \frac{1}{2}A(y,y) - F(y).$$

遂见 $J(y)$ 为 $C^1[1,2]$ 上的二次泛函. 现取 $C[1,2]$ 上的线性无关组

$$\varphi_i(x) = x^i \quad (i = 0, 1),$$

可得 $J(y)$ 最小值点的近似解为

$$y_2 = \sum_{k=0}^{1} \beta_k \varphi_k,$$

其中系数为

$$\begin{aligned}
(\beta_k)^{0 \leqslant k \leqslant 1} &= \left[(A(\varphi_i, \varphi_j))_{0 \leqslant j \leqslant 1}^{0 \leqslant i \leqslant 1} \right]^{-1} (F(\varphi_i))^{0 \leqslant i \leqslant 1} \\
&= \left[\left(\int_1^2 2\varphi_i \varphi_j \mathrm{d}x \right)_{0 \leqslant j \leqslant 1}^{0 \leqslant i \leqslant 1} \right]^{-1} \left(\int_1^2 2x\varphi_i \mathrm{d}x \right)^{0 \leqslant i \leqslant 1} \\
&= \left[\left(2\int_1^2 x^{i+j} \mathrm{d}x \right)_{0 \leqslant j \leqslant 1}^{0 \leqslant i \leqslant 1} \right]^{-1} \left(2\int_1^2 x^{i+1} \mathrm{d}x \right)^{0 \leqslant i \leqslant 1} \\
&= \begin{pmatrix} 1 & 3/2 \\ 3/2 & 7/3 \end{pmatrix}^{-1} \begin{pmatrix} 3/2 \\ 7/3 \end{pmatrix} = \begin{pmatrix} 0 \\ 1 \end{pmatrix},
\end{aligned}$$

即最小值点的近似解为

$$y_2 = x,$$

$J(y)$ 最小值点的精确解实为 $y = x$.

例 9.4.3 求边值条件泛函

$$\begin{cases} J(y) = \int_1^2 (y'^2 - 2xy)\mathrm{d}x, \quad y \in C^1[1,2], \\ y(1) = 0, \quad y(2) = 0 \end{cases}$$

的最小值点.

解 记 $C_0^n[a,b] = \{f \in C^n[a,b] : f(a) = f(b) = 0\}$. 设 $A(u,v) : C_0^1[1,2] \times C_0^1[1,2] \to \mathbb{R}$ 为

$$A(u,v) = \int_1^2 2u'v' \mathrm{d}x,$$

$F(u) : C_0^1[1,2] \to \mathbb{R}$ 为

$$F(u) = \int_1^2 2xu \mathrm{d}x.$$

易知 $A(u,v)$ 是双线性、对称、正定的, $F(v)$ 是线性、有界的, 且

$$J(y) = \frac{1}{2}A(y,y) - F(y).$$

遂见 $J(y)$ 为 $C_0^1[1,2]$ 上的二次泛函. 现取 $C_0^1[1,2]$ 上的线性无关组

$$\varphi_i(x) = (x-1)(x-2)x^i \quad (i=0,1,2,3),$$

可得 $J(y)$ 最小值点的近似解为

$$y_4 = \sum_{k=0}^{3} \beta_k \varphi_k,$$

其中系数为

$$(\beta_k)^{0 \leqslant k \leqslant 3} = \left[(A(\varphi_i, \varphi_j))^{0 \leqslant i \leqslant 3}_{0 \leqslant j \leqslant 3} \right]^{-1} (F(\varphi_i))^{0 \leqslant i \leqslant 3}$$

$$= \left[\left(\int_1^2 2\varphi_i' \varphi_j' \mathrm{d}x \right)^{0 \leqslant i \leqslant 3}_{0 \leqslant j \leqslant 3} \right]^{-1} \left(\int_1^2 2x\varphi_i \mathrm{d}x \right)^{0 \leqslant i \leqslant 3}$$

$$= \left[\left(2\int_1^2 ((i+2)x^{i+1} - 3(i+1)x^i + 2ix^{i-1}) \right. \right.$$

$$\left. \left. \cdot ((j+2)x^{j+1} - 3(j+1)x^j + 2jx^{j-1}) \mathrm{d}x \right)^{0 \leqslant i \leqslant 3}_{0 \leqslant j \leqslant 3} \right]^{-1}$$

$$\cdot \left(2\int_1^2 x(x^{i+2} - 3x^{i+1} + 2x^i) \mathrm{d}x \right)^{0 \leqslant i \leqslant 3}$$

$$= \begin{pmatrix} 0.66667 & 1.00000 & 1.53333 & 2.40000 \\ 1.00000 & 1.6000 & 2.6000 & 4.2857 \\ 1.53333 & 2.6000 & 4.4381 & 7.6286 \\ 2.40000 & 4.2857 & 7.6286 & 13.5746 \end{pmatrix}^{-1} \begin{pmatrix} -0.50000 \\ -0.76667 \\ -1.20000 \\ -1.91429 \end{pmatrix}$$

$$= \begin{pmatrix} -0.377319 \\ -0.418087 \\ 0.1689531 \\ -0.037261 \end{pmatrix}.$$

即最小值点的近似解为

$$y_4 = -0.377319(x-1)(x-2) - 0.418087(x-1)(x-2)x$$
$$+ 0.1689531(x-1)(x-2)x^2 - 0.037261(x-1)(x-2)x^3,$$

$J(y)$ 最小值点的精确解实为

$$y = -\frac{1}{6}x^3 + \frac{6}{7}x - 1.$$

此二函数 $y_4(x), y(x)$ 的图形的叠加图如图 9.1 所示 (不带星号者为 $y(x)$, 带星号者为 $y_4(x)$, 现状已无法分辨).

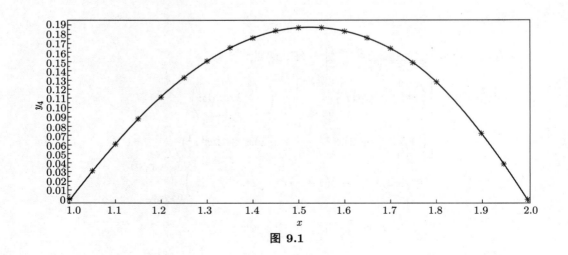

图 **9.1**

§9.5 二次泛函最值方程的统计解

一、泛函定义域为有限维空间

定理 9.5.1 若题设同定理 9.4.1, 且存在概率空间 $(\Omega, \mathscr{F}, P)$, 使得 $\mathscr{H} \subset L^2(\Omega, \mathscr{F}, P)$ 且 $H_{ij}(\omega), K_i(\omega) \in \mathscr{H}$, 使得 $A(\varphi_i(\omega), \varphi_j(\omega)) = E_P(H_{ij}(\omega))(1 \leqslant i, j \leqslant m)$, $F(\varphi_i(\omega)) = E_P K_i(\omega)(1 \leqslant i \leqslant m)$, 则

(1) $(\beta_k)^{1 \leqslant k \leqslant m}$ 的概率解为

$$(\beta_k)^{1 \leqslant k \leqslant m} = \left[(E_P(H_{ij}(\omega)))^{1 \leqslant i \leqslant m}_{1 \leqslant j \leqslant m}\right]^{-1} (E_P(K_i(\omega)))^{1 \leqslant i \leqslant m}; \tag{9.5.1}$$

(2) 若 $\{\omega_n : 1 \leqslant n \leqslant N\}$ 是随机变量 ω 的简单样本, 令统计量

$$\widetilde{\boldsymbol{H}} = ((H_{ij}(\omega_n))_{1 \leqslant n \leqslant N})^{1 \leqslant i \leqslant m}_{1 \leqslant j \leqslant m},$$
$$\widetilde{\boldsymbol{K}} = (K_i(\omega_n))^{1 \leqslant i \leqslant m}_{1 \leqslant n \leqslant N},$$

则 $(\beta_k)^{1 \leqslant k \leqslant m}$ 的统计解为

$$(\widehat{\beta}_{kN})^{1 \leqslant k \leqslant m} = [\widetilde{\boldsymbol{H}}(\boldsymbol{I}_m \otimes \boldsymbol{1}_N)]^{-1}(\widetilde{\boldsymbol{K}} \boldsymbol{1}_N), \tag{9.5.2}$$

即 $(\beta_k)^{1 \leqslant k \leqslant m} = \lim\limits_{N \to \infty} (\widehat{\beta}_{kN})^{1 \leqslant k \leqslant m}$ (a.s.), 及最值方程 $J(u) = \min\limits_{v \in \mathscr{H}} J(v)$ 的统计解为

$$u = \lim_{N \to \infty} \sum_{k=1}^{m} \widehat{\beta}_k \varphi_k \quad \text{(a.s.)}.$$

例 9.5.1 (例 9.4.1 续) 设二次泛函

$$J(\boldsymbol{u}) = \frac{1}{2} \boldsymbol{u}^{\mathrm{T}} \boldsymbol{K} \boldsymbol{u} - \boldsymbol{u}^{\mathrm{T}} \boldsymbol{b} \quad (\boldsymbol{u} \in \mathbb{R}^3),$$

其中 $\boldsymbol{K} = \begin{pmatrix} 2 & & \\ & 1 & \\ & & 1 \end{pmatrix}, \boldsymbol{b} = \begin{pmatrix} 6 \\ 2 \\ 5 \end{pmatrix}$, 求最值方程

$$J(\boldsymbol{u}) = \min_{\boldsymbol{v} \in \mathbb{R}^3} J(\boldsymbol{v})$$

的概率解与统计解.

解 (1) 对任意 $\boldsymbol{u} = (u_1, u_2, u_3)^{\mathrm{T}} \in \mathbb{R}^3$, 将其表示为函数

$$\boldsymbol{u} = (u_1, u_2, u_3)^{\mathrm{T}} = \boldsymbol{u}(t) \quad (t \in D = \{1, 2, 3\}).$$

现于 D 上建立古典概率测度空间 $(D, 2^D, P)$, 其中 P 为

$$P\{t\} = p_t \ (t \in D = \{1,2,3\}), \quad p_t \geqslant 0, \quad \sum_{t=1}^{3} p_t = 1.$$

故 $(u_1, u_2, u_3)^{\mathrm{T}} = \boldsymbol{u}(t) \in \mathbb{R}^3$ 系随机变量, 且

$$E_P(\boldsymbol{u}(t)) = \sum_{t=1}^{3} \boldsymbol{u}_t p_t = \sum_{t=1}^{3} \boldsymbol{u}(t) P\{t\}.$$

(2) 观察

$$\begin{aligned} F(\boldsymbol{u}) &= \boldsymbol{u}^{\mathrm{T}} \boldsymbol{b} = 6u_1 + 2u_2 + 5u_3 \\ &= 13\left(\frac{6}{13}u_1 + \frac{2}{13}u_2 + \frac{5}{13}u_3\right), \\ A(\boldsymbol{u}, \boldsymbol{v}) &= \boldsymbol{u}^{\mathrm{T}} \boldsymbol{K} \boldsymbol{v} = 2u_1 v_1 + u_2 v_2 + u_3 v_3 \\ &= 4\left(\frac{2}{4}u_1 v_1 + \frac{1}{4}u_2 v_2 + \frac{1}{4}u_3 v_3\right). \end{aligned}$$

因而, 在概率测度空间 $(D, 2^D, P_1)$ 上, 其中 P_1 为

$$P_1\{1\} = \frac{6}{13}, \quad P_1\{2\} = \frac{2}{13}, \quad P_1\{3\} = \frac{5}{13},$$

有

$$F(\boldsymbol{u}) = 13 E_{P_1}(\boldsymbol{u}(t)).$$

在概率测度空间 $(D, 2^D, P_2)$ 上, 其中

$$P_2\{1\} = \frac{2}{4}, \quad P_2\{2\} = \frac{1}{4}, \quad P_3\{3\} = \frac{1}{4},$$

有

$$A(\boldsymbol{u}, \boldsymbol{v}) = 4 E_{P_2}(\boldsymbol{u}(t)\boldsymbol{v}(t)).$$

(3) 根据例 9.4.1 知最值方程的概率解为

$$\boldsymbol{u} = \sum_{k=1}^{3} \beta_k \boldsymbol{\varphi}_k(t),$$

其中系数为

$$\begin{aligned}
(\beta_k)^{1 \leqslant k \leqslant 3} &= \left[(A(\boldsymbol{\varphi}_i \boldsymbol{\varphi}_j))_{1 \leqslant j \leqslant 3}^{1 \leqslant i \leqslant 3} \right]^{-1} (F(\varphi_i))^{1 \leqslant i \leqslant 3} \\
&= \left[(4 E_{P_2}(\boldsymbol{\varphi}_i \boldsymbol{\varphi}_j))_{1 \leqslant j \leqslant 3}^{1 \leqslant i \leqslant 3} \right]^{-1} (13 E_{P_1}(\boldsymbol{\varphi}_i))^{1 \leqslant i \leqslant 3} \\
&= \frac{13}{4} \left[(E_{P_2}(\boldsymbol{\varphi}_i \boldsymbol{\varphi}_j))_{1 \leqslant j \leqslant 3}^{1 \leqslant i \leqslant 3} \right]^{-1} (E_{P_1}(\boldsymbol{\varphi}_i))^{1 \leqslant i \leqslant 3} \\
&= \frac{13}{4} \begin{pmatrix} 2/4 & & \\ & 1/4 & \\ & & 1/4 \end{pmatrix}^{-1} \begin{pmatrix} 6/13 \\ 2/13 \\ 5/13 \end{pmatrix} = \begin{pmatrix} 3 \\ 2 \\ 5 \end{pmatrix},
\end{aligned}$$

即最值方程的概率解为

$$\boldsymbol{u} = 3\boldsymbol{\varphi}_1 + 2\boldsymbol{\varphi}_2 + 5\boldsymbol{\varphi}_3 = \begin{pmatrix} 3 \\ 2 \\ 5 \end{pmatrix}.$$

(4) 设在概率测度空间 $(D, 2^D, P_1)$ 上, 有 $\varphi_i(t)$ 的样本

$$Y_{in} \quad (1 \leqslant n \leqslant 4000, 1 \leqslant i \leqslant 3);$$

在概率测度空间 $(D, 2^D, P_2)$ 上, 有 $\varphi_i(t)$ 的样本

$$X_{in} \quad (1 \leqslant n \leqslant 4000, 1 \leqslant i \leqslant 3).$$

做统计量 (此处手法与定理有所不同)

$$\boldsymbol{H} = (Y_{in})_{1 \leqslant i \leqslant 3}^{1 \leqslant n \leqslant 4000}, \quad \boldsymbol{G} = (X_{in})_{1 \leqslant i \leqslant 3}^{1 \leqslant n \leqslant 4000},$$

遂得最值方程的统计解为

$$\boldsymbol{u} = \sum_{k=1}^{3} \widehat{\beta}_k \boldsymbol{\varphi}_k(t),$$

其中系数为

$$(\widehat{\beta}_k)^{1\leqslant k\leqslant 3} = \frac{13}{4}(\boldsymbol{G}^{\mathrm{T}}\boldsymbol{G})^{-1}(\boldsymbol{H}^{\mathrm{T}}\boldsymbol{1}_N) = \begin{pmatrix} 3.0316206 \\ 2.0260159 \\ 4.9842296 \end{pmatrix},$$

即最值方程的统计解为

$$\boldsymbol{u} = 3.0316206\varphi_1 + 2.0260159\varphi_2 + 4.9842296\varphi_3 = \begin{pmatrix} 3.0316206 \\ 2.0260159 \\ 4.9842296 \end{pmatrix}.$$

二、泛函定义域为可列维空间

定理 9.5.2 若题设同定理 9.4.1, 且存在概率空间 $(\Omega, \mathscr{F}, P)$, 使得 $\mathscr{H} \subset L^2(\Omega, \mathscr{F}, P)$, 且存在 $H_{ij}(\omega), K_i(\omega) \in \mathscr{H}$, 使得 $A(\varphi_i(\omega), \varphi_j(\omega)) = E_P(H_{ij}(\omega))(1 \leqslant i, j \leqslant m)$, $F(\varphi_i(\omega)) = E_P(K_i(\omega))(1 \leqslant i \leqslant m)$, 则

(1) $(\beta_{mk})^{1\leqslant k\leqslant m}$ 的概率解为

$$(\beta_{mk})^{1\leqslant k\leqslant m} = \left[(E_P(H_{ij}(\omega)))^{1\leqslant i\leqslant m}_{1\leqslant j\leqslant m}\right]^{-1} (E_P(K_i(\omega)))^{1\leqslant i\leqslant m} \quad (m \in \mathbb{N}). \tag{9.5.3}$$

(2) 若 $\{\omega_n : 1 \leqslant n \leqslant N\}$ 是随机变量 ω 的简单样本, 令统计量

$$\widetilde{\boldsymbol{H}}_m = ((H_{ij}(\omega_n))_{1\leqslant n\leqslant N})^{1\leqslant i\leqslant m}_{1\leqslant j\leqslant m} \quad (m \in \mathbb{N}),$$
$$\widetilde{\boldsymbol{K}}_m = (K_i(\omega_n))^{1\leqslant i\leqslant m}_{1\leqslant n\leqslant N} \quad (m \in \mathbb{N}),$$

则 $(\beta_{mk})^{1\leqslant k\leqslant m}$ 的统计解为

$$(\widehat{\beta}_{mkN})^{1\leqslant k\leqslant m} = [\widetilde{\boldsymbol{H}}_m(\boldsymbol{I}_m \otimes \boldsymbol{1}_N)]^{-1}(\widetilde{\boldsymbol{K}}_m\boldsymbol{1}_N) \quad (m \in \mathbb{N}); \tag{9.5.4}$$

最值方程 $J(u) = \min\limits_{v \in \mathscr{H}} J(v)$ 的统计解为

$$u = \lim_{m\to\infty}\lim_{N\to\infty}\sum_{k=1}^{m}\widehat{\beta}_{mkN}\varphi_k \quad \text{(a.s.)}.$$

例 9.5.2 求边值条件泛函

$$\begin{cases} J(y) = \int_0^1 (y'^2 + 12xy)\mathrm{d}x, \quad y \in C^1[0,1], \\ y(0) = 0, \quad y(1) = 0 \end{cases}$$

的最小值点.

解 (1) 化为二次泛函形式. 设

$$A(u,v) = \int_0^1 2u'v'\mathrm{d}x \quad (u,v \in C_0^1[0,1]),$$

$$F(v) = \int_0^1 -12xv\mathrm{d}x \quad (v \in C_0^1[0,1]),$$

则有

$$J(y) = \frac{1}{2}A(y,y) - F(y) \quad (y \in C_0^1[0,1]).$$

不难证明 $A(u,v)$ 是双线性、对称、正定、有界的, $F(u)$ 是线性、有界的.

(2) 转化为概率问题. 相应地于 $[0,1]$ 上设置概率测度空间 $([0,1], \mathscr{B}[0,1], P)$, 其中 P 为 $[0,1]$ 上的均匀分布, 易见 $C_0^1[0,1] \subset L^2([0,1], \mathscr{B}[0,1], P)$, 且

$$A(u,v) = E_P(2u'v') \quad (u,v \in C_0^1[0,1]),$$

$$F(u) = E_P(-12xu) \quad (u \in C_0^1[0,1]).$$

(3) 求概率解. 取 $C_0^1[0,1]$ 中的线性无关组

$$\varphi_i(x) = (x-1)x^i \quad (1 \leqslant i \leqslant 3),$$

于是

$$\begin{aligned} A(\varphi_i(x), \varphi_j(x)) &= E_P(2\varphi_i'(x) \cdot \varphi_j'(x)) \\ &= E_P(2(x^i + i(x-1)x^{i-1}) \cdot (x^j + j(x-1)x^{j-1})) \\ &= E_P(H_{ij}(x)) \quad (1 \leqslant i,j \leqslant 3), \end{aligned}$$

$$F(\varphi_i(x)) = E_P(-12x\varphi_i(x))$$

$$= E_P(-12x(x-1)x^i)$$
$$= E_P(K_i(x)) \qquad (1 \leqslant i \leqslant 3),$$

其中 $H_{ij}(x) = 2(x^i + i(x-1)x^{i-1}) \cdot (x^j + j(x-1)x^{j-1})$, $K_i(x) = -12x(x-1)x^i$. 设

$$\begin{aligned}
(\beta_k)^{1 \leqslant k \leqslant 3} &= \left[(A(\varphi_i, \varphi_j))^{1 \leqslant i \leqslant 3}_{1 \leqslant j \leqslant 3}\right]^{-1} (F(\varphi_i))^{1 \leqslant i \leqslant 3} \\
&= \left[(E_P(H_{ij}(x)))^{1 \leqslant i \leqslant 3}_{1 \leqslant j \leqslant 3}\right]^{-1} (E_P(K_i(x)))^{1 \leqslant i \leqslant 3} \\
&= \left[(E_P(2(x^i + i(x-1)x^{i-1}) \cdot (x^j + j(x-1)x^{j-1})))^{1 \leqslant i \leqslant 3}_{1 \leqslant j \leqslant 3}\right]^{-1} \\
&\quad \cdot (E_P(-12x(x-1)x^i))^{1 \leqslant i \leqslant 3} \\
&= \left[\left(\int_0^1 2(x^i + i(x-1)x^{i-1}) \cdot (x^j + j(x-1)x^{j-1}))\mathrm{d}x\right)^{1 \leqslant i \leqslant 3}_{1 \leqslant j \leqslant 3}\right]^{-1} \\
&\quad \left(\int_0^1 -12x(x-1)x^i \mathrm{d}x\right)^{1 \leqslant i \leqslant 3},
\end{aligned}$$

可得 $J(y)$ 最小值点的近似概率解

$$y_3 = \sum_{k=1}^{3} \beta_k \varphi_k.$$

(4) 求统计解. 取随机变量 x 的样本 $\{x_n : 1 \leqslant n \leqslant N = 8000\}$, 根据此做统计量

$$\widetilde{\boldsymbol{H}} = ((H_{ij}(\omega_n))_{1 \leqslant n \leqslant N})^{1 \leqslant i \leqslant 3}_{1 \leqslant j \leqslant 3},$$
$$\widetilde{\boldsymbol{K}} = (K_i(\omega_n))^{1 \leqslant i \leqslant 3}_{1 \leqslant n \leqslant N},$$

即获

$$(\widehat{\beta}_k)^{1 \leqslant k \leqslant 3} = [\widetilde{\boldsymbol{H}}(\boldsymbol{I}_3 \otimes \boldsymbol{1}_N)]^{-1} (\widetilde{\boldsymbol{K}} \cdot \boldsymbol{1}_N) = \begin{pmatrix} 1.0876198 \\ 0.6700805 \\ 0.3926651 \end{pmatrix},$$

可得最小值点的近似解为

$$y_3 = 1.0876198(x-1)x + 0.6700805(x-1)x^2 + 0.3926651(x-1)x^3,$$

$J(y)$ 最小值点的精确解实为

$$y = x^3 - x.$$

此二函数 $y_3(x), y(x)$ 的图形如图 9.2 所示 (不带星号的为 $y(x)$, 带星号的为 $y_3(x)$).

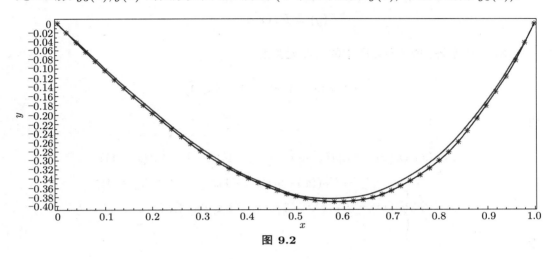

图 **9.2**

例 9.5.3 求边值条件泛函

$$\begin{cases} J(y) = \int_0^1 (y'^2 - y^2 - 2xy)\mathrm{d}x, \quad y \in C_0^1[0,1], \\ y(0) = 0, \quad y(1) = 0 \end{cases} \tag{9.5.5}$$

的最小值点之统计解.

解 (1) 化为二次泛函形式. 设

$$A(y,z) = \int_0^1 (y'z' - yz)\mathrm{d}x \quad (y,z \in C_0^1[0,1]),$$

$$F(y) = \int_0^1 -12xu\mathrm{d}x \quad (y \in C_0^1[0,1]).$$

不难证得, $A(y,z)$ 是双线性对称正定有界的, $F(y)$ 是线性有界的, 故题设泛函

$$J(y) = A(y,y) - 2F(y) \quad (y \in C_0^1[0,1])$$

为二次泛函.

(2) 转化为概率问题. 相应地于 $[0,1]$ 上设置概率测度空间 $([0,1], \mathscr{B}[0,1], P)$, 其中 P 为 $[0,1]$ 上的均匀分布, 易见 $C_0^1[0,1] \subset L^2([0,1], \mathscr{B}[0,1], P)$, 且

$$A(y,z) = E_p(y'z' - yz),$$
$$F(y) = E_P(xy).$$

(3) 求概率解. 取 $C_0^1[0,1]$ 中的线性无关组

$$\varphi_i(x) = (x-1)x^i \quad (1 \leqslant i \leqslant 4).$$

由于

$$A(\varphi_i(x),\varphi_i(x)) = E_p((x^i + ix^{i-1}(x-1))(x^j + ix^{j-1}(x-1)))$$
$$-E_P((x-1)x^i(x-1)x^j) \quad (1 \leqslant i,j \leqslant 4),$$
$$F(\varphi_i(x)) = E_P(x(x-1)x^i) \quad (1 \leqslant i \leqslant 4),$$

设

$$(\beta_k)^{1 \leqslant k \leqslant 4} = \Big[(E_p(x^i + ix^{i-1}(x-1))(x^j + ix^{j-1}(x-1)))_{1 \leqslant j \leqslant 4}^{1 \leqslant i \leqslant 4}$$
$$-(E_P(x-1)x^i(x-1)x^j)_{1 \leqslant j \leqslant 4}^{1 \leqslant i \leqslant 4}\Big]^{-1}(E_P(x(x-1)x^i))^{1 \leqslant i \leqslant 4},$$

即知 $J(y)$ 的最小值点的概率解为

$$y_4 = \sum_{k=1}^{4} \beta_k \varphi_k(x).$$

(4) 求统计解. 取随机变量 x 的样本 $x_n (1 \leqslant n \leqslant N = 8000)$, 做统计量

$$\widetilde{F} = ((x_n - 1)x_n^i)_{1 \leqslant i \leqslant 4}^{1 \leqslant n \leqslant N},$$
$$\widetilde{D} = (x_n^i + i(x_n - 1)x_n^{i-1})_{1 \leqslant i \leqslant 4}^{1 \leqslant n \leqslant N},$$
$$\widetilde{G} = (x_n(x_n - 1)x_n^i)_{1 \leqslant i \leqslant 4}^{1 \leqslant n \leqslant N},$$

于是, $(\beta_k)^{1 \leqslant k \leqslant 4}$ 的统计估计为

$$(\widehat{\beta}_k)^{1 \leqslant k \leqslant 4} = (\widetilde{D}^\mathrm{T}\widetilde{D} - \widetilde{F}^\mathrm{T}\widetilde{F})^{-1}\widetilde{G}^\mathrm{T}\mathbf{1} = \begin{pmatrix} -0.190251 \\ -0.188318 \\ 0.0154294 \\ 0.0130364 \end{pmatrix},$$

即获最小值点的统计解为

$$\widehat{y}_4 = -0.190251(x-1)x - 0.188318(x-1)x^2$$
$$+0.0154294(x-1)x^3 + 0.0130364(x-1)x^4,$$

$J(y)$ 最小值点的精确解实为

$$y = \frac{\sin x}{\sin 1} - x.$$

此二函数 $\widehat{y}_4(x), y(x)$ 的图形如图 9.3 所示 (不带星号的为 $y(x)$, 带星号的为 $\widehat{y}(x)$).

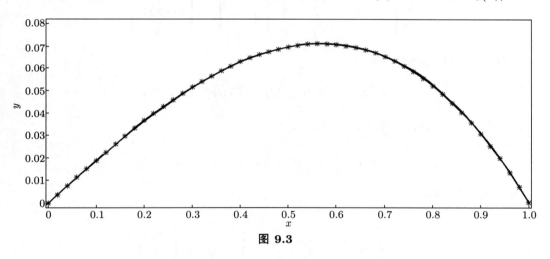

图 9.3

例 9.5.4 设二次泛函

$$J(\boldsymbol{u}) = \frac{1}{2}\boldsymbol{u}^{\mathrm{T}}\boldsymbol{K}\boldsymbol{u} - \boldsymbol{u}^{\mathrm{T}}\boldsymbol{b} \quad (\boldsymbol{u} \in \mathbb{R}^3),$$

其中 $\boldsymbol{K} = \begin{pmatrix} 6 & 3 & 0 \\ 3 & 6 & 2 \\ 0 & 2 & 1 \end{pmatrix}, \boldsymbol{b} = \begin{pmatrix} 5 \\ 1 \\ 8 \end{pmatrix}$, 求最值方程

$$J(\boldsymbol{u}) = \min_{\boldsymbol{v} \in \mathbb{R}^3} J(\boldsymbol{v})$$

的解.

解法一 算子方程解法. 根据例 1.3.1, 知最值方程与下列算子方程同解

$$\boldsymbol{K}\boldsymbol{u} = \boldsymbol{b} \quad (\boldsymbol{u} \in \mathbb{R}^3),$$

而此方程之解为

$$\boldsymbol{u} = \boldsymbol{K}^{-1}\boldsymbol{b} = \begin{pmatrix} 6 & 3 & 0 \\ 3 & 6 & 2 \\ 0 & 2 & 1 \end{pmatrix}^{-1} \begin{pmatrix} 5 \\ 1 \\ 8 \end{pmatrix}$$

$$= \begin{pmatrix} 0.6667 & -1 & 2 \\ -1 & 2 & -4 \\ 2 & -4 & 9 \end{pmatrix} \begin{pmatrix} 5 \\ 1 \\ 8 \end{pmatrix} = \begin{pmatrix} 18.33 \\ -35 \\ 78 \end{pmatrix}.$$

解法二 (级数解法) 令

$$A(\boldsymbol{u}, \boldsymbol{v}) = \boldsymbol{u}^{\mathrm{T}} \boldsymbol{K} \boldsymbol{v} \quad (\boldsymbol{u}, \boldsymbol{v} \in \mathbb{R}^3), \quad F(\boldsymbol{u}) = \boldsymbol{U}^{\mathrm{T}} \boldsymbol{b} \quad (\boldsymbol{u} \in \mathbb{R}^3).$$

于是, 题设二次泛函的标准表达形式为

$$J(\boldsymbol{u}) = \frac{1}{2} A(\boldsymbol{u}, \boldsymbol{v}) - F(\boldsymbol{u}) \quad (\boldsymbol{u} \in \mathbb{R}^3).$$

取 $\mathbb{R}^3$ 的线性无关组为

$$\boldsymbol{\varphi}_1 = \begin{pmatrix} 1 \\ 0 \\ 0 \end{pmatrix}, \quad \boldsymbol{\varphi}_2 = \begin{pmatrix} 0 \\ 1 \\ 0 \end{pmatrix}, \quad \boldsymbol{\varphi}_3 = \begin{pmatrix} 0 \\ 0 \\ 1 \end{pmatrix},$$

则

$$\mathbb{R}^3 = \mathrm{span}\{\boldsymbol{\varphi}_1, \boldsymbol{\varphi}_2, \boldsymbol{\varphi}_3\}.$$

遂根据定理 9.4.1, 知最值方程的解为

$$\boldsymbol{u} = \sum_{k=1}^{3} \beta_k \boldsymbol{\varphi}_k,$$

其中系数为

$$(\beta_k)^{1 \leqslant k \leqslant 3} = \left[(A(\boldsymbol{\varphi}_i, \boldsymbol{\varphi}_j))_{1 \leqslant j \leqslant 3}^{1 \leqslant i \leqslant 3} \right]^{-1} (F(\boldsymbol{\varphi}_i))^{1 \leqslant i \leqslant 3}$$

$$= \left[(\boldsymbol{\varphi}_i^{\mathrm{T}} \boldsymbol{K} \boldsymbol{\varphi}_j)_{1 \leqslant j \leqslant 3}^{1 \leqslant i \leqslant 3}\right]^{-1} (\boldsymbol{\varphi}_i^{\mathrm{T}} \boldsymbol{b})^{1 \leqslant i \leqslant 3}$$

$$= \begin{pmatrix} 6 & 3 & 0 \\ 3 & 6 & 2 \\ 0 & 2 & 1 \end{pmatrix}^{-1} \begin{pmatrix} 5 \\ 1 \\ 8 \end{pmatrix} = \begin{pmatrix} 18.33 \\ -35 \\ 78 \end{pmatrix},$$

即最值方程的解为

$$\boldsymbol{u} = 3\boldsymbol{\varphi}_1 + 2\boldsymbol{\varphi}_2 + 5\boldsymbol{\varphi}_3 = \begin{pmatrix} 18.33 \\ -35 \\ 78 \end{pmatrix}.$$

解法三 (概率解法) 由于

$$F(\boldsymbol{u}) = \boldsymbol{u}^{\mathrm{T}} \boldsymbol{b} = 5u_1 + 1u_2 + 8u_3$$
$$= 5\boldsymbol{u}(1) + 1\boldsymbol{u}(2) + 8\boldsymbol{u}(3)$$
$$= 14\left(\frac{5}{14}\boldsymbol{u}(1) + \frac{1}{14}\boldsymbol{u}(2) + \frac{8}{14}\boldsymbol{u}(3)\right),$$

因此相应地考虑函数

$$\boldsymbol{u} = \boldsymbol{u}(t) \quad (t \in D_1 = \{1, 2, 3\}).$$

在其定义域 $D_1 = \{1, 2, 3\}$ 上设置古典概率测度空间 $(D_1, 2^{D_1}, P_1)$，其中 P_1 为

$$P_1\{1\} = \frac{5}{14}, \quad P_1\{2\} = \frac{1}{14}, \quad P_1\{3\} = \frac{8}{14},$$

即得

$$F(\boldsymbol{u}) = 14 E_{P_1} \boldsymbol{u}(t) = 14 \sum_{t=1}^{3} \boldsymbol{u}(t) P_1\{t\}.$$

又由于

$$A(\boldsymbol{u}, \boldsymbol{v}) = \boldsymbol{u}^{\mathrm{T}} \boldsymbol{K} \boldsymbol{v}$$
$$= 6u_1v_1 + 3u_1v_2 + 0u_1v_3 + 3u_2v_1 + 6u_2v_2 + 2u_2v_3 + 0u_3v_1 + 2u_3v_2 + 1u_3v_3$$
$$= 23\left(\frac{6}{23}u_1v_1 + \frac{3}{23}u_1v_2 + \frac{0}{23}u_1v_3 + \frac{3}{23}u_2v_1 + \frac{6}{23}u_2v_2 + \frac{2}{23}u_2v_3 \right.$$
$$\left. + \frac{0}{23}u_3v_1 + \frac{2}{23}u_3v_2 + \frac{1}{23}u_3v_3\right)$$

$$= 23\left(\frac{6}{23}u(1)v(1) + \frac{3}{23}u(1)v(2) + \frac{0}{23}u(1)v(3)\right.$$
$$+ \frac{3}{23}u(2)v(1) + \frac{6}{23}u(2)v(2) + \frac{2}{23}u(2)v(3)$$
$$\left.+ \frac{0}{23}u(3)v(1) + \frac{2}{23}u(3)v(2) + \frac{1}{23}u(3)v(3)\right),$$

因此相应地考虑函数

$$g(s,t) = u(s)v(t) \quad ((s,t) \in D_2 = \{1,2,3\} \times \{1,2,3\}).$$

在其定义域 $D_2 = \{1,2,3\} \times \{1,2,3\}$ 上设置古典概率测度空间 $(D_2, 2^{D_2}, P_2)$，其中 P_2 为

$$P_2\{(1,1)\} = \frac{6}{23}, \quad P_2\{(1,2)\} = \frac{3}{23}, \quad P_2\{(1,3)\} = \frac{0}{23},$$
$$P_2\{(2,1)\} = \frac{3}{23}, \quad P_2\{(2,2)\} = \frac{6}{23}, \quad P_2\{(2,3)\} = \frac{2}{23},$$
$$P_2\{(3,1)\} = \frac{0}{23}, \quad P_2\{(3,2)\} = \frac{2}{23}, \quad P_2\{(3,3)\} = \frac{1}{23},$$

即得

$$A(\boldsymbol{u},\boldsymbol{v}) = 23 E_{P_2}(\boldsymbol{u}(s)\boldsymbol{v}(t))$$
$$= 23 \sum_{s=1}^{3}\sum_{t=1}^{3} \boldsymbol{u}(s)\boldsymbol{v}(t) P_2\{(s,t)\}.$$

于是，最值方程的概率解为

$$\boldsymbol{u} = \sum_{k=1}^{3} \beta_k \boldsymbol{\varphi}_k(t),$$

其中

$$\boldsymbol{\varphi}_1(t) = \begin{pmatrix} \varphi_1(1) \\ \varphi_1(2) \\ \varphi_1(3) \end{pmatrix} = \begin{pmatrix} 1 \\ 0 \\ 0 \end{pmatrix},$$

$$\varphi_2(t) = \begin{pmatrix} \varphi_2(1) \\ \varphi_2(2) \\ \varphi_2(3) \end{pmatrix} = \begin{pmatrix} 0 \\ 1 \\ 0 \end{pmatrix},$$

$$\varphi_3(t) = \begin{pmatrix} \varphi_3(1) \\ \varphi_3(2) \\ \varphi_3(3) \end{pmatrix} = \begin{pmatrix} 0 \\ 0 \\ 1 \end{pmatrix},$$

$$\begin{aligned}
(\beta_k)^{1 \leqslant k \leqslant 3} &= \left[(A(\varphi_i \varphi_j))_{1 \leqslant j \leqslant 3}^{1 \leqslant i \leqslant 3} \right]^{-1} (F(\varphi_i))^{1 \leqslant i \leqslant 3} \\
&= \left[(23 E_{P_2}(\varphi_i(s)\varphi_j(t)))_{1 \leqslant j \leqslant 3}^{1 \leqslant i \leqslant 3} \right]^{-1} (14 E_{P_1}(\varphi_i(t)))^{1 \leqslant i \leqslant 3} \\
&= \frac{14}{23} \left[(E_{P_2}(\varphi_i(s)\varphi_j(t)))_{1 \leqslant j \leqslant 3}^{1 \leqslant i \leqslant 3} \right]^{-1} (E_{P_1}(\varphi_i(t)))^{1 \leqslant i \leqslant 3} \\
&= \frac{14}{23} \left[\left(\sum_{s=1}^{3} \sum_{t=1}^{3} \varphi_i(s) \varphi_j(t) P_2\{(s,t)\} \right)_{1 \leqslant j \leqslant 3}^{1 \leqslant i \leqslant 3} \right]^{-1} \left(\sum_{t=1}^{3} \varphi_i(t) P_1\{t\} \right)^{1 \leqslant i \leqslant 3} \\
&= \frac{14}{23} \begin{pmatrix} \frac{6}{23} & \frac{3}{23} & \frac{0}{23} \\ \frac{3}{23} & \frac{6}{23} & \frac{2}{23} \\ \frac{0}{23} & \frac{2}{23} & \frac{1}{23} \end{pmatrix}^{-1} \begin{pmatrix} 5/14 \\ 1/14 \\ 8/14 \end{pmatrix} = \begin{pmatrix} 18.33 \\ -35 \\ 78 \end{pmatrix},
\end{aligned}$$

即最值方程的概率解为

$$\boldsymbol{u} = 18.33\varphi_1 - 35\varphi_2 + 78\varphi_3 = \begin{pmatrix} 18.33 \\ -35 \\ 78 \end{pmatrix}.$$

解法四 (统计解法) 设在概率测度空间 $(D_1, 2^{D_1}, P_1)$ 上, 有随机变量 $\varphi_i(t)$ 的样本

$$Y_{in} \quad (1 \leqslant n \leqslant 2000000, 1 \leqslant i \leqslant 3);$$

在概率测度空间 $(D_2, 2^{D_2}, P_2)$ 上, 有随机变量 $\varphi_i(t)\varphi_j(s)$ 的样本

$$X_{ijn} \quad (1 \leqslant n \leqslant 2000000, 1 \leqslant i,j \leqslant 3).$$

做统计量

$$\boldsymbol{Y} = (Y_{in})_{1\leqslant i\leqslant 3}^{1\leqslant n\leqslant 2000000}, \quad \boldsymbol{X}_{ij} = (X_{ijn})^{1\leqslant n\leqslant 2000000} \quad (1\leqslant i,j\leqslant 3).$$

根据柯尔莫哥洛夫强大数定律,知

$$E_{P_1}(\boldsymbol{\varphi}_i(t)) \doteq \frac{1}{2000000} \sum_{n=1}^{2000000} Y_{in} \quad (1\leqslant i\leqslant 3),$$

$$E_{P_2}(\boldsymbol{\varphi}_i(s)\boldsymbol{\varphi}_j(t)) \doteq \frac{1}{2000000} \sum_{n=1}^{2000000} X_{ijn} \quad (1\leqslant i,j\leqslant 3),$$

遂得最值方程的统计解为

$$\boldsymbol{u} = \sum_{k=1}^{3} \widehat{\beta}_k \boldsymbol{\varphi}_k(t),$$

其中系数为

$$(\widehat{\beta}_k)^{1\leqslant k\leqslant 3} = \frac{14}{23} \left[\begin{pmatrix} \mathbf{1}^{\mathrm{T}} \\ \mathbf{1}^{\mathrm{T}} \\ \mathbf{1}^{\mathrm{T}} \end{pmatrix} \begin{pmatrix} X_{11} & X_{12} & X_{13} \\ X_{21} & X_{22} & X_{23} \\ X_{31} & X_{32} & X_{33} \end{pmatrix} \right]^{-1} (\boldsymbol{Y}^{\mathrm{T}}\mathbf{1}) = \begin{pmatrix} 18.156567 \\ -34.63212 \\ 77.026435 \end{pmatrix},$$

即最值方程的统计解为

$$\boldsymbol{u} = 18.156567\boldsymbol{\varphi}_1 - 34.63212\boldsymbol{\varphi}_2 + 77.026435\boldsymbol{\varphi}_3 = \begin{pmatrix} 18.156567 \\ -34.63212 \\ 77.026435 \end{pmatrix}.$$

线性算子方程

线性算子方程是一类常见的算子方程. 二次泛函中有一类为线性算子二次泛函, 假之可将线性算子方程与二次泛函最值方程联系起来.

§10.1 线 性 算 子

定义 10.1.1 设 $(\mathscr{H}, \langle \cdot, \cdot \rangle)$ 为希尔伯特空间, $\mathcal{M} \subset \mathscr{H}$ 是闭子空间. 若 $T: \mathcal{M} \to \mathscr{H}$ 是算子, 且满足

$$T(\lambda u + \mu v) = \lambda T(u) + \mu T(v) \quad (\forall \lambda, \mu \in \mathbb{R}, \forall u, v \in \mathcal{M}),$$

则称 T 为线性算子.

定义 10.1.2 设 $(\mathscr{H}, \langle \cdot, \cdot \rangle)$ 为希尔伯特空间, $T: \mathcal{M} \to \mathscr{H}$ 是线性算子. 若其满足

$$\langle Tu, v \rangle = \langle u, Tv \rangle \quad (\forall u, v \in \mathcal{M}),$$

则称 T 为对称算子; 若存在 $M > 0$ 使

$$\|Tu\| \leqslant M \|u\| \quad (\forall u \in \mathcal{M}),$$

则称 T 为有界算子; 若其满足

$$\langle Tu, u \rangle \geqslant 0 \quad (\forall u \in \mathcal{M})$$

且 $\langle Tu, u \rangle = 0 \Leftrightarrow u = 0$, 则称 T 为正定算子.

例 10.1.1 设 $(\mathbb{R}^n, \langle \cdot, \cdot \rangle)$ 是希尔伯特空间,$\boldsymbol{K} \in \mathbb{R}^{n \times n}$ 是正定矩阵. 若算子 $T : \mathbb{R}^n \to \mathbb{R}^n$ 为
$$T\boldsymbol{x} = \boldsymbol{K}\boldsymbol{x} \quad (\boldsymbol{x} \in \mathbb{R}^n),$$
则 T 是线性的、对称的、正定的且有界的.

证明 T 的线性性、对称性且正定性是显然的. 考查
$$\|T\boldsymbol{x}\|^2 = \langle \boldsymbol{K}\boldsymbol{x}, \boldsymbol{K}\boldsymbol{x} \rangle = \boldsymbol{x}^\mathrm{T} \boldsymbol{K}^2 \boldsymbol{x} \quad (\boldsymbol{x} \in \mathbb{R}^n),$$
由 $\boldsymbol{K}^2$ 的对称性,故根据瑞利商的有界性,知存在 $M > 0$,得使 $\boldsymbol{x}^\mathrm{T} \boldsymbol{K}^2 \boldsymbol{x} \leqslant M\boldsymbol{x}^\mathrm{T}\boldsymbol{x} = M\|\boldsymbol{x}\|^2$ $(\boldsymbol{x} \in \mathbb{R}^n)$,即见 T 有界. □

例 10.1.2 若算子 $T : C_0^2[a,b] \to L^2[a,b]$ 为
$$T = -\frac{\mathrm{d}}{\mathrm{d}x}\left[p(x)\frac{\mathrm{d}}{\mathrm{d}x}\right] + q(x),$$
其中 $p(x) > 0 \in C^1[a,b], q(x) > 0 \in C[a,b]$,则 T 是线性的、对称的、正定的算子.

证明 由于
$$\begin{aligned}
T(\lambda_1 y_1 + \lambda_2 y_2) &= \left\{-\frac{\mathrm{d}}{\mathrm{d}x}\left[p(x)\frac{\mathrm{d}}{\mathrm{d}x}\right] + q(x)\right\}(\lambda_1 y_1 + \lambda_2 y_2) \\
&= -\frac{\mathrm{d}}{\mathrm{d}x}\left[p(x)\frac{\mathrm{d}}{\mathrm{d}x}(\lambda_1 y_1 + \lambda_2 y_2)\right] + q(x)(\lambda_1 y_1 + \lambda_2 y_2) \\
&= -\frac{\mathrm{d}}{\mathrm{d}x}\left[\lambda_1 p(x)\frac{\mathrm{d}}{\mathrm{d}x}y_1 + \lambda_2 p(x)\frac{\mathrm{d}}{\mathrm{d}x}y_2\right] + (\lambda_1 q(x) y_1 + \lambda_2 q(x) y_2) \\
&= \lambda_1 \left\{-\frac{\mathrm{d}}{\mathrm{d}x}\left[p(x)\frac{\mathrm{d}}{\mathrm{d}x}y_1\right] + q(x) y_1\right\} \\
&\quad + \lambda_2 \left\{-\frac{\mathrm{d}}{\mathrm{d}x}\left[p(x)\frac{\mathrm{d}}{\mathrm{d}x}y_2\right] + q(x) y_2\right\} \\
&= \lambda_1 T y_1 + \lambda_2 T y_2 \quad (\forall y_1, y_2 \in C_0^2[a,b], \forall \lambda_1, \lambda_2 \in \mathbb{R}),
\end{aligned}$$
可知 T 是线性的. 又由于
$$\begin{aligned}
\langle Ty, z \rangle &= \langle -(py')' + qy, z \rangle \\
&= \int_a^b [-(py')' + qy] z \mathrm{d}x
\end{aligned}$$

$$= \int_a^b qyz\mathrm{d}x - \int_a^b (py')'z\mathrm{d}x$$

$$= \int_a^b qyz\mathrm{d}x - py'z|_a^b + \int_a^b py'z'\mathrm{d}x$$

$$= \int_a^b (py'z' + qyz)\mathrm{d}x,$$

$$\langle y, Tz \rangle = \int_a^b (py'z' + qyz)\mathrm{d}x \quad (\forall y, z \in C_0^2[a,b]),$$

可知 T 是对称的. 再由于

$$\langle Ty, y \rangle = \int_a^b [-(py')' + qy] y \mathrm{d}x$$

$$= \int_a^b (py'^2 + qy^2)\mathrm{d}x \geqslant 0,$$

$$\langle Ty, y \rangle = \int_a^b (py'^2 + qy^2)\mathrm{d}x = 0$$

$$\Leftrightarrow py'^2 + qy^2 = 0$$

$$\Leftrightarrow y'^2 = 0, y^2 = 0$$

$$\Leftrightarrow y^2 = 0,$$

可知 T 是正定算子. □

定义 10.1.3 设 $(\mathscr{H}, \langle \cdot, \cdot \rangle)$ 为希尔伯特空间, $T: \mathcal{M} \to \mathscr{H}$ 是线性算子, $f \in \mathscr{H}$, 称方程

$$Tv = f \quad (v \in \mathcal{M})$$

为线性算子方程, 称泛函

$$J(v) = \frac{1}{2} \langle Tv, v \rangle - \langle v, f \rangle \quad (v \in \mathcal{M})$$

为线性算子二次泛函.

§10.2 线性算子二次泛函与二次泛函的关系

定理 10.2.1 线性算子二次泛函

$$J(v) = \frac{1}{2}\langle Tv,v\rangle - \langle v,f\rangle \quad (v \in \mathcal{M})$$

是二次泛函, 且当 T 为对称正定有界的, 有 $\langle Tu,v\rangle$ 为对称正定有界的.

证明 (1) 令 $A(u,v) = \langle Tu,v\rangle$ $(u,v \in \mathcal{M})$, $F(u) = \langle u,f\rangle$ $(u \in \mathcal{M})$. 由

$$\begin{aligned}
A(\lambda_1 u_1 + \lambda_2 u_2, v) &= \langle T(\lambda_1 u_1 + \lambda_2 u_2), v\rangle \\
&= \langle \lambda_1 Tu_1 + \lambda_2 Tu_2, v\rangle \\
&= \lambda_1\langle Tu_1,v\rangle + \lambda_2\langle Tu_2,v\rangle \\
&= \lambda_1 A(u_1,v) + \lambda_2 A(u_2,v) \quad (\lambda_1,\lambda_2 \in \mathbb{R}, u_1,u_2 \in \mathscr{H}), \\
A(u, \lambda_1 v_1 + \lambda_2 v_2) &= \lambda_1 A(u,v_1) + \lambda_2 A(u,v_2) \quad (\lambda_1,\lambda_2 \in \mathbb{R}, v_1,v_2 \in \mathcal{M}), \\
F(\lambda_1 u_1 + \lambda_2 u_2) &= \langle \lambda_1 u_1 + \lambda_2 u_2, f\rangle \\
&= \lambda_1\langle u_1,f\rangle + \lambda_2\langle u_2,f\rangle \\
&= \lambda_1 F(u_1) + \lambda_2 F(u_2) \quad (\lambda_1,\lambda_2 \in \mathbb{R}, u_1,u_2 \in \mathcal{M}),
\end{aligned}$$

即可知 $J(v)$ $(v \in \mathcal{M})$ 是二次泛函.

(2) $A(u,v) = \langle Tu,v\rangle$ 对称、正定, 显然. 由柯西不等式, 有

$$|A(u,v)| = |\langle Tu,v\rangle| \leqslant \|Tu\|\|v\| \leqslant M\|u\|\|v\|,$$

则 $A(u,v)$ 有界. □

定理 10.2.2 若二次泛函

$$J(v) = \frac{1}{2}A(v,v) - F(v) \quad (v \in \mathscr{H})$$

中的 $A(u,v)$ 是有界的, $F(v)$ 是有界的, 则 (1) 存在线性有界算子 $T: \mathscr{H} \to \mathscr{H}$ 与 $f \in \mathscr{H}$, 使得

$$A(u,v) = \langle T(u),v\rangle,$$

$$F(v) = \langle f, v \rangle,$$

从而

$$J(v) = \frac{1}{2}\langle Tv, v \rangle - \langle f, v \rangle.$$

(2) 若 $A(u,v)$ 是对称正定的, 则 T 是对称正定的.

证明 (1) 因为 $F \in \mathscr{H}^*$, 故根据里斯表示定理, 知存在唯一 $f \in \mathscr{H}$, 使得

$$F(v) = \langle f, v \rangle \qquad (\forall v \in \mathscr{H}).$$

而由于对任意 $u \in \mathscr{H}$, $A(u,v) \in \mathscr{H}^*$, 故根据里斯表示定理, 知存在唯一 $T(u) \in \mathscr{H}$, 使得

$$A(u, v) = \langle T(u), v \rangle \qquad (\forall v \in \mathscr{H}).$$

往证 $T \in B(\mathscr{H})$. 因为

$$\begin{aligned}
\langle T(\lambda_1 u_1 + \lambda_2 u_2), v \rangle &= A(\lambda_1 u_1 + \lambda_2 u_2, v) \\
&= \lambda_1 A(u_1) + \lambda_2 A(u_2, v) \\
&= \lambda_1 \langle T(u_1), v \rangle + \lambda_2 \langle T(u_2), v \rangle \\
&= \langle \lambda_1 T(u_1) + \lambda_2 T(u_2), v \rangle \qquad (\forall v \in \mathscr{H}),
\end{aligned}$$

所以 $T(\lambda_1 u_1 + \lambda_2 u_2) = \lambda_1 T(u_1) + \lambda_2 T(u_2)$. 又由

$$\|T(u)\|^2 = |\langle T(u), T(u) \rangle| = |A(u, T(u))| \leqslant M\|T(u)\|\|u\| \qquad (\forall u \in \mathscr{H}),$$

知 $\|T(u)\| \leqslant M\|u\|$, 即得 T 是线性有界算子.

(2) 根据题意, 可知

$$\begin{aligned}
\langle T(u), v \rangle &= A(u, v) = A(v, u) = \langle T(v), u \rangle = \langle u, T(v) \rangle, \\
\langle T(u), u \rangle &= A(u, u) \geqslant 0 \qquad (\forall u \in \mathscr{H}), \\
\langle T(u), u \rangle &= A(u, u) = 0 \Leftrightarrow u = 0.
\end{aligned}$$

$\square$

§10.3 线性算子方程与线性算子二次泛函最值方程的关系

定理 10.3.1 设 $(\mathcal{H}, \langle \cdot, \cdot \rangle)$ 为希尔伯特空间,$\mathcal{M}, \mathcal{M}_1$ 均是 $\mathcal{H}$ 的闭线性子空间,$T: \mathcal{M} \to \mathcal{M}_1$ 是线性对称正定算子,$f \in \mathcal{H}$,线性算子二次泛函 $J(u)$ 为

$$J(u) = \frac{1}{2}\langle Tu, u \rangle - \langle u, f \rangle \quad (u \in \mathcal{M}),$$

则线性算子方程

$$Tu = f \quad (u \in \mathcal{M})$$

与线性算子二次泛函最值方程

$$J(u) = \min_{v \in \mathcal{M}} J(v)$$

同解.

证明 ($\Rightarrow$) 设 $u = u_0$ 系线性算子方程之解,即

$$Tu_0 = f,$$

遂得

$$\begin{aligned} J(u) &= \frac{1}{2}\langle Tu, u \rangle - \langle u, Tu_0 \rangle \\ &= \frac{1}{2}\langle Tu, u \rangle - \langle Tu, u_0 \rangle \quad (u \in \mathcal{M}). \end{aligned}$$

再注意到

$$\begin{aligned} \langle T(u - u_0), u - u_0 \rangle &= \langle Tu - Tu_0, u - u_0 \rangle \\ &= \langle Tu, u \rangle + \langle Tu_0, u_0 \rangle - \langle Tu, u_0 \rangle - \langle u, Tu_0 \rangle \\ &= \langle Tu, u \rangle + \langle Tu_0, u_0 \rangle - 2\langle Tu, u_0 \rangle \quad (u \in \mathcal{M}), \end{aligned}$$

故

$$\begin{aligned} J(u) &= \frac{1}{2}(\langle Tu, u \rangle - 2\langle Tu, u_0 \rangle) \\ &= \frac{1}{2}(\langle Tu, u \rangle - 2\langle Tu, u_0 \rangle + \langle Tu_0, u_0 \rangle) - \frac{1}{2}\langle Tu_0, u_0 \rangle \end{aligned}$$

$$= \frac{1}{2}\langle Tu - Tu_0, u - u_0\rangle - \frac{1}{2}\langle Tu_0, u_0\rangle$$
$$\geqslant -\frac{1}{2}\langle Tu_0, u_0\rangle = J(u_0) \quad (u \in \mathcal{M}),$$

即得
$$J(u_0) = \min_{v \in \mathcal{M}} J(v).$$

($\Leftarrow$) 设 $u = u_0 \in \mathscr{H}$ 是最值方程之解,即
$$J(u) - J(u_0) \geqslant 0 \quad (u \in \mathcal{M}).$$

遂有
$$J(u_0 + \varepsilon\eta) - J(u_0) \geqslant 0 \quad (\forall \varepsilon \in \mathbb{R}, \forall \eta \in \mathcal{M}),$$

而
$$J(u_0 + \varepsilon\eta) - J(u_0) = \frac{1}{2}\langle T(u_0 + \varepsilon\eta), u_0 + \varepsilon\eta\rangle - \langle u_0 + \varepsilon\eta, f\rangle - \frac{1}{2}\langle Tu_0, u_0\rangle - \langle u_0, f\rangle$$
$$= \frac{1}{2}\langle T\eta, \eta\rangle\varepsilon^2 + \langle Tu_0 - f, \eta\rangle\varepsilon,$$

即有
$$\frac{1}{2}\langle T\eta, \eta\rangle\varepsilon^2 + \langle Tu_0 - f, \eta\rangle\varepsilon \geqslant 0.$$

故上式左端的判别式 $\triangle$ 应满足
$$(\langle Tu_0 - f, \eta\rangle)^2 = 0 \quad (\forall \eta \in \mathcal{M}).$$

则 $Tu_0 - f = 0$, 即
$$Tu_0 = f. \qquad \square$$

例 10.3.1 证明: 施图姆–刘维尔型二阶微分方程

$$\begin{cases} -\dfrac{\mathrm{d}}{\mathrm{d}x}\left(p(x)\dfrac{\mathrm{d}y}{\mathrm{d}x}\right) + q(x)y = f(x), \quad y \in C^2[0,1], \\ y(a) = 0, \quad y(b) = 0 \end{cases} \tag{10.3.1}$$

(其中 $p(x) > 0 \in S^1[a,b], q(x) > 0 \in S[a,b]$) 与二次泛函

$$J(y) = \langle Ty, y \rangle - 2\langle y, f \rangle$$
$$= \int_a^b (py'^2 + qy^2 - 2fy)\mathrm{d}x \quad (y \in C_0^2[0,1])$$

的最值方程

$$J(y) = \min_{z \in C_0^2[0,1]} J(z)$$

同解, 其中 $T = -\dfrac{\mathrm{d}}{\mathrm{d}x}\left(p(x)\dfrac{\mathrm{d}}{\mathrm{d}x}\right) + q(x)$.

证明 微分方程 (10.3.1) 可表示为算子方程

$$Ty = f(x) \quad (y \in C_0^2[0,1]).$$

而根据例 10.1.2, 知 T 是线性对称正定算子. □

§10.4 线性算子方程的级数解

一、泛函定义域为有限维空间

定理 10.4.1 若线性算子方程

$$Tv = f \quad (v \in \mathscr{H})$$

的算子 T 是对称、正定、有界的, 且存在线性无关组 $\{\varphi_k : 1 \leqslant k \leqslant m\} \subset \mathscr{H}$, 使得

$$\mathscr{H} = \mathrm{span}\{\varphi_k : 1 \leqslant k \leqslant m\}.$$

令

$$(\beta_k)^{1 \leqslant k \leqslant m} = \left[(\langle T\varphi_i, \varphi_j \rangle)^{1 \leqslant i \leqslant m}_{1 \leqslant j \leqslant m}\right]^{-1} (\langle \varphi_i, f \rangle)^{1 \leqslant i \leqslant m}, \tag{10.4.1}$$

则线性算子方程的解为

$$u = \sum_{k=1}^m \beta_k \varphi_k. \tag{10.4.2}$$

证明 令 $A(u,v) = \langle Tu, v\rangle, F(u) = \langle u, f\rangle$，做二次泛函

$$J(v) = \frac{1}{2}A(v,v) - F(v) \quad (v \in \mathscr{H}),$$

而线性算子方程与 $J(v)$ 的最值方程 $J(u) = \min\limits_{v \in \mathscr{H}} J(v)$ 同解，则由定理 9.4.1，即可得到本定理结论. □

二、泛函定义域为可列维空间

定理 10.4.2 若线性算子方程

$$Tv = f \quad (v \in \mathscr{H})$$

的算子 T 是对称、正定、有界的，且存在有限线性无关序列 $\{\varphi_k : k \in \mathbb{N}\} \subset \mathscr{H}$，使得

$$\mathscr{H} = \overline{\operatorname{span}}\{\varphi_k : k \in \mathbb{N}\}.$$

令

$$(\beta_{mk})^{1\leqslant k\leqslant m} = \left[(\langle T\varphi_i, \varphi_j\rangle)^{1\leqslant i\leqslant m}_{1\leqslant j\leqslant m}\right]^{-1} (\langle f, \varphi_i\rangle)^{1\leqslant i\leqslant m} \quad (m \in \mathbb{N}),$$

则线性算子方程的解为

$$u = \lim_{m\to\infty} \sum_{k=1}^{m} \beta_{mk}\varphi_k \quad (L^2). \tag{10.4.3}$$

利用线性算子方程与二次泛函最值方程的关系即可证明该定理.

例 10.4.1 试求微分方程

$$x^2 y'' + 2xy' - xy - x = 0 \quad (y \in C_0^2[0,1])$$

的解.

解 分三步求解.

步骤一 做微分算子 $T : C_0^2[0,1] \to L^2[0,1]$ 为

$$T = -x^2 \frac{\mathrm{d}^2}{\mathrm{d}x^2} - 2x\frac{\mathrm{d}}{\mathrm{d}x} + x = -\frac{\mathrm{d}}{\mathrm{d}x}\left(x^2 \frac{\mathrm{d}}{\mathrm{d}x}\right) + x.$$

易见题设微分方程为算子方程
$$Ty = -x \quad (y \in C_0^2[0,1]),$$

且 T 为线性对称正定算子.

步骤二 取 $C_0^1[0,1]$ 之 2 元素线性无关组为
$$\varphi_i(x) = (x-1)x^k \quad (x \in [0,1], k=1,2).$$

于是，$J(y)$ 之极值点的 2 基解为
$$y_2 = \beta_1(x-1)x + \beta_2(x-1)x^2,$$

其中
$$(\beta_k)^{1\leqslant k\leqslant 2} = \left[(\langle T(x-1)x^i,(x-1)x^j\rangle)^{1\leqslant i\leqslant 2}_{1\leqslant j\leqslant 2}\right]^{-1}(\langle(x-1)x^i,-x\rangle)^{1\leqslant i\leqslant 2}$$
$$= \left[\left(\left\langle\left(-x^2\frac{\mathrm{d}^2}{\mathrm{d}x^2}-2x\frac{\mathrm{d}}{\mathrm{d}x}+x\right)(x-1)x^i,(x-1)x^j\right\rangle\right)^{1\leqslant i\leqslant 2}_{1\leqslant j\leqslant 2}\right]^{-1}$$
$$\cdot(\langle(x-1)x^i,-x\rangle)^{1\leqslant i\leqslant 2}$$
$$= \left[(\langle(x^{i+2}-(i^2+3i+3)x^{i+1}+(i^2+i)x^i),(x-1)x^j\rangle)^{1\leqslant i\leqslant 2}_{1\leqslant j\leqslant 2}\right]^{-1}$$
$$\cdot(\langle(x-1)x^i,-x\rangle)^{1\leqslant i\leqslant 2}$$
$$= \left[\left(\int_0^1(x^{i+2}-(i^2+3i+3)x^{i+1}+(i^2+i)x^i)(x-1)x^j\mathrm{d}x\right)^{1\leqslant i\leqslant 2}_{1\leqslant j\leqslant 2}\right]^{-1}$$
$$\left(\int_0^1(x-1)x^i(-x)\mathrm{d}x\right)^{1\leqslant i\leqslant 2}$$
$$= \left\{\left[\int_0^1[x^{i+j+3}-(i^2+3i+4)x^{i+j+2}+(2i^2+4i+3)x^{i+j+1}\right.\right.$$
$$\left.\left.-(i^2+i)x^{i+j}]\mathrm{d}x\right]^{1\leqslant i\leqslant 2}_{1\leqslant j\leqslant 2}\right\}^{-1}\left(\int_0^1(x^{i+1}-x^{i+2})\mathrm{d}x\right)^{1\leqslant i\leqslant 2}$$
$$= \begin{pmatrix} 0.151 & 0.109 \\ 0.11 & 0.091 \end{pmatrix}^{-1}\begin{pmatrix} 0.083 \\ 0.05 \end{pmatrix}$$

$$= \begin{pmatrix} 1.201 \\ -0.902 \end{pmatrix},$$

即
$$y_2 = 1.201(x-1)x - 0.902(x-1)x^2$$
$$= -0.902x^3 + 2.103x^2 - 1.201x.$$

其图像如图 10.1 所示.

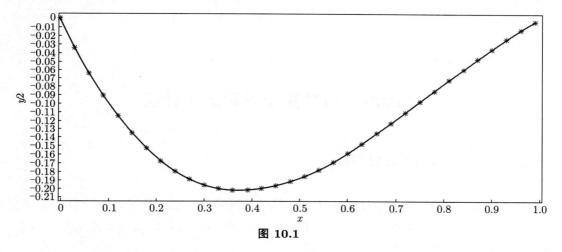

图 10.1

步骤三 解的验算. 计算
$$Ty_2 = \left(-x^2 \frac{\mathrm{d}^2}{\mathrm{d}x^2} - 2x\frac{\mathrm{d}}{\mathrm{d}x} + x\right)(-0.902x^3 + 2.103x^2 - 1.201x)$$
$$= -0.902x^4 - 12.927x^3 - 13.819x^2 + 2.402x,$$

得余差
$$Q = Ty_2 - (-x) = -0.902x^4 - 12.927x^3 - 13.819x^2 + 3.402x,$$

其与 $P = Ty - (-x) = 0$ 的图像对比如图 10.2 所示.

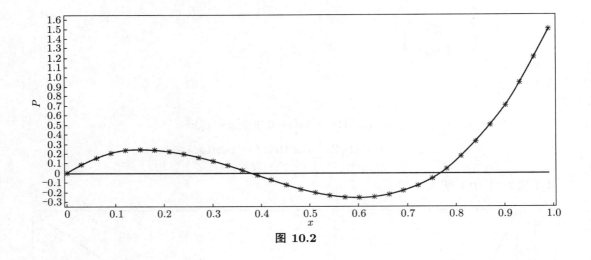

图 10.2

§10.5 线性算子方程的统计解

一、泛函定义域为有限维空间

定理 10.5.1 若题设同定理 10.4.1, 且存在概率空间 $(\Omega, \mathscr{F}, P)$, $\mathscr{H} \subset L^2(\Omega, \mathscr{F}, P)$, 及 $H_{ij}(\omega), K_i(\omega) \in \mathscr{H}$, 使得 $\langle T\varphi_i(\omega), \varphi_j(\omega) \rangle = E_P(H_{ij}(\omega))(1 \leqslant i,j \leqslant m)$, $\langle f, \varphi_i(\omega) \rangle = E_P(K_i(\omega))(1 \leqslant i \leqslant m)$, 则

(1) $(\beta_k)^{1 \leqslant k \leqslant m}$ 的概率解为

$$(\beta_k)^{1 \leqslant k \leqslant m} = \left[(E_P(H_{ij}(\omega)))_{1 \leqslant j \leqslant m}^{1 \leqslant i \leqslant m} \right]^{-1} (E_P(K_i(\omega)))^{1 \leqslant i \leqslant m}. \tag{10.5.1}$$

(2) 若 $\{\omega_n : 1 \leqslant n \leqslant N\}$ 是随机变量 ω 的简单样本, 令统计量

$$\widetilde{\boldsymbol{H}} = ((H_{ij}(\omega_n))_{1 \leqslant n \leqslant N})_{1 \leqslant j \leqslant m}^{1 \leqslant i \leqslant m},$$
$$\widetilde{\boldsymbol{K}} = (K_i(\omega_n))_{1 \leqslant n \leqslant N}^{1 \leqslant i \leqslant m},$$

则 $(\beta_k)^{1 \leqslant k \leqslant m}$ 的统计解为

$$(\widehat{\beta}_{kN})^{1 \leqslant k \leqslant m} = [\widetilde{\boldsymbol{H}}(\boldsymbol{I}_m \otimes \boldsymbol{1}_N)]^{-1}(\widetilde{\boldsymbol{K}}\boldsymbol{1}_N), \tag{10.5.2}$$

$J(u) = \min\limits_{v \in \mathscr{H}} J(v)$ 的统计解为

$$u = \lim_{N \to \infty} \sum_{k=1}^{m} \widehat{\beta}_{kN} \varphi_k.$$

二、泛函定义域为可列维空间

定理 10.5.2 若题设同定理 10.4.1, 且存在概率空间 $(\Omega, \mathscr{F}, P)$, $\mathscr{H} \subset L^2(\Omega, \mathscr{F}, P)$, 及 $H_{ij}(\omega), K_i(\omega) \in \mathscr{H}$, 使得 $\langle T\varphi_i(\omega), \varphi_j(\omega) \rangle = E_P(H_{ij}(\omega))(1 \leqslant i, j \leqslant m)$, $\langle f, \varphi_i(\omega) \rangle = E_P(K_i(\omega))(1 \leqslant i \leqslant m)$, 则

(1) $(\beta_k)_{1 \leqslant k \leqslant m}$ 的概率解为

$$(\beta_{mk})_{1 \leqslant k \leqslant m} = \left[(E_P(H_{ij}(\omega)))_{\substack{1 \leqslant i \leqslant m \\ 1 \leqslant j \leqslant m}} \right]^{-1} (E_P(K_i(\omega)))_{1 \leqslant i \leqslant m} \qquad (m \in \mathbb{N}). \qquad (10.5.3)$$

(2) 若 $\{\omega_n : 1 \leqslant n \leqslant N\}$ 是随机变量 ω 的简单样本, 令统计量

$$\widetilde{\boldsymbol{H}}_m = ((H_{ij}(\omega_n))_{1 \leqslant n \leqslant N})_{\substack{1 \leqslant i \leqslant m \\ 1 \leqslant j \leqslant m}},$$
$$\widetilde{\boldsymbol{K}}_m = (K_i(\omega_n))_{\substack{1 \leqslant i \leqslant m \\ 1 \leqslant n \leqslant N}} \qquad (m \in \mathbb{N}),$$

则 $(\beta_{mk})_{1 \leqslant k \leqslant m}$ 的统计解为

$$(\widehat{\beta}_{mkN})_{1 \leqslant k \leqslant m} = [\widetilde{\boldsymbol{H}}_m(\boldsymbol{I}_m \otimes \boldsymbol{1}_N)]^{-1}(\widetilde{\boldsymbol{K}}_m \boldsymbol{1}_N) \qquad (m \in \mathbb{N}), \qquad (10.5.4)$$

最值方程 $J(u) = \min\limits_{v \in \mathscr{H}} J(v)$ 的统计解为

$$u = \lim_{m \to \infty} \lim_{N \to \infty} \sum_{k=1}^{m} \widehat{\beta}_{mkN} \varphi_k.$$

例 10.5.1 试求微分方程

$$x^2 y'' + 2xy' - xy - x = 0 \qquad (y \in C_0^2[0,1])$$

的统计解.

解 本例系例 10.4.1 的续. 先求概率解. 取 $C_0^2[0,1]$ 的基为

$$\varphi_i(x) = (x-1)x^k \quad (x \in [0,1], k \in \mathbb{N}).$$

于是, $J(y)$ 之极值点的概率解为

$$y_m = \sum_{k=1}^m \beta_{mk}(x-1)x^k \quad (m \in \mathbb{N}),$$

而

$$\begin{aligned}
(\beta_{mk})^{1 \leqslant k \leqslant m} &= \left[(\langle T(x-1)x^i, (x-1)x^j \rangle)_{1 \leqslant j \leqslant m}^{1 \leqslant i \leqslant m} \right]^{-1} (\langle (x-1)x^i, -x \rangle)^{1 \leqslant i \leqslant m} \\
&= \left[\left(E\left(T(x-1)x^i \cdot (x-1)x^j \right) \right)_{1 \leqslant j \leqslant m}^{1 \leqslant i \leqslant m} \right]^{-1} \left(E((x-1)x^i(-x)) \right)^{1 \leqslant i \leqslant m} \\
&= \left[\left(E\left(\left(-x^2 \frac{\mathrm{d}^2}{\mathrm{d}x^2} - 2x \frac{\mathrm{d}}{\mathrm{d}x} + x \right) ((x-1)x^i) \cdot (x^{j+1} - x^j) \right) \right)_{1 \leqslant j \leqslant m}^{1 \leqslant i \leqslant m} \right]^{-1} \\
&\quad \cdot \left(E(x^{i+1} - x^i)(-x) \right)^{1 \leqslant i \leqslant m} \\
&= \left[\left(E\left((x^{i+2} - (i^2+3i+3)x^{i+1} + (i^2+i)x^i)(x^{j+1} - x^j) \right) \right)_{1 \leqslant j \leqslant m}^{1 \leqslant i \leqslant m} \right]^{-1} \\
&\quad \cdot \left(E(x^{i+1} - x^i)(-x) \right)^{1 \leqslant i \leqslant m} \\
&= \left[(E(H_{ij}(x)))_{1 \leqslant j \leqslant m}^{1 \leqslant i \leqslant m} \right]^{-1} (E(K_i(x)))^{1 \leqslant i \leqslant m},
\end{aligned}$$

其中

$$\begin{aligned}
H_{ij}(x) &= \left[x^{i+2} - (i^2+3i+3)x^{i+1} + (i^2+i)x^i \right] (x^{j+1} - x^j) \quad (1 \leqslant i,j \leqslant m), \\
K_i(x) &= (x^{i+1} - x^i)(-x) \quad (1 \leqslant i \leqslant m).
\end{aligned}$$

再求统计解. 易见, $C_0^2[0,1] \in L^2([0,1], \mathscr{B}([0,1]), U[0,1])$. 取 x 在概率空间 $([0,1], \mathscr{B}([0,1]), U[0,1])$ 中的简单样本为 $X_n(1 \leqslant n \leqslant 60000)$, $m=9$, 做统计量

$$\begin{aligned}
\widetilde{\boldsymbol{H}}_9 &= ((H_{ij}(\omega_n))_{1 \leqslant n \leqslant N})_{1 \leqslant j \leqslant 9}^{1 \leqslant i \leqslant 9}, \\
\widetilde{\boldsymbol{K}}_9 &= (K_i(\omega_n))_{1 \leqslant n \leqslant N}^{1 \leqslant i \leqslant 9},
\end{aligned}$$

遂计算出系数

$$(\widehat{\beta}_{mk})^{1 \leqslant i \leqslant 9} = [\widetilde{\boldsymbol{H}}_9(\boldsymbol{I}_9 \otimes \boldsymbol{1}_N)]^{-1}(\widetilde{\boldsymbol{K}}_9 \boldsymbol{1}_N)$$

$$= (10.115831, -114.6285, 683.9334, -2362.87, 4967.4512,$$
$$-6437.175, 5010.4422, -2142.566, 385.715).$$

于是, $J(u)$ 之极值点的统计解为

$$\widehat{y}_m(x) = \sum_{k=1}^{9} \widehat{\beta}_{mkN}(x-1)x^k$$
$$= 10.115831(x-1)x^1 - 114.6285(x-1)x^2 + 683.9334(x-1)x^3$$
$$-2362.87(x-1)x^4 + 4967.4512(x-1)x^5 - 6437.175(x-1)x^6$$
$$+5010.4422(x-1)x^7 - 2142.566(x-1)x^8 + 385.715(x-1)x^9.$$

其图像如图 10.3 所示.

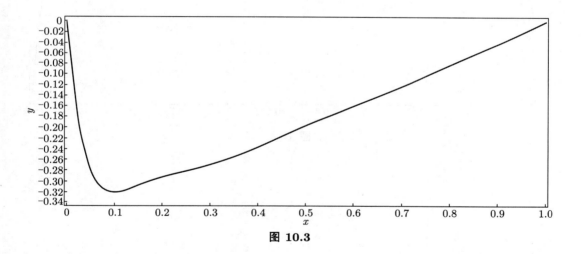

图 10.3

最后进行验算:

$$Q(x) = x^2 \widehat{y}_m''(x) + 2x\widehat{y}_{mN}'(x) - x\widehat{y}_{mN}(x) - x$$
$$= x^2 \left(\sum_{k=1}^{9} \widehat{\beta}_{mk}(x-1)x^k \right)'' + 2x \left(\sum_{k=1}^{9} \widehat{\beta}_{mk}(x-1)x^k \right)'$$
$$-x \left(\sum_{k=1}^{9} \widehat{\beta}_{mk}(x-1)x^k \right) - x$$

$$= x^2 \left(\sum_{k=1}^{9} \widehat{\beta}_{mk} [k(k+1)x^{k-1} - (k-1)kx^{k-2}] \right)$$

$$+ 2x \left(\sum_{k=1}^{9} \widehat{\beta}_{mk} [(k+1)x^k - kx^{k-1}] \right)$$

$$- x \left(\sum_{k=1}^{9} \widehat{\beta}_{mk} (x-1)x^k \right) - x,$$

其图像如图 10.4 所示.

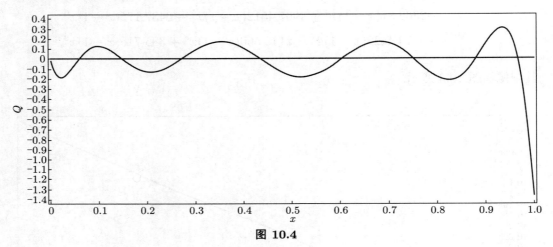

图 10.4

第十一章

积分型泛函极值的微分方程解法

积分型泛函系经典变分学研究范围之所在.

积分型泛函, 已完全超出投影泛函的视野, 故而需重新溯源至泛函极值必要条件 (极值点必为驻点) 的基点上来, 正是缘于此, 欧拉与拉格朗日找出积分型泛函驻点方程的统一形式, 即欧拉–拉格朗日微分方程, 于是求解积分型泛函的极值点, 可转化为求解微分方程.

§11.1 简单积分型泛函

定义 11.1.1 设函数 $F(u,v,w)$ 二阶连续可偏导, 置泛函 $J(y): C^2[x_0, x_1] \to \mathbb{R}$ 为

$$J(y) = \int_{x_0}^{x_1} F(x, y, y') \mathrm{d}x, \tag{11.1.1}$$

称 $J(y)$ 为简单积分型泛函, $F(x, y, y')$ 为拉格朗日密度函数.

定理 11.1.1 若 $J(y) = \int_{x_0}^{x_1} F(x, y, y') \mathrm{d}x$ 为简单积分型泛函, 则 $\forall \eta(x) \in C^2[x_0, x_1]$, 有弱微分

$$\mathrm{D}J(y; \eta(x)) = \int_{x_0}^{x_1} [F_y(x, y, y')\eta(x) + F_{y'}(x, y, y')\eta'(x)] \mathrm{d}x. \tag{11.1.2}$$

证明

$$\mathrm{D}J(y; \eta(x)) = \frac{\mathrm{d}}{\mathrm{d}t} J(y + t\eta) \bigg|_{t=0}$$

$$= \frac{\mathrm{d}}{\mathrm{d}t} \int_{x_0}^{x_1} F(x, y + t\eta, y' + t\eta')\mathrm{d}x \bigg|_{t=0}$$
$$= \int_{x_0}^{x_1} [F_y(x, y + t\eta, y' + t\eta')\eta(x) + F_{y'}(x, y + t\eta, y' + t\eta')\eta'(x)]\mathrm{d}x \bigg|_{t=0}$$
$$= \int_{x_0}^{x_1} [F_y(x, y, y')\eta(x) + F_{y'}(x, y, y')\eta'(x)]\mathrm{d}x. \qquad \Box$$

§11.2 欧拉 – 拉格朗日方程

引理 11.2.1 (变分学基本引理) 设 $f(x) \in C[a,b]$, $C_0^2[a,b] = \{g(x) \in C^2[a,b] : g(a) = g(b) = 0\}$. 若

$$\int_a^b f(x)\eta(x)\mathrm{d}x = 0 \qquad (\forall \eta(x) \in C_0^2[a,b]), \tag{11.2.1}$$

则 $f(x) = 0$ $(x \in [a,b])$.

证明 (反证法) 假设 $\exists x_0 \in (a,b)$, 使得 $f(x_0) \neq 0$(不妨设 $f(x_0) > 0$). 由 $f(x)$ 的连续性, 知存在 $[c,d] \subset [a,b]$, 使得

$$f(x) > 0 \qquad (x \in [c,d]).$$

取 $\eta(x)$ 为

$$\eta(x) = \begin{cases} (x-c)^4(x-d)^4, & x \in [c,d], \\ 0, & x \in [a,b] \setminus [c,d], \end{cases}$$

易见, $\eta(x) \in C_0^2[a,b]$, 并且

$$\int_a^b f(x)\eta(x)\mathrm{d}x = \int_c^d f(x)(x-c)^4(x-d)^4 \mathrm{d}x > 0,$$

矛盾. 再注意到 x_0 的任意性及 $f(x)$ 的连续性, 即可知 $f(x) = 0$ $(x \in [a,b])$. $\qquad \Box$

定理 11.2.1 若 $y(x)$ 是边值条件泛函

$$\begin{cases} J(y) = \int_{x_0}^{x_1} F(x, y, y')\mathrm{d}x, \\ y(x_0) = y_0, \quad y(x_1) = y_1 \end{cases} \tag{11.2.2}$$

的极值点, 则 $y(x)$ 是边值条件微分方程

$$\begin{cases} F_y(x,y,y') - \dfrac{\mathrm{d}}{\mathrm{d}x} F_{y'}(x,y,y') = 0, \\ y(x_0) = y_0, \quad y(x_1) = y_1 \end{cases} \tag{11.2.3}$$

的解.

证明 由于 $J(y)$ 在 y 点取到极值, 故对任意方向 $\eta(x) \in C_0^2[x_0, x_1]$, 有弱微分 $\mathrm{D}J(y;\eta) = 0$, 即

$$\int_{x_0}^{x_1} [F_y(x,y,y')\eta(x) + F_{y'}(x,y,y')\eta'(x)]\mathrm{d}x = 0.$$

由于

$$\int_{x_0}^{x_1} F_{y'}(x,y,y')\eta'(x)\mathrm{d}x = F_{y'}(x,y,y')\eta(x)\Big|_{x_0}^{x_1} - \int_{x_0}^{x_1} \eta(x)\frac{\mathrm{d}}{\mathrm{d}x}F_{y'}(x,y,y')\mathrm{d}x$$
$$= -\int_{x_0}^{x_1} \eta(x)\frac{\mathrm{d}}{\mathrm{d}x}F_{y'}(x,y,y')\mathrm{d}x,$$

因此

$$\int_{x_0}^{x_1} \left[F_y(x,y,y') - \frac{\mathrm{d}}{\mathrm{d}x}F_{y'}(x,y,y') \right] \eta(x)\mathrm{d}x = 0 \quad (\forall \eta(x) \in C_0^2[x_0, x_1]).$$

再由变分学基本引理, 知

$$F_y(x,y,y') - \frac{\mathrm{d}}{\mathrm{d}x}F_{y'}(x,y,y') = 0. \qquad \square$$

定义 11.2.1 称微分方程

$$F_y(x,y,y') - \frac{\mathrm{d}}{\mathrm{d}x}F_{y'}(x,y,y') = 0 \tag{11.2.4}$$

为简单积分型泛函

$$J(y) = \int_{x_0}^{x_1} F(x,y,y')\mathrm{d}x \tag{11.2.5}$$

的欧拉-拉格朗日方程 (驻点方程), 称驻点方程的解为泛函 $J(y)$ 的驻点.

注 11.2.1 $F_y(x,y,y') - \dfrac{\mathrm{d}}{\mathrm{d}x}F_{y'}(x,y,y')$ 的展开式为

$$F_y(x,y,y') - \frac{\mathrm{d}}{\mathrm{d}x}F_{y'}(x,y,y')$$
$$= F_y(x,y,y') - F_{xy'}(x,y,y') - F_{yy'}(x,y,y')y' - F_{y'y'}(x,y,y')y''.$$

例 11.2.1 求边值条件泛函

$$\begin{cases} J(y) = \displaystyle\int_1^2 (y'^2 - 2xy)\mathrm{d}x, & y \in C^2[1,2], \\ y(1) = 0, \quad y(2) = -1 \end{cases}$$

的极值点.

解 由 $J(y)$ 的拉格朗日密度函数

$$F(x,y,y') = y'^2 - 2xy$$

知 $J(y)$ 的驻点方程为

$$\begin{cases} -2x - \dfrac{\mathrm{d}}{\mathrm{d}x}(2y') = 0, \\ y(1) = 0, \quad y(2) = -1, \end{cases}$$

其同解于

$$\begin{cases} y'' + x = 0, \\ y(1) = 0, \quad y(2) = -1, \end{cases}$$

亦同解于

$$\begin{cases} y = -\dfrac{1}{6}x^3 + C_1 x + C_2, \\ y(1) = 0, \quad y(2) = -1. \end{cases}$$

可知泛函 $J(y)$ 的极值点为

$$y = \frac{1}{6}x(1 - x^2).$$

例 11.2.2 求边值条件泛函

$$\begin{cases} J(y) = \displaystyle\int_0^{\pi/2} (y'^2 - y^2)\mathrm{d}x, & y \in C^2[0, \pi/2], \\ y(0) = 0, \quad y(\pi/2) = 1 \end{cases}$$

的极值点.

解 由于 $J(y)$ 的拉格朗日密度函数为

$$F(x,y,y') = y'^2 - y^2,$$

可知 $J(y)$ 的驻点方程为

$$\begin{cases} -2y - \dfrac{\mathrm{d}}{\mathrm{d}x}(2y') = 0, \\ y(0) = 0, \quad y(\pi/2) = 1, \end{cases}$$

其同解于

$$\begin{cases} y'' + y = 0, \\ y(0) = 0, \quad y(\pi/2) = 1. \end{cases}$$

此常系数线性常微分方程的特征方程为

$$r^2 + 1 = 0,$$

其解是 $r = \pm i$. 遂知原方程的解为

$$\begin{cases} y = C_1 \cos x + C_2 \sin x, \\ y(0) = 0, \quad y(\pi/2) = 1, \end{cases}$$

则泛函 $J(y)$ 的极值点为

$$y = \sin x.$$

§11.3 三种特殊情形

一、拉格朗日密度函数 F 不依赖于 y' 的情形

在此情形下, $F = F(x,y)$, 相应的驻点方程为

$$F_y(x,y) = 0,$$

其实为纯函数方程.

例 11.3.1 求泛函

$$J(y) = \int_{x_0}^{x_1} (y - f(x))^2 \mathrm{d}x \qquad (y \in C[x_0, x_1])$$

的极值点.

解 由 $J(y)$ 的拉格朗日密度函数

$$F(x, y, y') = (y - f(x))^2$$

知 $J(y)$ 的驻点方程为

$$2(y - f(x)) = 0.$$

可知 $J(y)$ 的极值点为

$$y = f(x).$$

例 11.3.2 求泛函

$$J(y) = \int_0^\pi y(2x - y)\mathrm{d}x \qquad (y \in C[0, \pi])$$

的极值点.

解 由 $J(y)$ 的拉格朗日密度函数

$$F(x, y, y') = y(2x - y)$$

知 $J(y)$ 的驻点方程为

$$2x - 2y = 0,$$

其解为

$$y = x.$$

此即为 $J(y)$ 的极值点.

二、拉格朗日密度函数 F 不依赖于 y 的情形

在此情形下,$F = F(x, y')$,相应的驻点方程为

$$\frac{\mathrm{d}}{\mathrm{d}x} F_{y'}(x, y') = 0,$$

其同解于
$$F_{y'}(x, y') = C.$$

例 11.3.3 试求泛函
$$J(y) = \int_a^b \sqrt{1+y'^2}\,\mathrm{d}x \quad (y \in C^2[a,b])$$
的极值点.

解 由 $J(y)$ 的拉格朗日密度函数
$$F(x,y,y') = \sqrt{1+y'^2}$$
可得 $J(y)$ 的驻点方程
$$\frac{y'}{\sqrt{1+y'^2}} = C,$$
其同解于
$$y' = \pm\sqrt{\frac{C^2}{1-C^2}}.$$
可知 $J(y)$ 的极值点为
$$y = \pm\sqrt{\frac{C^2}{1-C^2}}\,x + C_1.$$

三、拉格朗日密度函数 F 不依赖于 x 的情形

在此情形下, $F = F(y, y')$, 相应的驻点方程为
$$F_y - F_{yy'}y' - F_{y'y'}y'' = 0,$$
因为
$$\begin{aligned}\frac{\mathrm{d}}{\mathrm{d}x}(F - y'F_{y'}) &= F_y y' + F_{y'}y'' - y''F_{y'} - y'\frac{\mathrm{d}}{\mathrm{d}x}F_{y'} \\ &= y'\left(F_y - \frac{\mathrm{d}}{\mathrm{d}x}F_{y'}\right) \\ &= y'(F_y - F_{yy'}y' - F_{y'y'}y''),\end{aligned}$$
可见方程
$$F - y'F_{y'} = C$$

与驻点方程同解.

例 11.3.4 试求泛函
$$J(y) = \int_{x_0}^{x_1} (y + R\sqrt{1+y'^2})\mathrm{d}x \quad (y \in C^2[x_0, x_1])$$
的极值点.

解 令
$$H = y + R\sqrt{1+y'^2},$$
于是,根据定理知极值点 $y(x)$ 应满足相应的驻点方程
$$H_y - \frac{\mathrm{d}}{\mathrm{d}x}H_{y'} = 0.$$
因 H 不含 x 项,故驻点方程同解于
$$H - y'H_{y'} = C_1,$$
即
$$y + R\sqrt{1+y'^2} - y'R\frac{y'}{\sqrt{1+y'^2}} = C_1,$$
亦即
$$y = C_1 - \frac{R}{\sqrt{1+y'^2}}.$$
做变量替换 $y' = \tan t$,同解变形为
$$\begin{cases} y = C_1 - \dfrac{R}{\sqrt{1+\tan^2 t}}, \\ y' = \tan t, \end{cases}$$
即
$$\begin{cases} y = C_1 - \dfrac{R}{\sec t}, \\ \dfrac{\frac{\mathrm{d}y}{\mathrm{d}t}}{\frac{\mathrm{d}x}{\mathrm{d}t}} = \tan t \end{cases} \Rightarrow \begin{cases} y = C_1 - R\cos t, \\ \dfrac{\mathrm{d}x}{\mathrm{d}t} = \dfrac{1}{\tan t}\dfrac{\mathrm{d}y}{\mathrm{d}t} \end{cases}$$

$$\Rightarrow \begin{cases} y = C_1 - R\cos t, \\ \dfrac{\mathrm{d}x}{\mathrm{d}t} = \dfrac{1}{\tan t} R\sin t \end{cases} \Rightarrow \begin{cases} y = C_1 - R\cos t, \\ \dfrac{\mathrm{d}x}{\mathrm{d}t} = R\cos t \end{cases}$$

$$\Rightarrow \begin{cases} y = C_1 - R\cos t, \\ x = R\sin t + C_2 \end{cases} \Rightarrow \begin{cases} y - C_1 = -R\cos t, \\ x - C_2 = R\sin t. \end{cases}$$

可知极值点为

$$(x - C_2)^2 + (y - C_1)^2 = R^2.$$

§11.4 含两个函数的积分型泛函

定义 11.4.1 设函数 $F(u_1, u_2, u_3, u_4, u_5)$ 二阶连续可偏导, 泛函 $J(y(x), z(x))$: $C^2[x_0, x_1] \times C^2[x_0, x_1] \to \mathbb{R}$ 为

$$J(y(x), z(x)) = \int_{x_0}^{x_1} F(x, y(x), y'(x), z(x), z'(x))\mathrm{d}x. \tag{11.4.1}$$

称 $J(y, z)$ 为含两个函数的积分型泛函,$F(x, y, y', z, z')$ 为 $J(y, z)$ 的拉格朗日密度函数.

定理 11.4.1 若 $y(x), z(x)$ 是边值条件泛函

$$\begin{cases} J(y(x), z(x)) = \displaystyle\int_{x_0}^{x_1} F(x, y(x), y'(x), z(x), z'(x))\mathrm{d}x, \\ y(x_0) = y_0, \quad y(x_1) = y_1, \\ z(x_0) = z_0, \quad z(x_1) = z_1 \end{cases} \tag{11.4.2}$$

的极值点, 则 $y(x), z(x)$ 是边值条件微分方程组

$$\begin{cases} F_y(x, y, y', z, z') - \dfrac{\mathrm{d}}{\mathrm{d}x} F_{y'}(x, y, y', z, z') = 0, \\ F_z(x, y, y', z, z') - \dfrac{\mathrm{d}}{\mathrm{d}x} F_{z'}(x, y, y', z, z') = 0, \\ y(x_0) = y_0, \quad y(x_1) = y_1, \\ z(x_0) = z_0, \quad z(x_1) = z_1 \end{cases} \tag{11.4.3}$$

的解.

证明 根据 $J(y,z)$ 在 (y,z) 点取到极值，故知对任意方向 $(\eta_1(x),\eta_2(x)) \in C_0^2[a,b] \times C_0^2[a,b]$，有弱微分 $\mathrm{D}J((y,z);(\eta_1,\eta_2)) = 0$，而

$$\begin{aligned}
\mathrm{D}J((y,z);(\eta_1,\eta_2)) &= \frac{\mathrm{d}}{\mathrm{d}t} J((y+t\eta_1,z+t\eta_2)) \bigg|_{t=0} \\
&= \frac{\mathrm{d}}{\mathrm{d}t} \int_{x_0}^{x_1} F(x,y+t\eta_1,y'+t\eta_1',z+t\eta_2,z'+t\eta_2')\mathrm{d}x \bigg|_{t=0} \\
&= \int_{x_0}^{x_1} \frac{\mathrm{d}}{\mathrm{d}t} F(x,y+t\eta_1,y'+t\eta_1',z+t\eta_2,z'+t\eta_2')\mathrm{d}x \bigg|_{t=0} \\
&= \int_{x_0}^{x_1} \big[F_y(x,y+t\eta_1,y'+t\eta_1',z+t\eta_2,z'+t\eta_2')\eta_1 \\
&\quad + F_{y'}(x,y+t\eta_1,y'+t\eta_1',z+t\eta_2,z'+t\eta_2')\eta_1' \\
&\quad + F_z(x,y+t\eta_1,y'+t\eta_1',z+t\eta_2,z'+t\eta_2')\eta_2 \\
&\quad + F_{z'}(x,y+t\eta_1,y'+t\eta_1',z+t\eta_2,z'+t\eta_2')\eta_2' \big]\mathrm{d}x \bigg|_{t=0} \\
&= \int_{x_0}^{x_1} \big[F_y(x,y,y',z,z')\eta_1 + F_{y'}(x,y,y',z,z')\eta_1' \\
&\quad + F_z(x,y,y',z,z')\eta_2 + F_{z'}(x,y,y',z,z')\eta_2' \big]\mathrm{d}x.
\end{aligned}$$

注意到

$$\begin{aligned}
& \int_{x_0}^{x_1} [F_{y'}(x,y,y',z,z')\eta_1' + F_{z'}(x,y,y',z,z')\eta_2']\mathrm{d}x \\
&= \int_{x_0}^{x_1} F_{y'}\eta_1' \mathrm{d}x + \int_{x_0}^{x_1} F_{z'}\eta_2' \mathrm{d}x \\
&= (F_{y'}\eta_1)\big|_{x_0}^{x_1} - \int_{x_0}^{x_1} \frac{\mathrm{d}}{\mathrm{d}x} F_{y'}\eta_1 \mathrm{d}x + (F_{z'}\eta_2)\big|_{x_0}^{x_1} - \int_{x_0}^{x_1} \frac{\mathrm{d}}{\mathrm{d}x} F_{z'}\eta_2 \mathrm{d}x \\
&= -\int_{x_0}^{x_1} \frac{\mathrm{d}}{\mathrm{d}x} F_{y'}\eta_1 \mathrm{d}x - \int_{x_0}^{x_1} \frac{\mathrm{d}}{\mathrm{d}x} F_{z'}\eta_2 \mathrm{d}x.
\end{aligned}$$

于是

$$\mathrm{D}J((y,z);(\eta_1,\eta_2)) = \int_{x_0}^{x_1} \left(F_y - \frac{\mathrm{d}}{\mathrm{d}x} F_{y'} \right) \eta_1 \mathrm{d}x + \int_{x_0}^{x_1} \left(F_z - \frac{\mathrm{d}}{\mathrm{d}x} F_{z'} \right) \eta_2 \mathrm{d}x = 0$$
$$(\forall (\eta_1,\eta_2) \in C_0^2[a,b] \times C_0^2[a,b]).$$

遂有

$$\int_{x_0}^{x_1} \left(F_y - \frac{\mathrm{d}}{\mathrm{d}x}F_{y'}\right)\eta_1 \mathrm{d}x = 0 \qquad (\forall \eta_1 \in C_0^2[a,b]),$$

$$\int_{x_0}^{x_1} \left(F_z - \frac{\mathrm{d}}{\mathrm{d}x}F_{z'}\right)\eta_2 \mathrm{d}x = 0 \qquad (\forall \eta_2 \in C_0^2[a,b]).$$

故根据变分学基本引理, 可得

$$\begin{cases} F_y(x,y,y',z,z') - \dfrac{\mathrm{d}}{\mathrm{d}x}F_{y'}(x,y,y',z,z') = 0, \\ F_z(x,y,y',z,z') - \dfrac{\mathrm{d}}{\mathrm{d}x}F_{z'}(x,y,y',z,z') = 0, \\ y(x_0) = y_0, \quad y(x_1) = y_1, \\ z(x_0) = z_0, \quad z(x_1) = z_1. \end{cases}$$

$\square$

定义 11.4.2　称微分方程

$$\begin{cases} F_y(x,y,y',z,z') - \dfrac{\mathrm{d}}{\mathrm{d}x}F_{y'}(x,y,y',z,z') = 0, \\ F_z(x,y,y',z,z') - \dfrac{\mathrm{d}}{\mathrm{d}x}F_{z'}(x,y,y',z,z') = 0 \end{cases} \tag{11.4.4}$$

为积分型泛函

$$J(y(x),z(x)) = \int_{x_0}^{x_1} F(x,y(x),y'(x),z(x),z'(x))\mathrm{d}x \tag{11.4.5}$$

的欧拉-拉格朗日方程组 (驻点方程组), 称驻点方程组的解为泛函 $J(y,z)$ 的驻点.

例 11.4.1　求边值条件泛函

$$\begin{cases} J(y(x),z(x)) = \displaystyle\int_0^{\pi/4}(2z - 4y^2 + y'^2 - z'^2)\mathrm{d}x, \quad y,z \in C^2[0,\pi/4], \\ y(0) = 0, \quad y(\pi/4) = 1, \\ z(0) = 0, \quad z(\pi/4) = 1 \end{cases}$$

的极值点.

解 由 $J(y(x), z(x))$ 的拉格朗日密度函数

$$F(x, y, y', z, z') = 2z - 4y^2 + y'^2 - z'^2$$

知 $J(y(x), z(x))$ 的驻点方程组为

$$\begin{cases} -8y - \dfrac{\mathrm{d}}{\mathrm{d}x}(2y') = 0, \\ -2 - \dfrac{\mathrm{d}}{\mathrm{d}x}(-2z') = 0, \end{cases}$$

其同解于

$$\begin{cases} y'' + 4y = 0, \\ z'' + 1 = 0. \end{cases}$$

由其特征方程

$$\begin{cases} \lambda^2 + 4 = 0, \\ z = -\dfrac{x^2}{2} + C_3 x + C_4 \end{cases}$$

得特征值为

$$\begin{cases} \lambda_1 = 2\mathrm{i}, \ \lambda_2 = -2\mathrm{i}, \\ z = -\dfrac{x^2}{2} + C_3 x + C_4. \end{cases}$$

根据常系数线性常微分方程的理论, 可知驻点方程组的解为

$$\begin{cases} y = C_1 \cos 2x + C_2 \sin 2x, \\ z = -\dfrac{x^2}{2} + C_3 x + C_4. \end{cases}$$

再根据边界条件, 得

$$C_1 = 0, \quad C_2 = 1, \quad C_3 = \dfrac{32 + \pi^2}{8\pi}, \quad C_4 = 0,$$

即获泛函 $J(y, z)$ 的极值点为

$$\begin{cases} y = \sin 2x, \\ z = -\dfrac{1}{2}x^2 + \dfrac{32 + \pi^2}{8\pi}x. \end{cases}$$

§11.5 含有二阶导函数的积分型泛函

定义 11.5.1 设函数 $F(u_1,u_2,u_3,u_4,u_5)$ 二阶连续可偏导, 泛函 $J(y(x)): C^4[x_0,x_1] \to \mathbb{R}$ 为

$$J(y(x)) = \int_{x_0}^{x_1} F(x,y(x),y'(x),y''(x))\mathrm{d}x. \tag{11.5.1}$$

称 $J(y)$ 为含有二阶导函数的积分型泛函, $F(x,y,y',y'')$ 为 $J(y)$ 的拉格朗日密度函数.

定理 11.5.1 若 $y(x)$ 是边值条件泛函

$$\begin{cases} J(y(x)) = \int_{x_0}^{x_1} F(x,y,y',y'')\mathrm{d}x, \\ y(x_0) = y_0, \quad y(x_1) = y_1, \\ y'(x_0) = y'_0, \quad y'(x_1) = y'_1 \end{cases} \tag{11.5.2}$$

的极值点, 则 $y(x)$ 是边值条件微分方程

$$\begin{cases} F_y(x,y,y',y'') - \dfrac{\mathrm{d}}{\mathrm{d}x}F_{y'}(x,y,y',y'') + \dfrac{\mathrm{d}^2}{\mathrm{d}x^2}F_{y''}(x,y,y',y'') = 0, \\ y(x_0) = y_0, \quad y(x_1) = y_1, \\ y'(x_0) = y'_0, \quad y'(x_1) = y'_1 \end{cases} \tag{11.5.3}$$

的解.

定义 11.5.2 称微分方程

$$F_y(x,y,y',y'') - \frac{\mathrm{d}}{\mathrm{d}x}F_{y'}(x,y,y',y'') + \frac{\mathrm{d}^2}{\mathrm{d}x^2}F_{y''}(x,y,y',y'') = 0 \tag{11.5.4}$$

为积分型泛函

$$J(y(x)) = \int_{x_0}^{x_1} F(x,y,y',y'')\mathrm{d}x \tag{11.5.5}$$

的欧拉 – 拉格朗日方程 (驻点方程), 称驻点方程的解为泛函 $J(y)$ 的驻点.

例 11.5.1 求边值条件泛函

$$\begin{cases} J(y(x)) = \int_0^{\pi/2} (y''^2 - y^2 + x^2)\mathrm{d}x, \quad y \in C^4[0,\pi/2], \\ y(0) = 0, \quad y(\pi/2) = 0, \\ y'(0) = 0, \quad y'(\pi/2) = -1 \end{cases}$$

的极值点.

解 由 $J(y(x))$ 的拉格朗日密度函数

$$F(x,y,y',y'') = y''^2 - y^2 + x^2$$

可得 $J(y)$ 的驻点方程

$$F_y(x,y,y',y'') - \frac{\mathrm{d}}{\mathrm{d}x}F_{y'}(x,y,y',y'') + \frac{\mathrm{d}^2}{\mathrm{d}x^2}F_{y''}(x,y,y',y'') = 0,$$

即

$$-2y - \frac{\mathrm{d}}{\mathrm{d}x}0 + \frac{\mathrm{d}^2}{\mathrm{d}x^2}(2y'') = 0,$$

亦即

$$y^{(4)} - y = 0.$$

此常系数线性常微分方程的特征方程为

$$\lambda^4 - 1 = 0,$$

由其解 $\lambda_1 = 1, \lambda_2 = -1, \lambda_3 = \mathrm{i}, \lambda_1 = -\mathrm{i}$, 遂得常微分方程的通解为

$$y(x) = C_1 \mathrm{e}^x + C_2 \mathrm{e}^{-x} + C_3 \cos x + C_4 \sin x.$$

再利用边值条件, 可知

$$C_1 = 0, \quad C_2 = 0, \quad C_3 = 1, \quad C_4 = 0.$$

即得泛函 $J(y,z)$ 的极值点为

$$y = \cos x.$$

§11.6 含有二元函数的积分型泛函

定义 11.6.1 设函数 $F(u_1, u_2, u_3, u_4, u_5)$ 二阶连续可偏导, $D \subset \mathbb{R}$, 并设泛函 $J(u(x,y)): C^2(D) \to \mathbb{R}$ 为

$$J(u(x,y)) = \iint\limits_D F(x,y,u(x,y),u_x(x,y),u_y(x,y))\mathrm{d}x\mathrm{d}y. \tag{11.6.1}$$

称 $J(u)$ 为含有二元函数的积分型泛函, $F(x,y,u,u_x,u_y)$ 为 $J(y)$ 的拉格朗日密度函数.

定理 11.6.1 若 $u(x,y)$ 是泛函

$$J(u(x,y)) = \iint_D F(x,y,u,u_x,u_y) \mathrm{d}x\mathrm{d}y \tag{11.6.2}$$

的极值点, 则 $u(x,y)$ 满足偏微分方程 (驻点方程)

$$F_u(x,y,u,u_x,u_y) - \frac{\partial}{\partial x}F_{u_x}(x,y,u,u_x,u_y) - \frac{\partial}{\partial y}F_{u_y}(x,y,u,u_x,u_y) = 0. \tag{11.6.3}$$

例 11.6.1 设泛函

$$\begin{cases} J(u(x,y)) = \dfrac{1}{2}\iint_D \left(u_x^2 + u_y^2\right)\mathrm{d}x\mathrm{d}y, \quad u \in C^2(D), \\ u(x,y)|_{\partial D} = f(\theta), \end{cases}$$

其中 $D = \{(x,y) : x^2 + y^2 < R^2\}, \partial D = \{(x,y) : x^2 + y^2 = R^2\}, \theta$ 是极坐标的极角, 试求此泛函的极点.

解 由 $J(u)$ 的拉格朗日密度函数

$$F(x,y,u,u_x,u_y) = \frac{1}{2}(u_x^2 + u_y^2)$$

可得 $J(u)$ 的驻点方程

$$F_u - \frac{\partial}{\partial x}F_{u_x} - \frac{\partial}{\partial y}F_{u_y} = 0,$$

即

$$0 - \frac{\partial}{\partial x}u_x - \frac{\partial}{\partial y}u_y = 0$$

亦即

$$\frac{\partial^2 u}{\partial x^2} + \frac{\partial^2 u}{\partial y^2} = 0.$$

这是拉普拉斯方程 (调和方程), 而其边值问题

$$\begin{cases} \dfrac{\partial^2 u}{\partial x^2} + \dfrac{\partial^2 u}{\partial y^2} = 0, \\ u(x,y)|_{\partial D} = f(\theta) \end{cases}$$

的解为

$$u(x_0, y_0) = \frac{1}{2\pi} \int_0^{2\pi} \frac{(R^2 - r_0^2)f(\theta)}{R^2 - 2Rr_0\cos(\theta - \theta_0) + r_0^2} d\theta \quad ((r_0, \theta_0) \in D).$$

特别当 $f(\theta) = C$(常数) 时,解为

$$u(x_0, y_0) = C \quad ((r_0, \theta_0) \in D).$$

例 11.6.2 试求泛函

$$J(u(x,y)) = \iint_D \left(u_x^2 + u_y^2 + 2uf(x,y)\right) dxdy \quad (u \in C^2(D))$$

的驻点方程.

解 由 $J(u)$ 的拉格朗日密度函数

$$F(x, y, u, u_x, u_y) = u_x^2 + u_y^2 + 2uf(x,y)$$

可得 $J(u)$ 的驻点方程

$$F_u - \frac{\partial}{\partial x}F_{u_x} - \frac{\partial}{\partial y}F_{u_y} = 0,$$

即

$$2f - \frac{\partial}{\partial x}(2u_x) - \frac{\partial}{\partial y}(2u_y) = 0,$$

亦即

$$\frac{\partial^2 u}{\partial x^2} + \frac{\partial^2 u}{\partial y^2} = f.$$

这是泊松方程.

例 11.6.3 试求泛函

$$J(u(x,y)) = \iint_D \left(u_x^4 + u_y^4 + 12uf(x,y)\right) dxdy \quad (u \in C^2(D))$$

的驻点方程.

解 由 $J(u)$ 的拉格朗日密度函数

$$F(x, y, u, u_x, u_y) = u_x^4 + u_y^4 + 12uf(x,y)$$

可得 $J(u)$ 的驻点方程

$$12f - \frac{\partial}{\partial x}(4u_x^3) - \frac{\partial}{\partial y}(4u_y^3) = 0,$$

即

$$12f - 12u_x^2 \frac{\partial}{\partial x}(u_x) - 12u_y^2 \frac{\partial}{\partial y}(u_y) = 0,$$

亦即

$$\left(\frac{\partial u}{\partial x}\right)^2 \frac{\partial^2 u}{\partial x^2} + \left(\frac{\partial u}{\partial y}\right)^2 \frac{\partial^2 u}{\partial y^2} = f.$$

§11.7 带约束的积分型泛函

一、微分约束条件极值

本节考虑泛函

$$J(y_1(x), y_2(x)) = \int_{x_0}^{x_1} F(x, y_1, y_2, y_1', y_2') \mathrm{d}x \quad (y_1, y_2 \in C^2[x_0, x_1])$$

在边值条件

$$y_1(x_0) = y_{10}, \quad y_1(x_1) = y_{11}, \quad y_2(x_0) = y_{20}, \quad y_2(x_1) = y_{21}$$

及约束条件

$$\varphi(x, y_1, y_2, y_1', y_2') = 0$$

(其中 φ 已知) 下的极值点问题, 即求解约束边值条件泛函

$$\begin{cases} J(y_1(x), y_2(x)) = \int_{x_0}^{x_1} F(x, y_1, y_2, y_1', y_2') \mathrm{d}x, \quad y_1, y_2 \in C^2[x_0, x_1], \\ y_1(x_0) = y_{10}, \quad y_1(x_1) = y_{11}, \quad y_2(x_0) = y_{20}, \quad y_2(x_1) = y_{21}, \\ \varphi(x, y_1, y_2, y_1', y_2') = 0 \end{cases} \quad (11.7.1)$$

的极值点.

定理 11.7.1 若 $y_1(x), y_2(x)$ 是约束边值条件泛函的极值点, 则存在函数 $\lambda(x)$, 使 $y_1(x), y_2(x)$ 是辅助约束边值条件泛函

$$\begin{cases} J^*(y_1, y_2) = \int_{x_0}^{x_1} [F(x, y_1, y_2, y_1', y_2') + \lambda(x)\varphi(x, y_1, y_2, y_1', y_2')] \mathrm{d}x \\ y_1(x_0) = y_{10}, \quad y_1(x_1) = y_{11}, \quad y_2(x_0) = y_{20}, \quad y_2(x_1) = y_{21}, \\ \varphi(x, y_1, y_2, y_1', y_2') = 0 \end{cases} \quad (11.7.2)$$

的极值点, 即 $y_1(x), y_2(x)$ 是约束边值条件条件微分方程

$$\begin{cases} H_{y_1}(x, y_1, y_2, y_1', y_2') - \dfrac{\mathrm{d}}{\mathrm{d}x} H_{y_1'}(x, y_1, y_2, y_1', y_2') = 0, \\ H_{y_2}(x, y_1, y_2, y_1', y_2') - \dfrac{\mathrm{d}}{\mathrm{d}x} H_{y_2'}(x, y_1, y_2, y_1', y_2') = 0, \\ y_1(x_0) = y_{10}, \quad y_1(x_1) = y_{11}, \quad y_2(x_0) = y_{20}, \quad y_2(x_1) = y_{21}, \\ \varphi(x, y_1, y_2, y_1', y_2') = 0 \end{cases} \quad (11.7.3)$$

的解, 其中 $H = F + \lambda(x)\varphi$.

证明过程略.

例 11.7.1   试求约束边值条件泛函

$$\begin{cases} J(y_1, y_2) = \dfrac{1}{2} \int_0^2 y_2'^2 \mathrm{d}x, \quad y_1, y_2 \in C^2[0, 2], \\ y_2 - y_1' = 0, \\ y_1(0) = 1, \quad y_1(2) = 0, \quad y_2(0) = 1, \quad y_2(2) = 0 \end{cases}$$

的极值.

解   做辅助拉格朗日密度函数

$$H = \frac{1}{2} y_2'^2 + \lambda(x)(y_2 - y_1').$$

建立辅助泛函

$$J(y_1, y_2) = \int_0^2 H \mathrm{d}x,$$

其驻点方程为

$$\begin{cases} H_{y_1} - \dfrac{\mathrm{d}}{\mathrm{d}x} H_{y_1'} = 0, \\ H_{y_2} - \dfrac{\mathrm{d}}{\mathrm{d}x} H_{y_2'} = 0, \end{cases}$$

即
$$\begin{cases} 0 - \dfrac{\mathrm{d}}{\mathrm{d}x}(-\lambda(x)) = 0, \\ \lambda(x) - \dfrac{\mathrm{d}}{\mathrm{d}x}(y_2') = 0, \end{cases}$$

亦即
$$\begin{cases} \dfrac{\mathrm{d}}{\mathrm{d}x}\lambda(x) = 0, \\ \dfrac{\mathrm{d}^2}{\mathrm{d}x^2}y_2 = \lambda(x), \end{cases}$$

同解于
$$\begin{cases} \lambda(x) = C_1, \\ \dfrac{\mathrm{d}^2}{\mathrm{d}x^2}y_2 = C_1. \end{cases}$$

解得
$$y_2 = \frac{1}{2}C_1 x^2 + C_2 x + C_3.$$

加上约束条件，有
$$y_1' = \frac{1}{2}C_1 x^2 + C_2 x + C_3,$$

解得
$$y_1 = \frac{1}{6}C_1 x^3 + \frac{1}{2}C_2 x^2 + C_3 x + C_4.$$

再加上边值条件，可确定参数
$$C_1 = 3, \quad C_2 = -\frac{7}{2}, \quad C_3 = 1, \quad C_4 = 1.$$

因此获得泛函的极值点为
$$\begin{cases} y_1 = \dfrac{1}{2}x^3 - \dfrac{7}{4}x^2 + x + 1, \\ y_2 = \dfrac{3}{2}x^2 - \dfrac{7}{2}x + 1, \end{cases}$$

则泛函的极值为
$$J(y_1, y_2) = \frac{1}{2}\int_0^2 \left(3x - \frac{7}{2}\right)^2 \mathrm{d}x = \frac{13}{4}.$$

二、积分约束条件极值

本节考虑泛函

$$J(y_1(x), y_2(x)) = \int_{x_0}^{x_1} F(x, y_1, y_2, y_1', y_2') \mathrm{d}x \quad (y_1, y_2 \in C^2[x_0, x_1])$$

在边值条件

$$y_1(x_0) = y_{10}, \quad y_1(x_1) = y_{11}, \quad y_2(x_0) = y_{20}, \quad y_2(x_1) = y_{21}$$

及积分约束条件

$$\int_{x_0}^{x_1} G(x, y_1, y_2, y_1', y_2') \mathrm{d}x = a$$

(其中 $G \in C^2[x_0, x_1]$ 为已知, a 为常数) 下的极值点问题, 即求解积分约束边值条件条件泛函

$$\begin{cases} J(y_1(x), y_2(x)) = \int_{x_0}^{x_1} F(x, y_1, y_2, y_1', y_2') \mathrm{d}x, \quad y_1, y_2 \in C^2[x_0, x_1], \\ y_1(x_0) = y_{10}, \quad y_1(x_1) = y_{11}, \quad y_2(x_0) = y_{20}, \quad y_2(x_1) = y_{21}, \\ \int_{x_0}^{x_1} G(x, y_1, y_2, y_1', y_2') \mathrm{d}x = a \end{cases} \quad (11.7.4)$$

的极值点 (驻点).

定理 11.7.2 若 $y_1(x), y_2(x)$ 是积分约束边值条件条件泛函的极值点, 则存在常数 λ, 使得 $y_1(x), y_2(x)$ 是辅助无约束边值条件条件泛函另加积分约束条件问题

$$\begin{cases} J^*(y_1, y_2) = \int_{x_0}^{x_1} [F(x, y_1, y_2, y_1', y_2') + \lambda G(x, y_1, y_2, y_1', y_2')] \mathrm{d}x, \\ y_1(x_0) = y_{10}, \quad y_1(x_1) = y_{11}, \quad y_2(x_0) = y_{20}, \quad y_2(x_1) = y_{21}, \\ \int_{x_0}^{x_1} G(x, y_1, y_2, y_1', y_2') \mathrm{d}x = a \end{cases} \quad (11.7.5)$$

的极值点, 即 $y_1(x), y_2(x)$ 是积分约束边值条件条件微分方程

$$\begin{cases} H_{y_1}(x,y_1,y_2,y_1',y_2') - \dfrac{\mathrm{d}}{\mathrm{d}x} H_{y_1'}(x,y_1,y_2,y_1',y_2') = 0, \\ H_{y_2}(x,y_1,y_2,y_1',y_2') - \dfrac{\mathrm{d}}{\mathrm{d}x} H_{y_2'}(x,y_1,y_2,y_1',y_2') = 0, \\ y_1(x_0) = y_{10}, \quad y_1(x_1) = y_{11}, \quad y_2(x_0) = y_{20}, \quad y_2(x_1) = y_{21}, \\ \displaystyle\int_{x_0}^{x_1} G(x,y_1,y_2,y_1',y_2')\mathrm{d}x = a \end{cases} \tag{11.7.6}$$

的解, 其中 $H = F + \lambda G$.

证明 做新函数

$$z(x) = \int_{x_0}^{x_1} G(x,y_1,y_2,y_1',y_2')\mathrm{d}x \quad (x \in [x_0, x_1]),$$

令其满足

$$\begin{cases} z'(x) = G(x,y_1,y_2,y_1',y_2'), \quad x \in [x_0, x_1], \\ z(x_0) = 0, \quad z(x_1) = a. \end{cases}$$

易见, 此与积分约束条件等价, 即题设的积分约束边值条件条件泛函驻点问题化为如下微分约束边值条件条件泛函:

$$\begin{cases} J^{**}(y_1(x), y_2(x), z(x)) = \displaystyle\int_{x_0}^{x_1} F(x,y_1,y_2,y_1',y_2')\mathrm{d}x, \\ y_1(x_0) = y_{10}, \quad y_1(x_1) = y_{11}, \quad y_2(x_0) = y_{20}, \quad y_2(x_1) = y_{21}, \quad z(x_0) = 0, \quad z(x_1) = a, \\ \varphi(x,y_1,y_2,z,y_1',y_2',z') = G(x,y_1,y_2,y_1',y_2') - z'(x) = 0. \end{cases}$$

根据上节的讨论, 此问题可化为如下无约束边值条件条件泛函另加微分约束条件的驻点问题:

$$\begin{cases} J^{***}[y_1(x), y_2(x), z(x)] = \displaystyle\int_{x_0}^{x_1} (F + \lambda(x)\varphi)\mathrm{d}x, \\ y_1(x_0) = y_{10}, \; y_1(x_1) = y_{11}, \; y_2(x_0) = y_{20}, \; y_2(x_1) = y_{21}, \; z(x_0) = 0, \; z(x_1) = a, \\ \varphi = G - z' = 0, \end{cases}$$

其驻点方程组及边值条件约束条件为

$$\begin{cases} \begin{cases} H^*_{y_1} - \dfrac{\mathrm{d}}{\mathrm{d}x} H^*_{y'_1} = 0, \\ H^*_{y_2} - \dfrac{\mathrm{d}}{\mathrm{d}x} H^*_{y'_2} = 0, \\ H^*_z - \dfrac{\mathrm{d}}{\mathrm{d}x} H^*_{z'} = 0, \\ y_1(x_0) = y_{10}, \quad y_1(x_1) = y_{11}, \quad y_2(x_0) = y_{20}, \quad y_2(x_1) = y_{21}, \quad z(x_0) = 0, \quad z(x_1) = a, \end{cases} \\ \varphi = G - z' = 0, \end{cases}$$

其中 $H^* = F + \lambda(x)\varphi = F + \lambda(x)G - \lambda(x)z' = H - \lambda(x)z'$. 其等价于

$$\begin{cases} \begin{cases} H_{y_1} - \dfrac{\mathrm{d}}{\mathrm{d}x} H_{y'_1} = 0, \\ H_{y_2} - \dfrac{\mathrm{d}}{\mathrm{d}x} H_{y'_2} = 0, \\ \dfrac{\mathrm{d}}{\mathrm{d}x} \lambda(x) = 0, \\ y_1(x_0) = y_{10}, \quad y_1(x_1) = y_{11}, \quad y_2(x_0) = y_{20}, \quad y_2(x_1) = y_{21}, \quad z(x_0) = 0, \quad z(x_1) = a; \end{cases} \\ G = z', \end{cases}$$

亦等价于

$$\begin{cases} H_{y_1} - \dfrac{\mathrm{d}}{\mathrm{d}x} H_{y'_1} = 0, \\ H_{y_2} - \dfrac{\mathrm{d}}{\mathrm{d}x} H_{y'_2} = 0, \\ y_1(x_0) = y_{10}, \quad y_1(x_1) = y_{11}, \quad y_2(x_0) = y_{20}, \quad y_2(x_1) = y_{21}, \\ \displaystyle\int_{x_0}^{x_1} G(x, y_1, y_2, y'_1, y'_2) \mathrm{d}x = a. \end{cases}$$ □

例 11.7.2 试求约束边值条件条件泛函

$$\begin{cases} J(y) = \displaystyle\int_{x_0}^{x_1} y\sqrt{1+y'^2}\,\mathrm{d}x, \quad y \in C^2[x_0, x_1], \\ y(x_0) = y_0, \quad y(x_1) = y_1, \\ \displaystyle\int_{x_0}^{x_1} \sqrt{1+y'^2}\,\mathrm{d}x = C \end{cases}$$

的极值点.

解   做辅助拉格朗日密度函数

$$H(x,y,y') = y\sqrt{1+y'^2} + \lambda\sqrt{1+y'^2}.$$

于是, 根据定理知极值点 $y(x)$ 应满足相应的驻点方程

$$H_y(x,y,y') - \frac{\mathrm{d}}{\mathrm{d}x}H_{y'}(x,y,y') = 0.$$

因为 $H(x,y,y')$ 不含 x 项, 故驻点方程同解于

$$H - y'H_{y'} = C_1,$$

即

$$(y+\lambda)\sqrt{1+y'^2} - \frac{(y+\lambda)y'^2}{\sqrt{1+y'^2}} = C_1,$$

亦即

$$y + \lambda = C_1\sqrt{1+y'^2}.$$

做变量替换 $y' = \sinh t$, 因而方程同解于

$$\begin{cases} y + \lambda = C_1\sqrt{1+\sinh^2 t}, \\ y' = \sinh t, \end{cases}$$

即

$$\begin{cases} y + \lambda = C_1 \cosh t, \\ \dfrac{\frac{\mathrm{d}y}{\mathrm{d}t}}{\frac{\mathrm{d}x}{\mathrm{d}t}} = \sinh t \end{cases} \Rightarrow \begin{cases} y + \lambda = C_1 \cosh t, \\ \dfrac{\mathrm{d}x}{\mathrm{d}t} = \dfrac{1}{\sinh t}\dfrac{\mathrm{d}y}{\mathrm{d}t} \end{cases} \Rightarrow \begin{cases} y + \lambda = C_1 \cosh t, \\ \dfrac{\mathrm{d}x}{\mathrm{d}t} = C_1, \end{cases}$$

亦同解于

$$\begin{cases} y + \lambda = C_1 \cosh t, \\ x = C_1 t + C_2, \end{cases}$$

即

$$\begin{cases} y + \lambda = C_1 \cosh t, \\ t = \dfrac{x - C_2}{C_1}. \end{cases}$$

可获驻点方程的解为

$$y + \lambda = C_1 \cosh \dfrac{x - C_2}{C_1},$$

其中参数 λ, C_1, C_2 可由边值条件与约束条件决定. □

第十二章

积分型泛函极值的级数解法及统计解

求解积分型泛函之极值点的另一个思路,是将泛函的定义域从无限可列维降为有限维,如此泛函可降格为多元函数. 而从有限维的解,凭借极值点极限定理,可以回归到无限可列维情形.

§12.1 极值点极限定理

定理 12.1.1 (极值点极限定理) 设 $\mathscr{H}$ 是希尔伯特空间,泛函 $J(u): \mathscr{H} \to \mathbb{R}$ 是连续的,有唯一的极值点 u_0,又希尔伯特空间 $\mathscr{H}_n \uparrow \mathscr{H}$. 若 $u_n (n \in \mathbb{N})$ 为 $J(u)(u \in \mathscr{H}_n)$ 的极值点,则

$$\lim_{n \to \infty} \|u_n - u_0\| = 0.$$

证明 不妨设极值点 u_0 是极小值点. 根据题设,存在 $u_n^* \in \mathscr{H}_n (n \in \mathbb{N})$,使得

$$\lim_{n \to \infty} \|u_n^* - u_0\| = 0$$

及 $J(u_n^*) \geqslant J(u_n) \geqslant J(u_0)$,遂见

$$0 \leqslant J(u_n) - J(u_0) \leqslant J(u_n^*) - J(u_0) \to 0 \quad (n \to \infty).$$

故由 J 的连续性,有

$$\lim_{n \to \infty} J(u_n) = J(u_0),$$

则 $\lim_{n \to \infty} \|u_n - u_0\| = 0$. □

定理 12.1.2 希尔伯特空间 $L^2[a,b]$ 有绍德尔基 $\{x^n : n \in \mathbb{N}^+\}$，且

$$\text{span}\{x^k : 0 \leqslant k \leqslant n\} \uparrow L^2[a,b].$$

定理 12.1.3 希尔伯特空间 $L_0^2[a,b]$ 有绍德尔基 $\{(x-a)(x-b)^n : n \in \mathbb{N}\}$，且

$$\text{span}\{(x-a)(x-b)^k : 1 \leqslant k \leqslant n\} \uparrow L_0^2[a,b].$$

§12.2 简单积分型泛函

设简单积分型连续泛函为

$$\begin{cases} J(y) = \displaystyle\int_{x_0}^{x_1} F(x,y,y')\mathrm{d}x, \quad y(x) \in C^2[x_0, x_1], \\ y(x_0) = 0, \quad y(x_1) = 0, \end{cases}$$

即

$$J(y) = \int_{x_0}^{x_1} F(x,y,y')\mathrm{d}x \quad (y(x) \in C_0^2[x_0, x_1]), \tag{12.2.1}$$

其中拉格朗日密度函数 $F(x,y,y')$ 是 y, y' 的二次函数，即

$$F(x,y,y') = a_{11}(x)y^2 + a_{12}(x)yy' + a_{22}(x)y'^2 + b_1(x)y + b_2(x)y' + c(x).$$

取 $C_0^2[x_0, x_1]$ 的绍德尔基 $\{(x-x_0)^k(x-x_1) : k \in \mathbb{N}\}$，做有限维空间 $\mathcal{M}_m[x_0, x_1] = \text{span}\{(x-x_0)^k(x-x_1) : 1 \leqslant k \leqslant m\} \subset C_0^2[x_0, x_1]$ $(m \in \mathbb{N})$，易见 $\mathcal{M}_m[x_0, x_1] \uparrow C_0^2[x_0, x_1]$. 考虑上述泛函的有限维化泛函

$$J_m(y) = \int_{x_0}^{x_1} F(x,y,y')\mathrm{d}x \quad (y(x) \in \mathcal{M}_m[x_0, x_1]). \tag{12.2.2}$$

一、级数解

定理 12.2.1 设

$$H_{ij}(x) = a_{11}(x)(x-x_0)^i(x-x_1)(x-x_0)^j(x-x_1)$$
$$+ a_{12}(x)(x-x_0)^i(x-x_1)[j(x-x_0)^{j-1}(x-x_1) + (x-x_0)^j]$$

$$+a_{22}(x)[i(x-x_0)^{i-1}(x-x_1)+(x-x_0)^i][j(x-x_0)^{j-1}(x-x_1)+(x-x_0)^j]$$
$$(1\leqslant i,j\leqslant m),$$
$$F_i(x)=b_1(x)(x-x_0)^i(x-x_1)+b_2(x)[i(x-x_0)^{i-1}(x-x_1)+(x-x_0)^i]$$
$$(1\leqslant i\leqslant m).$$

令

$$(\beta_{mk})^{1\leqslant k\leqslant m}=-\frac{1}{2}\left[\left(\int_{x_0}^{x_1}H_{ij}(x)\mathrm{d}x\right)_{1\leqslant j\leqslant m}^{1\leqslant i\leqslant m}\right]^{-1}\left(\int_{x_0}^{x_1}F_i(x)\mathrm{d}x\right)^{1\leqslant i\leqslant m},$$

则

(1) 有限维化泛函 $J_m(y)$ 的极值点为

$$y_m(x)=(\beta_{mk})_{1\leqslant k\leqslant m}((x-x_0)^k(x-x_1))^{1\leqslant k\leqslant m}; \qquad (12.2.3)$$

(2) 原泛函 $J(y)$ 的极值点为

$$y(x)=\lim_{m\to\infty}y_m(x).$$

证明 任取

$$y=\sum_{k=1}^m c_k(x-x_0)^k(x-x_1)\in\mathcal{M}_m[x_0,x_1],$$

于是

$$F(x,y,y')$$
$$=a_{11}(x)\left(\sum_{k=1}^m c_k(x-x_0)^k(x-x_1)\right)^2$$
$$+a_{12}(x)\left(\sum_{k=1}^m c_k(x-x_0)^k(x-x_1)\right)\left(\sum_{k=1}^m c_k(x-x_0)^k(x-x_1)\right)'$$
$$+a_{22}(x)\left(\sum_{k=1}^m c_k(x-x_0)^k(x-x_1)\right)'^2+b_1(x)\left(\sum_{k=1}^m c_k(x-x_0)^k(x-x_1)\right)$$
$$+b_2(x)\left(\sum_{k=1}^m c_k(x-x_0)^k(x-x_1)\right)'+c(x)$$

$$= a_{11}(x)\left(\sum_{k=1}^{m} c_k(x-x_0)^k(x-x_1)\right)^2$$

$$+a_{12}(x)\left(\sum_{k=1}^{m} c_k(x-x_0)^k(x-x_1)\right)\left(\sum_{k=1}^{m} c_k(k(x-x_0)^{k-1}(x-x_1)+(x-x_0)^k)\right)$$

$$+a_{22}(x)\left(\sum_{k=1}^{m} c_k(k(x-x_0)^{k-1}(x-x_1)+(x-x_0)^k)\right)^2$$

$$+b_1(x)\left(\sum_{k=1}^{m} c_k(x-x_0)^k(x-x_1)\right)$$

$$+b_2(x)\left(\sum_{k=1}^{m} c_k(k(x-x_0)^{k-1}(x-x_1)+(x-x_0)^k)\right)+c(x)$$

$$=\sum_{i=1}^{m}\sum_{j=1}^{m} c_i c_j a_{11}(x)(x-x_0)^i(x-x_1)(x-x_0)^j(x-x_1)$$

$$+\sum_{i=1}^{m}\sum_{j=1}^{m} c_i c_j a_{12}(x)(x-x_0)^i(x-x_1)[j(x-x_0)^{j-1}(x-x_1)+(x-x_0)^j]$$

$$+\sum_{i=1}^{m}\sum_{j=1}^{m} c_i c_j a_{22}(x)(i(x-x_0)^{i-1}(x-x_1)+(x-x_0)^i)(j(x-x_0)^{j-1}(x-x_1)$$

$$+(x-x_0)^j)+\sum_{i=1}^{m} c_i b_1(x)(x-x_0)^i(x-x_1)$$

$$+\sum_{i=1}^{m} c_i b_2(x)(i(x-x_0)^{i-1}(x-x_1)+(x-x_0)^i)+c(x)$$

$$=\sum_{i=1}^{m}\sum_{j=1}^{m} c_i c_j (a_{11}(x)(x-x_0)^i(x-x_1)(x-x_0)^j(x-x_1)$$

$$+a_{12}(x)(x-x_0)^i(x-x_1)(j(x-x_0)^{j-1}(x-x_1)+(x-x_0)^j)$$

$$+a_{22}(x)(i(x-x_0)^{i-1}(x-x_1)+(x-x_0)^i)(j(x-x_0)^{j-1}(x-x_1)+(x-x_0)^j))$$

$$+\sum_{i=1}^{m} c_i(b_1(x)(x-x_0)^i(x-x_1)+b_2(x)(i(x-x_0)^{i-1}(x-x_1)+(x-x_0)^i))+c(x)$$

$$=(c_i)_{1\leqslant i\leqslant m}(H_{ij}(x))_{1\leqslant j\leqslant m}^{1\leqslant i\leqslant m}(c_j)^{1\leqslant j\leqslant m}+(F_i(x))_{1\leqslant i\leqslant m}(c_j)^{1\leqslant i\leqslant m}+c(x),$$

其中

$$
\begin{aligned}
H_{ij}(x) &= a_{11}(x)(x-x_0)^i(x-x_1)(x-x_0)^j(x-x_1) \\
&\quad + a_{12}(x)(x-x_0)^i(x-x_1)(j(x-x_0)^{j-1}(x-x_1)+(x-x_0)^j) \\
&\quad + a_{22}(x)(i(x-x_0)^{i-1}(x-x_1)+(x-x_0)^i)(j(x-x_0)^{j-1}(x-x_1)+(x-x_0)^j) \\
&\qquad\qquad (1\leqslant i,j \leqslant m), \\
F_i(x) &= b_1(x)(x-x_0)^i(x-x_1)+b_2(x)(i(x-x_0)^{i-1}(x-x_1)+(x-x_0)^i) \\
&\qquad\qquad (1\leqslant i\leqslant m).
\end{aligned}
$$

从而

$$
\begin{aligned}
J_m(y) &= (c_i)_{1\leqslant i\leqslant m} \left(\int_{x_0}^{x_1} H_{ij}(x)\mathrm{d}x\right)_{\substack{1\leqslant i\leqslant m \\ 1\leqslant j\leqslant m}} (c_j)^{1\leqslant j\leqslant m} \\
&\quad + \left(\int_{x_0}^{x_1} F_i(x)\mathrm{d}x\right)_{1\leqslant i\leqslant m} (c_j)^{1\leqslant j\leqslant m} + \int_{x_0}^{x_1} c(x)\mathrm{d}x \\
&\triangleq \varphi_m(c_1,\cdots,c_m) \qquad ((c_1,\cdots,c_m)\in\mathbb{R}^m).
\end{aligned}
$$

观察 $\varphi_m(c_1,\cdots,c_m)$ 的驻点方程

$$
\begin{aligned}
0 &= \frac{\partial \varphi_m(c_1,\cdots,c_m)}{\partial (c_i)^{1\leqslant i\leqslant m}} \\
&= \frac{\partial}{\partial (c_i)^{1\leqslant i\leqslant m}} \left[(c_i)_{1\leqslant i\leqslant m} \left(\int_{x_0}^{x_1} H_{ij}(x)\mathrm{d}x\right)_{\substack{1\leqslant i\leqslant m \\ 1\leqslant j\leqslant m}} (c_j)^{1\leqslant j\leqslant m} \right. \\
&\qquad \left. + \left(\int_{x_0}^{x_1} F_i(x)\mathrm{d}x\right)_{1\leqslant i\leqslant m}(c_j)^{1\leqslant j\leqslant m} + \int_{x_0}^{x_1} c(x)\mathrm{d}x \right] \\
&= 2\left(\int_{x_0}^{x_1} H_{ij}(x)\mathrm{d}x\right)_{\substack{1\leqslant i\leqslant m \\ 1\leqslant j\leqslant m}} (c_j)^{1\leqslant j\leqslant m} + \left(\int_{x_0}^{x_1} F_i(x)\mathrm{d}x\right)^{1\leqslant i\leqslant m},
\end{aligned}
$$

得唯一的驻点

$$
(\beta_{mk})^{1\leqslant i\leqslant m}_{1\leqslant j\leqslant m} = -\frac{1}{2}\left[\left(\int_{x_0}^{x_1} H_{ij}(x)\mathrm{d}x\right)_{\substack{1\leqslant i\leqslant m \\ 1\leqslant j\leqslant m}}\right]^{-1} \left(\int_{x_0}^{x_1} F_i(x)\mathrm{d}x\right)^{1\leqslant i\leqslant m},
$$

即可获 $J_m(y)$ 的极值点为

$$y_m(x) = (\beta_{mk})_{1\leqslant k\leqslant m}((x-x_0)^k(x-x_1))^{1\leqslant k\leqslant m}.$$

(2) 由极值点极限定理, 即可得之. □

二、概率解

定理 12.2.2 若题设同定理 12.2.1, 又设概率空间为 $([0,1], \mathscr{B}[0,1], P)$, P 是 $[0,1]$ 上的均匀概率测度, 则 $(\beta_{mk})^{1\leqslant k\leqslant m}$ 的概率解为

$$(\beta_{mk})^{1\leqslant k\leqslant m} = -\frac{1}{2}\left[(E_P(H_{ij})(x_0+(x_1-x_0)T))_{1\leqslant j\leqslant m}^{1\leqslant i\leqslant m}\right]^{-1}$$
$$\cdot (E_P(F_i)(x_0+(x_1-x_0)T))^{1\leqslant i\leqslant m},$$

其中 $([0,1], \mathscr{B}[0,1], P)$ 上的随机变量 $T \sim U[0,1]$.

证明 由于

$$\int_{x_0}^{x_1} H_{ij}(x)\mathrm{d}x = (x_1-x_0)\int_0^1 H_{ij}[x_0+(x_1-x_0)t]\mathrm{d}t \quad (\text{做替换 } x=x_0+(x_1-x_0)t)$$
$$= (x_1-x_0)E_P(H_{ij})[x_0+(x_1-x_0)T],$$
$$\int_{x_0}^{x_1} F_i(x)\mathrm{d}x = (x_1-x_0)\int_0^1 F_i[x_0+(x_1-x_0)t]\mathrm{d}t \quad (\text{做替换} x=x_0+(x_1-x_0)t)$$
$$= (x_1-x_0)E_P(F_i)[x_0+(x_1-x_0)T],$$

余者自明. □

三、统计解

定理 12.2.3 若题设同定理 12.2.2, 且取随机变量 $T \sim U[0,1]$ 的简单样本为 $\{t_n : 1 \leqslant n \leqslant N\}$, 做统计量

$$\widetilde{\boldsymbol{H}}_m = [(H_{ij}(x_0+(x_1-x_0)t_n))_{1\leqslant n\leqslant N}]_{1\leqslant j\leqslant m}^{1\leqslant i\leqslant m},$$
$$\widetilde{\boldsymbol{F}}_m = (F_i(x_0+(x_1-x_0)t_n))_{1\leqslant n\leqslant N}^{1\leqslant i\leqslant m},$$

令

$$(\widetilde{\beta}_{mkN})^{1\leqslant k\leqslant m} = -\frac{1}{2}\left[\widetilde{\boldsymbol{H}}_m(\boldsymbol{I}_m\otimes \boldsymbol{1}_N)\right]^{-1}\left(\widetilde{\boldsymbol{F}}_m\boldsymbol{1}_N\right),$$

则

(1) $(\beta_{mk})^{1\leqslant k\leqslant m}$ 的统计解为

$$(\beta_{mk})^{1\leqslant k\leqslant m} = \lim_{N\to\infty}(\widetilde{\beta}_{mkN})^{1\leqslant k\leqslant m} \quad \text{(a.s.)};$$

(2) 有限维化泛函 $J_m(y)$ 的极值点的统计解为

$$y_{mN}(x) = (\widetilde{\beta}_{mkN})_{1\leqslant k\leqslant m}((x-x_0)^k(x-x_1))^{1\leqslant k\leqslant m};$$

(3) 原泛函 $J(y)$ 的极值点的统计解为

$$y(x) = \lim_{m\to\infty}\lim_{N\to\infty} y_{mN}(x).$$

证明 (1) 根据柯尔莫哥洛夫强大数定律, 即可得证. (2),(3) 自明. □

例 12.2.1 求边值条件泛函

$$\begin{cases} J(y) = \displaystyle\int_0^1 (y'^2 - y^2 - 2xy)\mathrm{d}x, \quad y \in C^2[0,1], \\ y(0) = 0, \quad y(1) = 0 \end{cases}$$

极值点的统计解.

解 根据定理 12.2.3, 就此泛函有

$$a_{11} = -1,\ a_{12} = 0,\ a_{22} = 1,\ b_1 = -2x,\ b_2 = 0,\ c = 0,$$

$$\begin{aligned}
H_{ij}(x) &= -(x)(x-0)^i(x-1)(x-0)^j(x-1) \\
&\quad + [i(x-0)^{i-1}(x-1) + (x-0)^i][j(x-0)^{j-1}(x-1) + (x-0)^j] \\
&\qquad\qquad\qquad\qquad\qquad\qquad (1\leqslant i,j\leqslant m),
\end{aligned}$$

$$F_i(x) = -2x(x-0)^i(x-1) \quad (1\leqslant i\leqslant m),$$

$$\widetilde{\boldsymbol{H}}_m = [(H_{ij}(t_n))_{1\leqslant n\leqslant N}]_{1\leqslant j\leqslant m}^{1\leqslant i\leqslant m},$$

$$\widetilde{\boldsymbol{F}}_m = (F_i(t_n))_{1\leqslant n\leqslant N}^{1\leqslant i\leqslant m}.$$

(1) 当取 $m = 3$ 时, 有

$$(\widetilde{\beta}_{mkN})_{1\leqslant i\leqslant 3} = \begin{pmatrix} -0.108835 \\ -0.252961 \\ 0.1068202 \end{pmatrix},$$

即相应的 y 的统计解为

$$y^* = -0.108835x(x-1) - 0.252961x^2(x-1) + 0.1068202x^3(x-1).$$

其实原泛函 $J(y)$ 极值点的精确解为

$$y = \frac{\sin x}{\sin 1} - x.$$

两者图像的对比如图 12.1 所示 (带星号者是 y^*, 不带星号者是 y).

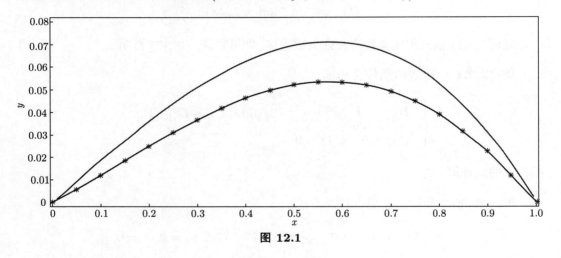

图 12.1

(2) 当取 $m = 6$ 时, 有

$$(\widetilde{\beta}_{mkN})_{1 \leqslant i \leqslant 6} = \begin{pmatrix} -0.219688 \\ 0.1902157 \\ -1.516338 \\ 2.6048436 \\ -2.015802 \\ 0.5801776 \end{pmatrix},$$

即相应的 y 的统计解为

$$y^* = -0.219688x(x-1) + 0.1902157x^2(x-1) - 1.516338x^3(x-1)$$
$$+ 2.6048436x^4(x-1) - 2.015802x^5(x-1) + 0.5801776x^6(x-1),$$

其与 y 图像的对比如图 12.2 所示 (带星号者是 y^*, 不带星号者是 y). □

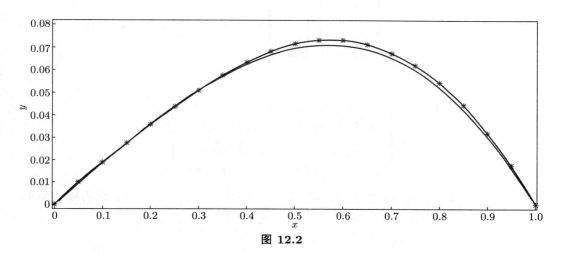

图 12.2

§12.3　含两个函数的积分型泛函

设带边值条件含两个函数的积分型连续泛函为

$$\begin{cases} J(y,z) = \displaystyle\int_{x_0}^{x_1} F(x,y,y',z,z')\mathrm{d}x, & y(x), z(x) \in C^2[x_0, x_1], \\ y(x_0) = 0, \quad y(x_1) = 0, \\ z(x_0) = 0, \quad z(x_1) = 0, \end{cases}$$

即

$$J(y,z) = \int_{x_0}^{x_1} F(x,y,y',z,z')\mathrm{d}x \quad (y(x), z(x) \in C_0^2[x_0, x_1]), \tag{12.3.1}$$

其中拉格朗日密度函数 $F(x,y,y',z,z')$ 是 y, y', z, z' 的二次函数, 即

$$F(x,y,y',z,z') = \begin{pmatrix} y \\ y' \\ z \\ z' \end{pmatrix}^{\mathrm{T}} \begin{pmatrix} a_{11}(x) & a_{12}(x) & a_{13}(x) & a_{14}(x) \\ a_{21}(x) & a_{22}(x) & a_{23}(x) & a_{24}(x) \\ a_{31}(x) & a_{32}(x) & a_{33}(x) & a_{34}(x) \\ a_{41}(x) & a_{42}(x) & a_{43}(x) & a_{44}(x) \end{pmatrix} \begin{pmatrix} y \\ y' \\ z \\ z' \end{pmatrix}$$

$$+\begin{pmatrix} b_1(x) \\ b_2(x) \\ b_3(x) \\ b_4(x) \end{pmatrix} \begin{pmatrix} y \\ y' \\ z \\ z' \end{pmatrix} + c(x),$$

其中

$$\begin{pmatrix} a_{11}(x) & a_{12}(x) & a_{13}(x) & a_{14}(x) \\ a_{21}(x) & a_{22}(x) & a_{23}(x) & a_{24}(x) \\ a_{31}(x) & a_{32}(x) & a_{33}(x) & a_{34}(x) \\ a_{41}(x) & a_{42}(x) & a_{43}(x) & a_{44}(x) \end{pmatrix}$$

为对称矩阵. 取 $C_0^2[x_0, x_1]$ 的绍德尔基 $\{(x-x_0)^k(x-x_1) : k \in \mathbb{N}\}$, 做有限维空间 $\mathcal{M}_m[x_0, x_1] = \text{span}\{(x-x_0)^k(x-x_1) : 1 \leqslant k \leqslant m\} \subset C_0^2[x_0, x_1]$ $(m \in \mathbb{N})$.

考虑上述泛函的有限维化泛函

$$J_m(y, z) = \int_{x_0}^{x_1} F(x, y, y', z, z') \mathrm{d}x \qquad (y(x), z(x) \in \mathcal{M}_m[x_0, x_1]). \tag{12.3.2}$$

一、级数解

定理 12.3.1 设

$$(H_{ij}(x))_{\substack{1 \leqslant i \leqslant 2m \\ 1 \leqslant j \leqslant 2m}} = \begin{pmatrix} a_{11}(x)\boldsymbol{X}_1^{\mathrm{T}}\boldsymbol{X}_1 + a_{21}(x)\boldsymbol{X}_2^{\mathrm{T}}\boldsymbol{X}_1 + a_{12}(x)\boldsymbol{X}_1^{\mathrm{T}}\boldsymbol{X}_2 + a_{22}(x)\boldsymbol{X}_2^{\mathrm{T}}\boldsymbol{X}_2, \\ a_{31}(x)\boldsymbol{X}_1^{\mathrm{T}}\boldsymbol{X}_1 + a_{41}(x)\boldsymbol{X}_2^{\mathrm{T}}\boldsymbol{X}_1 + a_{32}(x)\boldsymbol{X}_1^{\mathrm{T}}\boldsymbol{X}_2 + a_{42}(x)\boldsymbol{X}_2^{\mathrm{T}}\boldsymbol{X}_2, \\ a_{13}(x)\boldsymbol{X}_1^{\mathrm{T}}\boldsymbol{X}_1 + a_{23}(x)\boldsymbol{X}_2^{\mathrm{T}}\boldsymbol{X}_1 + a_{14}(x)\boldsymbol{X}_1^{\mathrm{T}}\boldsymbol{X}_2 + a_{24}(x)\boldsymbol{X}_2^{\mathrm{T}}\boldsymbol{X}_2 \\ a_{33}(x)\boldsymbol{X}_1^{\mathrm{T}}\boldsymbol{X}_1 + a_{43}(x)\boldsymbol{X}_2^{\mathrm{T}}\boldsymbol{X}_1 + a_{34}(x)\boldsymbol{X}_1^{\mathrm{T}}\boldsymbol{X}_2 + a_{44}(x)\boldsymbol{X}_2^{\mathrm{T}}\boldsymbol{X}_2 \end{pmatrix}$$

$$(F_i(x))_{1 \leqslant i \leqslant 2m} = (b_1(x)\boldsymbol{X}_1 + b_2\boldsymbol{X}_2, b_3(x)\boldsymbol{X}_1 + b_4(x)\boldsymbol{X}_2),$$

$$\boldsymbol{X}_1(x) = ((x-x_0)^i(x-x_1))_{1 \leqslant i \leqslant m},$$

$$\boldsymbol{X}_2(x) = (i(x-x_0)^{i-1}(x-x_1) + (x-x_0)^i)_{1 \leqslant i \leqslant m}.$$

令

$$(\beta_{mk})^{1 \leqslant k \leqslant 2m} = -\frac{1}{2}\left[\left(\int_{x_0}^{x_1} H_{ij}(x)\mathrm{d}x\right)_{\substack{1 \leqslant i \leqslant 2m \\ 1 \leqslant j \leqslant 2m}}\right]^{-1}\left(\int_{x_0}^{x_1} F_i(x)\mathrm{d}x\right)^{1 \leqslant i \leqslant 2m},$$

则

(1) 有限维化泛函 $J_m(y)$ 的极值点为
$$y_m(x) = (\beta_{mk})_{1\leqslant k\leqslant m}((x-x_0)^k(x-x_1))^{1\leqslant k\leqslant m},$$
$$z_m(x) = (\beta_{mk})_{m+1\leqslant k\leqslant 2m}((x-x_0)^k(x-x_1))^{1\leqslant k\leqslant m};$$

(2) 原泛函 $J(y)$ 的极值点为
$$y(x) = \lim_{m\to\infty} y_m(x),$$
$$z(x) = \lim_{m\to\infty} z_m(x).$$

证明 任取 $y = \sum_{k=1}^{m} c_k(x-x_0)^k(x-x_1), z = \sum_{k=1}^{m} c_{m+k}(x-x_0)^k(x-x_1) \in \mathcal{M}_m[x_0,x_1]$, 于是

$$\begin{pmatrix} y \\ y' \\ z \\ z' \end{pmatrix} = \begin{pmatrix} \boldsymbol{X}_1 & \boldsymbol{O}_{1\times m} \\ \boldsymbol{X}_2 & \boldsymbol{O}_{1\times m} \\ \boldsymbol{O}_{1\times m} & \boldsymbol{X}_1 \\ \boldsymbol{O}_{1\times m} & \boldsymbol{X}_2 \end{pmatrix} (c_i)^{1\leqslant i\leqslant 2m}.$$

遂见

$F(x,y,y',z,z')$

$= (c_i)_{1\leqslant i\leqslant 2m} \begin{pmatrix} \boldsymbol{X}_1 & \boldsymbol{O}_{1\times m} \\ \boldsymbol{X}_2 & \boldsymbol{O}_{1\times m} \\ \boldsymbol{O}_{1\times m} & \boldsymbol{X}_1 \\ \boldsymbol{O}_{1\times m} & \boldsymbol{X}_2 \end{pmatrix}^{\mathrm{T}} \begin{pmatrix} a_{11}(x) & a_{12}(x) & a_{13}(x) & a_{14}(x) \\ a_{21}(x) & a_{22}(x) & a_{23}(x) & a_{24}(x) \\ a_{31}(x) & a_{32}(x) & a_{33}(x) & a_{34}(x) \\ a_{41}(x) & a_{42}(x) & a_{43}(x) & a_{44}(x) \end{pmatrix}$

$\cdot \begin{pmatrix} \boldsymbol{X}_1 & \boldsymbol{O}_{1\times m} \\ \boldsymbol{X}_2 & \boldsymbol{O}_{1\times m} \\ \boldsymbol{O}_{1\times m} & \boldsymbol{X}_1 \\ \boldsymbol{O}_{1\times m} & \boldsymbol{X}_2 \end{pmatrix} (c_j)^{1\leqslant j\leqslant 2m} + \begin{pmatrix} b_1(x) \\ b_2(x) \\ b_3(x) \\ b_4(x) \end{pmatrix} \begin{pmatrix} \boldsymbol{X}_1 & \boldsymbol{O}_{1\times m} \\ \boldsymbol{X}_2 & \boldsymbol{O}_{1\times m} \\ \boldsymbol{O}_{1\times m} & \boldsymbol{X}_1 \\ \boldsymbol{O}_{1\times m} & \boldsymbol{X}_2 \end{pmatrix} (c_i)^{1\leqslant i\leqslant 2m} + c(x)$

$= (c_i)_{1\leqslant i\leqslant 2m} \begin{pmatrix} a_{11}(x)\boldsymbol{X}_1^{\mathrm{T}}\boldsymbol{X}_1 + a_{21}(x)\boldsymbol{X}_2^{\mathrm{T}}\boldsymbol{X}_1 + a_{12}(x)\boldsymbol{X}_1^{\mathrm{T}}\boldsymbol{X}_2 + a_{22}(x)\boldsymbol{X}_2^{\mathrm{T}}\boldsymbol{X}_2, \\ a_{31}(x)X_1^{\mathrm{T}}X_1 + a_{41}(x)\boldsymbol{X}_2^{\mathrm{T}}\boldsymbol{X}_1 + a_{32}(x)\boldsymbol{X}_1^{\mathrm{T}}\boldsymbol{X}_2 + a_{42}(x)\boldsymbol{X}_2^{\mathrm{T}}\boldsymbol{X}_2, \end{pmatrix}$

$\begin{matrix} a_{13}(x)\boldsymbol{X}_1^{\mathrm{T}}\boldsymbol{X}_1 + a_{23}(x)\boldsymbol{X}_2^{\mathrm{T}}\boldsymbol{X}_1 + a_{14}(x)\boldsymbol{X}_1^{\mathrm{T}}\boldsymbol{X}_2 + a_{24}(x)\boldsymbol{X}_2^{\mathrm{T}}\boldsymbol{X}_2 \\ a_{33}(x)\boldsymbol{X}_1^{\mathrm{T}}\boldsymbol{X}_1 + a_{43}(x)\boldsymbol{X}_2^{\mathrm{T}}\boldsymbol{X}_1 + a_{34}(x)\boldsymbol{X}_1^{\mathrm{T}}\boldsymbol{X}_2 + a_{44}(x)\boldsymbol{X}_2^{\mathrm{T}}\boldsymbol{X}_2 \end{matrix} \Bigg) (c_j)^{1\leqslant j\leqslant 2m}$

$$+(b_1(x)\boldsymbol{X}_1+b_2\boldsymbol{X}_2,b_3(x)\boldsymbol{X}_1+b_4(x)\boldsymbol{X}_2)(c_i)^{1\leqslant i\leqslant 2m}+c(x)$$
$$=(c_i)_{1\leqslant i\leqslant 2m}(H_{ij}(x))^{1\leqslant i\leqslant 2m}_{1\leqslant j\leqslant 2m}(c_j)^{1\leqslant j\leqslant 2m}+(F_i(x))_{1\leqslant i\leqslant 2m}(c_j)^{1\leqslant j\leqslant 2m}+c(x),$$

从而

$$J_m(y)=(c_i)_{1\leqslant i\leqslant 2m}\left(\int_{x_0}^{x_1}H_{ij}(x)dx\right)^{1\leqslant i\leqslant 2m}_{1\leqslant j\leqslant 2m}(c_j)^{1\leqslant j\leqslant 2m}$$
$$+\left(\int_{x_0}^{x_1}F_i(x)dx\right)_{1\leqslant i\leqslant 2m}(c_j)^{1\leqslant j\leqslant 2m}+\int_{x_0}^{x_1}c(x)\mathrm{d}x$$
$$\triangleq\varphi_m(c_1,\cdots,c_{2m})\qquad((c_1,\cdots,c_{2m})\in\mathbb{R}^{2m}).$$

观察 $\varphi_m(c_1,\cdots,c_{2m})$ 的驻点方程

$$0=\frac{\partial\varphi_m(c_1,\cdots,c_{2m})}{\partial(c_i)^{1\leqslant i\leqslant 2m}}$$
$$=\frac{\partial}{\partial(c_i)^{1\leqslant i\leqslant 2m}}\left[(c_i)_{1\leqslant i\leqslant 2m}\left(\int_{x_0}^{x_1}H_{ij}(x)\mathrm{d}x\right)^{1\leqslant i\leqslant 2m}_{1\leqslant j\leqslant 2m}(c_j)^{1\leqslant j\leqslant 2m}\right.$$
$$\left.+\left(\int_{x_0}^{x_1}F_i(x)\mathrm{d}x\right)_{1\leqslant i\leqslant 2m}(c_j)^{1\leqslant j\leqslant 2m}+\int_{x_0}^{x_1}c(x)\mathrm{d}x\right]$$
$$=2\left(\int_{x_0}^{x_1}H_{ij}(x)\mathrm{d}x\right)^{1\leqslant i\leqslant 2m}_{1\leqslant j\leqslant 2m}(c_j)^{1\leqslant j\leqslant 2m}+\left(\int_{x_0}^{x_1}F_i(x)\mathrm{d}x\right)^{1\leqslant i\leqslant 2m},$$

可得唯一的驻点

$$(\beta_{mk})^{1\leqslant j\leqslant 2m}=-\frac{1}{2}\left[\left(\int_{x_0}^{x_1}H_{ij}(x)\mathrm{d}x\right)^{1\leqslant i\leqslant 2m}_{1\leqslant j\leqslant 2m}\right]^{-1}\left(\int_{x_0}^{x_1}F_i(x)\mathrm{d}x\right)^{1\leqslant i\leqslant 2m},$$

即可获 $J_m(y)$ 的极值点

$$y_m(x)=(\beta_{mk})_{1\leqslant k\leqslant m}((x-x_0)^k(x-x_1))^{1\leqslant k\leqslant m},$$
$$z_m(x)=(\beta_{mk})_{m+1\leqslant k\leqslant 2m}((x-x_0)^k(x-x_1))^{1\leqslant k\leqslant m}.$$

(2) 由极值点极限定理,即可得之. □

二、概率解

定理 12.3.2 若题设同定理 12.3.1, 又设概率空间为 $([0,1], \mathscr{B}[0,1], P)$, P 是 $[0,1]$ 上的均匀概率测度, 则 $(\beta_{mk})^{1 \leqslant k \leqslant 2m}$ 的概率解为

$$(\beta_{mk})^{1 \leqslant k \leqslant 2m} = -\frac{1}{2} \left[(E_P(H_{ij})(x_0 + (x_1 - x_0)T))_{1 \leqslant j \leqslant 2m}^{1 \leqslant i \leqslant 2m} \right]^{-1}$$
$$\cdot (E_P(F_i)(x_0 + (x_1 - x_0)T))^{1 \leqslant i \leqslant 2m},$$

其中 $([0,1], \mathscr{B}[0,1], P)$ 上的随机变量 $T \sim U[0,1]$.

证明 易知

$$\int_{x_0}^{x_1} H_{ij}(x) \mathrm{d}x = (x_1 - x_0) \int_0^1 H_{ij}[x_0 + (x_1 - x_0)t] \mathrm{d}t \quad (\text{做替换} x = x_0 + (x_1 - x_0)t)$$
$$= (x_1 - x_0) E_P(H_{ij})(x_0 + (x_1 - x_0)T),$$
$$\int_{x_0}^{x_1} F_i(x) \mathrm{d}x = (x_1 - x_0) \int_0^1 F_i[x_0 + (x_1 - x_0)t] \mathrm{d}t \quad (\text{做替换} x = x_0 + (x_1 - x_0)t)$$
$$= (x_1 - x_0) E_P(F_i)(x_0 + (x_1 - x_0)T),$$

余者自明. □

三、统计解

定理 12.3.3 若题设同定理 12.3.2, 且取随机变量 $T \sim U[0,1]$ 的简单样本为 $\{t_n : 1 \leqslant n \leqslant N\}$, 做统计量

$$\widetilde{\boldsymbol{H}}_m = [(H_{ij}(x_0 + (x_1-x_0)t_n))_{1 \leqslant n \leqslant N}]_{1 \leqslant j \leqslant 2m}^{1 \leqslant i \leqslant 2m},$$
$$\widetilde{\boldsymbol{F}}_m = [F_i(x_0 + (x_1-x_0)t_n)]_{1 \leqslant n \leqslant N}^{1 \leqslant i \leqslant 2m}.$$

令

$$(\widetilde{\beta}_{mkN})^{1 \leqslant k \leqslant 2m} = -\frac{1}{2} \left[\widetilde{\boldsymbol{H}}_m (I_{2m} \otimes \mathbf{1}_N) \right]^{-1} \left(\widetilde{\boldsymbol{F}}_m \mathbf{1}_N \right),$$

则

(1) $(\beta_{mk})^{1 \leqslant k \leqslant 2m}$ 的统计解为

$$(\beta_{mk})^{1 \leqslant k \leqslant 2m} = \lim_{N \to \infty} (\widetilde{\beta}_{mkN})^{1 \leqslant k \leqslant 2m} \quad (\text{a.s.});$$

(2) 有限维化泛函 $J_m(y)$ 的极值点的统计解为

$$y_{mN}(x) = (\widetilde{\beta}_{mkN})_{1 \leqslant k \leqslant m}((x-x_0)^k(x-x_1))^{1 \leqslant k \leqslant m},$$
$$z_{mN}(x) = (\widetilde{\beta}_{mkN})_{m+1 \leqslant k \leqslant 2m}((x-x_0)^k(x-x_1))^{1 \leqslant k \leqslant m};$$

(3) 原泛函 $J(y)$ 的极值点的统计解为

$$y(x) = \lim_{m \to \infty} \lim_{N \to \infty} y_{mN}(x),$$
$$z(x) = \lim_{m \to \infty} \lim_{N \to \infty} z_{mN}(x).$$

例 12.3.1 求边值条件泛函

$$\begin{cases} J(y(x), z(x)) = \displaystyle\int_0^{\pi/4} (2z - 4y^2 + y'^2 - z'^2) \mathrm{d}x, \quad y, z \in C^2[0, \pi/4], \\ y(0) = 0, \quad y(\pi/4) = 1, \\ z(0) = 0, \quad z(\pi/4) = 1 \end{cases}$$

极值点的统计解.

解 做函数替换

$$y_*(x) = y(x) - \frac{4}{\pi}x,$$
$$z_*(x) = z(x) - \frac{4}{\pi}x,$$

因而原边值条件泛函化为

$$\begin{cases} J_*(y_*(x), z_*(x)) = \displaystyle\int_0^{\pi/4} F(x, y_*, y_*', z_*, z_*') \mathrm{d}x, \quad y_*, z_* \in C^2[0, \pi/4], \\ y_*(0) = 0, \quad y_*(\pi/4) = 0, \\ z_*(0) = 0, \quad z_*(\pi/4) = 0, \end{cases}$$

其中拉格朗日密度函数 $F(x, y_*, y_*', z_*, z_*')$ 为

$$F(x, y_*, y_*', z_*, z_*')$$
$$= -4y_*^2 + y_*'^2 - z_*'^2 - \frac{32}{\pi} x y_* + \frac{8}{\pi} y_*' - \frac{8}{\pi} z_*' + c(x)$$

$$= \begin{pmatrix} y \\ y' \\ z \\ z' \end{pmatrix}^{\mathrm{T}} \begin{pmatrix} -4 & & & \\ & 1 & & \\ & & 0 & \\ & & & -1 \end{pmatrix} \begin{pmatrix} y \\ y' \\ z \\ z' \end{pmatrix} + \begin{pmatrix} -\dfrac{32}{\pi}x \\ \dfrac{8}{\pi} \\ 2 \\ -\dfrac{8}{\pi} \end{pmatrix} \begin{pmatrix} y \\ y' \\ z \\ z' \end{pmatrix} + c(x).$$

遂知

$$(H_{ij}(x))_{\substack{1\leqslant i\leqslant 2m \\ 1\leqslant i\leqslant 2m}} = \begin{pmatrix} -4\boldsymbol{X}_1^{\mathrm{T}}(x)\boldsymbol{X}_1(x) + \boldsymbol{X}_2^{\mathrm{T}}(x)\boldsymbol{X}_2(x) & \boldsymbol{O}_{m\times m} \\ \boldsymbol{O}_{m\times m} & -\boldsymbol{X}_2^{\mathrm{T}}(x)\boldsymbol{X}_2(x) \end{pmatrix},$$

$$(F_i(x))_{1\leqslant i\leqslant 2m} = \left(-\dfrac{32}{\pi}x\boldsymbol{X}_1(x) + \dfrac{8}{\pi}\boldsymbol{X}_2(x), 2\boldsymbol{X}_1(x) - \dfrac{8}{\pi}\boldsymbol{X}_2(x)\right),$$

$$\boldsymbol{X}_1(x) = ((x-x_0)^i(x-x_1))_{1\leqslant i\leqslant m},$$

$$\boldsymbol{X}_2(x) = (i(x-x_0)^{i-1}(x-x_1) + (x-x_0)^i)_{1\leqslant i\leqslant m}$$

及

$$\widetilde{\boldsymbol{H}}_m = \left[\left(H_{ij}\left(\dfrac{\pi}{4}t_n\right)\right)_{1\leqslant n\leqslant N}\right]_{1\leqslant j\leqslant 2m}^{1\leqslant i\leqslant 2m}$$

$$= \begin{pmatrix} -4\boldsymbol{X}_1^{\mathrm{T}}\left(\dfrac{\pi}{4}t_n\right)\boldsymbol{X}_1\left(\dfrac{\pi}{4}t_n\right) + \boldsymbol{X}_2^{\mathrm{T}}\left(\dfrac{\pi}{4}t_n\right)\boldsymbol{X}_2\left(\dfrac{\pi}{4}t_n\right) & \boldsymbol{O}_{m\times m} \\ \boldsymbol{O}_{m\times m} & -\boldsymbol{X}_2^{\mathrm{T}}\left(\dfrac{\pi}{4}t_n\right)\boldsymbol{X}_2\left(\dfrac{\pi}{4}t_n\right) \end{pmatrix},$$

$$\widetilde{\boldsymbol{F}}_m = \left(F_i\left(\dfrac{\pi}{4}t_n\right)\right)_{\substack{1\leqslant i\leqslant 2m \\ 1\leqslant n\leqslant N}}$$

$$= \left(-\dfrac{32}{\pi}\dfrac{\pi}{4}t_n\boldsymbol{X}_1\left(\dfrac{\pi}{4}t_n\right) + \dfrac{8}{\pi}\boldsymbol{X}_2\left(\dfrac{\pi}{4}t_n\right), 2\boldsymbol{X}_1\left(\dfrac{\pi}{4}t_n\right) - \dfrac{8}{\pi}\boldsymbol{X}_2\left(\dfrac{\pi}{4}t_n\right)\right).$$

于是

$$(\widetilde{\beta}_{mkN})^{1\leqslant k\leqslant 2m} = -\dfrac{1}{2}\left[\widetilde{\boldsymbol{H}}_m(\boldsymbol{I}_{2m}\otimes\boldsymbol{1}_N)\right]^{-1}\left(\widetilde{\boldsymbol{F}}_m\boldsymbol{1}_N\right) = \begin{pmatrix} -1.140652 \\ 0.2394024 \\ -2.387832 \\ 1.6796991 \\ -0.681883 \\ 1.2919093 \\ -2.617285 \\ 1.6657781 \end{pmatrix}.$$

可知 $J_*(y_*(x), z_*(x))$ 的有限维化泛函 $J_{*m}(y_*(x), z_*(x))$ 的极值点为

$$y_{*mN} = \frac{4}{\pi}x - 1.140652 x^1 \left(x - \frac{\pi}{4}\right) + 0.2394024 x^2 \left(x - \frac{\pi}{4}\right) - 2.387832 x^3 \left(x - \frac{\pi}{4}\right)$$
$$+ 1.6796991 x^4 \left(x - \frac{\pi}{4}\right),$$
$$z_{*mN} = \frac{4}{\pi}x - 0.681883 x^1 \left(x - \frac{\pi}{4}\right) + 1.2919093 x^2 \left(x - \frac{\pi}{4}\right) - 2.617285 x^3 \left(x - \frac{\pi}{4}\right)$$
$$+ 1.6657781 x^4 \left(x - \frac{\pi}{4}\right),$$

即得原泛函 $J(y(x), z(x))$ 的有限维化泛函 $J_m(y(x), z(x))$ 的极值点为

$$y_{mN} = y_{*mN} + \frac{4}{\pi}x,$$
$$z_{mN} = z_{*mN} + \frac{4}{\pi}x.$$

其实原泛函 $J(y, z)$ 极值点的精确解为

$$\begin{cases} y = \sin 2x, \\ z = -\frac{1}{2}x^2 + \frac{32 + \pi^2}{8\pi}x. \end{cases}$$

y 与 y_{mN} 图像的对比如图 12.3 所示 (带星号者是 y_{mN}, 不带星号者是 y, 注意解的定义域是 $[0, 0.7854]$). z 与 z_{mN} 图像的对比如图 12.4 所示 (带星号者是 z_{mN}, 不带星号者是 z, 注意解的定义域是 $[0, 0.7854]$).

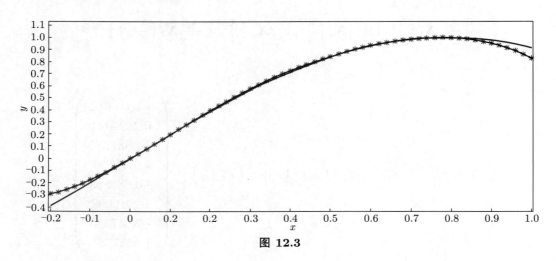

图 12.3

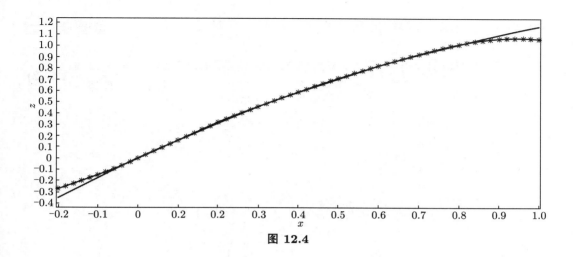

图 12.4

§12.4 含有二阶导函数的积分型泛函

设含有二阶导函数的积分型连续泛函为

$$\begin{cases} J(y) = \int_{x_0}^{x_1} F(x,y,y',y'')\mathrm{d}x, \quad y(x) \in C^2[x_0,x_1], \\ y(x_0) = y_0, \quad y(x_1) = y_1, \quad y'(x_0) = y'_0, \quad y'(x_1) = y'_1, \end{cases} \tag{12.4.1}$$

其中拉格朗日密度函数 $F(x,y,y',y'')$ 系 y,y',y'' 的二次函数, 即

$$\begin{aligned} F(x,y,y',y'') =& \begin{pmatrix} y \\ y' \\ y'' \end{pmatrix}^{\mathrm{T}} \begin{pmatrix} a_{11}(x) & a_{12}(x) & a_{13}(x) \\ a_{21}(x) & a_{22}(x) & a_{23}(x) \\ a_{31}(x) & a_{32}(x) & a_{33}(x) \end{pmatrix} \begin{pmatrix} y \\ y' \\ y'' \end{pmatrix} \\ &+ \begin{pmatrix} b_1(x) \\ b_2(x) \\ b_3(x) \end{pmatrix}^{\mathrm{T}} \begin{pmatrix} y \\ y' \\ y'' \end{pmatrix} + c(x), \end{aligned}$$

其中 $\begin{pmatrix} a_{11}(x) & a_{12}(x) & a_{13}(x) \\ a_{21}(x) & a_{22}(x) & a_{23}(x) \\ a_{31}(x) & a_{32}(x) & a_{33}(x) \end{pmatrix}$ 为对称阵. 取 $C^2[x_0,x_1]$ 的绍德尔基为 $\{x^k : k \in \{0\} \cup \mathbb{N}\}$, 做有限维空间 $\mathcal{M}_m[x_0,x_1] = \mathrm{span}\{x^k : 0 \leqslant k \leqslant m\} \subset C^2[x_0,x_1]$ $(m \in \mathbb{N})$.

考虑上述泛函的有限维化泛函

$$\begin{cases} J_m(y) = \int_{x_0}^{x_1} F(x,y,y',y'')\mathrm{d}x, \quad y(x) \in \mathcal{M}_m[x_0,x_1], \\ y(x_0) = y_0, \quad y(x_1) = y_1, \quad y'(x_0) = y_0', \quad y'(x_1) = y_1'. \end{cases} \tag{12.4.2}$$

一、级数解

定理 12.4.1 设

$$(H_{ij}(x))_{0 \leqslant i \leqslant m}^{0 \leqslant i \leqslant m} = \left(\sum_{i,j=1}^{3} a_{ij} \boldsymbol{X}_i \boldsymbol{X}_j \right),$$

$$(F_i(x))_{0 \leqslant i \leqslant m} = \left(\sum_{i=1}^{3} b_i \boldsymbol{X}_i \right),$$

$$\boldsymbol{X}_1(x) = (x^i)_{0 \leqslant i \leqslant m},$$

$$\boldsymbol{X}_2(x) = (ix^{i-1})_{0 \leqslant i \leqslant m},$$

$$\boldsymbol{X}_3(x) = (i(i-1)x^{i-2})_{0 \leqslant i \leqslant m},$$

$$\boldsymbol{A} = \begin{pmatrix} \boldsymbol{X}_1(x_0) \\ \boldsymbol{X}_1(x_1) \\ \boldsymbol{X}_2(x_0) \\ \boldsymbol{X}_2(x_1) \end{pmatrix}, \quad \boldsymbol{b} = \begin{pmatrix} y_0 \\ y_1 \\ y_0' \\ y_1' \end{pmatrix}.$$

令

$$(\beta_{mk})^{0 \leqslant k \leqslant 2m+1} = \boldsymbol{\beta}^{(0)} - \left[\left(\int_{x_0}^{x_1} H_{ij}(x)\mathrm{d}x \right)_{0 \leqslant j \leqslant 2m+1}^{0 \leqslant i \leqslant 2m+1} \right]^{-1} \boldsymbol{A}^{\mathrm{T}}$$

$$\cdot \left\{ \boldsymbol{A} \left[\left(\int_{x_0}^{x_1} H_{ij}(x)\mathrm{d}x \right)_{0 \leqslant j \leqslant 2m+1}^{0 \leqslant i \leqslant 2m+1} \right]^{-1} \boldsymbol{A}^{\mathrm{T}} \right\}^{-1} (\boldsymbol{A}\boldsymbol{\beta}^{(0)} - \boldsymbol{b}),$$

其中

$$\boldsymbol{\beta}^{(0)} = -\frac{1}{2} \left[\left(\int_{x_0}^{x_1} H_{ij}(x)\mathrm{d}x \right)_{0 \leqslant j \leqslant 2m+1}^{0 \leqslant i \leqslant 2m+1} \right]^{-1} \left(\int_{x_0}^{x_1} F_i(x)\mathrm{d}x \right)^{0 \leqslant j \leqslant 2m+1},$$

则

(1) 有限维化泛函 $J_m(y,z)$ 的极值点为
$$y_m(x) = (\beta_{mk})_{0\leqslant k\leqslant m}(x^k)^{0\leqslant k\leqslant m};$$

(2) 原泛函 $J(y,z)$ 的极值点为
$$y(x) = \lim_{m\to\infty} y_m(x).$$

证明 任取 $y = \sum_{k=0}^{m} c_k x^k \in \mathcal{M}_m[x_0, x_1]$.

(1) 由于
$$\begin{pmatrix} y \\ y' \\ y'' \end{pmatrix} = \begin{pmatrix} \boldsymbol{X}_1(x) \\ \boldsymbol{X}_2(x) \\ \boldsymbol{X}_3(x) \end{pmatrix} (c_i)^{0\leqslant i\leqslant 2m+1},$$

遂见
$$F(x,y,y',y'') = (c_i)_{0\leqslant j\leqslant m} \begin{pmatrix} \boldsymbol{X}_1(x) \\ \boldsymbol{X}_2(x) \\ \boldsymbol{X}_3(x) \end{pmatrix}^{\mathrm{T}} \begin{pmatrix} a_{11}(x) & a_{12}(x) & a_{13}(x) \\ a_{21}(x) & a_{22}(x) & a_{23}(x) \\ a_{31}(x) & a_{32}(x) & a_{33}(x) \end{pmatrix}$$
$$\cdot \begin{pmatrix} \boldsymbol{X}_1(x) \\ \boldsymbol{X}_2(x) \\ \boldsymbol{X}_3(x) \end{pmatrix} (c_j)^{0\leqslant j\leqslant m} + \begin{pmatrix} b_1(x) \\ b_2(x) \\ b_3(x) \end{pmatrix}^{\mathrm{T}} \begin{pmatrix} \boldsymbol{X}_1(x) \\ \boldsymbol{X}_2(x) \\ \boldsymbol{X}_3(x) \end{pmatrix} (c_i)^{0\leqslant j\leqslant m} + c(x)$$
$$= (c_i)_{0\leqslant j\leqslant m} \left(\sum_{i,j=1}^{3} a_{ij}\boldsymbol{X}_i\boldsymbol{X}_j\right)(c_j)^{0\leqslant j\leqslant m}$$
$$+ \left(\sum_{i=1}^{3} b_i\boldsymbol{X}_i\right)(c_i)^{0\leqslant j\leqslant m} + c(x)$$
$$= (c_i)_{0\leqslant j\leqslant m}(H_{ij}(x))_{0\leqslant j\leqslant m}^{0\leqslant j\leqslant m}(c_j)^{0\leqslant j\leqslant m} + (F_i(x))_{0\leqslant j\leqslant m}(c_j)^{0\leqslant j\leqslant m} + c(x).$$

从而
$$J_m(y) = (c_i)_{0\leqslant i\leqslant m}\left(\int_{x_0}^{x_1} H_{ij}(x)\mathrm{d}x\right)_{0\leqslant j\leqslant m}^{0\leqslant i\leqslant m}(c_j)^{0\leqslant j\leqslant m}$$

$$+ \left(\int_{x_0}^{x_1} F_i(x)\mathrm{d}x\right)_{0\leqslant j\leqslant m} (c_j)^{0\leqslant j\leqslant m} + \int_{x_0}^{x_1} c(x)\mathrm{d}x$$

$$\triangleq \varphi_m(c_0,\cdots,c_m) \qquad ((c_0,\cdots,c_m)\in\mathbb{R}^{m+1}).$$

(2) 方程组

$$\begin{cases} y(x_0) = y_0, \\ y(x_1) = y_1, \\ y'(x_0) = y'_0, \\ y'(x_1) = y'_1 \end{cases}$$

同解于

$$\begin{pmatrix} \boldsymbol{X}_1(x_0) \\ \boldsymbol{X}_1(x_1) \\ \boldsymbol{X}_2(x_0) \\ \boldsymbol{X}_2(x_1) \end{pmatrix} (c_j)^{0\leqslant j\leqslant m} - \begin{pmatrix} y_0 \\ y_1 \\ y'_0 \\ y'_1 \end{pmatrix} = \boldsymbol{O}_{4\times 1},$$

即

$$\boldsymbol{A}(c_j)^{0\leqslant j\leqslant m} - \boldsymbol{b} = \boldsymbol{O}_{4\times 1},$$

其中

$$\boldsymbol{A} = \begin{pmatrix} \boldsymbol{X}_1(x_0) \\ \boldsymbol{X}_1(x_1) \\ \boldsymbol{X}_2(x_0) \\ \boldsymbol{X}_2(x_1) \end{pmatrix}, \quad \boldsymbol{b} = \begin{pmatrix} y_0 \\ y_1 \\ y'_0 \\ y'_1 \end{pmatrix}.$$

综合 (1),(2), 有限维化泛函化为

$$\begin{cases} J_m(y) = (c_i)_{0\leqslant i\leqslant m} \left(\int_{x_0}^{x_1} H_{ij}(x)\mathrm{d}x\right)_{0\leqslant j\leqslant m}^{0\leqslant i\leqslant m} (c_j)^{0\leqslant j\leqslant m} \\ \qquad + \left(\int_{x_0}^{x_1} F_i(x)\mathrm{d}x\right)_{0\leqslant j\leqslant m} (c_j)^{0\leqslant j\leqslant m} + \int_{x_0}^{x_1} c(x)\mathrm{d}x, \\ \boldsymbol{A}(c_i)_{0\leqslant i\leqslant m} - \boldsymbol{b} = \boldsymbol{O}_{4\times 1}. \end{cases} \quad (12.4.3)$$

做拉格朗日辅助函数

$$L((c_i)_{0\leqslant i\leqslant m},(\lambda_i)_{1\leqslant i\leqslant 4}) = (c_i)_{0\leqslant i\leqslant m} \left(\int_{x_0}^{x_1} H_{ij}(x)\mathrm{d}x\right)_{0\leqslant j\leqslant m}^{0\leqslant i\leqslant m} (c_j)^{0\leqslant j\leqslant m}$$

$$+ \left(\int_{x_0}^{x_1} F_i(x)\mathrm{d}x\right)_{0\leqslant j\leqslant m}^{0\leqslant j\leqslant m} (c_j)^{0\leqslant j\leqslant m} + \int_{x_0}^{x_1} c(x)\mathrm{d}x$$
$$+ (\lambda_i)_{1\leqslant i\leqslant 4}[\boldsymbol{A}(c_i)_{0\leqslant i\leqslant m} - \boldsymbol{b}],$$

观察 L 的驻点方程

$$\begin{cases} \dfrac{\partial L((c_i)_{0\leqslant i\leqslant m},(\lambda_i)_{1\leqslant i\leqslant 4})}{\partial (c_i)_{0\leqslant i\leqslant m}} = 0, \\ \dfrac{\partial L((c_i)_{0\leqslant i\leqslant m},(\lambda_i)_{1\leqslant i\leqslant 4})}{\partial (\lambda_i)_{1\leqslant i\leqslant 4}} = 0, \end{cases}$$

即

$$\begin{cases} 2\left(\displaystyle\int_{x_0}^{x_1} H_{ij}(x)\mathrm{d}x\right)_{0\leqslant j\leqslant m}^{0\leqslant i\leqslant m} (c_j)^{0\leqslant j\leqslant m} + \left(\displaystyle\int_{x_0}^{x_1} F_i(x)\mathrm{d}x\right)^{0\leqslant j\leqslant m} \\ \quad + \boldsymbol{A}^\mathrm{T}(\lambda_i)^{1\leqslant i\leqslant 4} = \boldsymbol{0}, \\ \boldsymbol{A}(c_i)_{0\leqslant i\leqslant m} - \boldsymbol{b} = \boldsymbol{0}, \end{cases}$$

其唯一的驻点即是 $J_m(y)$ 的极值点

$$(\beta_{mk})^{0\leqslant k\leqslant m} = \boldsymbol{\beta}^{(0)} - \left[\left(\int_{x_0}^{x_1} H_{ij}(x)\mathrm{d}x\right)_{0\leqslant j\leqslant m}^{0\leqslant i\leqslant m}\right]^{-1} \boldsymbol{A}^\mathrm{T}$$
$$\cdot \left\{\boldsymbol{A}\left[\left(\int_{x_0}^{x_1} H_{ij}(x)\mathrm{d}x\right)_{0\leqslant j\leqslant m}^{0\leqslant i\leqslant m}\right]^{-1} \boldsymbol{A}^\mathrm{T}\right\}^{-1} \{\boldsymbol{A}\boldsymbol{\beta}^{(0)} - \boldsymbol{b}\},$$

其中

$$\boldsymbol{\beta}^{(0)} = -\frac{1}{2}\left[\left(\int_{x_0}^{x_1} H_{ij}(x)\mathrm{d}x\right)_{0\leqslant j\leqslant m}^{0\leqslant i\leqslant m}\right]^{-1} \left(\int_{x_0}^{x_1} F_i(x)\mathrm{d}x\right)^{0\leqslant j\leqslant m}.$$

(2) 由极值点极限定理, 即可得之. □

二、概率解

定理 12.4.2 若题设同定理 12.4.1, 又设概率空间为 $([0,1],\mathscr{B}[0,1],P)$, P 是 $[0,1]$ 上的均匀概率测度, 则 $(\beta_{mk})^{0\leqslant k\leqslant m}$ 的概率解为

$$(\beta_{mk})^{0\leqslant k\leqslant m} = \boldsymbol{\beta}^{(0)} - \left[(E_P(H_{ij})(x_0+(x_1-x_0)T))_{0\leqslant j\leqslant m}^{0\leqslant i\leqslant m}\right]^{-1} \boldsymbol{A}^\mathrm{T}$$
$$\cdot \left\{\boldsymbol{A}\left[(E_P(H_{ij})(x_0+(x_1-x_0)T))_{0\leqslant j\leqslant m}^{0\leqslant i\leqslant m}\right]^{-1} \boldsymbol{A}^\mathrm{T}\right\}^{-1} \{\boldsymbol{A}\boldsymbol{\beta}^{(0)} - \boldsymbol{b}\},$$

$$\boldsymbol{\beta}^{(0)} = -\frac{1}{2}\left[(E_P(H_{ij})(x_0+(x_1-x_0)T))_{0\leqslant j\leqslant m}^{0\leqslant i\leqslant m}\right]^{-1}$$
$$\cdot (E_P(F_i)(x_0+(x_1-x_0)T))^{0\leqslant i\leqslant m},$$

其中 $([0,1],\mathscr{B}[0,1],P)$ 上的随机变量 $T\sim U[0,1]$.

证明 易知

$$\int_{x_0}^{x_1} H_{ij}(x)\mathrm{d}x = (x_1-x_0)\int_0^1 H_{ij}[x_0+(x_1-x_0)t]\mathrm{d}t \quad (\text{做替换}x=x_0+(x_1-x_0)t)$$
$$= (x_1-x_0)E_P(H_{ij})[x_0+(x_1-x_0)T],$$
$$\int_{x_0}^{x_1} F_i(x)\mathrm{d}x = (x_1-x_0)\int_0^1 F_i[x_0+(x_1-x_0)t]\mathrm{d}t \quad (\text{做替换}x=x_0+(x_1-x_0)t)$$
$$= (x_1-x_0)E_P(F_i)[x_0+(x_1-x_0)T],$$

余者自明. □

三、统计解

定理 12.4.3 若题设同定理 12.4.2,且取随机变量 $T\sim U[0,1]$ 的简单样本为 $\{t_n:1\leqslant n\leqslant N\}$,做统计量

$$\widetilde{\boldsymbol{H}}_m = [(H_{ij}(x_0+(x_1-x_0)t_n))_{1\leqslant n\leqslant N}]_{0\leqslant j\leqslant m}^{0\leqslant i\leqslant m},$$
$$\widetilde{\boldsymbol{F}}_m = (F_i(x_0+(x_1-x_0)t_n))_{1\leqslant n\leqslant N}^{0\leqslant i\leqslant m}.$$

设

$$\widetilde{\boldsymbol{\beta}}^{(0)} = -\frac{1}{2}\left[\widetilde{\boldsymbol{H}}_m(\boldsymbol{I}_{m+1}\otimes \boldsymbol{1}_N)\right]^{-1}\left(\widetilde{\boldsymbol{F}}_m\boldsymbol{1}_N\right),$$
$$(\widetilde{\beta}_{mkN})^{0\leqslant k\leqslant m} = \widetilde{\boldsymbol{\beta}}^{(0)} - \left[\widetilde{\boldsymbol{H}}_m(\boldsymbol{I}_{m+1}\otimes \boldsymbol{1}_N)\right]^{-1}\boldsymbol{A}^{\mathrm{T}}$$
$$\cdot\left\{\boldsymbol{A}\left[\widetilde{\boldsymbol{H}}_m(\boldsymbol{I}_{m+1}\otimes \boldsymbol{1}_N)\right]^{-1}\boldsymbol{A}^{\mathrm{T}}\right\}^{-1}\left\{\boldsymbol{A}\widetilde{\boldsymbol{\beta}}^{(0)}-\boldsymbol{b}\right\},$$

则

(1) $(\beta_{mk})^{0\leqslant k\leqslant m}$ 的统计解为

$$(\beta_{mk})^{0\leqslant k\leqslant m} = \lim_{N\to\infty}(\widetilde{\beta}_{mkN})^{0\leqslant k\leqslant m} \quad (\text{a.s.});$$

(2) 有限维化泛函 $J_m(y)$ 的极值点的统计解为

$$y_{mN}(x) = (\widetilde{\beta}_{mkN})_{0\leqslant k\leqslant m}(x^k)^{0\leqslant k\leqslant m};$$

(3) 原泛函 $J(y)$ 的极值点的统计解为

$$y(x) = \lim_{m\to\infty}\lim_{N\to\infty} y_{mN}(x).$$

下面的例题显示了解此类问题的另一种路径与技巧.

例 12.4.1 求边值条件泛函

$$\begin{cases} J(y(x)) = \displaystyle\int_0^{\pi/2}(y''^2 - y^2 + x^2)\mathrm{d}x, \quad y \in C^2[0,\pi/2], \\ y(0) = 1, \quad y(\pi/2) = 0, \\ y'(0) = 0, \quad y'(\pi/2) = -1 \end{cases}$$

的极值点的统计解.

解 (1) 泛函的转化.
原泛函 $J(y)$ 可转化为求如下泛函

$$\begin{cases} J_1(y(x)) = \displaystyle\int_0^{\pi/2}(y''^2 - y^2)\mathrm{d}P, \\ y \in \mathcal{M} = -\dfrac{2}{\pi}\left(x - \dfrac{\pi}{2}\right) - \dfrac{4}{\pi^2}\left(x - \dfrac{\pi}{2}\right)x + \left(\dfrac{4}{\pi} - 1\right)\dfrac{4}{\pi^2}x^2\left(x - \dfrac{\pi}{2}\right) \\ \qquad + \mathrm{span}\left\{x^{i+1}\left(x - \dfrac{\pi}{2}\right)^2, 1 \leqslant i \leqslant 3\right\} \end{cases}$$

的驻点.

(2) 概率解.
设

$$y = v(x) + \sum_{i=1}^3 c_i x^{i+1}\left(x - \dfrac{\pi}{2}\right)^2 \in \mathcal{M},$$

其中

$$v(x) = -\dfrac{2}{\pi}\left(x - \dfrac{\pi}{2}\right) - \dfrac{4}{\pi^2}\left(x - \dfrac{\pi}{2}\right)x + \left(\dfrac{4}{\pi} - 1\right)\dfrac{4}{\pi^2}x^2\left(x - \dfrac{\pi}{2}\right).$$

于是

$$\begin{aligned}J_1(y) &= \int_0^{\pi/2} y''^2 \mathrm{d}P - \int_0^{\pi/2} y^2 \mathrm{d}P \\
&= \int_0^{\pi/2} \left[u(x) + \sum_{i=1}^3 c_i f_i(x)\right]^2 \mathrm{d}P - \int_0^{\pi/2} \left[v(x) + \sum_{i=1}^3 c_i g_i(x)\right]^2 \mathrm{d}P \\
&= \int_0^{\pi/2} \left[u^2(x) + 2\sum_{i=1}^3 c_i f_i(x) u(x) + \sum_{i=1}^3 \sum_{j=1}^3 c_i c_j f_i(x) f_j(x)\right] \mathrm{d}P \\
&\quad - \int_0^{\pi/2} \left[v^2(x) + 2\sum_{i=1}^3 c_i g_i(x) v(x) + \sum_{i=1}^3 \sum_{j=1}^3 c_i c_j g_i(x) g_j(x)\right] \mathrm{d}P \\
&= 2\sum_{i=1}^3 c_i E(f_i(x) u(x)) + \sum_{i=1}^3 \sum_{j=1}^3 c_i c_j E(f_i(x) f_j(x)) \\
&\quad - 2\sum_{i=1}^3 c_i E(g_i(x) v(x)) + \sum_{i=1}^3 \sum_{j=1}^3 c_i c_j E(g_i(x) g_j(x)) + \text{const.} \\
&= 2(E(f_i u))_{1\leqslant i\leqslant 3}(c_i)^{1\leqslant i\leqslant 3} + (c_i)_{1\leqslant i\leqslant 3}(E(f_i f_j))_{1\leqslant j\leqslant 3}^{1\leqslant j\leqslant 3}(c_j)^{1\leqslant j\leqslant 3} \\
&\quad - 2(E(g_i v))_{1\leqslant i\leqslant 3}(c_i)^{1\leqslant i\leqslant 3} - (c_i)_{1\leqslant i\leqslant 3}(E(g_i g_j))_{1\leqslant j\leqslant 3}^{1\leqslant j\leqslant 3}(c_j)^{1\leqslant j\leqslant 3} + \text{const.},
\end{aligned}$$

其中

$$u(x) = v''(x) = \frac{4}{\pi} - \frac{24}{\pi^2} + \left(\frac{4}{\pi} - 1\right)\frac{8}{\pi^2}x,$$

$$f_i(x) = (i+1)ix^{i-1}\left(x - \frac{\pi}{2}\right)^2 + 4(i+1)x^i\left(x - \frac{\pi}{2}\right) + 2x^{i+1},$$

$$g_i(x) = x^{i+1}\left(x - \frac{\pi}{2}\right)^2.$$

由于

$$\frac{\partial J_1(y)}{\partial (c_i)_{1\leqslant i\leqslant 3}} = 2(E(f_i u))^{1\leqslant i\leqslant 6} + 2(E(f_i f_j))_{1\leqslant j\leqslant 3}^{1\leqslant j\leqslant 3}(c_j)^{1\leqslant j\leqslant 3} \\
- 2(E(g_i v))^{1\leqslant i\leqslant 3} - 2(E(g_i g_j))_{1\leqslant j\leqslant 3}^{1\leqslant j\leqslant 3}(c_j)^{1\leqslant j\leqslant 3},$$

可得 $J_1(y)$ 驻点的概率解为

$$(c_i)^{1\leqslant i\leqslant 3} = \left[(E(f_i f_j))_{1\leqslant j\leqslant 3}^{1\leqslant j\leqslant 3} - (E(g_i g_j))_{1\leqslant j\leqslant 3}^{1\leqslant j\leqslant 3}\right]^{-1} \left[(E(g_i v))^{1\leqslant i\leqslant 3} - (E(f_i u))^{1\leqslant i\leqslant 3}\right].$$

(3) 统计解.

设 $\{x_n : 1 \leqslant n \leqslant N\}$ 为随机变量 x 的容量是 N 的简单样本, 构造统计量 $\widetilde{\boldsymbol{V}} = (v(x_n))^{1 \leqslant n \leqslant N}, \widetilde{\boldsymbol{U}} = (u(x_n))^{1 \leqslant n \leqslant N}, \widetilde{\boldsymbol{F}} = (f_i(x_n))_{1 \leqslant i \leqslant 3}^{1 \leqslant n \leqslant N}, \widetilde{\boldsymbol{G}} = (g_i(x_n))_{1 \leqslant i \leqslant 3}^{1 \leqslant n \leqslant N}$, 从而得 C 的统计解

$$(\widetilde{c}_i)^{1 \leqslant i \leqslant 3} = (\widetilde{\boldsymbol{F}}^{\mathrm{T}} \widetilde{\boldsymbol{F}} - \widetilde{\boldsymbol{G}}^{\mathrm{T}} \widetilde{\boldsymbol{G}})^{-1} (\widetilde{\boldsymbol{G}}^{\mathrm{T}} \widetilde{\boldsymbol{V}} - \widetilde{\boldsymbol{F}}^{\mathrm{T}} \widetilde{\boldsymbol{U}})$$
$$= \begin{pmatrix} 0.0120509 \\ 0.028294 \\ -0.013096 \end{pmatrix},$$

即相应的 y 之统计解为

$$y^* = -\frac{2}{\pi}\left(x - \frac{\pi}{2}\right) - \frac{4}{\pi^2}\left(x - \frac{\pi}{2}\right)x + \left(\frac{4}{\pi} - 1\right)\frac{4}{\pi^2}x^2\left(x - \frac{\pi}{2}\right)$$
$$+ 0.0120509 x^2 \left(x - \frac{\pi}{2}\right)^2 + 0.028294 x^3 \left(x - \frac{\pi}{2}\right)^2 - 0.013096 x^4 \left(x - \frac{\pi}{2}\right)^2.$$

其实原泛函 $J(y)$ 极值点的精确解为

$$y = \cos(x),$$

两者图像的对比如图 12.5 所示 (带星号者是 y^*, 不带星号者是 y, 注意解的定义域是 $[0, 1.57]$).

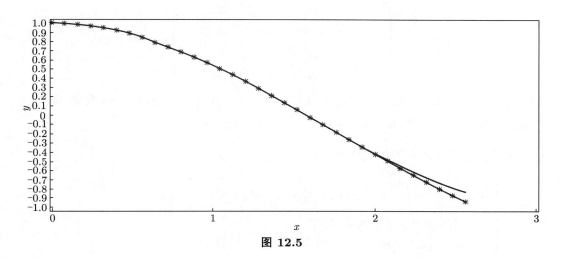

图 **12.5**

§12.5 带约束的积分型泛函

设带约束的积分型连续泛函为

$$\begin{cases} J(y,z) = \int_{x_0}^{x_1} F(x,y,y',z,z')\mathrm{d}x, \quad y(x),z(x) \in C^2[x_0,x_1], \\ d_1 y + d_2 y' + d_3 z + d_4 z' = 0, \\ y(x_0) = y_0, \quad y(x_1) = y_1, \quad z(x_0) = z_0, \quad z(x_1) = z_1, \end{cases} \tag{12.5.1}$$

其中拉格朗日密度函数 $F(x,y,y',z,z')$ 系 y,y',z,z' 的二次函数, 即

$$F(x,y,y',z,z') = \begin{pmatrix} y \\ y' \\ z \\ z' \end{pmatrix}^{\mathrm{T}} \begin{pmatrix} a_{11}(x) & a_{12}(x) & a_{13}(x) & a_{14}(x) \\ a_{21}(x) & a_{22}(x) & a_{23}(x) & a_{24}(x) \\ a_{31}(x) & a_{32}(x) & a_{33}(x) & a_{34}(x) \\ a_{41}(x) & a_{42}(x) & a_{43}(x) & a_{44}(x) \end{pmatrix} \begin{pmatrix} y \\ y' \\ z \\ z' \end{pmatrix}$$

$$+ \begin{pmatrix} b_1(x) \\ b_2(x) \\ b_3(x) \\ b_4(x) \end{pmatrix}^{\mathrm{T}} \begin{pmatrix} y \\ y' \\ z \\ z' \end{pmatrix} + c(x),$$

式中

$$\begin{pmatrix} a_{11}(x) & a_{12}(x) & a_{13}(x) & a_{14}(x) \\ a_{21}(x) & a_{22}(x) & a_{23}(x) & a_{24}(x) \\ a_{31}(x) & a_{32}(x) & a_{33}(x) & a_{34}(x) \\ a_{41}(x) & a_{42}(x) & a_{43}(x) & a_{44}(x) \end{pmatrix}$$

为对称矩阵. 取 $C^2[x_0,x_1]$ 的绍德尔基为 $\{x^k : k \in \{0\} \cup \mathbb{N}\}$, 做有限维空间 $\mathcal{M}_m[x_0,x_1] = \operatorname{span}\{x^k : 0 \leqslant k \leqslant m\} \subset C^2[x_0,x_1]\ (m \in \mathbb{N})$.

考虑上述泛函的有限维化泛函

$$\begin{cases} J_m(y,z) = \int_{x_0}^{x_1} F(x,y,y',z,z')\mathrm{d}x, \quad y(x),z(x) \in \mathcal{M}_m[x_0,x_1], \\ d_1 y + d_2 y' + d_3 z + d_4 z' = 0, \\ y(x_0) = y_0, \quad y(x_1) = y_1, \quad z(x_0) = z_0, \quad z(x_1) = z_1. \end{cases} \tag{12.5.2}$$

一、级数解

定理 12.5.1 设

$$(H_{ij}(x))_{\substack{0\leqslant i\leqslant 2m+1\\0\leqslant j\leqslant 2m+1}} = \begin{pmatrix} a_{11}(x)\boldsymbol{X}_1^{\mathrm{T}}\boldsymbol{X}_1 + a_{21}(x)\boldsymbol{X}_2^{\mathrm{T}}\boldsymbol{X}_1 + a_{12}(x)\boldsymbol{X}_1^{\mathrm{T}}\boldsymbol{X}_2 + a_{22}(x)\boldsymbol{X}_2^{\mathrm{T}}\boldsymbol{X}_2, \\ a_{31}(x)\boldsymbol{X}_1^{\mathrm{T}}\boldsymbol{X}_1 + a_{41}(x)\boldsymbol{X}_2^{\mathrm{T}}\boldsymbol{X}_1 + a_{32}(x)\boldsymbol{X}_1^{\mathrm{T}}\boldsymbol{X}_2 + a_{42}(x)\boldsymbol{X}_2^{\mathrm{T}}\boldsymbol{X}_2, \\ a_{13}(x)\boldsymbol{X}_1^{\mathrm{T}}\boldsymbol{X}_1 + a_{23}(x)\boldsymbol{X}_2^{\mathrm{T}}\boldsymbol{X}_1 + a_{14}(x)\boldsymbol{X}_1^{\mathrm{T}}\boldsymbol{X}_2 + a_{24}(x)\boldsymbol{X}_2^{\mathrm{T}}\boldsymbol{X}_2 \\ a_{33}(x)\boldsymbol{X}_1^{\mathrm{T}}\boldsymbol{X}_1 + a_{43}(x)\boldsymbol{X}_2^{\mathrm{T}}\boldsymbol{X}_1 + a_{34}(x)\boldsymbol{X}_1^{\mathrm{T}}\boldsymbol{X}_2 + a_{44}(x)\boldsymbol{X}_2^{\mathrm{T}}\boldsymbol{X}_2 \end{pmatrix},$$

$$(F_i(x))_{0\leqslant i\leqslant 2m+1} = (b_1(x)\boldsymbol{X}_1 + b_2\boldsymbol{X}_2, b_3(x)\boldsymbol{X}_1 + b_4(x)\boldsymbol{X}_2),$$

$$\boldsymbol{X}_1(x) = (x^i)_{0\leqslant i\leqslant m},$$

$$\boldsymbol{X}_2(x) = (ix^{i-1})_{0\leqslant i\leqslant m},$$

$$\boldsymbol{A}_1 = \left[\begin{pmatrix} d_1 & 1d_2 & & & & \\ & d_1 & 2d_2 & & & \\ & & \ddots & \ddots & & \\ & & & \ddots & \ddots & \\ & & & & \ddots & md_2 \\ & & & & & d_1 \end{pmatrix}, \begin{pmatrix} d_3 & 1d_4 & & & & \\ & d_3 & 2d_4 & & & \\ & & \ddots & \ddots & & \\ & & & \ddots & \ddots & \\ & & & & \ddots & md_4 \\ & & & & & d_3 \end{pmatrix}\right],$$

$$\boldsymbol{b}_1 = \boldsymbol{O}_{(m+1)\times 1},$$

$$\boldsymbol{A}_2 = \begin{pmatrix} \boldsymbol{X}_1(x_0) & \boldsymbol{O}_{1\times(m+1)} \\ \boldsymbol{X}_1(x_1) & \boldsymbol{O}_{1\times(m+1)} \\ \boldsymbol{O}_{1\times(m+1)} & \boldsymbol{X}_1(x_0) \\ \boldsymbol{O}_{1\times(m+1)} & \boldsymbol{X}_1(x_1) \end{pmatrix}, \quad \boldsymbol{b}_2 = \begin{pmatrix} y_0 \\ y_1 \\ z_0 \\ z_1 \end{pmatrix},$$

$$\boldsymbol{A} = \begin{pmatrix} \boldsymbol{A}_1 \\ \boldsymbol{A}_2 \end{pmatrix}, \quad \boldsymbol{b} = \begin{pmatrix} \boldsymbol{b}_1 \\ \boldsymbol{b}_2 \end{pmatrix}.$$

令

$$(\beta_{mk})_{0\leqslant k\leqslant 2m+1} = \boldsymbol{\beta}^{(0)} - \left[\left(\int_{x_0}^{x_1} H_{ij}(x)\mathrm{d}x\right)_{\substack{0\leqslant i\leqslant 2m+1\\0\leqslant j\leqslant 2m+1}}\right]^{-1}\boldsymbol{A}^{\mathrm{T}}$$

$$\cdot \left\{ \boldsymbol{A} \left[\left(\int_{x_0}^{x_1} H_{ij}(x) \mathrm{d}x \right)_{0 \leqslant j \leqslant 2m+1}^{0 \leqslant i \leqslant 2m+1} \right]^{-1} \boldsymbol{A}^{\mathrm{T}} \right\}^{-1} \left\{ \boldsymbol{A} \boldsymbol{\beta}^{(0)} - \boldsymbol{b} \right\},$$

其中

$$\boldsymbol{\beta}^{(0)} = \frac{-1}{2} \left[\left(\int_{x_0}^{x_1} H_{ij}(x) \mathrm{d}x \right)_{0 \leqslant j \leqslant 2m+1}^{0 \leqslant i \leqslant 2m+1} \right]^{-1} \left(\int_{x_0}^{x_1} F_i(x) \mathrm{d}x \right)^{0 \leqslant j \leqslant 2m+1},$$

则

(1) 有限维化泛函 $J_m(y, z)$ 的极值点为

$$y_m(x) = (\beta_{mk})_{0 \leqslant k \leqslant m} (x^k)^{0 \leqslant k \leqslant m},$$
$$z_m(x) = (\beta_{mk})_{m+1 \leqslant k \leqslant 2m+1} (x^k)^{0 \leqslant k \leqslant m};$$

(2) 原泛函 $J(y, z)$ 的极值点为

$$y(x) = \lim_{m \to \infty} y_m(x) \quad (L^2),$$
$$z(x) = \lim_{m \to \infty} z_m(x) \quad (L^2).$$

证明 任取 $y = \sum_{k=0}^{m} c_k x^k, z = \sum_{k=0}^{m} c_{m+1+k} x^k \in \mathcal{M}_m[x_0, x_1]$.

(1) 由于

$$\begin{pmatrix} y \\ y' \\ z \\ z' \end{pmatrix} = \begin{pmatrix} \boldsymbol{X}_1(x) & \boldsymbol{O}_{1 \times (m+1)} \\ \boldsymbol{X}_2(x) & \boldsymbol{O}_{1 \times (m+1)} \\ \boldsymbol{O}_{1 \times (m+1)} & \boldsymbol{X}_1(x) \\ \boldsymbol{O}_{1 \times (m+1)} & \boldsymbol{X}_2(x) \end{pmatrix} (c_i)^{0 \leqslant i \leqslant 2m+1},$$

则

$$F(x, y, y', z, z') = (c_i)_{0 \leqslant j \leqslant 2m+1} \begin{pmatrix} \boldsymbol{X}_1 & \boldsymbol{O}_{1 \times (m+1)} \\ \boldsymbol{X}_2 & \boldsymbol{O}_{1 \times (m+1)} \\ \boldsymbol{O}_{1 \times (m+1)} & \boldsymbol{X}_1 \\ \boldsymbol{O}_{1 \times (m+1)} & \boldsymbol{X}_2 \end{pmatrix}^{\mathrm{T}}$$

$$\cdot \begin{pmatrix} a_{11}(x) & a_{12}(x) & a_{13}(x) & a_{14}(x) \\ a_{21}(x) & a_{22}(x) & a_{23}(x) & a_{24}(x) \\ a_{31}(x) & a_{32}(x) & a_{33}(x) & a_{34}(x) \\ a_{41}(x) & a_{42}(x) & a_{43}(x) & a_{44}(x) \end{pmatrix} \begin{pmatrix} \boldsymbol{X}_1 & \boldsymbol{O}_{1\times(m+1)} \\ \boldsymbol{X}_2 & \boldsymbol{O}_{1\times(m+1)} \\ \boldsymbol{O}_{1\times(m+1)} & \boldsymbol{X}_1 \\ \boldsymbol{O}_{1\times(m+1)} & \boldsymbol{X}_2 \end{pmatrix} (c_j)^{0\leqslant j\leqslant 2m+1}$$

$$+ \begin{pmatrix} b_1(x) \\ b_2(x) \\ b_3(x) \\ b_4(x) \end{pmatrix}^{\mathrm{T}} \begin{pmatrix} \boldsymbol{X}_1 & \boldsymbol{O}_{1\times(m+1)} \\ \boldsymbol{X}_2 & \boldsymbol{O}_{1\times(m+1)} \\ \boldsymbol{O}_{1\times(m+1)} & \boldsymbol{X}_1 \\ \boldsymbol{O}_{1\times(m+1)} & \boldsymbol{X}_2 \end{pmatrix} (c_i)^{0\leqslant j\leqslant 2m+1} + c(x)$$

$$= (c_i)_{0\leqslant j\leqslant 2m+1} \begin{pmatrix} a_{11}(x)\boldsymbol{X}_1^{\mathrm{T}}\boldsymbol{X}_1 + a_{21}(x)\boldsymbol{X}_2^{\mathrm{T}}\boldsymbol{X}_1 + a_{12}(x)\boldsymbol{X}_1^{\mathrm{T}}\boldsymbol{X}_2 + a_{22}(x)\boldsymbol{X}_2^{\mathrm{T}}\boldsymbol{X}_2, \\ a_{31}(x)\boldsymbol{X}_1^{\mathrm{T}}\boldsymbol{X}_1 + a_{41}(x)\boldsymbol{X}_2^{\mathrm{T}}\boldsymbol{X}_1 + a_{32}(x)\boldsymbol{X}_1^{\mathrm{T}}\boldsymbol{X}_2 + a_{42}(x)\boldsymbol{X}_2^{\mathrm{T}}\boldsymbol{X}_2, \end{pmatrix}$$

$$\begin{pmatrix} a_{13}(x)\boldsymbol{X}_1^{\mathrm{T}}\boldsymbol{X}_1 + a_{23}(x)\boldsymbol{X}_2^{\mathrm{T}}\boldsymbol{X}_1 + a_{14}(x)\boldsymbol{X}_1^{\mathrm{T}}\boldsymbol{X}_2 + a_{24}(x)\boldsymbol{X}_2^{\mathrm{T}}\boldsymbol{X}_2 \\ a_{33}(x)\boldsymbol{X}_1^{\mathrm{T}}\boldsymbol{X}_1 + a_{43}(x)\boldsymbol{X}_2^{\mathrm{T}}\boldsymbol{X}_1 + a_{34}(x)\boldsymbol{X}_1^{\mathrm{T}}\boldsymbol{X}_2 + a_{44}(x)\boldsymbol{X}_2^{\mathrm{T}}\boldsymbol{X}_2 \end{pmatrix} (c_j)^{0\leqslant j\leqslant 2m+1}$$

$$+ (b_1(x)X_1 + b_2X_2, b_3(x)X_1 + b_4(x)X_2)(c_i)^{0\leqslant j\leqslant 2m+1} + c(x)$$

$$= (c_i)_{0\leqslant j\leqslant 2m+1}(H_{ij}(x))^{0\leqslant i\leqslant 2m+1}_{0\leqslant j\leqslant 2m+1}(c_j)^{0\leqslant j\leqslant 2m+1} + (F_i(x))_{0\leqslant j\leqslant 2m+1}(c_j)^{0\leqslant j\leqslant 2m+1} + c(x).$$

从而

$$J_m(y,z) = (c_i)_{0\leqslant i\leqslant 2m+1} \left(\int_{x_0}^{x_1} H_{ij}(x)dx \right)^{0\leqslant i\leqslant 2m+1}_{0\leqslant j\leqslant 2m+1} (c_j)^{0\leqslant j\leqslant 2m+1}$$
$$+ \left(\int_{x_0}^{x_1} F_i(x)dx \right)_{0\leqslant j\leqslant 2m+1} (c_j)^{0\leqslant j\leqslant 2m+1} + \int_{x_0}^{x_1} c(x)\mathrm{d}x$$
$$\triangleq \varphi_m(c_0,\cdots,c_{2m+1}) \qquad ((c_0,\cdots,c_{2m+1}) \in \mathbb{R}^{2m+2}).$$

又由于

$$0 = d_1 y + d_2 y' + d_3 z + d_4 z'$$
$$= (d_1 c_i)_{0\leqslant i\leqslant m}(x^i)^{0\leqslant i\leqslant m} + (d_2(i+1)c_{i+1})_{0\leqslant i\leqslant m-1}(x^i)^{0\leqslant i\leqslant m-1}$$
$$+ (d_3 c_i)_{m+1\leqslant i\leqslant 2m+1}(x^i)^{0\leqslant i\leqslant m} + (d_4(i+1)c_{i+1})_{m+1\leqslant i\leqslant 2m}(x^i)^{0\leqslant i\leqslant m-1}$$
$$= (d_1 c_i)_{0\leqslant i\leqslant m}(x^i)^{0\leqslant i\leqslant m} + ((d_2(i+1)c_{i+1})_{0\leqslant i\leqslant m-1}, 0)(x^i)^{0\leqslant i\leqslant m}$$
$$+ (d_3 c_i)_{m+1\leqslant i\leqslant 2m+1}(x^i)^{0\leqslant i\leqslant m} + ((d_4(i+1)c_{i+1})_{m+1\leqslant i\leqslant 2m}, 0)(x^i)^{0\leqslant i\leqslant m}$$
$$= [(d_1 c_i)_{0\leqslant i\leqslant m} + ((d_2(i+1)c_{i+1})_{0\leqslant i\leqslant m-1}, 0)$$

$$+(d_3 c_i)_{m+1 \leqslant i \leqslant 2m+1} + ((d_4(i+1)c_{i+1})_{m+1 \leqslant i \leqslant 2m}, 0)](x^i)^{0 \leqslant i \leqslant m},$$

可得

$$\boldsymbol{O}_{(m+1) \times 1} = (d_1 c_i)^{0 \leqslant i \leqslant m} + \begin{pmatrix} (d_2(i+1)c_{i+1})^{0 \leqslant i \leqslant m-1} \\ \boldsymbol{0} \end{pmatrix}$$

$$+(d_3 c_i)^{m+1 \leqslant i \leqslant 2m+1} + \begin{pmatrix} (d_4(i+1)c_{i+1})^{m+1 \leqslant i \leqslant 2m} \\ \boldsymbol{0} \end{pmatrix}$$

$$= \left[\begin{pmatrix} d_1 & 1d_2 & & & & \\ & d_1 & 2d_2 & & & \\ & & \ddots & \ddots & & \\ & & & \ddots & \ddots & \\ & & & & \ddots & md_2 \\ & & & & & d_1 \end{pmatrix}, \begin{pmatrix} d_3 & 1d_4 & & & & \\ & d_3 & 2d_4 & & & \\ & & \ddots & \ddots & & \\ & & & \ddots & \ddots & \\ & & & & \ddots & md_4 \\ & & & & & d_3 \end{pmatrix} \right]$$

$$\cdot (c_j)^{0 \leqslant j \leqslant 2m+1}$$

$$= \boldsymbol{A}_1 (c_j)^{0 \leqslant j \leqslant 2m+1} + \boldsymbol{b}_1,$$

其中

$$\boldsymbol{A}_1 = \left[\begin{pmatrix} d_1 & 1d_2 & & & & \\ & d_1 & 2d_2 & & & \\ & & \ddots & \ddots & & \\ & & & \ddots & \ddots & \\ & & & & \ddots & md_2 \\ & & & & & d_1 \end{pmatrix}, \begin{pmatrix} d_3 & 1d_4 & & & & \\ & d_3 & 2d_4 & & & \\ & & \ddots & \ddots & & \\ & & & \ddots & \ddots & \\ & & & & \ddots & md_4 \\ & & & & & d_3 \end{pmatrix} \right],$$

$$\boldsymbol{b}_1 = \boldsymbol{O}_{(m+1) \times 1}.$$

方程组

$$\begin{cases} y(x_0) = y_0, \\ y(x_1) = y_1, \\ z(x_0) = z_0, \\ z(x_1) = z_1 \end{cases}$$

同解于

$$\begin{pmatrix} \boldsymbol{X}_1(x_0) & \boldsymbol{O}_{1\times(m+1)} \\ \boldsymbol{X}_1(x_1) & \boldsymbol{O}_{1\times(m+1)} \\ \boldsymbol{O}_{1\times(m+1)} & \boldsymbol{X}_1(x_0) \\ \boldsymbol{O}_{1\times(m+1)} & \boldsymbol{X}_1(x_1) \end{pmatrix} (c_j)^{0\leqslant j\leqslant 2m+1} - \begin{pmatrix} y_0 \\ y_1 \\ z_0 \\ z_1 \end{pmatrix} = \boldsymbol{O}_{4\times 1},$$

即

$$\boldsymbol{A}_2(c_j)^{0\leqslant j\leqslant 2m+1} - \boldsymbol{b}_2 = \boldsymbol{O}_{4\times 1}.$$

综上所述, 有限维化泛函可化为

$$\begin{cases} J_m(y,z) = (c_i)_{0\leqslant i\leqslant 2m+1} \left(\int_{x_0}^{x_1} H_{ij}(x)\mathrm{d}x \right)_{0\leqslant j\leqslant 2m+1}^{0\leqslant i\leqslant 2m+1} (c_j)^{0\leqslant j\leqslant 2m+1} \\ \qquad\qquad + \left(\int_{x_0}^{x_1} F_i(x)\mathrm{d}x \right)_{0\leqslant j\leqslant 2m+1} (c_j)^{0\leqslant j\leqslant 2m+1} + \int_{x_0}^{x_1} c(x)\mathrm{d}x, \\ \boldsymbol{A}(c_i)_{0\leqslant i\leqslant 2m+1} - \boldsymbol{b} = \boldsymbol{O}_{(m+5)\times 1}, \end{cases} \quad (12.5.3)$$

其中

$$\boldsymbol{A} = \begin{pmatrix} \boldsymbol{A}_1 \\ \boldsymbol{A}_2 \end{pmatrix}, \quad \boldsymbol{b} = \begin{pmatrix} \boldsymbol{b}_1 \\ \boldsymbol{b}_2 \end{pmatrix}.$$

做拉格朗日辅助函数

$$\begin{aligned} L((c_i)_{0\leqslant i\leqslant 2m+1}, (\lambda_i)_{1\leqslant i\leqslant m+5}) &= (c_i)_{0\leqslant i\leqslant 2m+1} \left(\int_{x_0}^{x_1} H_{ij}(x)\mathrm{d}x \right)_{0\leqslant j\leqslant 2m+1}^{0\leqslant i\leqslant 2m+1} (c_j)^{0\leqslant j\leqslant 2m+1} \\ &\quad + \left(\int_{x_0}^{x_1} F_i(x)\mathrm{d}x \right)_{0\leqslant j\leqslant 2m+1} (c_j)^{0\leqslant j\leqslant 2m+1} + \int_{x_0}^{x_1} c(x)\mathrm{d}x \\ &\quad + (\lambda_i)_{1\leqslant i\leqslant m+5} (\boldsymbol{A}(c_i)_{0\leqslant i\leqslant 2m+1} - \boldsymbol{b}), \end{aligned}$$

观察 L 的驻点方程

$$\begin{cases} \dfrac{\partial L((c_i)_{0\leqslant i\leqslant 2m+1}, (\lambda_i)_{1\leqslant i\leqslant m+5})}{\partial (c_i)_{0\leqslant i\leqslant 2m+1}} = 0, \\ \dfrac{\partial L((c_i)_{0\leqslant i\leqslant 2m+1}, (\lambda_i)_{1\leqslant i\leqslant m+5})}{\partial (\lambda_i)_{1\leqslant i\leqslant m+5}} = 0, \end{cases}$$

即

$$\begin{cases} 2\left(\int_{x_0}^{x_1} H_{ij}(x)\mathrm{d}x\right)_{0\leqslant j\leqslant 2m+1}^{0\leqslant i\leqslant 2m+1}(c_j)^{0\leqslant j\leqslant 2m+1}+\left(\int_{x_0}^{x_1}F_i(x)\mathrm{d}x\right)^{0\leqslant j\leqslant 2m+1} \\ \qquad +\boldsymbol{A}^{\mathrm{T}}(\lambda_i)^{1\leqslant i\leqslant m+5}=\boldsymbol{0}, \\ \boldsymbol{A}(c_i)_{0\leqslant i\leqslant 2m+1}-\boldsymbol{b}=\boldsymbol{0}, \end{cases}$$

得唯一的驻点

$$\begin{cases} (c_j)^{0\leqslant j\leqslant 2m+1}=-\dfrac{1}{2}\left[\left(\int_{x_0}^{x_1}H_{ij}(x)\mathrm{d}x\right)_{0\leqslant j\leqslant 2m+1}^{0\leqslant i\leqslant 2m+1}\right]^{-1}\left(\int_{x_0}^{x_1}F_i(x)\mathrm{d}x\right)^{0\leqslant j\leqslant 2m+1} \\ \qquad -\dfrac{1}{2}\left[\left(\int_{x_0}^{x_1}H_{ij}(x)\mathrm{d}x\right)_{0\leqslant j\leqslant 2m+1}^{0\leqslant i\leqslant 2m+1}\right]^{-1}\boldsymbol{A}^{\mathrm{T}}(\lambda_i)^{1\leqslant i\leqslant m+5}, \\ (\lambda_i)^{1\leqslant i\leqslant m+5}=-\left\{\boldsymbol{A}\left[\left(\int_{x_0}^{x_1}H_{ij}(x)\mathrm{d}x\right)_{0\leqslant j\leqslant 2m+1}^{0\leqslant i\leqslant 2m+1}\right]^{-1}\boldsymbol{A}^{\mathrm{T}}\right\}^{-1} \\ \qquad \left\{\boldsymbol{A}\left[\left(\int_{x_0}^{x_1}H_{ij}(x)\mathrm{d}x\right)_{0\leqslant j\leqslant 2m+1}^{0\leqslant i\leqslant 2m+1}\right]^{-1}\left(\int_{x_0}^{x_1}F_i(x)\mathrm{d}x\right)^{0\leqslant j\leqslant 2m+1}+2\boldsymbol{b}\right\}. \end{cases}$$

可得 $J_m(y)$ 的极值点

$$(\beta_{mk})^{0\leqslant k\leqslant 2m+1}=\boldsymbol{\beta}^{(0)}-\left[\left(\int_{x_0}^{x_1}H_{ij}(x)\mathrm{d}x\right)_{0\leqslant j\leqslant 2m+1}^{0\leqslant i\leqslant 2m+1}\right]^{-1}\boldsymbol{A}^{\mathrm{T}}$$

$$\cdot\left\{\boldsymbol{A}\left[\left(\int_{x_0}^{x_1}H_{ij}(x)\mathrm{d}x\right)_{0\leqslant j\leqslant 2m+1}^{0\leqslant i\leqslant 2m+1}\right]^{-1}\boldsymbol{A}^{\mathrm{T}}\right\}^{-1}\left\{\boldsymbol{A}\boldsymbol{\beta}^{(0)}-\boldsymbol{b}\right\},$$

其中

$$\boldsymbol{\beta}^{(0)}=-\dfrac{1}{2}\left[\left(\int_{x_0}^{x_1}H_{ij}(x)\mathrm{d}x\right)_{0\leqslant j\leqslant 2m+1}^{0\leqslant i\leqslant 2m+1}\right]^{-1}\left(\int_{x_0}^{x_1}F_i(x)\mathrm{d}x\right)^{0\leqslant j\leqslant 2m+1}.$$

(2) 由极值点极限定理, 即可得之. □

二、概率解

定理 12.5.2 若题设同定理 12.5.1, 且置概率空间为 $([0,1], \mathscr{B}[0,1], P)$, P 是 $[0,1]$ 上的均匀概率测度, 则 $(\beta_{mk})^{0 \leqslant k \leqslant 2m+1}$ 的概率解为

$$\boldsymbol{\beta}^{(0)} = -\frac{1}{2} \left[(E_P(H_{ij})(x_0+(x_1-x_0)T))^{0 \leqslant i \leqslant 2m+1}_{0 \leqslant j \leqslant 2m+1} \right]^{-1} (E_P(F_i)(x_0+(x_1-x_0)T))^{0 \leqslant i \leqslant 2m+1},$$

$$(\beta_{mk})^{0 \leqslant k \leqslant 2m+1} = \boldsymbol{\beta}^{(0)} - \left[(E_P(H_{ij})(x_0+(x_1-x_0)T))^{0 \leqslant i \leqslant 2m+1}_{0 \leqslant j \leqslant 2m+1} \right]^{-1} \boldsymbol{A}^{\mathrm{T}}$$

$$\cdot \left\{ \boldsymbol{A} \left[(E_P(H_{ij})(x_0+(x_1-x_0)T))^{0 \leqslant i \leqslant 2m+1}_{0 \leqslant j \leqslant 2m+1} \right]^{-1} \boldsymbol{A}^{\mathrm{T}} \right\}^{-1} (\boldsymbol{A}\boldsymbol{\beta}^{(0)} - \boldsymbol{b}),$$

其中 $([0,1], \mathscr{B}[0,1], P)$ 上的随机变量 $T \sim U[0,1]$.

证明 易知

$$\int_{x_0}^{x_1} H_{ij}(x) \mathrm{d}x = (x_1-x_0) \int_0^1 H_{ij}(x_0+(x_1-x_0)t) \mathrm{d}t \quad (\text{做替换} x = x_0+(x_1-x_0)t)$$
$$= (x_1-x_0) E_P(H_{ij})(x_0+(x_1-x_0)T),$$
$$\int_{x_0}^{x_1} F_i(x) \mathrm{d}x = (x_1-x_0) \int_0^1 F_i(x_0+(x_1-x_0)t) \mathrm{d}t \quad (\text{做替换} x = x_0+(x_1-x_0)t)$$
$$= (x_1-x_0) E_P(F_i)(x_0+(x_1-x_0)T).$$

余者自明. □

三、统计解

定理 12.5.3 若题设同定理 12.5.2, 且取随机变量 $T \sim U[0,1]$ 的简单样本为 $\{t_n : 1 \leqslant n \leqslant N\}$, 做统计量

$$\widetilde{\boldsymbol{H}}_m = [(H_{ij}(x_0+(x_1-x_0)t_n))_{1 \leqslant n \leqslant N}]^{0 \leqslant i \leqslant 2m+1}_{0 \leqslant j \leqslant 2m+1},$$
$$\widetilde{\boldsymbol{F}}_m = (F_i(x_0+(x_1-x_0)t_n))^{0 \leqslant i \leqslant 2m+1}_{1 \leqslant n \leqslant N}.$$

令

$$(\widetilde{\beta}_{mkN})^{0 \leqslant k \leqslant 2m+1} = \widetilde{\boldsymbol{\beta}}^{(0)} - \left[\widetilde{\boldsymbol{H}}_m (\boldsymbol{I}_{2m+2} \otimes \boldsymbol{1}_N) \right]^{-1} \boldsymbol{A}^{\mathrm{T}}$$

$$\cdot \left\{ A \left[\widetilde{\boldsymbol{H}}_m (\boldsymbol{I}_{2m+2} \otimes \boldsymbol{1}_N) \right]^{-1} A^{\mathrm{T}} \right\}^{-1} \left\{ A \widetilde{\boldsymbol{\beta}}^{(0)} - \boldsymbol{b} \right\},$$

$$\widetilde{\boldsymbol{\beta}}^{(0)} = -\frac{1}{2} \left[\widetilde{\boldsymbol{H}}_m (\boldsymbol{I}_{2m+2} \otimes \boldsymbol{1}_N) \right]^{-1} \left(\widetilde{\boldsymbol{F}}_m \boldsymbol{1}_N \right),$$

则

(1) $(\beta_{mk})^{0 \leqslant k \leqslant 2m+1}$ 的统计解为

$$(\beta_{mk})^{0 \leqslant k \leqslant 2m+1} = \lim_{N \to \infty} (\widetilde{\beta}_{mkN})^{0 \leqslant k \leqslant 2m+1} \quad \text{(a.s.)};$$

(2) 有限维化泛函 $J_m(y, z)$ 的极值点的统计解为

$$y_{mN}(x) = (\widetilde{\beta}_{mkN})_{0 \leqslant k \leqslant m} (x^k)^{0 \leqslant k \leqslant m},$$
$$z_{mN}(x) = (\widetilde{\beta}_{mkN})_{m+1 \leqslant k \leqslant 2m+1} (x^k)^{0 \leqslant k \leqslant m};$$

(3) 原泛函 $J(y, z)$ 的极值点的统计解为

$$y(x) = \lim_{m \to \infty} \lim_{N \to \infty} y_{mN}(x).$$
$$z(x) = \lim_{m \to \infty} \lim_{N \to \infty} z_{mN}(x).$$

例 12.5.1 求带约束边值条件泛函

$$\begin{cases} J(y(x), u(x)) = \displaystyle\int_0^1 (y^2 + u^2) \mathrm{d}x, \quad y \in C^2[0, 1], \\ y' = u - y, \\ y(0) = 0, \quad y(1) = 1 \end{cases}$$

的极值点的统计解.

解 由于

$$\begin{pmatrix} a_{11}(x) & a_{12}(x) & a_{13}(x) & a_{14}(x) \\ a_{21}(x) & a_{22}(x) & a_{23}(x) & a_{24}(x) \\ a_{31}(x) & a_{32}(x) & a_{33}(x) & a_{34}(x) \\ a_{41}(x) & a_{42}(x) & a_{43}(x) & a_{44}(x) \end{pmatrix} = \begin{pmatrix} 1 & & & \\ & 0 & & \\ & & 1 & \\ & & & 0 \end{pmatrix},$$

$$\begin{pmatrix} b_1(x) \\ b_2(x) \\ b_3(x) \\ b_4(x) \end{pmatrix} = \begin{pmatrix} 0 \\ 0 \\ 0 \\ 0 \end{pmatrix}, \quad c(x) = 0,$$

$$d_1 = 1, \quad d_2 = 1, \quad d_3 = -1, \quad d_4 = 0,$$

$$y_0 = 0, \quad y_1 = 1, \quad x_0 = 0, \quad x_1 = 1;$$

$$(H_{ij}(x))_{0 \leqslant i \leqslant 2m+1}^{0 \leqslant i \leqslant 2m+1} = \begin{pmatrix} \boldsymbol{X}_1^{\mathrm{T}} \boldsymbol{X}_1 & \boldsymbol{O} \\ \boldsymbol{O} & \boldsymbol{X}_1^{\mathrm{T}} \boldsymbol{X}_1 \end{pmatrix}$$

$$= \begin{pmatrix} (x^i x^j)_{0 \leqslant i \leqslant m}^{0 \leqslant i \leqslant m} & \boldsymbol{O} \\ \boldsymbol{O} & (x^i x^j)_{0 \leqslant i \leqslant m}^{0 \leqslant i \leqslant m} \end{pmatrix},$$

$$(F_i(x))_{0 \leqslant i \leqslant 2m+1} = \boldsymbol{O},$$

$$\boldsymbol{A}_1 = \left[\begin{pmatrix} 1 & 1 & & \\ & 1 & 2 & \\ & & 1 & 3 \\ & & & 1 \end{pmatrix}, \begin{pmatrix} -1 & 0 & & \\ & -1 & 0 & \\ & & -1 & 0 \\ & & & -1 \end{pmatrix} \right],$$

$$\boldsymbol{b}_1 = \boldsymbol{O}_{4 \times 1},$$

$$\boldsymbol{A}_2 = \begin{pmatrix} 1 & 0 & 0 & 0 & 0 & 0 & 0 & 0 \\ 1 & 1 & 1 & 1 & 0 & 0 & 0 & 0 \end{pmatrix},$$

$$\boldsymbol{b}_2 = \begin{pmatrix} 0 \\ 1 \end{pmatrix},$$

于是, 可得

$$\widetilde{\boldsymbol{\beta}}^{(0)} = \boldsymbol{O}_{(2m+2) \times 1},$$

$$(\widetilde{\beta}_{mkN})^{0 \leqslant k \leqslant 2m+1} = \left[\widetilde{\boldsymbol{H}}_m (\boldsymbol{I}_{2m+2} \otimes \boldsymbol{1}_N) \right]^{-1} \boldsymbol{A}^{\mathrm{T}}$$
$$\cdot \left\{ \boldsymbol{A} \left[\widetilde{\boldsymbol{H}}_m (\boldsymbol{I}_{2m+2} \otimes \boldsymbol{1}_N) \right]^{-1} \boldsymbol{A}^{\mathrm{T}} \right\}^{-1} \boldsymbol{b}$$

$$= \begin{pmatrix} 2.593E-15 \\ 0.7125321 \\ 0.0339375 \\ 0.2535303 \\ 0.7125321 \\ 0.7804072 \\ 0.7945285 \\ 0.2535303 \end{pmatrix},$$

即相应的 y, u 之统计解为

$$y_{mN} = 2.593E - 15 + 0.7125321x^1 + 0.0339375x^2 + 0.2535303x^3,$$
$$z_{mN} = 0.7125321 + 0.7804072x^1 + 0.7945285x^2 + 0.2535303x^3.$$

其实原泛函 $J(y,u)$ 的精确解为

$$y = \frac{1}{e^{\sqrt{2}} - e^{-\sqrt{2}}} e^{\sqrt{2}x} - \frac{1}{e^{\sqrt{2}} - e^{-\sqrt{2}}} e^{-\sqrt{2}x},$$
$$z = (1+\sqrt{2}) \frac{1}{e^{\sqrt{2}} - e^{-\sqrt{2}}} e^{\sqrt{2}x} - (1-\sqrt{2}) \frac{1}{e^{\sqrt{2}} - e^{-\sqrt{2}}} e^{-\sqrt{2}x},$$

y 与 y_{mN} 图像的对比如图 12.6 所示 (带星号者是 y_{mN}, 不带星号者是 y); z 与 z_{mN} 图像的对比如图 12.7 所示 (带星号者是 z_{mN}, 不带星号者是 u).

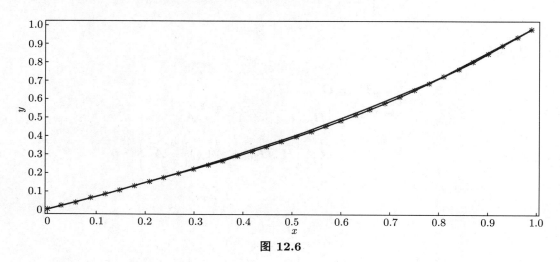

图 **12.6**

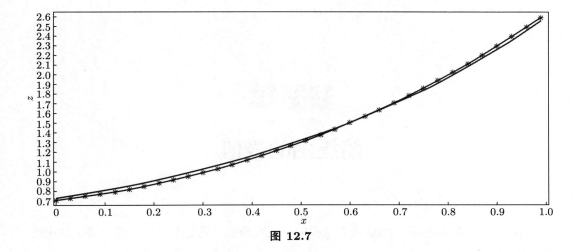

图 **12.7**

第十三章

熵泛函的极值

熵 (信息) 是与物质、能量同等重要的宇宙元概念. 熵定律是自然界一切定律中的最高定律.

熵为随机变量 (向量) 上的泛函, 因而概率统计理论 (包括统计物理学) 中的重要概念、定理多与熵泛函的极值点有关, 要么业已发现, 要么即将发现.

§13.1 熵 的 概 念

熵是度量随机变量 (向量) 不确定性的特征数字.

定义 13.1.1 设 X 是离散型随机变量, 其分布律是

$$P\{X = x_k\} = p(k) \qquad (k \in \Lambda \subset \mathbb{N}),$$

称

$$H(X) \triangleq -\sum_{k \in \Lambda} p(k) \ln p(k) \quad \text{(奈特)}$$

为随机变量 X 的熵泛函.

注 13.1.1 此处概率 $p(k)$ 可用 X 的样本 $\{X_n : 1 \leqslant n \leqslant N\}$ 做统计估计, 因而 $H(X)$ 可用统计方法求解.

例 13.1.1 设随机变量 X, Y 的分布律分别为

$$P\{X = a_j\} = \frac{1}{2} \quad (j = 1, 2),$$
$$P\{Y = b_j\} = \frac{1}{54} \quad (1 \leqslant j \leqslant 54),$$

易见, 其熵泛函分别为

$$H(X) = -\frac{1}{2}\ln\frac{1}{2} - \frac{1}{2}\ln\frac{1}{2} = 0.6931,$$
$$H(Y) = -\sum_{j=1}^{54}\frac{1}{54}\ln\frac{1}{54} = 3.989.$$

定义 13.1.2　设 X 是连续型随机变量, 其分布密度是 $f(x)$, 称

$$H(X) \triangleq -\int_{-\infty}^{\infty} f(x)\ln f(x)\mathrm{d}x \quad (奈特)$$

(规定 $0\ln 0 = 0$) 为随机变量 X 的熵泛函.

注 13.1.2　此处概率密度 $f(x)$ 可用 X 的样本 $\{X_n : 1 \leqslant n \leqslant N\}$ 做统计估计, 因而 $H(X)$ 可用统计方法求解.

例 13.1.2　设随机变量 X, Y 的密度函数分别为

$$f(x) = \begin{cases} \dfrac{1}{b-a}, & a \leqslant x \leqslant b, \\ 0, & 其他, \end{cases}$$
$$g(x) = \frac{1}{\sqrt{2\pi}\sigma}\mathrm{e}^{-\frac{1}{2}\left(\frac{x-\mu}{\sigma}\right)^2} \quad (x \in \mathbb{R}),$$

则其熵泛函分别为

$$\begin{aligned}
H(X) &= -\int_{-a}^{b} \frac{1}{b-a}\ln\frac{1}{b-a}\mathrm{d}x = \ln(b-a), \\
H(Y) &= -\int_{-\infty}^{\infty} \frac{1}{\sqrt{2\pi}\sigma}\mathrm{e}^{-\frac{1}{2}\left(\frac{x-\mu}{\sigma}\right)^2}\ln\frac{1}{\sqrt{2\pi}\sigma}\mathrm{e}^{-\frac{1}{2}\left(\frac{x-\mu}{\sigma}\right)^2}\mathrm{d}x \\
&= \frac{1}{\sqrt{2\pi}}\int_{-\infty}^{\infty} \mathrm{e}^{-\frac{1}{2}\left(\frac{x-\mu}{\sigma}\right)^2}\left[\ln\sqrt{2\pi}\sigma + \frac{1}{2}\left(\frac{x-\mu}{\sigma}\right)^2\right]\mathrm{d}\left(\frac{x-\mu}{\sigma}\right) \\
&= \frac{1}{\sqrt{2\pi}}\ln\sqrt{2\pi}\sigma \int_{-\infty}^{\infty}\mathrm{e}^{-\frac{1}{2}t^2}\mathrm{d}t + \frac{1}{2\sqrt{2\pi}}\int_{-\infty}^{\infty} t^2\mathrm{e}^{-\frac{1}{2}t^2}\mathrm{d}t \\
&= \ln\sqrt{2\pi}\sigma + \frac{1}{2} = \ln\sqrt{2\pi\mathrm{e}\sigma^2}.
\end{aligned}$$

定义 13.1.3　设 $(X_1, \cdots, X_m)$ 是离散型随机向量, 其分布律是

$$P\{(X_1,\cdots,X_m)=(x_1,\cdots,x_m)\}=p(x_1,\cdots,x_m) \qquad ((x_1,\cdots,x_m)\in \Lambda \subset \mathbb{N}^m),$$

称

$$H(X_1,\cdots,X_m) \triangleq -\sum_{(x_1,\cdots,x_m)\in\Lambda} p(x_1,\cdots,x_m)\ln p(x_1,\cdots,x_m) \quad (奈特)$$

为随机向量 $(X_1,\cdots,X_m)$ 的熵泛函.

注 13.1.3 熵泛函可用数学期望的形式表述为

$$H(X_1,\cdots,X_m) = E\left(\ln \frac{1}{p(X_1,\cdots,X_m)}\right).$$

定义 13.1.4 设 $(X_1,\cdots,X_m)$ 是连续型随机向量, 其分布密度是 $f(x_1,\cdots,x_m)$, 称

$$H(X_1,\cdots,X_m) \triangleq -\int_{-\infty}^{\infty}\cdots\int_{-\infty}^{\infty} f(x_1,\cdots,x_m)\ln f(x_1,\cdots,x_m)\mathrm{d}x_1\cdots\mathrm{d}x_m \quad (奈特)$$

(规定 $0\ln 0 = 0$) 为随机向量 $(X_1,\cdots,X_m)$ 的熵泛函.

注 13.1.4 熵泛函可用数学期望的形式表述如下

$$H(X_1,\cdots,X_m) = E\left(\ln \frac{1}{f(X_1,\cdots,X_m)}\right).$$

例 13.1.3 设随机向量 $\boldsymbol{X}=(X_1,\cdots,X_m) \sim N_m(\boldsymbol{\mu},\boldsymbol{\Sigma})$, 即其密度函数为

$$f(\boldsymbol{x}) = \frac{1}{(\sqrt{2\pi})^m|\boldsymbol{\Sigma}|^{1/2}}\exp\left\{-\frac{1}{2}(\boldsymbol{x}-\boldsymbol{\mu})^\mathrm{T}\boldsymbol{\Sigma}^{-1}(\boldsymbol{x}-\boldsymbol{\mu})\right\} \qquad (\boldsymbol{x}\in\mathbb{R}^m).$$

证明:

$$H(X_1,\cdots,X_m) = \frac{1}{2}\ln(2\pi\mathrm{e})^m|\boldsymbol{\Sigma}|.$$

证明

$$\begin{aligned}H(X_1,\cdots,X_m) &= -\int_{\mathbb{R}^m} f(\boldsymbol{x})\left[\frac{1}{2}(\boldsymbol{x}-\boldsymbol{\mu})^\mathrm{T}\boldsymbol{\Sigma}^{-1}(\boldsymbol{x}-\boldsymbol{\mu}) - \frac{1}{2}\ln(2\pi\mathrm{e})^m|\boldsymbol{\Sigma}|\right]\mathrm{d}\boldsymbol{x}\\&= \frac{1}{2}E\left[(\boldsymbol{X}-\boldsymbol{\mu})^\mathrm{T}\boldsymbol{\Sigma}^{-1}(\boldsymbol{X}-\boldsymbol{\mu})\right] + \frac{1}{2}\ln(2\pi)^m|\boldsymbol{\Sigma}|\end{aligned}$$

$$\begin{aligned}
&= \frac{1}{2}E(\operatorname{tr}((\boldsymbol{X}-\boldsymbol{\mu})^{\mathrm{T}}\boldsymbol{\Sigma}^{-1}(\boldsymbol{X}-\boldsymbol{\mu}))) + \frac{1}{2}\ln(2\pi)^m|\boldsymbol{\Sigma}| \\
&= \frac{1}{2}E(\operatorname{tr}(\boldsymbol{\Sigma}^{-1}(\boldsymbol{X}-\boldsymbol{\mu})(\boldsymbol{X}-\boldsymbol{\mu})^{\mathrm{T}})) + \frac{1}{2}\ln(2\pi)^m|\boldsymbol{\Sigma}| \\
&= \frac{1}{2}\operatorname{tr} E\left(\boldsymbol{\Sigma}^{-1}(\boldsymbol{X}-\boldsymbol{\mu})(\boldsymbol{X}-\boldsymbol{\mu})^{\mathrm{T}}\right) + \frac{1}{2}\ln(2\pi)^m|\boldsymbol{\Sigma}| \\
&= \frac{1}{2}\operatorname{tr} \boldsymbol{\Sigma}^{-1} E\left((\boldsymbol{X}-\boldsymbol{\mu})(\boldsymbol{X}-\boldsymbol{\mu})^{\mathrm{T}}\right) + \frac{1}{2}\ln(2\pi)^m|\boldsymbol{\Sigma}| \\
&= \frac{1}{2}\operatorname{tr} \boldsymbol{\Sigma}^{-1}\boldsymbol{\Sigma} + \frac{1}{2}\ln(2\pi)^m|\boldsymbol{\Sigma}| \\
&= \frac{m}{2} + \frac{1}{2}\ln(2\pi)^m|\boldsymbol{\Sigma}| \\
&= \frac{1}{2}\ln(2\pi\mathrm{e})^m|\boldsymbol{\Sigma}|.
\end{aligned}$$
$\square$

原理 13.1.1 (最大熵原理) 某一概率分布, 在已知信息中不足以完全确定时, 它应当选择于已知信息中具有最大熵的概率分布.

§13.2 熵泛函的极值点与常见概率分布

定理 13.2.1 若 X 是离散型随机变量, 则 $H(X) = 0$ 的充要条件为 X 是独点分布.

证明留给读者.

定理 13.2.2 若离散型随机变量 X 的分布是

$$P\{X = x_k\} = p_k \quad (1 \leqslant k \leqslant n),$$

则当 X 满足

$$p_k = \frac{1}{n}$$

时 $H(X)$ 达到最大.

证明留给读者.

注 13.2.1 大致而言, 离散型均匀分布是离散型分布之熵泛函的最大值点.

定理 13.2.3 若离散型随机变量 X 的分布是

$$P\{X = x_k\} = \frac{1}{n} \quad (1 \leqslant k \leqslant n),$$

则 $H(X)$ 是 n 的单调增函数.

证明留给读者.

定理 13.2.4 若连续型随机变量 X 的分布密度函数是 $f(x)$, 满足

$$\{x : f(x) > 0\} = [a, b],$$

则当 X 服从均匀分布 $U[a, b]$ 时 $H(X)$ 达到最大, 且为 $\ln(b-a)$.

注 13.2.2 大致而言, 连续型均匀分布是连续型分布之熵泛函的最大值点.

证明 考虑熵条件泛函

$$\begin{cases} J(f(x)) = H(X) = -\int_{-\infty}^{\infty} f(x) \ln f(x) \mathrm{d}x, \\ \int_a^b f(x) \mathrm{d}x = 1 \end{cases}$$

的极大值点. 做辅助函数

$$L = -f(x) \ln f(x) + \lambda f(x),$$

转而考虑无条件泛函

$$\begin{cases} J^*(f(x)) = \int_{-\infty}^{\infty} L \mathrm{d}x, \\ \int_a^b f(x) \mathrm{d}x = 1. \end{cases}$$

此泛函的驻点方程 (欧拉–拉格朗日方程) 为

$$\begin{cases} L_f - \dfrac{\mathrm{d}}{\mathrm{d}x} L_{f'} = 0, \\ \int_a^b f(x) \mathrm{d}x = 1, \end{cases}$$

即

$$\begin{cases} -\ln f(x) - 1 + \lambda = 0, \\ \int_a^b f(x) \mathrm{d}x = 1, \end{cases}$$

亦即

$$\begin{cases} f(x) = \mathrm{e}^{\lambda-1}, \\ \int_a^b f(x)\mathrm{d}x = 1. \end{cases}$$

可得 $H(X)$ 的最大值点

$$f(x) = \frac{1}{b-a} \quad (a \leqslant x \leqslant b),$$

以及最大值

$$H(X) = -\int_a^b \frac{1}{b-a} \ln \frac{1}{b-a} \mathrm{d}x = \ln(b-a). \qquad \square$$

定理 13.2.5 若连续型随机变量 X 的分布密度函数是 $f(x)$, 满足

$$\begin{cases} \{x : f(x) > 0\} = [0, +\infty), \\ E(X) = \mu, \end{cases}$$

则当 X 服从指数分布 $\exp\left\{\dfrac{1}{\mu}\right\}$ 时 $H(X)$ 达到最大, 且为 $\ln(\mu\mathrm{e})$.

证明 考虑熵条件泛函

$$\begin{cases} J(f(x)) = H(X) = -\displaystyle\int_{-\infty}^{\infty} f(x) \ln f(x)\mathrm{d}x, \\ \displaystyle\int_0^{\infty} f(x)\mathrm{d}x = 1, \\ \displaystyle\int_0^{\infty} xf(x)\mathrm{d}x = \mu \end{cases}$$

的极大值点. 做辅助函数

$$L = -f(x)\ln f(x) + \lambda_1 f(x) + \lambda_2 xf(x),$$

转而考虑无条件泛函

$$\begin{cases} J^*(f(x)) = \displaystyle\int_{-\infty}^{\infty} L\mathrm{d}x, \\ \displaystyle\int_0^{\infty} f(x)\mathrm{d}x = 1, \\ \displaystyle\int_0^{\infty} xf(x)\mathrm{d}x = \mu. \end{cases}$$

此泛函的驻点方程 (欧拉 – 拉格朗日方程) 为

$$\begin{cases} L_f - \dfrac{\mathrm{d}}{\mathrm{d}x} L_{f'} = 0, \\ \displaystyle\int_0^\infty f(x)\mathrm{d}x = 1, \\ \displaystyle\int_0^\infty x f(x)\mathrm{d}x = \mu, \end{cases}$$

即

$$\begin{cases} -\ln f(x) - 1 + \lambda_1 + \lambda_2 x = 0, \\ \displaystyle\int_0^\infty f(x)\mathrm{d}x = 1, \\ \displaystyle\int_0^\infty x f(x)\mathrm{d}x = \mu, \end{cases}$$

亦即

$$\begin{cases} f(x) = \mathrm{e}^{\lambda_1-1}\mathrm{e}^{\lambda_2 x}. \\ -\dfrac{1}{\lambda_2}\mathrm{e}^{\lambda_1-1} = 1, \\ \dfrac{1}{\lambda_2^2}\mathrm{e}^{\lambda_1-1} = \mu. \end{cases}$$

可得 $H(X)$ 的最大值点

$$f(x) = \frac{1}{\mu}\mathrm{e}^{-\frac{1}{\mu}x} \qquad (0 \leqslant x < \infty),$$

以及最大值

$$H(X) = -\int_0^\infty \frac{1}{\mu}\mathrm{e}^{-\frac{1}{\mu}x} \ln \frac{1}{\mu}\mathrm{e}^{-\frac{1}{\mu}x} \mathrm{d}x = \ln(\mu \mathrm{e}). \qquad \square$$

定理 13.2.6 若连续型随机变量 X 的分布密度函数是 $f(x)$, 满足

$$\begin{cases} \{x : f(x) > 0\} = (-\infty, +\infty), \\ E(X^2) = \sigma^2, \end{cases}$$

则当 X 服从正态分布 $N(0, \sigma^2)$ 时 $H(X)$ 达到最大, 且为 $\dfrac{1}{2}\ln(2\pi\mathrm{e}\sigma^2)$.

证明 考虑熵条件泛函

$$\begin{cases} J(f(x)) = H(X) = -\int_{-\infty}^{\infty} f(x) \ln f(x) \mathrm{d}x, \\ \int_{-\infty}^{\infty} f(x) \mathrm{d}x = 1, \\ \int_{-\infty}^{\infty} x^2 f(x) \mathrm{d}x = \sigma^2. \end{cases}$$

做辅助函数

$$L = -f(x) \ln f(x) + \lambda_1 f(x) + \lambda_2 x^2 f(x),$$

转而考虑无条件泛函

$$\begin{cases} J^*(f(x)) = \int_{-\infty}^{\infty} L \mathrm{d}x, \\ \int_{-\infty}^{\infty} f(x) \mathrm{d}x = 1, \\ \int_{-\infty}^{\infty} x^2 f(x) \mathrm{d}x = \sigma^2, \end{cases}$$

此泛函的驻点方程 (欧拉-拉格朗日方程) 为

$$\begin{cases} L_f - \dfrac{\mathrm{d}}{\mathrm{d}x} L_{f'} = 0, \\ \int_{-\infty}^{\infty} f(x) \mathrm{d}x = 1, \\ \int_{-\infty}^{\infty} x^2 f(x) \mathrm{d}x = \sigma^2, \end{cases}$$

即

$$\begin{cases} f(x) = \mathrm{e}^{\lambda_1 - 1} \mathrm{e}^{\lambda_2 x^2}, \\ \mathrm{e}^{\lambda_1 - 1} \int_{-\infty}^{\infty} \mathrm{e}^{\lambda_2 x^2} dx = 1, \\ \dfrac{-1}{2\lambda_2} \mathrm{e}^{\lambda_1 - 1} \int_{-\infty}^{\infty} \mathrm{e}^{\lambda_2 x^2} \mathrm{d}x = \sigma^2, \end{cases}$$

亦即

$$\begin{cases} f(x) = e^{\lambda_1-1}e^{\lambda_2 x^2}, \\ \lambda_2 = -\dfrac{1}{2\sigma^2}, \\ e^{\lambda_1-1} = \dfrac{1}{\sqrt{2\pi}\sigma}. \end{cases}$$

可得 $H(X)$ 的最大值点

$$f(x) = \frac{1}{\sqrt{2\pi}\sigma}e^{-\frac{1}{2}\frac{x^2}{\sigma^2}} \qquad (-\infty < x < \infty),$$

以及最大值

$$H(X) = -\int_{-\infty}^{\infty} \frac{1}{\sqrt{2\pi}\sigma}e^{-\frac{1}{2}\frac{x^2}{\sigma^2}} \ln \frac{1}{\sqrt{2\pi}\sigma}e^{-\frac{1}{2}\frac{x^2}{\sigma^2}} dx = \frac{1}{2}\ln(2\pi e\sigma^2). \qquad \Box$$

定理 13.2.7 若连续型随机变量 X 的分布密度函数是 $f(x)$, 满足 $\{x : f(x) > 0\} = (-\infty, \infty)$, 且 $E(X) = \int_{-\infty}^{\infty} xf(x)dx = \mu$, $\mathrm{Var}(X) = \int_{-\infty}^{\infty}(x-\mu)^2 f(x)dx = \sigma^2$, 则当 X 服从正态分布 $N(\mu, \sigma^2)$ 时 $H(X)$ 达到最大, 且为 $\ln\sqrt{2\pi e\sigma^2}$.

证明留给读者.

§13.3 线性回归分析问题

本节拟用熵方法, 求解线性回归方程的非常数项系数.

定理 13.3.1 若随机向量 $(Y, X_1, \cdots, X_m) \sim N_{m+1}(\boldsymbol{\mu}, \boldsymbol{\Sigma})$, $\boldsymbol{\Sigma} = \begin{pmatrix} \boldsymbol{\Sigma}_{YY} & \boldsymbol{\Sigma}_{Y\boldsymbol{X}} \\ \boldsymbol{\Sigma}_{\boldsymbol{X}Y} & \boldsymbol{\Sigma}_{\boldsymbol{X}\boldsymbol{X}} \end{pmatrix}$ $\triangleq \begin{pmatrix} \mathrm{Var}Y & \mathrm{Cov}(Y,\boldsymbol{X}) \\ \mathrm{Cov}(\boldsymbol{X},Y) & \mathrm{Var}\boldsymbol{X} \end{pmatrix}$, $\boldsymbol{X} = (X_1, \cdots, X_m)^\mathrm{T}$, $\boldsymbol{\Sigma}_{\boldsymbol{X}\boldsymbol{X}} > 0$, 设 $W = Y - \sum_{k=0}^{m}\beta_k X_k$, X_0, 则 W 的熵泛函 $H(W) = H(\beta_1, \cdots, \beta_m)$ 的最小值点为

$$(\beta_k)^{1\leqslant k\leqslant m} = \boldsymbol{\Sigma}_{\boldsymbol{X}\boldsymbol{X}}^{-1}\boldsymbol{\Sigma}_{\boldsymbol{X}Y} = \left[(\mathrm{Cov}(X_i, X_j))_{1\leqslant j\leqslant m}^{1\leqslant i\leqslant m}\right]^{-1}(\mathrm{Cov}(X_i, Y))^{1\leqslant i\leqslant m}.$$

证明 根据题设, 有

$$W = \begin{pmatrix} 1 \\ -\boldsymbol{\beta} \end{pmatrix}^{\mathrm{T}} \begin{pmatrix} Y \\ \boldsymbol{X} \end{pmatrix} - \beta_0 \sim N_1 \left[\begin{pmatrix} 1 \\ -\boldsymbol{\beta} \end{pmatrix}^{\mathrm{T}} \boldsymbol{\mu} - \beta_0, \begin{pmatrix} 1 \\ -\boldsymbol{\beta} \end{pmatrix}^{\mathrm{T}} \boldsymbol{\Sigma} \begin{pmatrix} 1 \\ -\boldsymbol{\beta} \end{pmatrix} \right],$$

其中 $\boldsymbol{\beta} = (\beta_1, \cdots, \beta_m)^{\mathrm{T}}$, 遂得

$$H(W) = \frac{1}{2} \ln(2\pi\mathrm{e}) + \frac{1}{2} \ln \left[\begin{pmatrix} 1 \\ -\boldsymbol{\beta} \end{pmatrix}^{\mathrm{T}} \boldsymbol{\Sigma} \begin{pmatrix} 1 \\ -\boldsymbol{\beta} \end{pmatrix} \right].$$

易见, $H(W) = H(\beta_1, \cdots, \beta_m)$ 的极值点是

$$h(\beta_1, \cdots, \beta_m) = \begin{pmatrix} 1 \\ -\boldsymbol{\beta} \end{pmatrix}^{\mathrm{T}} \boldsymbol{\Sigma} \begin{pmatrix} 1 \\ -\boldsymbol{\beta} \end{pmatrix}$$

的极值点. 由

$$h(\beta_1, \cdots, \beta_m) = \Sigma_{YY} - 2\boldsymbol{\Sigma}_{Y\boldsymbol{X}}\boldsymbol{\beta} + \boldsymbol{\beta}^{\mathrm{T}} \boldsymbol{\Sigma}_{\boldsymbol{X}\boldsymbol{X}} \boldsymbol{\beta},$$

可得其最小值点为

$$(\beta_k)^{1 \leqslant k \leqslant m} = \boldsymbol{\Sigma}_{\boldsymbol{X}\boldsymbol{X}}^{-1} \boldsymbol{\Sigma}_{\boldsymbol{X}Y}. \qquad \Box$$

推论 13.3.1 若题设同定理 13.3.1, 且 $E(Y, X_1, \cdots, X_m) = \boldsymbol{O}$, 则 W 的熵泛函 $H(W) = H(\beta_1, \cdots, \beta_m)$ 的最小值点为

$$(\beta_k)^{1 \leqslant k \leqslant m} = \left[(E(X_i X_j))_{\substack{1 \leqslant i \leqslant m \\ 1 \leqslant j \leqslant m}} \right]^{-1} (E(X_i Y))^{1 \leqslant i \leqslant m}.$$

推论 13.3.2 若线性回归方程如式 (5.1.1), 满足 $(Y, X_1, \cdots, X_m) \sim N_{m+1}(\boldsymbol{O}, \boldsymbol{\Sigma})$, 则方程系数 $(\beta_1, \cdots, \beta_m)$ 的解与 $W = Y - \sum_{k=0}^{m} \beta_k X_k$ 的熵泛函 $H(W) = H(\beta_1, \cdots, \beta_m)$ 的最小值点相同, 即

$$(\beta_k)^{1 \leqslant k \leqslant m} = \left[(E(X_i X_j))_{\substack{1 \leqslant i \leqslant m \\ 1 \leqslant j \leqslant m}} \right]^{-1} (E(X_i Y))^{1 \leqslant i \leqslant m}.$$

证明 根据定理 5.1.2, 知线性回归方程系数的解为

$$(\beta_k)^{0 \leqslant k \leqslant m} = \left[(E(X_i X_j))_{\substack{0 \leqslant i \leqslant m \\ 0 \leqslant j \leqslant m}} \right]^{-1} (E(X_i Y))^{0 \leqslant i \leqslant m}$$

$$= \left[\begin{pmatrix} 1 & \boldsymbol{O}_{1\times m} \\ \boldsymbol{O}_{m\times 1} & (E(X_iX_j))_{\substack{1\leqslant i\leqslant m \\ 1\leqslant j\leqslant m}} \end{pmatrix}\right]^{-1} \begin{pmatrix} 0 \\ (E(X_iY))^{0\leqslant i\leqslant m} \end{pmatrix}$$

$$= \begin{pmatrix} 0 \\ \left[(E(X_iX_j))_{\substack{1\leqslant i\leqslant m \\ 1\leqslant j\leqslant m}}\right]^{-1} (E(X_iY))^{1\leqslant i\leqslant m} \end{pmatrix}. \qquad \square$$

§13.4 统计物理学的量子态之概率分布问题

设粒子系统处于开放状态, 即其与外界有粒子和能量的交换, 已知粒子系统的量子态 (分子数目, 能量值)=(N, E) 有 s 个, 记为 $(N_j, E_j)(1 \leqslant j \leqslant s)$, 粒子系统的平均分子数目为 $\overline{N}$, 平均能量值为 $\overline{E}$.

定义 13.4.1 设随机变量 X 表示上述粒子系统所处的量子态, 称其概率分布

$$P\{X = (N_j, E_j)\} = \omega_j \qquad (1 \leqslant j \leqslant s)$$

为量子态概率分布.

定理 13.4.1 量子态概率分布为

$$\begin{cases} \omega_j = \dfrac{\exp\{\gamma E_j + \delta N_j\}}{\displaystyle\sum_{k=1}^{n} \exp\{\gamma E_k + \delta N_k\}}, & 1 \leqslant j \leqslant s, \\ \displaystyle\sum_{j=1}^{n} \omega_j E_j = \overline{E}, \\ \displaystyle\sum_{j=1}^{n} \omega_j N_j = \overline{N}, \end{cases}$$

其中 γ, δ 为参数.

证明 粒子系统的量子态之概率分布的熵函数为

$$H(X) = S(\omega_1, \cdots, \omega_s) = -\sum_{j=1}^{s} \omega_j \ln \omega_j \qquad (\omega_j > 0, 1 \leqslant j \leqslant s).$$

根据最大熵原理, 拟求之量子态概率分布应为熵函数 $S(\omega_1,\cdots,\omega_s)$ 在如下约束条件下的极大值点:

$$\begin{cases} \sum_{j=1}^{s}\omega_j = 1, \\ \sum_{j=1}^{s}\omega_j E_j = \overline{E}, \quad ((\omega_1,\cdots,\omega_n) \in \mathbb{R}_+^n). \\ \sum_{j=1}^{s}\omega_j N_j = \overline{N} \end{cases}$$

做拉格朗日辅助函数

$$F(\omega_1,\cdots,\omega_n,\lambda_1,\lambda_2,\lambda_3) = -\sum_{j=1}^{s}\omega_j \ln \omega_j + \lambda_1\left(\sum_{j=1}^{s}\omega_j - 1\right)$$
$$+ \lambda_2\left(\sum_{j=1}^{s}\omega_j E_j - \overline{E}\right) + \lambda_3\left(\sum_{j=1}^{s}\omega_j N_j - \overline{N}\right).$$

根据必要条件定理, 知极大值点 $(\omega_1,\cdots,\omega_n)$ 满足驻点方程组

$$\begin{cases} -(\ln\omega_j + 1) + \lambda_1 + \lambda_2 E_j + \lambda_3 N_j = 0, \quad 1 \leqslant j \leqslant n, \\ \sum_{j=1}^{n}\omega_j = 1, \\ \sum_{j=1}^{n}\omega_j E_j = \overline{E}, \\ \sum_{j=1}^{n}\omega_j N_j = \overline{N}, \end{cases}$$

即

$$\begin{cases} \omega_j = \exp\{1-\lambda_1\}\cdot\exp\{-\lambda_2 E_j - \lambda_3 N_j\}, \quad 1 \leqslant j \leqslant n, \\ \sum_{j=1}^{n}\omega_j = 1, \\ \sum_{j=1}^{n}\omega_j E_j = \overline{E}, \\ \sum_{j=1}^{n}\omega_j N_j = \overline{N}, \end{cases}$$

亦即

$$\begin{cases} \omega_j = \exp\{1-\lambda_1\} \cdot \exp\{-\lambda_2 E_j - \lambda_3 N_j\}, \quad 1 \leqslant j \leqslant n, \\ \exp\{1-\lambda_1\} \sum_{j=1}^{n} \exp\{-\lambda_2 E_j - \lambda_3 N_j\} = 1, \\ \sum_{j=1}^{n} \omega_j E_j = \overline{E}, \\ \sum_{j=1}^{n} \omega_j N_j = \overline{N}. \end{cases}$$

消去 λ, 可得 $H(X)$ 的最大值点为

$$\begin{cases} \omega_j = \dfrac{\exp\{\gamma E_j + \delta N_j\}}{\sum_{k=1}^{n} \exp\{\gamma E_k + \delta N_k\}}, \quad 1 \leqslant j \leqslant n, \\ \sum_{j=1}^{n} \omega_j E_j = \overline{E}, \\ \sum_{j=1}^{n} \omega_j N_j = \overline{N}, \end{cases}$$

其中 $\gamma = -\lambda_2, \delta = -\lambda_3$. □

注 13.4.1 此带约束函数的驻点 $(\omega_1, \cdots, \omega_n)$ 必为极大值点, 是因为

$$\left(\frac{\partial^2 (-F)}{\partial \omega_i \partial \omega_j} \right)_{1 \leqslant j \leqslant m}^{1 \leqslant i \leqslant m} = \begin{pmatrix} \dfrac{1}{\omega_1} & & \\ & \ddots & \\ & & \dfrac{1}{\omega_n} \end{pmatrix} > 0.$$

第十四章

斜投影定理

关于投影泛函, 斜投影定理系正交投影定理的推广, 如是可引发基于后者的诸理论之推广, 如本书范围内的回归分析理论、二次泛函最值理论与线性算子方程理论等.

§14.1 投影算子

定义 14.1.1 设 $\mathcal{V}$ 是线性空间, $\mathcal{S}_1, \mathcal{S}_2$ 均为 $\mathcal{V}$ 的线性子空间, $\mathcal{S}_1 \cap \mathcal{S}_2 = \{0\}$, 称 $\mathcal{S}_1 + \mathcal{S}_2$ 为 $\mathcal{S}_1$ 与 $\mathcal{S}_2$ 的直和, 记作 $\mathcal{S}_1 \oplus \mathcal{S}_2$.

定理 14.1.1 $\forall x \in \mathcal{S}_1 \oplus \mathcal{S}_2$ 的分解式

$$x = x_1 + x_2 \quad (x_i \in \mathcal{S}_i)$$

是唯一的.

定义 14.1.2 设 $\mathscr{H}$ 是希尔伯特空间, $\mathcal{S}, \widetilde{\mathcal{S}}$ 均为 $\mathscr{H}$ 的线性子空间, $\mathscr{H} = \mathcal{S} \oplus \widetilde{\mathcal{S}}$. 设算子 $T: \mathscr{H} \to \mathcal{S}$ 为

$$Tx = x_1 \quad (x = x_1 + x_2, x_1 \in \mathcal{S}, x_2 \in \widetilde{\mathcal{S}}) \tag{14.1.1}$$

称 T 为沿 $\widetilde{\mathcal{S}}$ 方向到 $\mathcal{S}$ 上的 (斜) 投影算子, 记作 $T = T_{\mathcal{S}|\widetilde{\mathcal{S}}}$. 若取 $\widetilde{\mathcal{S}} = \mathcal{S}^\perp$, 则称 T 为到 $\mathcal{S}$ 上的正交投影算子, 记作 $T = T_\mathcal{S}$.

注 14.1.1 (1) $\operatorname{range}(T_{\mathcal{S}|\widetilde{\mathcal{S}}}) = \mathcal{S}$; (2) 投影算子 $T_{\mathcal{S}|\widetilde{\mathcal{S}}}$ 唯一.

定理 14.1.2 投影算子 $T_{\mathcal{S}|\widetilde{\mathcal{S}}}$ 是线性算子.

证明 $\forall x, y \in \mathscr{H}$, 由于 $x = x_1 + x_2$ $(x_1 \in \mathcal{S}, x_2 \in \widetilde{\mathcal{S}})$, $y = y_1 + y_2 (y_1 \in \mathcal{S}, y_2 \in \widetilde{\mathcal{S}})$, 故而 $\forall \lambda, \mu \in \mathbb{F}$, 有

$$\lambda x + \mu y = (\lambda x_1 + \mu y_1) + (\lambda x_2 + \mu y_2) \quad (\lambda x_1 + \mu y_1 \in \mathcal{S}, \lambda x_2 + \mu y_2 \in \widetilde{\mathcal{S}}),$$

遂有

$$\begin{aligned} T_{\mathcal{S}|\widetilde{\mathcal{S}}}(\lambda x + \mu y) &= \lambda x_1 + \mu y_1 \\ &= \lambda T_{\mathcal{S}|\widetilde{\mathcal{S}}}(x) + \mu T_{\mathcal{S}|\widetilde{\mathcal{S}}}(y). \end{aligned} \qquad \square$$

定理 14.1.3 T 是投影算子 $\Leftrightarrow$ $T^2 = T$.

证明 ($\Rightarrow$) 设 $T = T_{\mathcal{S}|\widetilde{\mathcal{S}}}$. $\forall x \in \mathscr{H}$, 由于 $x = x_1 + x_2$ $(x_1 \in \mathcal{S}, x_2 \in \widetilde{\mathcal{S}})$, 遂得

$$\begin{aligned} T_{\mathcal{S}|\widetilde{\mathcal{S}}}(x) &= x_1, \\ T_{\mathcal{S}|\widetilde{\mathcal{S}}}^2(x) &= T_{\mathcal{S}|\widetilde{\mathcal{S}}}(T_{\mathcal{S}|\widetilde{\mathcal{S}}} x) = T_{\mathcal{S}|\widetilde{\mathcal{S}}} x_1 = x_1, \end{aligned}$$

即知 $T^2 = T$.

($\Leftarrow$) 由于 $\forall x \in \mathscr{H}$, 有

$$x = T(x) + (I - T)(x).$$

故知 $\mathscr{H} = T(\mathscr{H}) + (I - T)(\mathscr{H})$. 下面往证 $T(\mathscr{H}) \cap (I - T)(\mathscr{H}) = \{0\}$. 设 $x \in T(\mathscr{H}) \cap (I - T)(\mathscr{H})$, 于是 $\exists y, z \in \mathscr{H}$, 使得 $x = T(y), x = (I - T)(z)$, 则

$$\begin{aligned} &T(y) - (I - T)(z) = 0 \\ \Rightarrow\ &T(T(y) - (I - T)(z)) = 0 \\ \Rightarrow\ &T^2(y) - (T - T^2)(z) = 0 \\ \Rightarrow\ &0 = T(y) = x, \end{aligned}$$

可得 $T(\mathscr{H}) \cap (I - T)(\mathscr{H}) = \{0\}$. 由此可知 $\mathscr{H} = T(\mathscr{H}) \oplus (I - T)(\mathscr{H})$. 又 $\forall x = T(x) + (I - T)(x) \in \mathscr{H}$, 有

$$T(x) = T(T(x) + (I - T)(x)) = T(x) \in T(\mathscr{H}),$$

可知 $T = T_{T(\mathscr{H})|(I-T)(\mathscr{H})}$.

定理 14.1.4　T 是投影算子 $\Leftrightarrow$ $I-T$ 是投影算子.

定理 14.1.5　T 是正交投影算子 $\Leftrightarrow$ $T^2 = T$ 且 T 是自伴算子.

证明　($\Rightarrow$) 根据定理 14.1.3, 知 $T^2 = T$ 成立. 又设 $T = T_S$, $\forall x = x_1 + x_2$ ($x_1 \in \mathcal{S}, x_2 \in \mathcal{S}^\perp$), $y = y_1 + y_2$ ($y_1 \in \mathcal{S}, y_2 \in \mathcal{S}^\perp$), 观察

$$\langle Tx, y \rangle = \langle x_1, y_1 + y_2 \rangle = \langle x_1, y_1 \rangle = \langle x_1 + x_2, y_1 \rangle = \langle x, Ty \rangle,$$

可知 T 是自伴算子.

($\Leftarrow$) 根据之前的定理, 有 $T = T_{T(\mathscr{H})|(I-T)(\mathscr{H})}$. $\forall x = Tu \in T(\mathscr{H})(u \in \mathscr{H}), y = (I-T)v \in (I-T)(\mathscr{H})(v \in \mathscr{H})$, 观察

$$\langle x, y \rangle = \langle Tu, (I-T)v \rangle = \langle u, (T(I-T))v \rangle = \langle u, 0 \rangle = 0,$$

可知 $T(\mathscr{H}) \perp (I-T)(\mathscr{H})$, 则 T 是正交投影算子. □

定理 14.1.6　T 是正交投影算子 $\Leftrightarrow$ $I - T$ 是正交投影算子.

定理 14.1.7　设 $\mathscr{H}$ 是希尔伯特空间, G, F 均为 $\mathscr{H}$ 的线性子空间, 则下述命题等价:

(1) $F \subset G$;
(2) $T_G T_F = T_F$;
(3) $T_F T_G = T_F$.

§14.2　夹　　角

定义 14.2.1　设 $\mathscr{H}$ 是希尔伯特空间, $x, y \in \mathscr{H}$, 称

$$\theta(x, y) = \arccos \frac{|\langle x, y \rangle|}{\|x\| \cdot \|y\|} \tag{14.2.1}$$

为 x 与 y 的锐夹角.

定义 14.2.2　设 $\mathscr{H}$ 是希尔伯特空间, $x \in \mathscr{H}, \mathcal{S} \subset \mathscr{H}$ 是线性子空间, 称

$$\theta(x, \mathcal{S}) = \min_{y \in \mathcal{S}} \theta(x, y) \tag{14.2.2}$$

为 x 与 $\mathcal{S}$ 的锐夹角.

定理 14.2.1　若 $\mathscr{H}$ 是希尔伯特空间, $x, y \neq 0 \in \mathscr{H}$, 则

$$\frac{|\langle x, y\rangle|}{\|y\|} = \|P_{\text{span}\{y\}}x\|. \tag{14.2.3}$$

证明　注意到正交投影算子的自伴性及 $\theta(P_{\text{span}\{y\}}x, y) = 0$, 可得

$$\begin{aligned}
\frac{|\langle x, y\rangle|}{\|y\|} &= \frac{|\langle x, P_{\text{span}\{y\}}y\rangle|}{\|y\|} \\
&= \frac{|\langle P_{\text{span}\{y\}}x, y\rangle|}{\|y\|} \\
&= \frac{\|P_{\text{span}\{y\}}x\| \cdot \|y\|}{\|y\|} \\
&= \|P_{\text{span}\{y\}}x\|.
\end{aligned}$$ □

注 14.2.1　x 与 y 的锐夹角为

$$\theta(x, y) = \arccos \frac{\|P_{\text{span}\{y\}}x\|}{\|x\|}.$$

定理 14.2.2　若 $\mathcal{M}$ 是希尔伯特空间 $\mathscr{H}$ 的闭线性子空间, $x \in \mathscr{H}$, 则

$$\theta(x, \mathcal{M}) = \theta(x, P_{\mathcal{M}}x).$$

证明　$\forall y \in \mathcal{M}$, 注意到

$$\|x - P_{\text{span}\{y\}}x\| \geqslant \|x - P_{\mathcal{M}}x\|,$$

可知

$$\begin{aligned}
\theta(x, y) &= \arccos \frac{|\langle x, y\rangle|}{\|x\| \cdot \|y\|} = \arccos \frac{\|P_{\text{span}\{y\}}x\|}{\|x\|} \\
&= \arccos \left(\frac{\|P_{\text{span}\{y\}}x\|^2}{\|x\|^2}\right)^{1/2} = \arccos \left(\frac{\|x\|^2 - \|x - P_{\text{span}\{y\}}x\|^2}{\|x\|^2}\right)^{1/2} \\
&\geqslant \arccos \left(\frac{\|x\|^2 - \|x - P_{\mathcal{M}}x\|^2}{\|x\|^2}\right)^{1/2} = \arccos \left(\frac{\|P_{\mathcal{M}}x\|^2}{\|x\|^2}\right)^{1/2}
\end{aligned}$$

$$= \arccos \frac{1}{\|x\|} \|P_{\mathcal{M}} x\| = \arccos \frac{1}{\|x\|} \|P_{\mathrm{span}\{P_{\mathcal{M}} x\}} P_{\mathcal{M}} x\|$$
$$= \arccos \frac{1}{\|x\|} \|P_{\mathrm{span}\{P_{\mathcal{M}} x\}} x\| = \arccos \frac{1}{\|x\|} \frac{|\langle x, P_{\mathcal{M}} x \rangle|}{\|P_{\mathcal{M}} x\|}$$
$$= \theta(x, P_{\mathcal{M}} x),$$

并且 $P_{\mathcal{M}} x \in \mathcal{M}$，则
$$\min_{y \in \mathcal{M}} \theta(x, y) = \theta(x, P_{\mathcal{M}} x),$$
即 $\theta(x, \mathcal{M}) = \theta(x, P_{\mathcal{M}} x)$. □

§14.3 斜投影定理

定理 14.3.1 (正交投影定理) 若 $\mathcal{M}$ 是希尔伯特空间 $\mathscr{H}$ 的闭线性子空间，$x \in \mathscr{H}$，则方程
$$\|x - x_0\| = \inf_{y \in \mathcal{M}} \|x - y\| \quad (x_0 \in \mathcal{M}) \tag{14.3.1}$$
的解存在、唯一，且 $x_0 \in \mathcal{M}$ 满足上述方程的充要条件为
$$\theta(x - x_0, \mathcal{M}) = \pi/2,$$
即 $x_0 = P_{\mathcal{M}} x$.

定理 14.3.2 (斜投影定理) 若 $\mathcal{M}$ 是希尔伯特空间 $\mathscr{H}$ 的闭线性子空间，$x \in \mathscr{H}$，$0 < \phi \leqslant \pi/2$. 设
$$\mathcal{M}(x, \phi) = \{z \in \mathcal{M} : \theta(x - z, \mathcal{M}) \leqslant \phi\},$$
则 $x_0 \in \mathcal{M}(x, \varphi)$ 满足方程
$$\|x - x_0\| = \min_{y \in \mathcal{M}(x, \phi)} \|x - y\| \quad (x_0 \in \mathcal{M}(x, \phi)) \tag{14.3.2}$$
的充要条件为 $\theta(x - x_0, \mathcal{M}) = \varphi$. 此时称 x_0 为投影泛函 $\|x - y\| (y \in \mathcal{M})$ 的角度为 ϕ 的斜最小值点.

证明 易见
$$\|x - y\| = \frac{\|x - P_{\mathcal{M}} x\|}{\sin \theta(x - y, \mathcal{M})} \quad (\forall y \in \mathcal{M}(x, \phi)).$$

鉴于 $\forall y \in \mathcal{M}(x,\varphi)$, 有

$$\|x-y\| = \frac{\|x-P_\mathcal{M}x\|}{\sin\theta(x-y,\mathcal{M})}$$
$$\geqslant \frac{\|x-P_\mathcal{M}x\|}{\sin\phi},$$

且当 $y \in \mathcal{M}(x,\phi)$ 满足 $\theta(x-y,\mathcal{M}) = \phi$ 时, 上式等号成立. 遂知

$$\min_{y\in\mathcal{M}(x,\phi)} \|x-y\| = \frac{\|x-P_\mathcal{M}x\|}{\sin\phi}.$$

(充分性) 若 x_0 满足 $\theta(x-x_0,\mathcal{M}) = \phi$ 时, 则 x_0 满足

$$\|x-x_0\| = \frac{\|x-P_\mathcal{M}x\|}{\sin\theta(x-x_0,\mathcal{M})}$$
$$= \frac{\|x-P_\mathcal{M}x\|}{\sin\phi}$$
$$= \inf_{y\in\mathcal{M}(x,\phi)} \|x-y\|.$$

(必要性) 若 x_0 满足

$$\|x-x_0\| = \min_{y\in\mathcal{M}(x,\phi)} \|x-y\|,$$

则有

$$\frac{\|x-P_\mathcal{M}x\|}{\sin\theta(x-x_0,\mathcal{M})} = \frac{\|x-P_\mathcal{M}x\|}{\sin\phi}.$$

可知 x_0 满足 $\theta(x-x_0,\mathcal{M}) = \phi$. □

定理 14.3.3 (定向斜投影定理) 若 $\mathscr{H}$ 是希尔伯特空间, $\mathcal{M}$ 是 $\mathscr{H}$ 的闭线性子空间, $f \in \mathscr{H}$, $l \neq 0 \in f + \mathcal{M}$, $\theta(l,\mathcal{M}) = \phi > 0$, 则

(1)
$$P_{\mathcal{M}|\mathrm{span}\{l\}}f = f \mp \frac{\|f-P_\mathcal{M}f\|}{\|l\|\sin\phi}l,$$

其中 − 或 + 号分别对应于情形 $f - P_{\mathcal{M}|\mathrm{span}\{l\}}f$ 与 l 同向或反向;

(2) $\|f - P_{\mathcal{M}|\mathrm{span}\{l\}}f\| = \dfrac{\|x-P_\mathcal{M}f\|}{\sin\phi}$ $(0 < \phi \leqslant \pi/2)$;

(3) $P_{\mathcal{M}|\operatorname{span}\{l\}}f$ 满足方程

$$\|f - f_0\| = \min_{y \in \mathcal{M}(f,\varphi)} \|f - y\| \quad (f_0 \in \mathcal{M}(x,\phi)),$$

此时称 $P_{\mathcal{M}|\operatorname{span}\{l\}}f$ 为投影泛函 $\|f - y\|(y \in \mathscr{H})$ 在 $\mathcal{M}$ 上方向为 l 的斜最小值点.

证明 (1) 易见, $f - P_{\mathcal{M}|\operatorname{span}\{l\}}f \parallel l$, 故 $\exists \lambda > 0$, 使得

$$f - P_{\mathcal{M}|\operatorname{span}\{l\}}f = \pm \lambda l.$$

鉴于 $\|x - P_{\mathcal{M}}f\| = \|\lambda l\|\sin\theta$, 可知

$$\lambda = \frac{\|x - P_{\mathcal{M}}f\|}{\|l\|\sin\phi},$$

则

$$P_{\mathcal{M}|\operatorname{span}\{l\}}f = f \mp \frac{\|x - P_{\mathcal{M}}f\|}{\|l\|\sin\phi} l. \qquad \square$$

注 14.3.1 当 $\phi = \pi/2$ 时, 有 $P_{\mathcal{M}|\operatorname{span}\{l\}}f = P_{\mathcal{M}}f$.

定理 14.3.4 (高维定向斜投影定理) 设 $\mathscr{H}$ 是希尔伯特空间, $\mathcal{M}, \mathcal{N}$ 均是 $\mathscr{H}$ 的闭线性子空间, $\mathscr{H} = \mathcal{M} \oplus \mathcal{N}$. 若 $f \neq 0 \in \mathscr{H}, 0 \neq l = P_{\mathcal{N}|\mathcal{M}}f$, 则 (1) $f \in \operatorname{span}\{l\} \oplus \mathcal{M}$; (2) $P_{\mathcal{M}|\mathcal{N}}f = P_{\mathcal{M}|\operatorname{span}\{l\}}f$.

证明 (1) 由于 $\operatorname{span}\{l\} \subset \mathcal{N}$, 故 $\operatorname{span}\{l\} \cap \mathcal{M} \subset \mathcal{N} \cap \mathcal{M} = \{0\}$, 因此 $\operatorname{span}\{l\} + \mathcal{M} = \operatorname{span}\{l\} \oplus \mathcal{M}$. 由

$$f = P_{\mathcal{N}|\mathcal{M}}f + P_{\mathcal{M}|\mathcal{N}}f = l + P_{\mathcal{M}|\mathcal{N}}f$$

可知 $f \in \operatorname{span}\{l\} \oplus \mathcal{M}$.

(2) 设 $f = f_1 + f_2$ ($f_1 \in \operatorname{span}\{l\}, f_2 \in \mathcal{M}$), 因为

$$P_{\mathcal{M}|\mathcal{N}}f = P_{\mathcal{M}|\mathcal{N}}f_1 + P_{\mathcal{M}|\mathcal{N}}f_2 = 0 + f_2,$$
$$P_{\mathcal{M}|\operatorname{span}\{l\}}f = P_{\mathcal{M}|\operatorname{span}\{l\}}f_1 + P_{\mathcal{M}|\operatorname{span}\{l\}}f_2 = 0 + f_2,$$

所以 $P_{\mathcal{M}|\mathcal{N}}f = P_{\mathcal{M}|\operatorname{span}\{l\}}f$. $\qquad \square$

§14.4　有限维投影空间斜投影定理

如果知道投影空间的基，那么斜投影定理可具体地描述为下列形式.

定理 14.4.1　若题设同定向斜投影定理，且 $\{\varphi_k : 1 \leqslant k \leqslant m\}$ 是希尔伯特空间 $\mathscr{H}$ 的线性无关组，$\mathcal{M} = \mathrm{span}\{\varphi_k : 1 \leqslant k \leqslant m\}$，令

$$(\beta_k)^{1\leqslant k\leqslant m} = \left[(\langle\varphi_i,\varphi_j\rangle)^{1\leqslant i\leqslant m}_{1\leqslant j\leqslant m}\right]^{-1} (\langle\varphi_i,f\rangle)^{1\leqslant i\leqslant m},$$

$$(\gamma_k)^{1\leqslant k\leqslant m} = \left[(\langle\varphi_i,\varphi_j\rangle)^{1\leqslant i\leqslant m}_{1\leqslant j\leqslant m}\right]^{-1} (\langle\varphi_i,l\rangle)^{1\leqslant i\leqslant m},$$

$$d^2 = \langle f,f\rangle - (\langle f,\varphi_j\rangle)_{1\leqslant j\leqslant m}\,(\beta_k)^{1\leqslant k\leqslant m},$$

$$(\alpha_k)^{1\leqslant k\leqslant m} = (\beta_k)^{1\leqslant k\leqslant m} \mp \frac{d}{\|l\|\sin\phi}(\gamma_k)^{1\leqslant k\leqslant m},$$

上式中 − 或 + 号分别对应于情形 $f - P_\mathcal{M}\mathrm{span}\{l\}f$ 与 l 同向或反向，则

(1) 投影泛函 $\|f-y\|\,(y\in\mathscr{H})$ 在 $\mathcal{M}$ 上方向为 l 的斜最小值点 u 为

$$u = P_{\mathcal{M}|\mathrm{span}\{l\}}f = \sum_{k=1}^m \alpha_k\varphi_k;$$

(2) f 与其投影 $u = P_{\mathcal{M}|\mathrm{span}\{l\}}f$ 的距离为

$$\|f - P_{\mathcal{M}|\mathrm{span}\{l\}}f\| = \frac{d}{\sin\phi}.$$

证明　(1) 由定向斜投影定理，知

$$P_{\mathcal{M}|\mathrm{span}\{l\}}f = f \mp \frac{\|f - P_\mathcal{M}f\|}{\|l\|\sin\phi}l \in \mathcal{M};$$

而根据有限维投影空间正交投影定理，知 $\|f - P_\mathcal{M}f\| = d$. 因此

$$(\alpha_k)^{1\leqslant k\leqslant m} = \left[(\langle\varphi_i,\varphi_j\rangle)^{1\leqslant i\leqslant m}_{1\leqslant j\leqslant m}\right]^{-1} \left(\left\langle\varphi_i, f \mp \frac{d}{\|l\|\sin\phi}l\right\rangle\right)^{1\leqslant i\leqslant m}$$

$$= \left[(\langle\varphi_i,\varphi_j\rangle)^{1\leqslant i\leqslant m}_{1\leqslant j\leqslant m}\right]^{-1} (\langle\varphi_i,f\rangle)^{1\leqslant i\leqslant m}$$

$$\mp \frac{d}{\|l\|\sin\phi}\left[(\langle\varphi_i,\varphi_j\rangle)^{1\leqslant i\leqslant m}_{1\leqslant j\leqslant m}\right]^{-1} (\langle\varphi_i,l\rangle)^{1\leqslant i\leqslant m}$$

$$= (\beta_k)^{1\leqslant k\leqslant m} \mp \frac{d}{\|l\|\sin\phi}(\gamma_k)^{1\leqslant k\leqslant m}.$$

(2) 由定向斜投影定理即可得. □

注 14.4.1 当 $\theta(l,\mathcal{M}) = \pi/2$ 时, $P_{\mathcal{M}|\text{span}\{l\}}f = \sum_{k=1}^{m}\beta_k\varphi_k$.

例 14.4.1 设希尔伯特空间 $\mathscr{H} = \mathbb{R}^3$, $\varphi_1 = (1,0,0), \varphi_2 = (0,1,0)$, $\mathcal{M} = \text{span}\{\varphi_1,\varphi_2\}$, $\boldsymbol{x} = (0,1,1)$, $\boldsymbol{l} = (-1,0,1)$, 试求 (1) $P_{\mathcal{M}|\text{span}\{l\}}\boldsymbol{x}$; (2) $\|\boldsymbol{x} - P_{\mathcal{M}|\text{span}\{l\}}\boldsymbol{x}\|$; (3) $P_{\mathcal{M}|\text{span}\{l\}}\boldsymbol{x} = \sum_{k=1}^{2}\alpha_k\varphi_k$ 的 $\alpha_k(1\leqslant k\leqslant 2)$.

解 (1) 由于 $P_{\mathcal{M}}\boldsymbol{x} = \langle\boldsymbol{x},\varphi_1\rangle\varphi_1 + \langle\boldsymbol{x},\varphi_2\rangle\varphi_2 = (0,1,0)$, $\|\boldsymbol{l}\| = \sqrt{2}$, $\phi = \theta(l,\mathcal{M}) = \pi/4$, 知

$$P_{\mathcal{M}|\text{span}\{l\}}\boldsymbol{x} = \boldsymbol{x} \mp \frac{\|\boldsymbol{x} - P_{\mathcal{M}}\boldsymbol{x}\|}{\|\boldsymbol{l}\|\sin\phi}\boldsymbol{l}$$
$$= (0,1,1) - \frac{1}{\sqrt{2}\frac{\sqrt{2}}{2}}(-1,0,1)$$
$$= (0,1,1) - 1(-1,0,1) = (1,1,0).$$

(2) $\|\boldsymbol{x} - P_{\mathcal{M}|\text{span}\{l\}}\boldsymbol{x}\| = \frac{1}{\sin\phi}\|\boldsymbol{x} - P_{\mathcal{M}}\boldsymbol{x}\| = \sqrt{2}1 = \sqrt{2}$.

(3) 由于

$$(\beta_k)^{1\leqslant k\leqslant 2} = \left[(\langle\varphi_i,\varphi_j\rangle)^{1\leqslant i\leqslant 2}_{1\leqslant j\leqslant 2}\right]^{-1}(\langle\varphi_i,\boldsymbol{x}\rangle)^{1\leqslant i\leqslant 2} = (0,1)^{\mathrm{T}},$$
$$(\gamma_k)^{1\leqslant k\leqslant 2} = \left[(\langle\varphi_i,\varphi_j\rangle)^{1\leqslant i\leqslant 2}_{1\leqslant j\leqslant 2}\right]^{-1}(\langle\varphi_i,\boldsymbol{l}\rangle)^{1\leqslant i\leqslant 2} = (-1,0)^{\mathrm{T}},$$
$$d = [\langle\boldsymbol{x},\boldsymbol{x}\rangle - (\langle\boldsymbol{x},\varphi_j\rangle)_{1\leqslant j\leqslant 2}(\beta_k)^{1\leqslant k\leqslant 2}]^{1/2} = 1,$$
$$\frac{d}{\|\boldsymbol{l}\|\sin\phi} = 1,$$

故

$$(\alpha_k)^{1\leqslant k\leqslant 2} = (\beta_k)^{1\leqslant k\leqslant 2} - \frac{d}{\|\boldsymbol{l}\|\sin\phi}(\gamma_k)^{1\leqslant k\leqslant 2} = (1,1)^{\mathrm{T}}.$$

此计算结果与直观相符.

第十五章

斜回归分析

将回归分析中的正交投影换成斜投影,如是传统的回归分析即推广为斜回归分析理论.

§15.1 线性斜回归分析

一、概念

定义 15.1.1 设随机变量 $Y, X_1, \cdots, X_m \in L^2(\Omega, \mathscr{F}, P)$, $\mathcal{M} = \mathrm{span}\{X_0, X_1, \cdots, X_m\}$, 称

$$\sum_{k=0}^{m} \beta_k X_k = P_{\mathcal{M}} Y \quad (\beta_k \in \mathbb{R}, 0 \leqslant k \leqslant m) \tag{15.1.1}$$

为 Y 关于 $X_1, \cdots, X_m$ 的 (正交) 线性回归函数, $\beta_0, \cdots, \beta_m$ 为回归系数, $\sigma = \|Y - P_{\mathcal{M}} Y\|$ 为回归误差.

注 15.1.1 线性回归函数 $\sum_{k=0}^{m} \beta_k X_k$ 存在唯一, 且满足最值方程

$$\left\| Y - \sum_{k=0}^{m} \beta_k X_k \right\| = \min_{\theta(Y-\sum_{k=0}^{m} c_k X_k, \mathcal{M}) \leqslant \pi/2} \left\| Y - \sum_{k=0}^{m} c_k X_k \right\|.$$

定义 15.1.2 设随机变量 $Y, X_1, \cdots, X_m \in L^2(\Omega, \mathscr{F}, P)$, $\mathcal{M} = \mathrm{span}\{X_0, X_1, \cdots, X_m\}$, $l \neq \mathbf{0} \in Y + \mathcal{M}$, $\theta(l, \mathcal{M}) = \phi > 0$, 称

$$\sum_{k=0}^{m} \alpha_k X_k = P_{\mathcal{M}|l} Y \quad (\alpha_k \in \mathbb{R}, 0 \leqslant k \leqslant m) \tag{15.1.2}$$

为 Y 关于 $X_1, \cdots, X_m$ 沿方向 l 的线性斜回归函数, $\alpha_0, \cdots, \alpha_m$ 为斜回归系数, $\sigma = \|Y - P_{\mathcal{M}|l}Y\|$ 为斜回归误差.

注 15.1.2 线性斜回归函数 $\sum_{k=0}^{m} \alpha_k X_k$ 满足最值方程

$$\left\| Y - \sum_{k=0}^{m} \alpha_k X_k \right\| = \min_{\theta(Y - \sum_{k=0}^{m} c_k X_k, \mathcal{M}) \leqslant \phi} \left\| Y - \sum_{k=0}^{m} c_k X_k \right\|.$$

二、概率解

定理 15.1.1 若设

$$(\beta_k)^{0 \leqslant k \leqslant m} = \left[(E(X_i X_j))_{1 \leqslant j \leqslant m}^{0 \leqslant i \leqslant m} \right]^{-1} (X_i Y)^{0 \leqslant i \leqslant m},$$

$$(\gamma_k)^{0 \leqslant k \leqslant m} = \left[(E(X_i X_j))_{1 \leqslant j \leqslant m}^{0 \leqslant i \leqslant m} \right]^{-1} (X_i l)^{0 \leqslant i \leqslant m},$$

$$d = [E(Y^2) - (E(X_j Y))_{0 \leqslant j \leqslant m} (\beta_k)^{0 \leqslant k \leqslant m}]^{1/2},$$

则

(1) 斜回归系数为

$$(\alpha_k)^{0 \leqslant k \leqslant m} = (\beta_k)^{0 \leqslant k \leqslant m} \mp \frac{d}{\|l\| \sin \phi} (\gamma_k)^{0 \leqslant k \leqslant m},$$

其中 $-$ 或 $+$ 号分别对应于情形 $Y - P_{\mathcal{M}|\text{span}\{l\}}Y$ 与 l 同向或反向.

(2) 斜回归误差为

$$\sigma = \frac{d}{\sin \phi}.$$

三、统计解

定理 15.1.2 若 $\{(X_{n0} \cdots, X_{nm}, Y_n, l_n) : 1 \leqslant n \leqslant N\}$ 是随机向量 $(X_0, \cdots, X_m, Y, l)$ 的简单样本, $\widetilde{\boldsymbol{X}} \triangleq (X_{ni})_{0 \leqslant i \leqslant m}^{1 \leqslant n \leqslant N}$, $\widetilde{\boldsymbol{Y}} \triangleq (Y_n)^{1 \leqslant n \leqslant N}$, $\widetilde{\boldsymbol{l}} \triangleq (l_n)^{1 \leqslant n \leqslant N}$. 令

$$(\widehat{\beta}_{kN})^{0 \leqslant k \leqslant m} = (\widetilde{\boldsymbol{X}}^{\mathrm{T}} \widetilde{\boldsymbol{X}})^{-1} \widetilde{\boldsymbol{X}}^{\mathrm{T}} \widetilde{\boldsymbol{Y}},$$

$$(\widehat{\gamma}_{kN})^{0 \leqslant k \leqslant m} = (\widetilde{\boldsymbol{X}}^{\mathrm{T}} \widetilde{\boldsymbol{X}})^{-1} \widetilde{\boldsymbol{X}}^{\mathrm{T}} \widetilde{\boldsymbol{l}},$$

$$\widehat{d}_N^2 = \frac{1}{N}\widetilde{\boldsymbol{Y}}^{\mathrm{T}}(\boldsymbol{I}_N - \widetilde{\boldsymbol{X}}(\widetilde{\boldsymbol{X}}^{\mathrm{T}}\widetilde{\boldsymbol{X}})^{-1}\widetilde{\boldsymbol{X}}^{\mathrm{T}})\widetilde{\boldsymbol{Y}},$$

$$(\widehat{\alpha}_{kN})^{0\leqslant k\leqslant m} = (\widehat{\beta}_{kN})^{0\leqslant k\leqslant m} \mp \frac{\widehat{d}_N}{\widetilde{\boldsymbol{l}}^{\mathrm{T}}\widetilde{\boldsymbol{l}}\cdot\sin\phi},$$

则

(1) 斜回归系数的统计解为

$$(\alpha_k)^{0\leqslant k\leqslant m} = \lim_{N\to\infty}(\widehat{\alpha}_{kN})^{0\leqslant k\leqslant m} \quad \text{(a.s.)};$$

(2) 斜回归误差 σ 的统计解为

$$\sigma = \frac{1}{\sin\phi}\lim_{N\to\infty}\widehat{d}_N \quad \text{(a.s.)}.$$

用类似于本节的方法，亦可将非参数回归分析推广为非参数斜回归分析，此处不再详细叙述.

§15.2　G-M 线性斜回归分析

一、概念

定义 15.2.1　设随机变量 $X_1,\cdots,X_m \in L^2(\Omega,\mathscr{F},P)$，随机过程 $Y_t \in L^2(\Omega,\mathscr{F},P)(t\in\mathbb{R})$，$\mathcal{M} = \mathrm{span}\{X_k : 0\leqslant k\leqslant m\}$，

$$\mathrm{Cov}(Y_t - P_{\mathcal{M}}Y_t, Y_s - P_{\mathcal{M}}Y_s) = \begin{cases} \sigma^2, & t = s, \\ 0, & t \neq s. \end{cases}$$

取参数 $t = t_n \in \mathbb{R}(1\leqslant n\leqslant N)$，$(X_{n0}\cdots,X_{nm},Y_n)$ 是随机向量 $(X_0,\cdots,X_m,Y_{t_n})$ 的样本点，设

$$\widetilde{\boldsymbol{X}} = (X_{nk})_{0\leqslant k\leqslant m}^{1\leqslant n\leqslant N} = (\widetilde{\boldsymbol{X}}_0,\widetilde{\boldsymbol{X}}_1,\cdots,\widetilde{\boldsymbol{X}}_m),$$
$$\widetilde{\boldsymbol{Y}} = (Y_n)^{1\leqslant n,\leqslant N},$$

称

$$\sum_{k=0}^{m}\beta_k\widetilde{\boldsymbol{X}}_k = P_{\mathcal{M}}\widetilde{\boldsymbol{Y}} \quad (\beta_k \in \mathbb{R}, 0\leqslant k\leqslant m) \tag{15.2.1}$$

为 Y_t 关于 $X_1,\cdots,X_m$ 的 (正交)G-M 线性回归函数, $\beta_0,\cdots,\beta_m$ 为 G-M 回归系数, 称 $\sigma = \left\|\boldsymbol{Y} - \sum_{k=0}^{m}\beta_k\widetilde{\boldsymbol{X}}_k\right\|_N$ 为 G-M 回归误差.

定义 15.2.2 设随机变量 $X_1,\cdots,X_m \in L^2(\Omega,\mathscr{F},P)$, 随机过程 $Y_t \in L^2(\Omega,\mathscr{F},P)(t\in\mathbb{R})$,

$$\mathrm{Cov}(Y_t - P_{\mathcal{M}}Y_t, Y_s - P_{\mathcal{M}}Y_s) = \begin{cases} \sigma^2, & t=s, \\ 0, & t\neq s. \end{cases}$$

取参数 $t = t_n \in \mathbb{R}(1\leqslant n \leqslant N)$, $(X_{n0}\cdots,X_{nm},Y_n)$ 是随机向量 $(X_0,\cdots,X_m,Y_{t_n})$ 的样本点. 设

$$\widetilde{\boldsymbol{X}} = (X_{nk})_{0\leqslant k \leqslant m}^{1\leqslant n \leqslant N} = (\widetilde{\boldsymbol{X}}_0,\widetilde{\boldsymbol{X}}_1,\cdots,\widetilde{\boldsymbol{X}}_m),$$
$$\widetilde{\boldsymbol{Y}} = (Y_n)^{1\leqslant n \leqslant N},$$

$\mathcal{M} = \mathrm{span}\{\widetilde{\boldsymbol{X}}_k : 0\leqslant k \leqslant m\}$, $\widetilde{\boldsymbol{l}} \in \widetilde{\boldsymbol{Y}} + \mathcal{M}$, $\theta(\widetilde{\boldsymbol{l}},\mathcal{M}) = \phi > 0$, 称

$$\sum_{k=0}^{m}\alpha_k\widetilde{\boldsymbol{X}}_k = P_{\mathcal{M}|\widetilde{\boldsymbol{l}}}\widetilde{\boldsymbol{Y}} \quad (\alpha_k \in \mathbb{R}, 0 \leqslant k \leqslant m) \tag{15.2.2}$$

为 Y_t 关于 $X_1,\cdots,X_m$ 沿方向 $\widetilde{\boldsymbol{l}}$ 的斜 G-M 线性回归函数, $\alpha_0,\cdots,\alpha_m$ 为斜 G-M 回归系数, 称 $\sigma = \left\|\widetilde{\boldsymbol{Y}} - \sum_{k=0}^{m}\alpha_k\widetilde{\boldsymbol{X}}_k\right\|_N$ 为斜 G-M 回归误差.

二、求解

定理 15.2.1 若设

$$(\beta_k)^{0\leqslant k\leqslant m} = \left[\left(\widetilde{\boldsymbol{X}}_i^{\mathrm{T}}\widetilde{\boldsymbol{X}}_j\right)_{1\leqslant j\leqslant m}^{0\leqslant i\leqslant m}\right]^{-1}\left(\widetilde{\boldsymbol{X}}_i^{\mathrm{T}}\boldsymbol{Y}\right)^{0\leqslant i\leqslant m}$$
$$= (\widetilde{\boldsymbol{X}}^{\mathrm{T}}\widetilde{\boldsymbol{X}})^{-1}\widetilde{\boldsymbol{X}}^{\mathrm{T}}\widetilde{\boldsymbol{Y}},$$
$$(\gamma_k)^{0\leqslant k\leqslant m} = (\widetilde{\boldsymbol{X}}^{\mathrm{T}}\widetilde{\boldsymbol{X}})^{-1}\widetilde{\boldsymbol{X}}^{\mathrm{T}}\widetilde{\boldsymbol{l}},$$
$$d = \left[\frac{1}{N}\widetilde{\boldsymbol{Y}}^{\mathrm{T}}(\boldsymbol{I}_N - \widetilde{\boldsymbol{X}}(\widetilde{\boldsymbol{X}}^{\mathrm{T}}\widetilde{\boldsymbol{X}})^{-1}\widetilde{\boldsymbol{X}}^{\mathrm{T}})\widetilde{\boldsymbol{Y}}\right]^{1/2},$$

则

(1) G-M 斜回归系数为

$$(\alpha_k)^{0\leqslant k\leqslant m} = (\beta_k)^{0\leqslant k\leqslant m} \mp \frac{d}{\widetilde{l}^{\mathrm{T}}\widetilde{l}\cdot\sin\phi}(\gamma_k)^{0\leqslant k\leqslant m},$$

上式中 − 或 + 号分别对应于情形 $\widetilde{Y} - P_{\mathcal{M}|\mathrm{span}\{\widetilde{l}\}}\widetilde{Y}$ 与 $\widetilde{l}$ 同向或反向;

(2) G-M 斜回归误差为

$$\sigma = \frac{d}{\sin\phi}.$$

第十六章

二次泛函的斜最值点与线性算子方程的斜解

借助二次泛函与投影泛函之关系,可把斜投影的观点用于二次泛函,从而得到二次泛函之斜最值点的概念;进而通过线性算子方程与二次泛函的关系,引出线性算子方程之斜解的概念,此概念揭示出线性算子不等式的定量内蕴.

§16.1 二次泛函的斜最值点

定理 16.1.1 若二次泛函

$$J(v) = \frac{1}{2}A(v,v) - F(v) \quad (v \in \mathscr{H})$$

的 $A(u,v)$ 是对称、正定、有界的, $F(v)$ 是有界的, 做 $\mathscr{H}$ 上的新内积 $\langle \cdot, \cdot \rangle_*$ 为

$$\langle u,v \rangle_* = A(u,v) \quad (u,v \in \mathscr{H}),$$

则

(1) 存在 $f \in \mathscr{H}$,满足 $F(v) = \langle f,v \rangle_* \ (v \in \mathscr{H})$;

(2) 对投影泛函 $J_*(v) = \|f-v\|_* \ (v \in \mathscr{H})$, 有 $J_*(u) = \min\limits_{v \in \mathscr{H}} J_*(v) \ (u \in \mathscr{H})$ 与 $J(u) = \min\limits_{v \in \mathscr{H}} J(v) \ (u \in \mathscr{H})$ 同解;

(3) 对任意 $\mathscr{H}$ 的闭线性子空间 $\mathcal{M}$, 亦有 $J_*(u) = \min\limits_{v \in \mathcal{M}} J_*(v) \ (u \in \mathcal{M})$ 与 $J(u) = \min\limits_{v \in \mathcal{M}} J(v) \ (u \in \mathcal{M})$ 同解.

此时称 $J_*(v) \ (v \in \mathscr{H})$ 是二次泛函 $J(v) \ (v \in \mathscr{H})$ 的对应投影泛函.

证明 (1), (2) 在第九章中已证过.

(3) 设 $u_* \in \mathcal{M}$ 满足方程

$$J(u_*) = \min_{v \in \mathcal{M}} J(v) \Leftrightarrow A(u_*, v) = F(v) \quad (\forall v \in \mathcal{M})$$
$$\Leftrightarrow \langle u_*, v \rangle_* = \langle f, v \rangle_* \quad (\forall v \in \mathcal{M})$$
$$\Leftrightarrow \langle u_* - f, v \rangle_* = 0 \quad (\forall v \in \mathcal{M})$$
$$\Leftrightarrow u_* - f \perp \mathcal{M}$$
$$\Leftrightarrow \|f - u_*\|_* = \min_{v \in \mathcal{M}} \|f - v\|_*$$
$$\Leftrightarrow J_*(u) = \min_{v \in \mathcal{M}} J_1(v). \qquad \square$$

定义 16.1.1 设 $J_*(v)\ (v \in \mathcal{H})$ 是二次泛函 $J(v)\ (v \in \mathcal{H})$ 的对应投影泛函, $\mathcal{M}$ 是 $\mathcal{H}$ 的闭线性子空间, 称 $J_*(v)$ 在 $\mathcal{M}$ 上方向为 l 的斜最小值点是 $J(v)$ 在 $\mathcal{M}$ 上方向为 l 的斜最小值点.

定理 16.1.2 若二次泛函

$$J(v) = \frac{1}{2} A(v, v) - F(v) \quad (v \in \mathcal{H})$$

的 $A(u, v)$ 是对称、正定、有界的, $F(v)$ 是有界的, 存在 $\varphi_k \in \mathcal{H}(1 \leqslant k \leqslant h)$ 线性无关, $\mathcal{H} = \text{span}\{\varphi_k : 1 \leqslant k \leqslant h\}$, $f \in \mathcal{H}$ 如定理 16.1.1, $\mathcal{M}$ 是 $\mathcal{H}$ 的闭线性子空间, $\mathcal{M} = \text{span}\{\varphi_k : 1 \leqslant k \leqslant m\}(m \leqslant h)$, $l = f + l_0 \in f + \mathcal{M}(l_0 \in \mathcal{M}), \theta(l, \mathcal{M}) = \phi > 0$, 则二次泛函 $J(v)\ (v \in \mathcal{H})$ 在 $\mathcal{M}$ 上方向为 l 的斜最小值点 u 为

$$u = \sum_{k=1}^{m} \alpha_k \varphi_k,$$

其中

$$(\beta_k)^{1 \leqslant k \leqslant m} = \left[(A(\varphi_i, \varphi_j))_{1 \leqslant j \leqslant m}^{1 \leqslant i \leqslant m} \right]^{-1} (F(\varphi_i))^{1 \leqslant i \leqslant m},$$
$$(\gamma_k)^{1 \leqslant k \leqslant m} = \left[(A(\varphi_i, \varphi_j))_{1 \leqslant j \leqslant m}^{1 \leqslant i \leqslant m} \right]^{-1} (F(\varphi_i) + A(\varphi_i, l_0))^{1 \leqslant i \leqslant m},$$
$$d^2 = (F(\varphi_i))_{1 \leqslant i \leqslant h} \left[(A(\varphi_i, \varphi_j))_{1 \leqslant j \leqslant h}^{1 \leqslant i \leqslant h} \right]^{-1} (F(\varphi_i))^{1 \leqslant i \leqslant h}$$

$$-(F(\varphi_i))_{1\leqslant i\leqslant m}(\beta_k)^{1\leqslant k\leqslant m},$$
$$\lambda^2 = (F(\varphi_i) + A(\varphi_i, l_0))_{1\leqslant i\leqslant h} \left[(A(\varphi_i, \varphi_j))_{1\leqslant j\leqslant h}^{1\leqslant i\leqslant h}\right]^{-1} (F(\varphi_i) + A(\varphi_i, l_0))^{1\leqslant i\leqslant h},$$
$$(\alpha_k)^{1\leqslant k\leqslant m} = (\beta_k)^{1\leqslant k\leqslant m} \mp \frac{d}{\lambda \cdot \sin\phi}(\gamma_k)^{1\leqslant k\leqslant m}.$$

证明 据定理 14.4.1, 知 $J(v)(v \in \mathscr{H})$ 的对应投影泛函 $J_*(v)$ 在 $\mathcal{M}$ 上方向为 l 的斜最小值点 u 为
$$u = \sum_{k=1}^{m} \alpha_k \varphi_k,$$
其中
$$\begin{aligned}(\beta_k)^{1\leqslant k\leqslant m} &= \left[(\langle\varphi_i, \varphi_j\rangle_*)_{1\leqslant j\leqslant m}^{1\leqslant i\leqslant m}\right]^{-1} (\langle\varphi_i, f\rangle_*)^{1\leqslant i\leqslant m} \\ &= \left[(A(\varphi_i, \varphi_j))_{1\leqslant j\leqslant m}^{1\leqslant i\leqslant m}\right]^{-1} (F(\varphi_i))^{1\leqslant i\leqslant m},\end{aligned}$$
$$\begin{aligned}(\gamma_k)^{1\leqslant k\leqslant m} &= \left[(\langle\varphi_i, \varphi_j\rangle_*)_{1\leqslant j\leqslant m}^{1\leqslant i\leqslant m}\right]^{-1} (\langle\varphi_i, l\rangle_*)^{1\leqslant i\leqslant m} \\ &= \left[(\langle\varphi_i, \varphi_j\rangle_*)_{1\leqslant j\leqslant m}^{1\leqslant i\leqslant m}\right]^{-1} (\langle\varphi_i, f + l_0\rangle_*)^{1\leqslant i\leqslant m} \\ &= \left[(\langle\varphi_i, \varphi_j\rangle_*)_{1\leqslant j\leqslant m}^{1\leqslant i\leqslant m}\right]^{-1} (\langle\varphi_i, f\rangle_* + \langle\varphi_i, l_0\rangle_*)^{1\leqslant i\leqslant m} \\ &= \left[(A(\varphi_i, \varphi_j))_{1\leqslant j\leqslant m}^{1\leqslant i\leqslant m}\right]^{-1} (F(\varphi_i) + A(\varphi_i, l_0))^{1\leqslant i\leqslant m},\end{aligned}$$
$$\begin{aligned}d^2 &= \langle f, f\rangle_* - (\langle f, \varphi_j\rangle_*)_{1\leqslant j\leqslant m}(\beta_k)^{1\leqslant k\leqslant m} \\ &= \langle f, f\rangle_* - (F(\varphi_j))_{1\leqslant j\leqslant m}(\beta_k)^{1\leqslant k\leqslant m},\end{aligned}$$
而 $f = \sum_{k=1}^{h} b_k \varphi_k$, 其中
$$(b_k)^{1\leqslant k\leqslant h} = \left[(A(\varphi_i, \varphi_j))_{1\leqslant j\leqslant h}^{1\leqslant i\leqslant h}\right]^{-1} (F(\varphi_i))^{1\leqslant i\leqslant h}.$$
故
$$\begin{aligned}\langle f, f\rangle_* &= \left\langle \sum_{i=1}^{h} b_i \varphi_i, \sum_{j=1}^{h} b_j \varphi_j \right\rangle_* \\ &= (b_k)_{1\leqslant k\leqslant h}(A(\varphi_i, \varphi_j))_{1\leqslant j\leqslant h}^{1\leqslant i\leqslant h}(b_k)^{1\leqslant k\leqslant h}\end{aligned}$$

$$= (F(\varphi_i))_{1\leqslant i\leqslant h} \left[(A(\varphi_i,\varphi_j))_{1\leqslant j\leqslant h}^{1\leqslant i\leqslant h} \right]^{-1} (F(\varphi_i))^{1\leqslant i\leqslant h},$$

可得

$$d^2 = (F(\varphi_i))_{1\leqslant i\leqslant h} \left[(A(\varphi_i,\varphi_j))_{1\leqslant j\leqslant h}^{1\leqslant i\leqslant h} \right]^{-1} (F(\varphi_i))^{1\leqslant i\leqslant h}$$
$$-(F(\varphi_i))_{1\leqslant i\leqslant m}(\beta_k)^{1\leqslant k\leqslant m},$$
$$(\alpha_k)^{1\leqslant k\leqslant m} = (\beta_k)^{1\leqslant k\leqslant m} \mp \frac{d}{\|l\|_* \sin\phi}(\gamma_k)^{1\leqslant k\leqslant m},$$

而 $l = \sum_{k=1}^{h} c_k \varphi_k$, 其中

$$(c_k)^{1\leqslant k\leqslant h} = \left[(A(\varphi_i,\varphi_j))_{1\leqslant j\leqslant h}^{1\leqslant i\leqslant h} \right]^{-1} (A(\varphi_i,l))^{1\leqslant i\leqslant h}$$
$$= \left[(A(\varphi_i,\varphi_j))_{1\leqslant j\leqslant h}^{1\leqslant i\leqslant h} \right]^{-1} (A(\varphi_i, f+l_0))^{1\leqslant i\leqslant h}$$
$$= \left[(A(\varphi_i,\varphi_j))_{1\leqslant j\leqslant h}^{1\leqslant i\leqslant h} \right]^{-1} (A(\varphi_i, l_0) + F(\varphi_i))^{1\leqslant i\leqslant h},$$

故

$$\|l\|_*^2 = \left\langle \sum_{i=1}^{h} c_i\varphi_i, \sum_{j=1}^{h} c_j\varphi_j \right\rangle_*$$
$$= (A(\varphi_i,l_0)+F(\varphi_i))_{1\leqslant i\leqslant h} \left[(A(\varphi_i,\varphi_j))_{1\leqslant j\leqslant h}^{1\leqslant i\leqslant h} \right]^{-1} (A(\varphi_i,l_0)+F(\varphi_i))^{1\leqslant i\leqslant h}$$
$$= \lambda^2,$$

可得

$$(\alpha_k)^{1\leqslant k\leqslant m} = (\beta_k)^{1\leqslant k\leqslant m} \mp \frac{d}{\lambda \cdot \sin\phi}(\gamma_k)^{1\leqslant k\leqslant m}. \qquad \square$$

注 16.1.1 $f = \sum_{k=1}^{h} b_k \varphi_k$, 其中

$$(b_k)^{1\leqslant k\leqslant h} = \left[(A(\varphi_i,\varphi_j))_{1\leqslant j\leqslant h}^{1\leqslant i\leqslant h} \right]^{-1} (F(\varphi_i))^{1\leqslant i\leqslant h}.$$

注 16.1.2 当 $\mathscr{M} = \mathscr{H}$ 时, 有 $u = f$.

§16.2 线性算子方程的斜解

定理 16.2.1 设 $(\mathscr{H}_1, \langle \cdot, \cdot \rangle)$ 为希尔伯特空间, $\mathscr{H}$ 是 $\mathscr{H}_1$ 的闭线性子空间, $T: \mathscr{H} \to \mathscr{H}_1$ 是线性对称正定算子, $g \in \mathscr{H}_1$, 线性算子二次泛函 $J(u)$ 为

$$J(u) = \frac{1}{2}\langle Tu, u\rangle - \langle u, g\rangle \quad (u \in \mathscr{H}),$$

则线性算子方程

$$Tu = g$$

与线性算子二次泛函最值方程

$$J(u) = \min_{v \in \mathscr{H}} J(v)$$

同解. 此时称 $J(u)$ $(u \in \mathscr{H})$ 为 $Tu = g$ 的对应线性算子二次泛函.

定义 16.2.1 设 $J(u)$ $(u \in \mathscr{H})$ 为 $Tu = g$ 的对应线性算子二次泛函, $\mathscr{M}$ 是 $\mathscr{H}$ 的闭线性子空间, 称 $J(u)$ 在 $\mathscr{M}$ 上方向为 l 的斜最小值点为 $Tu = g$ 在 $\mathscr{M}$ 上方向为 l 的斜解.

根据定理 16.2.1, 自然得到下面的定理.

定理 16.2.2 若线性算子方程

$$Tu = g \quad (u \in \mathscr{H})$$

的 T 是对称、正定、有界的, 存在 $\varphi_k \in \mathscr{H}(1 \leqslant k \leqslant h)$ 线性无关, $\mathscr{H} = \mathrm{span}\{\varphi_k : 1 \leqslant k \leqslant h\}$, $f \in \mathscr{H}$ 如定理 16.1.1, $\mathscr{M}$ 是 $\mathscr{H}$ 的闭线性子空间, $\mathscr{M} = \mathrm{span}\{\varphi_k : 1 \leqslant k \leqslant m\}(m \leqslant h)$, $l = f + l_0 \in f + \mathscr{M}(l_0 \in \mathscr{M}), \theta(l, \mathscr{M}) = \phi > 0$, 则线性算子方程 $Tu = g$ $(u \in \mathscr{H})$ 在 $\mathscr{M}$ 上方向为 l 的斜解 u 为

$$u = \sum_{k=1}^{m} \alpha_k \varphi_k,$$

其中

$$(\beta_k)^{1\leqslant k\leqslant m} = \left[(\langle T\varphi_i,\varphi_j\rangle)^{1\leqslant i\leqslant m}_{1\leqslant j\leqslant m}\right]^{-1} (\langle\varphi_i,g\rangle)^{1\leqslant i\leqslant m},$$

$$(\gamma_k)^{1\leqslant k\leqslant m} = \left[(\langle T\varphi_i,\varphi_j\rangle)^{1\leqslant i\leqslant m}_{1\leqslant j\leqslant m}\right]^{-1} (\langle\varphi_i,g\rangle + \langle T\varphi_i,l_0\rangle)^{1\leqslant i\leqslant m},$$

$$d^2 = (\langle\varphi_i,g\rangle)_{1\leqslant i\leqslant h} \left[(\langle T\varphi_i,\varphi_j\rangle)^{1\leqslant i\leqslant h}_{1\leqslant j\leqslant h}\right]^{-1} (\langle\varphi_i,g\rangle)^{1\leqslant i\leqslant h}$$
$$-(\langle\varphi_i,g\rangle)_{1\leqslant i\leqslant m}(\beta_k)^{1\leqslant k\leqslant m},$$

$$\lambda^2 = (\langle\varphi_i,g\rangle + \langle T\varphi_i,l_0\rangle)_{1\leqslant i\leqslant h} \left[(\langle T\varphi_i,\varphi_j\rangle)^{1\leqslant i\leqslant h}_{1\leqslant j\leqslant h}\right]^{-1} (\langle\varphi_i,g\rangle + \langle T\varphi_i,l_0\rangle)^{1\leqslant i\leqslant h},$$

$$(\alpha_k)^{1\leqslant k\leqslant m} = (\beta_k)^{1\leqslant k\leqslant m} \mp \frac{d}{\lambda\cdot\sin\phi}(\gamma_k)^{1\leqslant k\leqslant m}.$$

参 考 文 献

[1] 陈乃辉. 统计回归分析: 回归方程引论. 北京: 科学出版社, 2012.

[2] 陈乃辉. 统计微分回归方程: 微分方程的回归方程观点与解法. 北京: 科学出版社, 2013.

[3] 张恭庆. 变分学讲义. 北京: 高等教育出版社, 2011.

[4] 老大中. 变分法基础. 2版. 北京: 国防工业出版社, 2007.

[5] 欧斐君. 变分法及其应用: 物理、力学、工程中的经典建模. 北京: 高等教育出版社, 2013.

[6] LIBERZON D. Calculus of Variations and Optimal Control Theory. Princeton:Princeton University Press, 2012.

[7] 贾高. 变分法基础与 Sobolev 空间. 上海: 上海交通大学出版社, 2014.

[8] 中国科学院系统科学研究所控制理论研究室. 极值控制与极大值原理. 北京: 科学出版社, 1980.

[9] 加藤敏夫. 变分学及其应用. 周怀生, 译. 上海: 上海科学技术出版社, 1961.

[10] 匡继昌. 常用不等式. 济南: 山东科学技术出版社, 2010.

[11] 许天周. 应用泛函分析. 北京: 科学出版社, 2002.

[12] 严士健, 刘秀芳. 测度与概率. 北京: 北京师范大学出版社, 2003.

[13] 张筑生. 数学分析新讲: 第二册. 北京: 北京大学出版社, 1990.

[14] 张筑生. 数学分析新讲: 第三册. 北京: 北京大学出版社, 1991.

[15] CIARLET P G. 线性与非线性泛函分析及其应用: 下册. 秦铁虎, 译. 北京: 高等教育出版社, 2017.

[16] 张尧庭, 方开泰. 多元统计分析引论. 北京: 科学出版社, 1982.

[17] COVER T M, THOMAS J A. 信息论基础. 阮吉寿, 张华, 译. 北京: 机械工业出版社, 2005.

[18] KAY S M. 统计信号处理基础: 估计与检测理论. 罗鹏飞, 张文明, 等译. 北京: 电子工业出版社, 2008.

[19] LUDEMAN L C. 随机过程: 滤波、估计与检测. 邱天爽, 李婷, 毕英伟, 等译. 北京: 电子工业出版社, 2005.

[20] COLEMAN R. Calculus on Normed Vector Spaces. 北京: 世界图书出版公司, 2010.

[21] 柯斯特利金. 代数学引论. 张英伯, 译. 北京: 高等教育出版社, 2006.

[22] 张贤达. 矩阵分析与应用. 北京: 清华大学出版社, 2004.

[23] LAX P D. 线性代数及其应用. 傅莺莺, 沈复兴, 译. 2 版. 北京: 人民邮电出版社, 2009.

[24] 戴华. 矩阵论. 北京: 科学出版社, 2001.

[25] Rao C R. Linear Statisticl Inferrence and Its Applications. 2nd ed. New York: John Weiley, 1973.

[26] 陈希孺. 数理统计引论. 北京: 科学出版社, 1981.

[27] 王松桂, 等. 线性模型引论. 北京: 科学出版社, 2004.

[28] 莫国端, 刘开第. 函数逼近论方法. 北京: 科学出版社, 2003.

[29] 严士键, 刘秀芳. 测度与概率. 北京: 北京师范大学出版社, 2003.

[30] 周民强. 实变函数论. 北京: 北京大学出版社, 2001.

[31] 柯尔莫戈洛夫, 佛明. 函数论与泛函分析初步. 7 版. 段虞荣, 郑洪深, 郭思旭, 译. 北京: 高等教育出版社, 2006.

[32] 周义仓, 靳祯, 秦军林. 常微分方程及其应用. 2 版. 北京: 科学出版社, 2009.

[33] 胡健伟, 汤怀民. 微分方程数值方法. 2 版. 北京: 科学出版社, 2011.

[34] LBRAGIMOV N R. 微分方程与数学物理问题. 北京: 高等教育出版社, 2009.

[35] 布洛克威尔, 等. 时间序列的理论与方法. 2 版. 田铮, 译. 北京: 高等教育出版社, 2001.

[36] KARLIN S, TAYLOR H M. 随机过程初级教程. 2 版. 应兴无, 陈宗洵, 陈庆华. 北京: 人民邮电出版社, 2007.

[37] 斯特尔伯格. 辛几何讲义. 李逸, 译. 北京: 清华大学出版社, 2012.

[38] 张润楚. 多元统计分析. 北京: 科学出版社, 2006.

[39] 沃塞曼. 统计学完全教程. 张波, 等译. 北京: 科学出版社, 2008.

[40] 沃塞曼. 现代非参数统计. 吴喜之, 译. 北京: 科学出版社, 2008.

[41] 何书元. 应用时间序列分析. 北京: 北京大学出版社, 2003.

[42] 韦来生, 张伟平. 贝叶斯分析. 合肥: 中国科学技术大学出版社, 2013.

[43] 范金城, 吴可法. 统计推断导引. 北京: 科学出版社, 2001.

[44] 高惠璇. 应用多元统计分析. 北京: 北京大学出版社, 2005.

[45] 胡迪鹤. 高等概率论及其应用. 北京: 高等教育出版社, 2008.

[46] 施利亚耶夫. 概率. 3 版. 周概容, 译. 北京: 高等教育出版社, 2007.

[47] 程建春. 理论物理导论. 北京: 科学出版社, 2007.

[48] 彭桓武, 徐锡申. 数学物理基础: 物理需用线性高等数学导引. 北京: 北京大学出版社, 2012.

[49] 卢文发. 量子力学与统计力学. 上海: 上海交通大学出版社, 2013.

[50] 费恩曼, 莱顿, 桑兹. 费恩曼物理学讲义: 第 1 卷. 郑永令, 华宏鸣, 等译. 上海: 上海科学技术出版社, 2005.

[51] 费恩曼, 莱顿, 桑兹. 费恩曼物理学讲义: 第 2 卷. 郑永令, 华宏鸣, 等译. 上海: 上海科学技术出版社, 2005.

[52] 费恩曼, 莱顿, 桑兹. 费恩曼物理学讲义: 第 3 卷. 郑永令, 华宏鸣, 等译. 上海: 上海科学技术出版社, 2005.

[53] 威廉. H. 格林. 计量经济分析. 北京: 中国人民大学出版社, 2011.

[54] 叶中行, 林建忠. 数理金融: 资产定价与金融决策理论. 北京: 科学出版社, 1998.

[55] EKELAND V. 最佳可能的世界: 数学与命运. 冯国萍, 张端智, 译. 北京: 科学出版社, 2012.

[56] 朱世武. SAS 编程技术教程. 北京: 清华大学出版社, 2007.

[57] 陈乃辉. 随机自变量多项式回归函数的估计问题. 系统科学与数学, 2009, 29(3): 297—308.

[58] 陈乃辉. 在函数逼近论观点下半参数变系数非线性回归函数的估计. 纯粹数学与应用数学, 2010, 26(2): 220—230.

[59] 陈乃辉. 关于随机函数的 Weierstrass 逼近定理. 大学数学, 2009, 25(2): 60—65.